THE
COLLABORATORS
부역자: 전쟁, 기만, 생존

Ian Buruma
이안 부루마 지음 · 박경환 윤영수 옮김

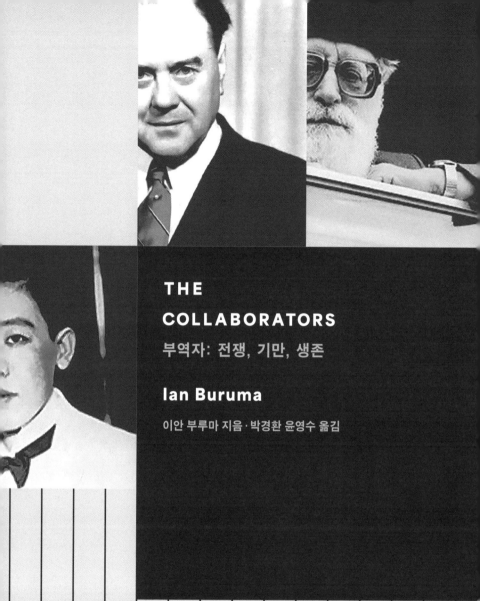

THE
COLLABORATORS

부역자: 전쟁, 기만, 생존

Ian Buruma

이안 부루마 지음 · 박경환 윤영수 옮김

일러두기

• 이 책은 Ian Buruma, *The Collaborators*, Penguin Press, 2023을 완역한 것이다.

• 본문에서 첨자로 부연 설명한 것은 옮긴이 주다.

힐러리에게

프롤로그

　언뜻 보면 이 책의 주인공 세 명에게는 공통점이 거의 없다. 후덕한 외모의 펠릭스 케르스텐은 안락한 인생을 즐기며 살다가, 나치 친위대[SS]의 수장이자 유대인 대학살의 최고 책임자였던 하인리히 힘러의 개인 마사지사가 되면서 유명해진, 혹은 악명이 높아진 사람이다. 힘러는 케르스텐을 '마법의 부처님'이라는 별명으로 즐겨 불렀다. 청 황실의 공주였던 아이신쥐러 셴위愛新覺羅顯璵는 진비후이金碧輝 또는 둥전東珍("동방의 보배")이라는 중국 이름도 있지만, 가와시마 요시코川島芳子라는 일본 이름으로 가장 잘 알려져 있다. 남장을 즐기는 크로스 드레서이기도 했던 그녀는 중국에서 활동하던 일본 비밀경찰을 위해 스파이 노릇을 했다. 네덜란드로 이민 온 하시드 유대인이었던 프리드리히(또는 프레데리크, 프레크) 바인레프는 죽음의 수용소로 보내질 처지의 유대인들을 구해주는 척하면서 그들로부터 돈을 받았고, 실제로는 그들 중 일부를 독일 경찰에 넘겼다.

　1947년 5월, 바인레프는 자신이 전시에 저지른 행위에 대해 법정 선고를 기다리고 있었다. 다부지면서도 약간 구부정한 자세에 두꺼운 안경을 쓴 그의 모습은 세상사에 무심한 탈무드 학자의 분위기를 풍겼다. 그의 재판을 담당한 이들은 나치의 네덜란드 강점기에 있었던 배신과 부역 행위에 대해 심판하는 특별 법정 소속의 판사들이었다. 검찰은 네덜란드 역사상 가장 기막힌 사기를 저지른 죄로 바인레프를 기소했다. 바인레프를 변호했던 이들은 그를 비유대인이 저지른 범죄를 무고하게 뒤집어쓴 유대인 드레퓌스와 같다고 보았다. 전쟁에서 살아남은 일부 유대인 중 독일 강점기 동안 바인레프를 알고 지냈던 사람들은 그를 게슈타포에 부역했던 인정사정없는 사기꾼이라고 생각했다. 바인레프는 자신의 삶을 하시드 유대교에 등장하는 기적의 이야기들에 즐겨 비교했다.

1947년 10월에 행해졌던 가와시마 요시코의 재판은 이보다 훨씬 더 떠들썩한 사건이었다. 베이징의 법정은 이 "동방의 마타하리"를 잠깐이라도 보려고 모여든 엄청난 인파로 가득 찼다. 법정이 아수라장이 되는 바람에 판사들이 재판 장소를 법정 바깥의 정원으로 옮겼는데 거기서 수천 명의 또 다른 인파가 안으로 들어오려하고 있었다. 일부는 법정을 둘러싸고 있는 플라타너스 가지에 위험하게 걸터앉아 있기도 했다. 그 사이로 두부와 수박을 파는 상인들이 부지런히 돌아다녔다.

남자처럼 머리를 짧게 자른 가와시마는 품이 넓은 자주색 바지와 하얀 폴로 스웨터를 입고 있었다. 기소 사유는 조국인 중국을 배신하고, 일본의 만주 침략을 돕고자 민병대를 조직했으며, 상하이에서 일본인들을 위해 스파이 노릇을 했다는 것이었다. 언론은 일제히 가와시마가 일본군 고위 관료의 연인이었던 일이나, 일본에 점령당한 중국을 거친 사무라이처럼 으스대며 돌아다니던 일을 선정적으로 자세히 다루었다. 그녀의 범죄 혐의 대부분은 일본군이 중국을 야만적으로 침탈했던 1930년대에 행해진 것이다.

가와시마의 재판에서 가장 이상했던 점은 많은 혐의가 그녀를 다룬 영화나 소설 또는 다른 창작물들의 내용에서 나왔다는 사실이다. 전쟁 기간에 일본의 선전 기구나 호사가들이 그런 이야기를 만들어냈고, 본인도 종종 거기에 적극적으로 협조했다. 그런 면에서 가와시마는 적어도 부분적으로는 가공의 인물이었다. 창작과 사실의 이 기이한 조합으로 인해 그녀는 베이징의 어느 우울한 아침 사형에 처해지고 만다.

하인리히 힘러의 마사지사였던 펠릭스 케르스텐은 재판에 회부된 적이 없다. 에스토니아에서 태어났지만 핀란드인으로 귀화했던 케르스텐은, 핀란드가 나치 독일에 협력했다가 전쟁 말기에 이르러서야 진영을 바꾸었던 터라, 엄밀히 말해 조국을 배신한 것은 아니었다. 하지만 케르스텐은 틀림없는 나치의 부역자였다. 인종 학살을 자행했던 살인자 힘러의 마사지사이자 측근으로서 그의 몸과 마음을 돌보았다는 사실은 아마도 비난받아 마땅한 일이겠지만, 그것이 전쟁범죄는 아니었다. 케르스텐에 관한 과장된 신화는 대부분 전쟁이 끝난 뒤에 생겨났다. 케르스텐이 힘러와의 특수한 관계를 이용해 수백만 명의 무고한 생명을 구하는 등 나치에 용감히 저항했다며 본인의 과거를 미화했기 때문이다.

이 세 명 모두 독일어로 '호흐슈타플러Hochstapler'라고 부르는 사람들이다. 이 단어는 원래 곤란한 상황에 처했을 때 본인이 고귀한 신분의 사람인 척하는 거지를 가리킨다. 영어로는 보통 사기꾼fraud, 허풍쟁이bluffer, 또는 협잡꾼con artist이라고 번역한다. 이들은 어떤 의미에서 18세기에 만들어진 가공의 캐릭터 바론 폰 뮌흐하우젠을 떠올리게 한다. 이 캐릭터는 자기가 달나라로 여행하고, 포탄을 타고 날았으며, 거대한 악어와 씨름하는 등의 체험을 했다고 주장한다. 세 명 다 어찌나 뛰어난 이야기꾼이었던지, 전쟁이 끝나고도 오랫동안 사람들은 이들이 남긴 기이한 주장들을 사실이라고 믿었다. 케르스텐의 경우는 일부 저명한 역사가들조차 그랬다.

바인레프를 옹호하는 이들 중 일부가 정확히 지적했듯이, 사기와 신분 위조와 거짓 이야기와 그 밖의 각종 속임수는 전쟁의 와중에 생겨나는 문화의 어쩔 수 없는 일부분이다. 피점령국의 저항 세력은 거의 예외 없이 가명으로 행세한다. 속임수는 이들의 활동에 필수적인 요소다. 하지만 이들이 싸우는 대상인 점령국 또한 마찬가지다. 독재 정권은 공포와 정치 선전을 통해 다스린다. 거짓도 반복해서 말하면 진실이 된다고 한 것이 요제프 괴벨스였던가 블라디미르 레닌이었던가. 진실이 억압되어 있거나 혹은 진실을 공개적으로 말하기에 너무 위험한 상황에서는 정확한 정보를 구할 수가 없고, 그렇게 되면 각종 음모론과 상상이 넘쳐난다. 허언증 환자, 신분을 꾸며내는 사람, 가공의 인물이 되어 실제 삶을 살아가는 기회주의자들에게 전쟁은 이상적인 조건을 만들어준다. 전쟁만이 그 유일한 조건인 것은 아니지만.

리얼리티 TV 쇼에 등장하던 전형적인 '호흐슈타플러'가 미국의 대통령이 되고, 중요한 정보들이 "가짜 뉴스"로 치부되고, 인터넷상의 집단 상상력으로부터 생겨난 기획과 음모론을 다수의 대중이 믿는 요즘, 이 책에 등장하는 세 인물의 이야기는 놀라울 정도로 현재의 이야기처럼 들린다. 바인레프와 케르스텐과 가와시마는 제2차 세계대전 때 활동했던 사람들이지만, 이들을 소셜 미디어에서 활동하는 아바타라고 생각해도 전혀 어색하지 않다. 달리 말하자면 전쟁이 만들어내는 환경이 요즘 세상의 환경과 그리 동떨어져 있지 않다는 뜻이기도 하다.

내가 자랐던 시절의 분위기는 거짓말 같은 전설과, 소년들이 좋아할 만한 이야기와, 영화와, 엄숙한 추모 연설로 가득했다. 내가 태어나기 전에 있었던 어두운 전쟁은 사람들의 미심쩍고 개인적인 기억들을 통해 사실과 뻔히 다르게 전달되었다. 어떤 나라들에서는 이런 것이 정부 정책이 되기도 했다. 드골 장군이 이끌던 프랑스 사회는 부역이 됐든 저항이 됐든 전시에 벌어진 일로 인해 사람들 사이에 원한이 쌓여 금방이라도 내전이 일어날 수 있을 만큼 깊은 상처를 안고 있었다. 드골은 초창기 저항군이었던 자신의 권위를 이용해, 시민들이 적군 독일에 맞서 강경히 대응했던 "영원한 프랑스"라는 이미지를 만들어냈다. 영원한 프랑스가 자국의 시민들과 자국의 군대와 "프랑스 전 국민의 도움과 지지"에 힘입어 독립을 쟁

취했다고 드골은 주장했다. 그리고 마치 나중에 생각났다는 듯이 물론 "우리가 친애하는 막강한 연합국의 도움"도 받았음을 인정하지 않을 수 없다고 했다. 이것은 신화이고, 거짓이고, 어떻게 보면 기만이었다.

프랑스는 어쩌면 이런 기만이 필요했을 것이다. 내가 태어난 나라인 네덜란드는 1916년 바인레프가 당시 폴란드의 르부프(현재 우크라이나의 르비우)로부터 이민 와 정착한 곳이며, 케르스텐이 1940년 이전과 1945년 이후에 행복하고 풍요롭게 살았던 곳이기도 하다. 네덜란드는 당장 내전이 일어날 만큼 상황이 심각하지는 않았다. 그러나 온 나라가 독일에 맞서 저항했다는 신화는 내 유년 시절 내내 프랑스에서만큼이나 강한 힘을 발휘했다. 이 또한 어쩌면 필요한 것이었으리라. 나라가 외세에 점령당한다는 것은 실로 모욕적인 경험이기 때문이다. 요즘 사람들에게는 낡은 표현으로 들리겠지만, 1940년 5월 독일의 월등한 힘에 무릎 꿇었을 때는 마치 나라가 거세된 것만 같았다. 내가 어린 시절 수도 없이 반복해서 들었던 저항의 서사는 그 모욕에 대처하기 위한 방법이었다. 국가로서의 자존심을 되찾고, 애국심을 고취시키고, 영웅적인 저항을 했던 집단으로서 자존감을 느끼기 위한 방법이었다. 강점을 당했던 나라들은 틀림없이 모두 이와 비슷하게 기만적인 과정을 거쳤다.

전쟁의 진실에 대해 일본만큼 이론이 분분하고 명확지 않은 태도를 취하는 나라도 없다. 일본 영화와 뮤지컬과 만화와 소설과 역사책에서 가와시마 요시코는 비난받아 마땅한 대상이 아닌 비극적인 인물로 그려진다. 강점당했던 경험과 마찬가지로 죄책감 또한 수많은 신화를 낳을 수 있는 것이다.

독일에 부역한 악인들을 프랑스에서는 콜라보^{collabo}라고 부른다. 콜라보는 1950년대 말 프랑스에서 펼쳐졌던 국가 도덕성의 서사에서 빼놓을 수 없는 요소였다. 신은 악마 없이는 존재할 수 없다. 우리는 소수의 사람이 적에게 적극적으로 부역하는 중죄를 저질렀다는 사실을 알고 있다. 타락한 것은 그들이었고, 그들의 범죄가 용기 있는 다수의 빛나는 고결함을 강조하는 역할을 했다. 독일에 반대했던 사람들을 부르는 네덜란드어는 후트^{goed}라고 하는데, 이것은 좋다^{good} 또는 떳떳하다^{decent}라는 뜻이다. 반대하지 않았던 사람들은 파우트^{fout}라고 하는데, 정치적으로뿐만 아니라 도덕적으로 잘못되었다^{wrong}라는 뜻이다. 이것은 절대적인 분류법이었다. 좋거나 혹은 그렇지 않거나. 중간 지대는 존재하지 않았다.

이러한 자기기만의 허울을 깨트리고 이에 반하는 서사가 등장하기까지는 전쟁이 끝나고도 최소한 10년의 시간이 걸렸다. 1960년대의 시위 움직임이 가속화되면서, 새로운 역사책과 소설과 영화와 텔레비전 프로그램들이 처음에는 조심스럽게, 그리고 점차 격렬하게 독일 강점기 당시의 사회상에 대해 폭로하기 시작했다. 우리가 그렇게 믿도록 계도되었던 만큼의 영웅적 저항의 시기와는 거리가 멀었다고. 사람들은 또한 선악을 단순히 나누는 도덕적 서사로 저항과 부역 사이의 복잡한 문제를 다루는 것이 적절치 않으며 심지어 진부하기까지 하다는 것을 서서히 깨닫기 시작했다.

사람들은 온갖 이유로 저항운동에 가담했다. 어떤 이들은 자신의 종교 또는 정치적 신념에서 나온 도덕적 의무감으로, 또 어떤 이들은 보편적인(혹은 그다지 보편적이지 않을 수도 있는) 떳떳함을 위해 가담했다. 한편 모험을 갈망해서 가담한 이들도 있으나, 그렇다고 이들의 동기가 꼭 덜 떳떳했던 것은 아니다. 어떤 이들은 위험과 폭력이 가져다주는 스릴을 즐겼다. 모험을 그다지 즐기지는 않지만 가차 없는 보복에 가담한 사람들에게 폭력 행위가 끼치는 결과는 훨씬 더 심각할 수 있었다. 이들의 의로운 행동이 때로 이로움보다 해로움이 더 컸음에도, 훗날 전쟁이 끝나고 저항 세력이 낭만적인 영웅으로 대접받게 된 것은 그런 이유에서다. 어떠한 이유로 가담했든, 적극적인 저항을 한 사람은 어디서나 소수였다.

부역에 가담한 이유 또한 그만큼 다양했다. 가장 덜 심각한 부역 행위를 한 일부 사람에게 전쟁이 끝나고 가장 가혹한 보복이 가해지는 일이 있었다. 특히 적군과 동침한 여성들이 그런 대상이었다. 이들 행위의 동기는 욕망이나 외로움, 야망이나 편안한 생활이 주는 안락함이었을 수도 있고, 혹은 어쩌면 사랑이었는지도 모른다. 그러나 심오한 이념적 헌신 때문에 그랬던 경우는 거의 없었다. 특히 남성들 사이에서 느끼던 국가적 굴욕감은 군중의 야유 심리에 불을 붙였고, 군중은 적군과 동침한 여성들을 모욕했다. 이들은 머리를 박박 깎여 오물을 뒤집어쓴 채 거리를 끌려다녔고, 사람들은 침을 뱉거나 심지어 강간하기도 했다. 예수의 고난의 길을 묘사한 그림을 아무 것이나 찾아보면 당시 신난 군중의 잔인한 얼굴과 흡사한 모습을 볼 수 있다. 이 책에 등장하는 세 명의 부역자 중 본인의 행위 때문에 처형까지 당한 이가 오직 가와시마 요시코 한 사람뿐이었다는 사실은 이러한 심리가 불러일으킨 폭력성에도 그 원인이 있다.

수많은 부역자가 적과 동침하는 것보다 훨씬 더 나쁜 일들을 저질렀다. 점령군과 범죄 정권의 존재는 어김없이 온갖 종류의 사람들이 사회의 어두운 구석에서 나와 복수의 희열로 타인에게 으스댈 기회를 만들어준다. 실패한 예술가들은 무엇이 공식적인 취향인지에 대한 심판자가 된다. 잡범들이 그럴듯한 직위를 얻어서 강제수용소를 운영한다. 자격을 박탈당한 변호사와 부패한 관료들, 문제 많은 과거를 가진 의사들, 권력에서 소외된 정치인들이 외세를 등에 업고 신흥 엘리트 집단이 되어 고위층임을 과시하고 다닌다. 파시즘의 세월이 '호흐슈타플러'들에게 완벽한 기회가 되는 것은 이 때문이다. 몽상가들이 난폭한 환상의 세계로 들어가는 것이다. 그리고 거기에는 물론 타인의 불행을 이용해 부정한 목돈을 벌 기회도 곧잘 존재한다.

하지만 모든 부역자가 폭력배나 사기꾼이나 부패한 기회주의자였던 것은 아니다. 도시의 시장들은 자신이 사임하면 훨씬 더 나쁜 사람이 후임으로 들어오게 될 거라고 스스로에게 되뇌며 자리를 보전했다. 공장의 사업주들은 회사를 압류당하고 싶지 않았기 때문에 협력했다. 그리고 어쨌거나 나치와 비교하면 자신들이 현지의 강제수용소에 있는 노예들을 더 잘 대해주고 있다고도 충분히 주장할 수 있었다. 변호사와 판사들은 법치주의에 대한 신념을 들먹이며 나치의 법률과 규정에 순순히 따랐다. 양심의 가책을 덜기 위해 이들은 자신이 법률의 구체적인 내용을 결정할 자리에 있지 않다는 생각에서 위안을 구했다. 약탈당한 자산을 사고팔던 사람들, 또는 새 통치자들에게 온갖 서비스를 제공하던 사람들에게는 누군가는 그래도 경제를 계속 돌아가게 해야 한다는 변명이 있었다.

그러나 일부 고등교육을 받은 사람을 포함해, 개중에는 독일이 이끄는 새로운 유럽이 "유대 볼셰비즘"과 "유대 미국 자본주의"라는 사악한 쌍둥이의 위협에 의연히 맞설 것이라고 믿는 사람도 있었다. 위협에 맞선다는 이런 주장은, 여기서 유대인에 대한 집착 부분을 빼면 아시아에서도 비슷한 종류의 연대를 자극했다. 일본 제국이 아시아의 형제 국가들을 서양 제국주의와 공산주의로부터 해방시키겠다며 가차 없는 캠페인을 시작한 것이다. 일본이 중국과 아시아의 일부 지역을 점령하자 서양과 똑같은 종류의 범죄자들이 등장했다. 망상에 빠진 이상주의자, 사회나 직업에서 실패한 사람, 복수심에 가득 찬 폭력배, 기회주의자, 히틀러의 깃발 아래 유럽에서 활동하던 사업가와 철새들 말이다. 소련 통치하의 약탈과 굴욕에 시달리던 사람 중 일부가 독일에 협력했듯이(둘 중 스탈린주의가 더 나빠 보였으므로), 아시아의 주요 인사들 중에도 조국을 서양의 식민 통치로부터 벗어나게 하려는 진지한 바람으로 일본에 협력한 사람들이 있었다.

책의 주인공 세 명은 이 중 어느 유형에도 속하지 않는다. 부역자든 저항자든 딱 한 가지 유형에 들어맞는 사람은 어디서도 찾아보기 힘들다. 사악하거나 비겁한 인간일지라도, 인간은 그렇게 분류하기에는 너무 복잡한 존재다. 그러나 케르스텐과 가와시마와 바인레프의 대단히 기이한 인생을 보면 수많은 부역자의 이야기에 드러나는 특징들을 포함하고 있다. 탐욕, 이상주의, 모험의 갈구, 권력에의 목마름, 기회주의. 심지어는 자신들이 옳은 일을 하고 있다는, 항상 틀린 것은 아니었던 신념까지도.

부역과 저항이 선과 악이라는 도덕적 서사에 딱 들어맞지 않는다고 해서 선악이 어디에나 고르게 섞여 있다는 뜻은 아니다. 악한 일들이 선한 의도로 행해질 수도 있고, 악한 사람이 간혹 선한 일을 할 수도 있다. 도덕적 판단은 선악의 정도를 따져야 한다. 펠릭스 케르스텐은 집단학살자의 정부에서 자리를 맡아 역할을 했지만 틀림없이 일부 선한 일도 했다. 셋 중 누구도 완전히 타락한 존재는 아니었다. 이들의 약점을 들여다보면 누구보다 인간적인 면을 갖고 있었음을 알 수 있다. 오늘날 공공 영역에서 활보하는 인물 중 수많은 사람에게서도 이들과 비슷한 약점을 찾아볼 수 있다. 그것이 내가 이들에 대해 쓰기로 한 이유다. 그리고 그렇게 하는 과정에서 부역의 문제를 반추해보고 싶었다. 인간은 스스로를 성인보다는 죄인으로 상상하기 더 쉬워서일까, 나는 성스러움이나 영웅주의보다 인간의 연약함에 더 많은 관심이 간다.

내가 이 세 명에게 관심을 갖게 된 또 다른 이유는 이들의 배경이 지닌 복잡함 때문이다. 발트계 독일인인 케르스텐은 처음에는 핀란드 국민이었다가 전쟁이 끝나고는 스웨덴 국민이 되었고, 인생의 여러 시기를 각각 헤이그, 베를린, 스톡홀름에서 살았다. 가와시마는 중국에서 만주족의 공주로 태어났으나 일본 극우 민족주의자의 양녀로 일본에서 자랐다. 바인레프는 부모와 함께 르부프에서 빈으로 이주했다가 그 후 네덜란드의 해변 휴양도시에서 자랐다. 나중에는 네덜란드의 사법망을 피해 스위스로 도망가서, 거기서 미심쩍은 성경 독서를 통해 얻은 종교적 지혜를 전파하는 이로 존경받으며 살다가 죽었다.

　내 세대가 받은 애국 교육에서는 저항과 부역의 문제를 중요하게 다루었기 때문에, 글로벌한 환경에서 자라거나 태생이 복잡하면 국가에 대한 충성심도 필히 분산될 것이라고 결론짓기 쉽다. 그러나 그런 결론은 다시 생각해봐야 한다. 다양한 대상에 대한 충성심이 꼭 서로 모순될 까닭은 없다. 과장된 애국심은 하나 이상의 국가에 뿌리를 둔 사람들에게서 흔히 보이는 특징이기도 하다. 애국의 대상이 이쪽이냐 저쪽이냐를 증명해야 한다는 강박 때문에라도 그렇다. 그 강박이 스스로의 마음에서 나온 것인지 아니면 사회적 압력의 결과인지는 쉽게 대답할 수 있는 문제가 아니다. 우리는 우리 자신에 대해서도 잘 모르지 않던가.

　하지만 케르스텐과 바인레프와 가와시마가 영위했던 뒤엉킨 국제적인 삶은 서로 무관하지 않다. 여러 문화와 나라가 뒤섞인 배경에서 자란 세 사람은 모두 당시 세계에서 일어나던 일들에 복잡한 방식으로 휩쓸렸다. 불확실하고 다양한 정체성으로부터는 위대한 예술이 탄생하기도 하지만, 좀더 악의적인 형태의 자아 창조도 이루어진다. 나는 극심한 사회 정치적 분열의 시대에 이 책을 쓰고 있다. 우리는 개인의 정체성이 점점 더 가변적이고 뒤섞인 형태를 띠는 한편, 집단적인 정체성이 강요되는 사회에 살고 있다. 정치적 논의가 있어야 할 자리에 끊임없는 음모론적 상상이 쏟아져 나오고, 사람들은 물리적으로 서로 다른 장소에 살 뿐 아니라 개념적으로도 서로 다른 세상에서 산다. 그런 의미에서 나는 세 사람이 부역자의 전형적인 사례이기 때문이 아니라, 전쟁과 박해와 대량학살의 시대에 자신의 자아를 재창조한 인물이기 때문에 책의 주인공으로 삼았다. 도덕적 선택이 자칫하면 치명적인 결과를 불러온 시대였지만, 과연 무엇이 도덕적인지는 모든 위협이 사라진 훗날 우리가 믿도록 교육받은 내용처럼 분명하지 않던 시대이기도 했다.

'호호슈타플러'는 그 사전적 의미로 볼 때 듣는 이가 신뢰할 수 없는 방식으로 스스로의 이야기를 하는 사람이다. 케르스텐과 가와시마와 바인레프의 삶의 많은 부분은 앞으로도 진실을 알 길이 없다. 셋 다 자신의 이야기를 글로 남겼지만 늘 특정한 목적을 염두에 두고 글을 썼다. 이국적인 모험의 이야기나 위대한 용기의 발현, 또는 장엄한 저항의 행위로 자신의 삶을 윤색하고자 하는 목적이었다.

물론 기억이란 것은 국가의 역사에서와 마찬가지로 개인의 마음속에서도 끊임없이 재구성된다. 정치 동향, 새로운 사실의 발견, 바뀌어가는 취향, 도덕적 행위에 관한 규범의 변화 같은 요소 모두가, 점점 더 멀어져가는 과거에 대한 우리의 관점에 영향을 미친다. 그렇다고 해서 모든 것이 허구라는 뜻은 아니다. 어떤 이론가들은 대중에게 그런 생각을 심어주려 하지만 이론가들 또한 보통 사람들만큼 유행의 영향을 받는다. 분명한 사실들도 존재한다. 사람들은 분명히 가스실로 끌려가 살해당했고, 도시들은 약탈되었으며, 원자폭탄은 투하되었다. 우리는 이처럼 분명한 역사적 사실들을 기억할 필요가 있다. 우리가 왜 지금 이런 모습으로 살고 있는지에 대해 많은 것을 알려주기 때문이다. 하지만 사람들이 과거에 대해 알고 있는 많은 내용은 영화나 소설, 만화책이나 컴퓨터 게임 같은 허구에 기반하고 있다. 집단적 기억은 학자들의 연구에 의해 형성되기도 하지만 훨씬 더 많은 부분을 상상에 의존한다. 꾸며낸 이야기들에 귀 기울여볼 가치가 있는 것은 그래서다. 그 이야기들이 우리가 누구인지에 대해서도 많은 것을 알려주기 때문이다.

이 책에 등장하는 세 인물의 인생 이야기가 전부 상상의 산물인 것은 결코 아니다. 세 명의 이야기 모두 분명한 사실들을 포함하고 있다. 바인레프를 비판하는 사람들조차 그가 스스로에 대해 많은 거짓말을 하기는 했어도 독일 강점하의 일상에 대한 묘사는 꽤 진실에 가깝다는 것을 인정한다. 내가 이들의 이야기를 풀어나가는 작업을 시작한 것은 세 사람의 이야기를 통해 드러난 사실들이 지난 세기의 가장 끔찍한 시기를 사람들이 어떻게 살아냈는지 잘 보여주기 때문이다. 하지만 사실뿐 아니라 이들의 거짓말 또한 그러하다.

차례

제1장:
실낙원

1 : 헬싱키

전쟁이 끝나고 펠릭스 케르스텐은 아내와 세 아들과 함께 스웨덴 시민으로 정착하려 애쓰고 있었다. 그러나 하인리히 힘러의 개인 마사지사였던 경력이 문제가 되었다. 스웨덴은 전쟁 때 중립국 지위를 유지하며 독일과의 사업으로 경제적인 재미를 봤고 제3제국(히틀러 치하의 독일)에 필요한 각종 서비스를 제공했다. 자국의 그런 과거를 변호하는 태도를 취하고 있던 스웨덴으로서는 나치 지도층 한가운데에 있던 사람에게 국적을 부여하는 일이 그리 달갑지 않았다.

수많은 각색을 거쳐 여러 언어로 재빠르게 출판되어 나온 케르스텐의 회고록과 전시 메모들은 이런 배경을 고려해서 읽어야 한다. 그의 이야기가 특히 혼란스러운 점은 출판물마다 내용이 서로 다르기 때문이다. 1947년 미국에서 처음 출판된 『케르스텐 회고록 The Kersten Memoirs』은 힘러가 어떤 성격의 사람인지와, 힘러가 유대인이나 동성애자와 같은 주제에 대해 가졌던 불편한 시각을 다룬 짧

26

은 에세이들의 모음집처럼 읽힌다. 책의 나머지 내용은 케르스텐 자신이 정치범과 네덜란드인들, 그리고 스칸디나비아인과 유대인들을 위해 어떻게 영웅적으로 사태에 개입했는지에 관한 것이다. 스웨덴어판도 이와 비슷하지만 여러 사건에 대해 영어판 회고록과 모순되는 내용을 담고 있다. 독일어판은 케르스텐의 가장 극적인 업적(극적이지만 사실인지는 알 수 없는)을 생략하고 있다. 바로 케르스텐이 1941년에 어떻게 힘러를(따라서 자연스럽게 히틀러까지) 설득해서 네덜란드 전 국민을 폴란드로 강제이주시키려던 계획을 단념시켰는가 하는 업적이다. 책에 나오는 케르스텐의 주장에 따르면 힘러는 케르스텐이 마법과 같은 치유의 손을 사용해 자신의 견딜 수 없는 복통을 사라지게만 해준다면 그 웅대하고도 끔찍하기 그지없는 강제이주 계획을 포기하겠다고 마음먹고 있었다. 이 이야기는 1948년의 네덜란드어판에는 물론 포함되어 있다. 『정원과 도살꾼 Klerk en beul』이라는 제목의 이 네덜란드어판은 제2차 세계대전 때 지하 저항군으로 활동했던 젊은이가 편집하고 각색했다. 달리 말하면 '좋은' 사람이 그 일을 했다는 뜻이다. 요프 덴 아월이라는 이름의 이 젊은이는 훗날 네덜란드의 사회주의 총리가 된다.

　네덜란드어판에 등장하는 케르스텐의 어린 시절은(다른 언어판들은 그의 어린 시절을 다루지 않는다) 목가적이며, 인종과 종교를 가리지 않고 모든 인류를 사랑하는 '좋은' 사람을 묘사한 동화 같은 느낌이다. 케르스텐은 1898년 에스토니아의 일부인 리보니아의 타르투라는 마을에서 태어났다. 리보니아는 한때 스웨덴 왕이 지배했다가 차르의 러시아 제국의 여러 주 중 하나에 속하게 되었다. 케르스텐 아버지 쪽 조상들은 16세기에 네덜란드에서 독일로 이주해 줄곧 농부로 살았다. 그러다가 케르스텐의 할아버지 페르디난드가 성난 황소에 받혀 죽고 난 뒤, 할머니가 리보니아의 커다란 남작 영지로 이사했다. 거기서 아버지인 프리드리히 케르스텐이 올가 스투빙이라는 러시아 여인을 만났다. 올가의 가문은 상당히 많은 땅을 보유하고 있었다. 집안은 번창했고 올가는 펠릭스를 낳았다. 펠릭스라는 이름은 프랑스의 대통령이던 펠릭스 포르에서 따왔고, 대부이던 상트페테르부르크의 프랑스 대사가 지어주었다. 그만큼 괜찮은 집안이었다.

케르스텐은 어린 시절의 꿈같은 성장 환경을 일종의 코즈모폴리턴 낙원으로 그리고 있다. 그곳은 각 지역의 장점들이 만나는 문화의 교차로 같은 곳이었다. 스칸디나비아의 개인주의, 러시아의 장엄함, 그리고 유럽의 휴머니즘과 계몽 정신이 모두 모여 있다. 거기서 케르스텐과 비슷한 계급의 사람들이 주로 사용하던 언어는 독일어였지만, 그는 자신이 생각하는 독일은 프로이센의 군국주의와는 전혀 달랐다고 책에서 말한다. 그보다는 '자유와 교육과 보편주의와 사랑'이 충만한 괴테의 나라로서의 독일을 이야기한다.[1] 학교 친구들은 그와 같은 발트계 독일인은 물론이고 러시아인과 핀란드인도 있었다. 모두 사이좋게 잘 어울려 지냈고 '유대인 문제' 같은 것은 전혀 존재하지 않았다. 케르스텐은 그의 마을에 살던 유대인 중 여성용 모자 상인이나 양철공들을 아주 좋은 인상으로 기억하고 있다. 유월절에 유대인 친구들이 나눠주던 빵 맛도 여전히 기억하고 있었다. 말년에 그는 왜 유럽 전체가 어린 시절 자신의 리보니아 시골 마을처럼 평화로울 수는 없었는지 종종 생각하곤 했다.

이렇듯 발트해의 에덴동산처럼 다소 미화된 그의 기억은 분명 현실을 놓치고 있는 부분이 있었다. 그런 부분은 나중에 조제프 케셀이 케르스텐의 일생에 감탄하며 쓴 책『마법의 손을 가진 남자Les mains du miracle』에서 드러난다. 본인 또한 대단히 흥미로운 인물이었던 조제프 케셀은 제2차 세계대전 때 프랑스 저항 세력의 유대인 멤버로 활동했고, 여러 권의 책을 쓰기도 했다. 그중『낮의 미인Belle de Jour』은 스페인의 거장 루이스 부뉴엘이 영화로 만들어 부뉴엘의 대표작 중 하나가 되기도 했다. 처음에는 미심쩍어하던 케셀은 케르스텐의 여러 이야기를 본인에게 직접 듣고는 그를 믿기로 결심한다. 왜 그랬는지는 분명치 않다. 케셀이 고지식했을 리는 없다. 아마도 케르스텐이 그의 낭만적 상상력에 호소하는 바가 있었을 것이다. 케셀은 영웅담을 좋아했다. 그는『낮의 미인』외에도 전쟁 시절 프랑스 저항군이 쓴 책 중 최고로 꼽히는『그림자 군단L'armée des ombres』의 저자이기도 하다. 나중에 케르스텐에 관해 쓴 책과 달리『그림자 군단』은 실화에 기반한 가상의 이야기다. 이 책은 전쟁이 끝나기 전 런던에서 출판되었다. 탁월한 기자 성향의 이야기꾼이던 케셀에게는 픽션이 자연스러웠다.『그림자 군단』또한 1969년 프랑스 갱스터 영화의 거장이던 장 피에르 멜빌 감독에 의해 걸작 영화로 만들어졌다.

케셀은 케르스텐이 어린 시절을 보낸 에스토니아를, 니콜라이 고골의 사실주의 소설에 나올 법한 러시아 제국의 외딴 변방으로 그리고 있다. 케르스텐 집안과 같은 계급의 사람들이 길에 지나가면 농부들이 황급히 무릎 꿇고 인사해도 이상하지 않은 곳이다. 그에 의하면 케르스텐은 편안한 삶에 익숙해져 있었기 때문에 주변 사람들의 불행을 미처 알아차리지 못했을 것이라고 한다. 케르스텐의 어머니인 올가가 자선 파티에서 아름다운 목소리로 노래를 부르곤 해 '리보니아의 나이팅게일'이라는 별명을 얻었다고도 했다. 올가의 또 다른 재능으로는 마사지가 있었다. 올가는 어떤 병을 가진 사람이라도 자신의 능숙한 두 손을 사용해 낫게 할 능력을 갖고 있었다고 전해지는데, 아들이 그 능력을 고스란히 물려받았다.

리보니아의 평화로운 전원생활은 20세기 초 혁명의 시기에 갑작스러운 종말을 맞았다. 케르스텐은 여러 나라의 군대가 자신의 고향에 죽음과 파괴를 몰고 왔고, 각 나라의 지도자들이 사람들 사이에 증오의 씨앗을 뿌렸다고 쓰고 있다. 에스토니아는 제1차 세계대전 때 러시아에게 중요한 기지였고, 에스토니아 사람들은 처음에 러시아 편에 서서 싸웠다. 하지만 1917년 차르 정권이 무너지자 에스토니아의 민족주의자들이 에스토니아 독립 공화국을 세우려고 했다. 러시아의 동지들과 노선을 함께하고자 했던 에스토니아의 볼셰비키들이 이들을 막아섰고, 게르만이 주도하는 발트 연합 공국의 지배 세력이 되고 싶어했던 발트계 독일인들도 독립 공화국의 설립을 반대했다. 1918년, 독일 군대가 에스토니아를 점령했으나 그리 오래가지는 못했다. 러시아의 볼셰비키들이 이들을 밀어냈고 에스토니아는 다시 한번 러시아 제국의 일부가 되었다. 케르스텐의 부모는 집과 재산을 잃고 카스피해의 외딴 마을로 추방되고 말았다.

전쟁이 발발했을 때 케르스텐 본인은 독일에 있었다. 케르스텐은 원래 학업 성적이 저조했다. 관대한 어머니 품에서 자라 버릇없고 게으른 아이였던 그는 주로 과식하는 데서 즐거움을 찾았다. 식탐가로서 그의 명성은 일찌감치 알려지기 시작했다. 10대 소년 시절에 이미 식탐가의 외모를 하고 있던 그는 절제하지 못하고 마구 먹어댔다. 케르스텐에게 더 엄격한 교육이 필요하다고 생각한 아버지는 그를 우선 라트비아의 리가에 있는 기숙학교로 보냈다가, 거기서도 크게 달라지지 않자 나중에는 독일로 보내 농업을 공부시켜야겠다고 마음먹었다. 이 또한 케르스텐에게는 그다지 내키지 않는 선택이었지만, 전쟁으로 인해 가족과 떨어져 있을 수밖에 없었던 그는 어쨌든 학업을 마쳤고, 독일 동부의 안할트에 있는 대형 농업 단지에 일자리를 구했다.

거기서부터 케르스텐에게 있었던 일들은 분명치가 않다. 케셀이 전하는 버전에 의하면 케르스텐은 카이저(독일 제국 황제)의 군대에 징집되었다. 독일 정부는 발트계 독일인들을 동포로 여겼고, 이는 훗날 제2차 세계대전 때도 마찬가지다. 어떤 책에서는 케르스텐이 베르됭 전투프랑스와 독일 사이에서 벌어진 제1차 세계대전 서부 전선의 주요 전투에서 공훈을 세워 철십자 훈장을 받았다고도 한다.[2] 이 책의 저자는 케르스텐이 나중에 핀란드 군대에 문제없이 입대하기 위해 훈장 수여 경력을 꾸며냈을지도 모른다고 추측하고 있다. 독일 작가 아힘 베스겐[3]의 기록에 따르면, 뤼디거 폰 데어 골츠 장군이 지휘하는 독일 육군이 핀란드와 함께 러시아에 맞서 싸우려고 핀란드에 입성했을 때가 되어서야 케르스텐이 비로소 독일군에 입대한 것이라고도 한다. 실제로 그는 독일 육군 산하 핀란드군 연대의 일원이었을 가능성이 있고, 아니면 핀란드 육군에 입대했을 수도 있다.

이것이 케르스텐이 처음으로 겪은 충성과 부역의 혼란스러운 경험이었다. 발트계 독일인으로서 그는 독일 편이었지만 차르의 국민으로서는 러시아 편이었다. 그리고 에스토니아인으로서는 때로 독일과 러시아 모두에 반대하는 입장이었을 수도 있다. 어쨌든 케르스텐이 핀란드와 발트해 국가들의 독립을 위한 투쟁에 부분적으로 참여한 것은 사실이다. 공동의 적인 러시아에 맞서기 위해서는 독일에 협력하는 것이 가장 좋은 방법이었을 것이다. 하지만 실상은 그렇게 간단치 않았다. 에스토니아와 마찬가지로 핀란드는 과거 러시아 제국의 일부였고, 1917년 러시아 혁명이 일어나던 해가 되어서야 독립을 선언할 수 있었다. 그 후 "붉은" 핀란드인들은 러시아의 지원을 받아, 독일의 지원을 받던 "백인"들과 내전을 벌였다. 케르스텐이 핀란드 육군의 장교로서 핀란드와 발트해 국가들 편에 가담했다는 것은, 단지 러시아로부터의 독립을 위해 싸우던 것이 아니라 독일을 중심으로 한 반공 연대의 편에 섰다는 뜻이다. 독일 제국은 1918년에 패배했지만 반공 연대라는 기치에 대한 맹세는 사라지지 않았다.

케르스텐의 군 경력은 오래가지 않았다. 1918년 겨울의 대부분을 혹한의 북유럽 습지에서 보낸 뒤 그는 류머티즘으로 다리가 마비되어 헬싱키의 병원에서 몇 달인가를 보냈다. 케르스텐은 "나는 새로운 조국에 목발을 짚고 입성했다"라고 쓰고 있다. 그가 군대를 떠나게 된 과정 또한 논란의 여지가 있다. 본인은 스스로의 의지로 군대를 전역했다고 주장하지만, 핀란드의 보고서에는 그가 승진을 위해 문서를 위조했다가 옷을 벗게 되었다는 기록들이 있다. 어쨌거나 그는 이제 핀란드 시민이 되었고, 무료함을 견딜 수 없었다. 훗날의 회상에서 그는 병실 침대에 누워 의사들이 부상당한 군인들을 치료하는 광경을 보다가 어린 시절 보았던 환자들의 무력함에 대한 기억이 떠올랐다고 말한다. 케르스텐은 이들을 돕고 싶었다. 병으로 고생하는 사람과 부상당한 사람들을 돕는 것, 이것이 그가 정한 삶의 목표가 된다.

당시 핀란드에서는 마사지가 치료 수단으로서 인기 있었고, 최고의 마사지 실력자 중 한 명은 핀란드 육군 소령이자 헬싱키 병원장이던 에크만 박사라는 사람이었다. 케르스텐 본인에 의하면 에크만 소령은 그의 크고 힘센 두 손을 보자마자 대단한 자산이 될 거라고 말했다고 한다. 조제프 케셀의 책에서는 당시 상황을 평소의 톤과 달리 그보다 좀 덜 극적으로 묘사하고 있다. 책에서 케르스텐이 에크만에게 외과 의사가 되고 싶다고 말하자 에크만은 그러려면 수년간의 공부가 필요하다고 대답한다. 케르스텐은 전혀 공부할 유형의 인물이 아니었다. 에크만은 외과 의사는 자네에게 어울리지 않는다고 말하며 케르스텐의 두터운 손바닥을 움켜잡았다. 그리고 이 두 손은 외과 수술이 아니라 마사지를 위해 타고난 것이라고 했다 한다.

2: 르부프

프리드리히("프레크") 바인레프는 자신의 회고록 내용이 주관적이라며 거기서 사실적 정확성을 기대한다면 핵심을 놓치는 것이라고 거리낌 없이 인정한다. 바인레프는 독자들에게 이렇게 말한다. "내 일생이나 특정 시절의 이야기를 듣고 싶다면 기이한 사건들을 진실로 받아들이는 데 익숙해져야 할 것이다. 당신이 어떻게 해석하건, 나에게는 그 사건들이 틀림없는 진실이다."[4]

이야기는 바인레프가 태어났던 1910년 렘베르크(독일 이름), 또는 르부프(폴란드 이름), 또는 지금의 르비우(우크라이나 이름)에서 시작한다. 르부프는 오스트리아-헝가리 제국의 갈리시아 지역에 있는 활발한 문화 중심지였다. 벨에포크 시대의 오페라 하우스와, 화려한 카페와, 빈-르네상스풍의 건물과, 폴란드의 대학들과, 이디시어(동중부 유럽에서 쓰던 유대인 언어)로 된 신문들과, 우크라이나식 교회들과, 뛰어난 유대인 음악가들이 넘쳐나던 이 '작은 파리'는 코즈모폴리턴의 모범과도 같은 도시였다. 주된 공용어로는 독일어가,

그다음으로 폴란드어가 쓰였다. 이디시어와 우크라이나어도 쓰였지만, 가장 높은 수준의 교육을 받은 계층에서는 사용하지 않았다.

「오직 르부프에서만!Tylko we Lwowie!」은 폴란드인이라면 누구나 알고 있던 1930년대 최대의 히트곡이었다. "다른 어느 곳에서 사람들이 이토록 행복할 수 있을까/오직 르부프에서만⋯⋯." 이 노래를 부른 가수는 슈체프코와 톤코라는 두 코미디언이었다. 톤코는 원래 유대인 변호사였고 본명은 헨리크 포겔펭거였는데, 나중에 런던으로 탈출해서 헨리 바커로 이름을 바꾸었다. 내 친구이자 영국인 저널리스트인 앤서니 바커는 어린 시절 런던의 폴란드인 클럽을 방문하던 일을 기억한다. 그곳의 중년 부인들은 그의 아버지가 나타나면 전쟁이 일어나기 전 르부프라는 잃어버린 세계의 한 조각을 마음속에 떠올리며 황홀해하곤 했다.

1941년 독일군이 도착하기 전까지 르부프 인구의 약 30퍼센트가 유대인이었다. 그 숫자의 대부분이 그 후 수년에 걸쳐 학살되었다. 학살은 가장 가까운 강제수용소인 베우제츠나 르부프 바깥에 있는 수용소인 야노프스카에서 이루어졌다. 야노프스카에서는 고문과 집단 총살이 벌어지는 동안 국립 오페라 단원들에게 배경음악 삼아 노래를 시켰고, 다 끝나면 이들도 총살시켜버렸다. 1941년 혹은 1942년에 하인리히 힘러가 야노프스카 수용소를 방문했던 사진들도 남아 있다. 사진에서 힘러는 우비를 입고 친근함이 가득한 모습으로 수용소장인 프리츠 카츠만과 악수를 나누고 있다. 카츠만은 1943년 6월 "갈리시아 지역의 유대인 문제에 대한 해결책"이라는 공식 보고서를 작성했던 사람이다. 카츠만이 작업을 끝냈을 즈음에는 43만4329명의 유대인이 목숨을 잃었다. 르부프에서 '유대인이 청소되자Judenrein', 힘러는 즉각 SS 대원들에게 명령을 내려 집단학살의 증거를 모조리 없애버리도록 했다.

프리드리히 바인레프는 자신의 어린 시절을 "잃어버린 낙원"으로 기억한다. 1914년 러시아 군대가 오스트리아-헝가리의 육군을 몰아내고 코사크 기병들이 대량학살을 시작하지 않을까 하며 사람들이 두려움에 떨자 그의 부모는 르부프를 떠나기로 결심한다. 나중에 바인레프는 이때 잃어버린 것 중 하나가 사실은 위험한 환상이었을 뿐이라고 치부했다. 그것은 바로 유대인이더라도 종교가 없고 리버럴하다면 이성과 계몽이 지배하는 인간적인 세상에 자연스럽게 섞여 살 수 있으리라던 기대였다. 낙원과도 같던 어린 시절 바인레프가 살던 집은 좋은 동네에 있었고 집 안은 커다랗고 편안한 고급 가구들로 채워져 있었다. 그 동네에서는 이디시어를 거의 들을 수 없었고, 수염이 덥수룩한 유대인 거지들도 거의 눈에 띄지 않았다. 바인레프의 회상에 따르면 어린 시절 그는 사실 유대인이라는 개념 자체를 몰랐고, 배경이나 인종에 따른 다른 어떤 구분법도 알지 못했다. 그의 부모는 그런 구별을 하지 않는 것이야말로 근대적이고 유럽답고 문명화된 것이라 여겼다. 바인레프의 집에서는 독일어만 사용했다. 아버지 다비트가 과거 비즈니스를 공부했던 체르니우치는 합스부르크의 또 다른 다민족, 다문화, 다언어, 다종교 도시였다가 나중에 원거주민들을 모두 잃고 마는 곳이다.

거기서 다비트는 모국어인 이디시어 대신 유럽 고급문화의 언어를 익히려 애썼고, 그것은 독일어일 수밖에 없었다. 바인레프의 어머니인 헤르미네 슈테른헬은 체르니우치에서 멀지 않은 비즈니차에서 자랐다. 비즈니차는 인구의 90퍼센트가량이 유대인이던 곳이다. 하지만 그녀는 자신이 속한 문화가 독일의 것임을, 펠릭스 케르스텐이 자유와 교육과 보편주의와 사랑의 땅이라고 기억하던 그 독일에 뿌리를 두고 있음을 믿어 의심치 않았다. 독일 문화Kultur에 대한 강한 소속감을 가졌던 이 교양 있고 이상주의적인 유대인들은 교육받지 못하고 가난하고 종교에 얽매이던 유대인들과 비교해서는 물론이고, 우크라이나 농민들과 비교해서도 스스로를 우월한 존재로 생각했다.

바인레프는 어린 시절의 세계가 무너지던 날을 생생히 기억하고 있었다. 그는 카르파티아산맥에 위치한 아름다운 온천 휴양지인 야렘차(지금은 야렘체라고 불린다)에서 어머니와 함께 휴가를 보내고 있었다. 금색 돔으로 빛나는 정교회 건물들과 매력적인 목조 주택들이 있는 곳이었다. 야렘차 소나무 숲의 냄새, 새와 폭포가 만들어내는 달콤한 소리는, 케르스텐의 리보니아에 대한 기억 속에 남아 있던 유월절 빵의 맛만큼이나 바인레프에게 잊을 수 없는 기억이었다. 바인레프와 어머니는 숲에서 여유로운 피크닉을 즐기고 나서, 마차를 타고 이모가 소유한 우아하고 자그마한 호텔로 돌아왔다. 거기서 그는 처음으로 '전쟁'과 '징집'이라는 단어를 듣는다. 러시아 군대가 다가오고 남자들이 동원되고 있었다. 대량학살이 이어

질지도 몰랐다. 가는 곳마다 공황 상태였다. 사람들은 가져갈 수 있는 모든 짐을 말이 끄는 수레에 싣고 가족 단위로 탈출하고 있었다. 르부프에서 온 바인레프의 아버지가 병사들이 길거리에서 총을 쏘아대더라는 끔찍한 이야기를 전해주었다. 이들 가족은 헝가리 국경으로 가는 만원 화물차에 자리를 구했다. 지저분한 호텔을 전전하는 망명의 삶이 시작되었다. 원치 않는 객이 되어 새로운 문화 규범들을 배워야 했고 과거는 이제 짙은 향수의 안갯속으로 사라져버렸다. 어머니는 러시아와 비겁한 프랑스를 비난했다. 그녀는 여전히 오스트리아 황제를 믿었고 독일 문화의 교화력을 믿었다. 바인레프는 그제야 처음으로 이 세상이 실제로는 얼마나 차갑고 잔인하고 멍청한 곳인지 어렴풋이 짐작하게 되었다고 얘기한다.

3: 베이징

어린 시절 둥전이라 불리던 가와시마 요시코는 아이신쥐뤄 산치愛新覺羅善耆, 혹은 숙친왕肅親王의 열네 번째 딸이었다. 숙친왕은 중국을 두 세기 반 이상 지배하던 청나라 만주 황실의 왕자다. 가와시마 또한 아직 아장아장 걷던 시절 무너져버리고 만 매혹적인 세계에 대한 희미한 기억을 갖고 있다. 본인이 잘 기억하지 못하는 세계가(당시 나이를 생각하면 거의 기억하지 못하는 것이 당연하다) 가문의 신화처럼 머릿속에 스며 성장기 내내 함께했다.

가와시마는 1937년 일본에서 출판된 회고록『동란의 그늘에서
動亂の蔭に』에서 어린 시절의 어렴풋한 기억을 술회하고 있다. 1937년
은 일본 황군이 중국의 주요 도시들을 점령해서 최악의 범죄들을
저지르던 때다. 가와시마는 아버지 숙친왕과, 나중에 자신을 양녀
로 받아들이게 되는 일본인 가와시마 나니와川島浪速에 대한 자세한
묘사로 이야기를 시작한다. 조금 이상하지만 가와시마는 두 아버지
에 대해 긴 설명을 할애하는 것에 대해 독자들에게 사과의 말을 건
넨다. 그리고 그러는 이유는 "저항과 폭동과 혁명, 그리고 반혁명"[5]
에 의해 자신의 소중한 세계가 어떻게 산산조각 났는지 먼저 설명
해야 하기 때문"이라고 덧붙인다. 하지만 이것은 본인이 왜 일본에
부역하게 됐는지를 우회적으로 설명하는 것에 다름 아니다. 또한
자신을 그러한 길로 이끈 두 남자에 대한 설명이기도 하다.

토실토실하고 작은 체구에 동그란 얼굴을 한 숙친왕은 한때
청나라 조정에서 매우 위세 높은 인물이었다. 그가 살던 베이징 저
택은 그 위세에 어울릴 법한 곳이었다. 숙친왕이 부인과 서른여덟
명의 자녀, 네 명의 첩과 함께 살던 저택에는 200개의 방이 딸려 있
었다. 이 중 많은 방이 프랑스식으로 벽과 천장이 도금되어 있었고
상들리에가 화려하게 늘어뜨려져 있었으며, 루이 15세 양식의 가
구와 파이프 오르간이 놓여 있기도 했다. 저택에는 또한 아름다운
폭포가 딸린 화려한 정원이 여러 개 있었고, 말들이 가득한 마구간
과 사설 공연 무대도 있었다. 자체적인 수도 시설과 발전 설비도 갖
추고 있었다. 다른 만주족 고위 가문들처럼 숙친왕 또한 만주족 전

통의 요소와 중국의 고급문화를 함께 즐겼다. 만주족 고위층의 조상은 여름에는 덥고 먼지가 가득하며, 겨울에는 시베리아의 칼바람이 부는 삭막한 동북 평원의 부족장들이었다. 숙친왕은 만주족의 전통이자 한족에게 강요되어 혐오를 불러일으켰던 변발을 고집했으며 승마와 매사냥에 강한 애정을 갖고 있었다. 하지만 동시에 그는 경극의 대단한 애호가여서 저택의 사설 무대에서 정기적으로 공연을 열기도 했다.

숙친왕은 세무(세감)와 치안(보군통령)과 내무(민정부 상서)와 같은 주요 부서의 책임자 지위를 두루 거쳤다. 그는 어디까지나 전통주의자였고 한창때에도 반동적 사상을 갖지는 않았다. 민정부 상서로서 숙친왕은 수도 베이징의 위생 상태를 개선하려고 노력했다. 공중화장실을 혁신하는 등의 사업을 벌였고, 만주에서 발원한 전염병이 베이징에 돌기 시작하던 1910년 시체들을 반드시 화장하도록 했으며, 전염병을 옮긴다고 의심되던 흰 쥐의 매매를 금지하기도 했다.

중국에는 과거에도 만리장성 너머의 야만인이 세운 왕조들에 의해 지배당한 역사가 있지만, 저속한 신흥 오랑캐로 여겨지던 만주족은 1644년 베이징에 입성해 왕조를 세웠을 때부터 줄곧 분노의 대상이었다. 명나라를 추종하는 이들은 17세기 내내 청나라에 저항하면서 한족이 다시 지배하는 중국을 꿈꾸었다. 19세기 중반 자신을 예수의 동생이라고 믿던 예언자적 인물이 중국인들을 천국으로 인도하겠노라 약속했던 태평천국의 난은, 타락한 듯 보이는 만주족에 대한 한족의 적개심으로 가득 찬 저항이었다. 봉기는 실패로 끝났지만 진압 과정에서 3000만 명에 달하는 사람이 때로 끔찍하게 죽음을 맞았다. 한족 우월주의는 20세기 초에도 각종 활발한 운동에 불을 붙였다. 이들은 국가, 혁명, 그리고 국가의 생존을 위한 진화론적 투쟁이라는 서양의 개념에 고무되었다. 이러한 근대 사상은 주로 일본을 통해 중국으로 전해졌다. 수많은 중국의 민족주의자가 일본으로 유학을 가던 시절이었다.

1905년, 기독교 신자이자 흔히 '근대 중국의 아버지'로 알려진 쑨원이 도쿄에서 중국인 유학생들을 모아 혁명 운동을 조직했다. 쑨원의 '중국혁명동맹회'는 아시아에서 서양 제국주의 세력을 몰아내고 아시아를 아시아인에게 돌려주고자 꿈꾸었던 일본인들의 지원을 받았다. 이 중 어떤 이들은 중국을 동경하며 대동아 공영권을 꿈꾸는 몽상가였고, 또 어떤 이들은 파시스트적 이상에 사로잡힌 우익 폭력배였다. 쑨원은 중국의 미래에 대한 비전으로 민족주의와 민주주의와 사회주의를 결합한 모호한 원칙들을 내세우고 있었다^{민족, 민권, 민생을 내세운 삼민주의}.

중국의 혁명가들이 일본에 호감을 가졌던 주된 이유는 일본이 봉건주의와 유사한 사무라이 군사 정권을 근대 국민국가로 탈바꿈시키는 데 성공했기 때문이다. 1904~1905년에 있었던 러일전쟁의 승리로 일본이 수 세기 만에 서양 열강을 꺾은 최초의 아시아 국가가 되자 아시아인들은 이를 크게 반겼다. 러시아 정부는 러일전쟁을 기독교도와 불교도 사이의 충돌로 포장했다. 평화주의자인 레프 톨스토이의 해석은 달랐다. 영적 태도를 잃어버리고 탐욕스럽게 변한 근대 서양 열강들로부터 일본이 지나치게 학습을 잘한 것이라며 개탄했다.

많은 근대 중국인이 일본이 메이지 유신을 일으키고 서양 문화를 받아들이는 방식으로부터 영감을 얻었다. 이들 중국인은 여러 모로 '진보적인' 이상을 갖고 있었다. 여성들은 제대로 된 교육을 받게 해달라고 주장했고 더 이상 전족을 강요당해 뒤뚱거리며 돌아다니기를 거부했다(그때까지는 만주족 여인들만 전족을 하지 않아도 되었고, 따라서 보수적인 중국 남성들은 그들의 '커다란 발'에 질색했다). 중국 혁명동맹회의 일원이던 여성 한 명은 집안이 정해준 불행한 결혼으로부터 벗어나기 위해 일본에 왔다. 그녀의 이름은 추진秋瑾이었다. 추진은 남자 옷을 즐겨 입었고 군사 작전에 흥미가 많았으며 폭탄을 갖고 실험했다. 중국으로 돌아온 뒤에는 급진적인 교사가 되어 청 제국을 무너뜨리기 위해 활동하는 비밀 결사의 깊은 세계로 뛰어들었다. 나중에는 결국 체포되어 재판을 받고 선동죄로 처형당했다.

가와시마 요시코가 추진을 롤 모델로 여겼는지는 알 수 없다. 가와시마의 글에는 추진에 대한 언급이 전혀 없고 이 둘은 서로 반대되는 사상을 옹호했다. 하지만 남자 옷과 군사 작전에 대한 취향을 포함해서, 이들의 삶은 비슷한 궤적을 그렸다. 1907년생인 가와시마가 겨우 네 살이 되었을 때 청나라는 난폭한 종말을 맞았다. 하지만 앙시앵 레짐은 그녀의 마음속에 전설로 살아남았다. 주변 사람들이 그런 생각을 불어넣어주었고, 그중에서도 언젠가 과거의 영광을 되살리겠노라 꿈꾸던 만주인 아버지와 일본인 양아버지의 영향이 컸다. 이 영향은 그녀를 계속해서 따라다니게 된다. 가와시마는 기억이 뚜렷이 남아 있는 어린 시절부터 일본의 도움으로 청나라를 되살리고 아버지의 재산을 되찾을 것이라는 이야기를 줄곧 들으며 자랐다.

숙친왕은 추진과 같은 사람들이 전복시키고자 했던 정부의 사람이었다. 그럼에도 숙친왕은 추진 무리들만큼이나 근대 일본을 동경했다. 숙친왕이 일본의 진보적인 이상에 약간 관심을 가졌을 수도 있으나, 그가 동경해 마지않았던 것은 일본의 커가는 국력이었다. 비록 프랑스 로코코 양식의 화려함을 좋아하는 미심쩍은 취향을 갖고 있기는 했지만, 숙친왕도 쑨원의 중국혁명동맹회를 후원하던 일본인들이 그랬던 것처럼 아시아에서 서구 세력을 몰아내고 싶어했다. 단 그는 청나라를 멸망시키는 것이 아니라 오히려 부강하게 만듦으로써 그 목적을 이루고자 했을 뿐이다.

숙친왕에게는 안타까운 일이지만 1911년 늦가을 청 제국은 빠르게 와해되기 시작했다. 신호탄은 우한에서 발생한 폭발이었다. 우한의 러시아 조계지에서는 혁명 선동가들이 폭발물을 시험하고 있었다. 이것이 봉기에 불을 붙였다. 만주족 관리들이 암살되고 혁명 세력이 도시를 장악하자 관군들은 하나둘 혁명군으로 투항했다.

1912년 2월, 축출된 다른 만주족 귀족과 마찬가지로 숙친왕도 베이징을 버리고 떠났다. 가난한 중국 상인으로 변장하고, 비슷한 차림을 한 일본군 대위의 호위 아래 항구도시 산하이관으로 도망쳤다. 거기서 일본 해군의 배를 타고 포트아서(뤼순)에 도착했다. 포트아서는 한때 러시아의 만주 지역 해군기지였으나 이제는 일본군이 확실히 장악하고 있었다. 그로부터 일주일이 조금 지나 청나라 황실은 중화민국에 모든 정치적 권한을 양도했다.

만주족 관료들은 중국 각지로 뿔뿔이 피신했으나 일본이 점령하고 있는 지역에서 살기로 선택한 이는 숙친왕뿐이었다. 이에 대해 그는 복잡한 해명을 내놓는다. 원래 숙친왕은 펑톈(지금의 선양, 원래의 만주족 황실이 있던 곳)으로 가서 그곳의 강력한 군벌에게 도움을 청하려고 했다. 군벌과 숙친왕이 힘을 합쳐 군사력을 모아 중화민국을 전복시키려는 계획이었다. 하지만 추정컨대 일본군의 명령으로 인해 펑톈으로 가는 길이 봉쇄되어버리는 바람에 그는 포트아서로 향할 수밖에 없었다. 이러한 설명은 좀 이상하게 들린다. 숙친왕은 공화국 세력에 저항하기 위해 일본의 도움을 받고 싶어했으므로, 아마도 원래 일본 쪽에 마음이 기울어 있었을 것이다. 그가 그렇게 현혹된 데에는 청나라 수복이라는 환상에 바람을 넣던 주변 일본인 친구들의 영향이 있었다. 이야기가 더욱 복잡했던 것이, 그 친구들 중에는 도쿄에서 쑨원의 혁명 프로젝트를 지원하던 활동가들도 섞여 있었다. 그중 한 명이 바로 가와시마 나니와였다. 대동아 공영권을 꿈꾸는 모험가였던 가와시마 나니와가 숙친왕의 딸을 양녀로 받아들이고, 그렇게 둥전은 가와시마 요시코가 된다.[6]

숙친왕은 끝까지 청나라 수복의 꿈을 버리지 않았고, 청나라

의 깃발이 휘날리지 않는 중화민국의 땅에 다시는 발을 딛지 않겠
노라 맹세했다. 둥전/요시코를 비롯한 그의 자녀들은 울먹이는 신
하들에 둘러싸여 또 다른 배를 타고 아버지를 따라 포트아서로 향
했다. 이들은 이처럼 음모와 배신이 자욱한 환경에서, 영원히 사라
지고 없는 세계를 애타게 동경하며 자랐다.

제2장:
타국

1: 빈

바인레프의 가족이 헝가리를 떠나 빈에 도착했던 1915년은 히
틀러가 빈을 떠난 지 2년이 지난 시점이었다. 싸구려 여인숙에 머
물면서 감상적인 엽서에 빈의 관광 명소 그림을 그리는 일로 생계
를 이어가던 실패한 예술가 히틀러는 빈을 '다인종의^racial 바빌론'이
라 불렀다. 좋은 의미에서 그렇게 부른 것은 아니었다. 젊은 히틀러
가 존경해 마지않던 당시 빈의 악명 높은 시장 카를 뤼거는 언론과
고등교육과 예술을 비롯한 온갖 영역이 '유대인의 손아귀'에 있다
고 오랜 세월 떠들어온 반유대주의 정치 선동가였다.

1915년의 빈은 여전히 위대한 오스트리아 제국의 수도였으나,
그 제국은 무너져가고 있었다. 불운의 카이저였던 프란츠 요제프가
체코, 헝가리, 폴란드, 게르만, 세르비아와 같이 독립 국가 수립을
부르짖는 민족 그룹들에 대한 통제권을 빠르게 잃어가고 있었다.
이 중 유대인만이 독립 국가를 부르짖고 싶어도 요구할 수 있는 영
토가 없었다. 이스라엘 땅 수복이라는 머나먼 시온의 꿈을 실현하

지 않는 한. 그래서 유대인들은 마지막까지 프란츠 요제프의 가장 충성스런 백성으로 남았다. 이 때문에 반유대 진영에서 카이저 프란츠 요제프는 유대인 범죄 집단의 이해관계와 묶여 있다는 평판을 얻게 되었다. 당시 유행하던 말로 카이저는 '유대인화Jewified'된 존재였다.

요제프 로트(1894~1939)는 르부프 근처의 작은 마을에서 태어나, 빈에 살며 프랑스 문화를 동경하다가 파리에서 알코올 중독으로 사망한 사람이다. 위대한 유대인 작가였던 그는 소속이라는 문제에 대해 아름다운 글을 남긴 바 있다. 그에 의하면 유대인은 '그 어디도 고향이 아니지만 모든 묘지에 무덤을 갖고 있는' 민족이다.[1] 체코인, 슬라브인, 게르만인, 헝가리인은 모두 자신만의 땅이 있다. 그러나 유대인에게는 없었다. 그렇기 때문에 로트는 상대적으로 유순한 코즈모폴리턴 제국이었던 프란츠 요제프의 오스트리아 제국이 사라지지 않았더라면 유대인에게 훨씬 더 살기 좋은 세상이 되었을 것이라고 분석한다. 로트의 가장 유명한 소설인『라데츠키 행진곡Radetzky March』은 'K와 K'에게 헌정하는 글로 알려져 있다. 이는 제국이자 왕국Kaiserlich und Königlich인 오스트리아 제국을 뜻하는 것으로 이를 한 단어로 카카니아Kakania라고도 부른다. 제국의 종말은 유대인들에게 재앙이었다.

동유럽의 유대인들은 빈 북부의 기차역으로 몰려들었다. 이들은 서류를 위조해 오거나, 출입국 관리들이 쉽게 넘어가기 좋은 가짜 이름을 만들어 오거나, 자세히 추궁하면 들통날 사연을 꾸며 오곤 했다. 하지만 바인레프가 회고록에서 젊은 시절을 회상하며 말했던 것처럼, "신분증만은 위조하면 안 되는, 신성하고 터부시되는 물건이었다".[2] 운이 좋지 않은 사람들은 돌려보내졌다가, 또 다른 서류를 위조해서 빈으로의 진입을 시도했다. 운이 좋았던 사람들은 빈의 빈민가에 자리 잡았다. 비좁고 더러운 아파트의 단칸방에 대가족이 함께 살며 바느질을 하고, 환전상을 하고, 길거리 행상을 하고, 혹은 몸을 팔며 생계를 유지했다. '다인종 바빌론'의 도시에 처음 도착했던 히틀러에게 충격을 안겨준 것은 바로 이 가난한 유대인들이었다. 이 유대인 프롤레타리아들은 제국의 부랑자이자 불청객으로서 빈의 비유대인 부르주아는 물론, 그보다 덜 부유한 계층의 크리스천들에게도 멸시의 대상이었다. 부유한 유대인 부르주아들은 아마도 이들을 더 멸시했던 것 같다. 유대인 부르주아들은 '오스트유덴Ostjuden', 즉 동유럽과 중부 유럽에서 건너온 가난한 유대인 이주민들, 낡아빠진 카프탄소매가 넓고 헐렁한 여성 원피스과 누추한 양복 차림에 수염을 기르고 검은 모자를 쓰고 다니는 이 사람들을 창피한 존재이자 분열을 일으키는 골칫거리로 여겼다.

유대인 프롤레타리아들과는 동떨어진 나라에서, 저 위 세상에 살고 있던 이 유대인 부르주아들은 말하자면 빈의 유대인 귀족이라고 불러도 좋을 존재들이었다. 부유하고 세속적인 삶을 누리며, 카를 뤼거의 악질적 선동에도 불구하고 오스트리아에 자랑스럽게 동화되어서 여전히 호시절을 누리던 사람들이다. 당시에는 지크문트 프로이트가 심리 분석에 대한 강의를 했고, 아르투어 슈니츨러가 상류층의 복잡한 치정관계에 대한 극본을 썼으며, 카를 크라우스가 빈에서 가장 유명한 저널리스트로 활동하고 있었다. 아르놀트 쉰베르크는 데카당트한 프랑스 음악에 게르만의 정신을 알려주겠다며 조성이 없는 무조 음악을 실험하고 있었다. 얼마 지나지 않아 독일인들이 쉰베르크의 무조 음악을 대표적인 '유대식 타락'이라고 비난하게 되는 것을 생각하면 참 아이러니한 일이 아닐 수 없다. 슈니츨러와 쉰베르크는 빈에서 유대인이 많이 모여 살던 구역인 레오폴트슈타트에서 태어났다. 프로이트와 크라우스는 모라비아와 보헤미아의 작은 마을 출신이었다.

제1차 세계대전이 끝나고 오스트리아 제국이 멸망하고 나서, 오스트리아의 작가 후고 베타우어가 1922년에 쓴 소설 『유대인이 없는 도시Die stadt ohne Juden』가 선풍적인 인기를 끌었다. 2년 뒤 이 소설은 표현주의 영화로도 만들어졌다. 소설 속의 도시는 유토피아로 불리지만 사실은 빈을 그리고 있다. 소설에서는 유대인들이 너무 많은 영향력을 행사하고 있다며 반유대 노선의 정부가 이들을 추방하기로 결정한다. 하지만 유대인이 사라진 뒤 도시의 삶과 문화가 너무나도 평범하고 지루해진 나머지, 유대인들에게 다시 돌아와달라고 부탁하기에 이른다. 소설의 내용은 물론 희망 사항일 뿐이었다. 영화가 출시되고 얼마 지나지 않아 베타우어는 유대인의 영향으로부터 게르만 문화를 보호하려 했던 로트슈토크라는 이름의 나치 치과 기공사에게 살해된다. '구질구질한 유대인 돼지'를 죽였다며 자랑하던 이 살인자는 정신치료 시설에 갇히지만, 겨우 1년 남짓 후 '완치' 진단을 받고, 독일로 이주한다.

바인레프 가족이 빈 북부 기차역에 도착해서 여행 가방은 과연 어디에 보관해야 할지, 어떻게 삶을 꾸려야 할지 고민하던 당시, 빈의 인구 200만 명 중 10퍼센트 정도가 유대인이었다. 바인레프 가족이 이 낯선 도시에서 스스로가 정확히 어떤 지위에 속한다고 생각했는지는 확실치 않다. 아마 자신들도 잘 몰랐을 것이다. 이들은 과거 르부프에 살았지만 폴란드인은 아니었고 물론 우크라이나인도 아니었다. 시온주의자도 아니었을뿐더러 유대교 신자도 아니었다. '슈테틀shtetl'이라 불리던 동유럽 작은 유대인 마을의 문화가 주던 엄격하지만 따뜻했던 익숙함은 이제 더 이상 없었다. 바인레프 가족은 카카니아가 스러져가던 시기에 'K와 K'의 충실한 백성이 되었다. 바인레프의 어머니는 끝까지 프란츠 요제프 황제의 자비로움을 의심하지 않았다. 동유럽 유대인이 서유럽에 대해 자유와 기회와 정의의 땅이라는 환상을 갖고 있다고 했던 요제프 로트의 말은 바인레프의 부모인 다비트와 헤르미네에게도 그대로 적용되었다. 로트는 또한 '오스트유덴'들에게 게르만은 여전히 괴테와 실러와 게르만 시인들의 나라이며, 학구적인 유대인 젊은이라면 이 작가들의 작품을 나치화된 오스트리아의 고교 졸업생보다 훨씬 더 잘 이해하고 있다고도 했다.[3]

'에프라임 피슐 예호슈아 바인레프'라는 유대식 풀네임을 갖고 있던 프리드리히 바인레프는 당시 겨우 다섯 살이었고, 자신이 어디에 살고 있는가에 대한 자각이 전혀 없었다. 회고록에도 그렇

게 쓰여 있다. 그는 '허공에 떠 있는' 삶을 살고 있었다. 그의 부모
는 '실망으로 끝난 서유럽의 이상주의를 고스란히 대변하는 사람
들이었으며 여전히 무언가 모호한 것을 동경하고 있었다.'[4] 이들이
정확히 무엇을 동경했는지는 설명되어 있지 않다. 고향은 물론 사
회적 지위와 물질적 풍요로움을 글자 그대로 하루아침에 잃어버
렸던 바인레프 가족은 프롤레타리아도 아니요, 빈의 안정된 중산층
도 아니요, 상류층으로부터 저 멀리 떨어진 사회적 낙오자였다. 반
유대주의자들 사이에서 골칫거리이자, 본인 스스로 반유대주의 대
열에 발을 담그기도 했던 저널리스트인 카를 크라우스라면 헤르미
네 바인레프의 가식적인 게르만 사랑을, 게르만에 동화되고자 애쓰
던 그 몸부림의 뻔한 연약함을 조롱했을지도 모른다. 그러나 헤르
미네도 그 남편도 크라우스의 조롱을 받을 만큼의 권력이나 영향
력 근처에도 가지 못했다.

바인레프 가족은 레오폴트슈타트의 오데온가세에 있는 컴컴
한 집에 몸을 숨기고 살았다. 배고픈 아이들이 늘 울어대고, 여자들
은 남편이나 형제가 전사했다는 소식이 들리면 비명을 질렀다. 거
기서 어린 바인레프는 일종의 깨달음을 얻었다. 바인레프 본인이
그렇게 쓰고 있다. 소심하고 이제 병든 몸이 된 아버지 다비트는 과
거 오스트리아 군대에 징집되었으나 금세 병으로 제대하고 요양원
에 보내졌다.

조숙한 아이였던 바인레프가 자신이 사회의 어디쯤 속하는지
궁금해하던 그 무렵, 외할아버지인 노젠 야멘펠트가 방문했다. 할

아버지의 이름이 언제나 야멘펠트였던 것은 아니다. 야멘펠트는 어느 쩨쩨한 출입국 관리 직원의 게으른 펜 끝에서 만들어진 이름들 중 하나였다. 원래 이름은 베냐민 펠트였으나 야멘펠트 집안과 약혼했었다. 야멘펠트나 펠트는 바인레프가 전혀 모르고 있던 "꿈의 세계"에서 온 이름이었다. 그곳은 존경받는 토라^{구약성서의 첫 다섯 편, 모세오경} 학자들과 소중한 전통과 하시드 춤이 등장하는, 흔히 감상적으로 그려지는(샤갈의 그림이나 지붕 위의 바이올린 등을 떠올려보라) 구세계였다. 바인레프는 외할아버지가 들려주는 유명한 조상들과 기적을 일으키던 랍비들의 이야기를 들으며 혼란과 혼돈으로 가득하던 와중에 처음으로 안도감을 느꼈다고 말한다. 바인레프는 어쩌면 "내 부모님이 동경해오던 세계가 무너지면서 그들의 부모님 세계로 가는 통로가 되살아난 것인지도 모른다"라고 쓰고 있다.[5]

바인레프는 외할아버지를 통해 앞선 모든 세대의 현자들에 의해 전해내려온, 경이로움과 신비함으로 가득한 이야기들을 들었다. 외할머니인 하나는 자기 집안에 존재했던 127명의 유명한 현자와 지도자와 학자들에 대해 얘기해주었다. 선조 할아버지 중 한 명인 아브라이멜은 학식이 매우 뛰어나 저 멀리 예루살렘으로부터 학자들이 외딴 부코비나까지 그를 찾아오기까지 했다. 외할머니의 집안은 1587년 유권자들이 최종 왕위 후보를 결정하지 못하는 바람에 하루 동안 폴란드 왕좌를 차지했던 유대인 샤울 발 카체넬레보겐과의 관계를 자랑하기도 했다. 이들은 다윗 왕까지도 자신들의 먼 조상으로 여겼다고 한다. 황당하고 전형적이라 할 망상의 조화에 사로잡혔던 바인레프는 회고록에서 이런 특출난 선조들의 힘이 이제 자신에게 오롯이 집중된 것이 아닌가 생각했다.

그러나 바인레프가 잘 이해할 수 없는 일이 하나 있었다. 그것은 경건한 현자와 학자로 가득한 어머니의 집안에서 어떻게 딸을 영적 토대가 전혀 없는 아버지 같은 단순한 사람과 결혼하도록 허락했는가 하는 사실이다. 외할아버지 야멘펠트는 여기에 대해서도 바인레프에게 설명해주었다. 다비트 바인레프 본인은 단순한 사업가였는지 모르나, 사실 그는 위대한 하시드 왕조의 도시 나드비르나에서 '나드비르나의 마기드the Maggid of Nadvirna'라고 불리던 유명한 순회 설교자의 후손이었다. 성스러운 이야기의 전달자였던 그는 성서에 대한 지극히 고도의 통찰을 보여주는 고대 문헌을 몸에 지니고 있었는데, 이 문헌은 선지자 엘리야로부터 물려받은 것이 틀림없었다. 바인레프의 아버지가 문헌 속의 통찰을 이해하게 되는 일은 결코 없겠지만, 그 아들인 바인레프 자신이 통찰의 수수께끼에 다가가기 위해 선택받은 자일 수도 있지 않을까.

그리고 바인레프는 빈에서의 어려웠던 시절에서 비롯된 또 하나의 환상을 갖고 있었다. 전쟁으로 사랑하는 이를 잃고 극심한 비통함에 시달리던 주위 사람들을 보면서, 자신이 그들의 손을 잡고 아름다운 정원으로 인도해 잃어버린 남편과 형제들을 다시 만나게 해주리라 꿈꾸었던 것이다. 이런 기적을 선사하고 나서 자신은 그늘 속으로 슬그머니 몸을 숨기리라. 기쁨의 눈물을 흘리던 여인들이 고개를 돌려 그를 찾았을 때 그는 이미 사라지고 없으리라.

2: 포트아서/뤼순

랴오둥반도의 맨 끝에 위치한 포트아서는 한때 조용한 어촌 마을이었다. 마치 한국이 해협 건너 중국을 향해 겨누는 단도와 같은 모양을 하고 있다. 중국 사람들은 이곳을 뤼순旅順이라 불렀고 일본 사람들은 료준이라고 했다. 서양 사람들은 제2차 아편전쟁 때 여기에 도착했던 영국 해군 측량사 윌리엄 C. 아서의 이름을 따 포트아서라고 불렀다. 1880년대에 청나라 조정이 독일 무기 제조상 크루프에게 이 마을을 해군기지로 요새화해달라고 의뢰했다. 크루프는 이미 중국에 대형 총기를 납품하고 있던 업체다.

1895년 청일전쟁 기간에 일본군은 뤼순/료준까지 밀고 들어왔다가 거기서 일본군 포로들의 참수된 머리가 장대에 꽂혀 있는 것을 보았다. 이 광경을 보고 잔인한 복수의 집단 광기에 사로잡힌 일본 황군은 수천 명의 중국인을 총으로 쏘고 도륙하고 폭탄으로 날려버렸다. 수십 년 뒤 상하이나, 혹은 가장 악명 높은 기록으로 남은 난징과 같은 도시에서 벌어질 일에 대한 섬뜩한 전조였다.

숙친왕의 가족들은 뤼순/료준으로 망명해 한때 러시아 호텔이었던 2층짜리 빨간 벽돌 저택에 자리 잡았다. 러시아 차르가 통치하던 시절로부터 남아 있는 것이라곤 여기저기 흩어져 있는 고전주의와 바로크 스타일의 건축물들뿐이었다. 일본이 청일전쟁에서의 승리로 차지했던 뤼순 점유권을 포기하도록 서구 열강들이 압력을 가하지 않았더라면 러시아는 애초 뤼순에 발을 들여놓을 일이 없었을 것이다. 러시아는 끄트머리에 포트아서가 있는 랴오둥 반도를 차르에게 임차하도록 청나라 정부에 강요했었다. 그때의 굴욕에 오래도록 분개해 있던 일본은 1904년의 러일전쟁을 통해 포트아서를 되찾느라 거의 6만 명의 사망자를 냈다. 러시아의 사망자는 그 절반을 웃도는 정도였다. 포트아서 해군기지를 둘러싼 국방색 언덕들은 최신 맥심 기관총과 곡사포에 살육당한 사람들의 시체로 가득했다. 포위전이 끝나자 러시아 함대는 침몰했고, 승리에 취한 일본군은 만주의 나머지 지역과 내몽골까지 영향력을 확장하는 것을 다음 목표로 삼았다. 일본이 그 지역들을 탐했던 이유는 갈등관계에 있던 러시아와의 완충지이기 때문이기도 했고, 일본의 산업을 위한 석탄, 철, 구리, 텅스텐 등 각종 자원의 공급처이기도 했기 때문이다. 나아가서는 일본의 농민, 교사, 군인, 예술가, 사업가, 건축가, 엔지니어, 매춘부, 스파이, 그리고 각양각색의 수상한 모험가들이 일본 열도라는 답답하고 비좁은 국경을 벗어나 활동할 수 있는 새로운 생활권Lebensraum으로 보았기 때문이다.

가족들이 그렇게 뤼순에 있는 옛 러시아 호텔에 정착하자, 숙친왕은 부인과 첩들 사이에서 낳은 서른여덟 명의 자녀에게 한족의 고전과 만주의 활동적인 오락인 승마의 확실한 기초 외에도, 상당한 양의 근대 일본 학문을 가르쳐야겠다고 결심했다. 가족들이 베이징으로부터 어쩔 수 없이 망명한 지 얼마 되지 않았을 때 찍은 것으로 보이는 어린 둥전/요시코의 사진이 아직도 남아 있는데, 심각한 표정의 그녀가 수놓은 비단으로 만든 중국의 전통 복장을 하고 있다. 하지만 주변 사람들은 숙친왕의 자녀들이 일본 교복을 입고 학교에 다니던 모습을 기억한다. 숙친왕은 일본인 교사들을 고용해 자식들에게 언어와 문학과 수학을 가르쳤다. 집안의 일상이 일본 육군의 병영처럼 돌아갔다. 매일매일 체조와 냉수 목욕을 하고, 깊은 눈을 헤쳐가며 주변의 언덕들을 오르락내리락 구보했다. 큰 아이들은 얼마 지나지 않아 예외 없이 기모노를 입고 현지의 일본인 학교를 다녔다. 학교에서 이들은 매일 하루를 시작하며 일본 천황에게 절하는 법을 배웠다.

하인들이 모든 시중을 들어주던 것에 익숙한 가족에게 이러한 삶이 쉬웠을 리 없다. 빈의 바인레프 일가처럼, 숙친왕의 가족도 모든 지위를 잃고 이상화된 과거의 기억에 매달렸다. 민족과 국가도 복잡한 문제가 되었다. 만주족은 단지 권력에서 쫓겨난 게 아니라 뿔뿔이 흩어져 나라 잃은 민족이 되었다. 중화민국의 시민이기는 했으나 거기에 어떠한 충성심도 있을 리 없었다. 하지만 둥전(스스로는 회고록에서 요시코라는 이름을 썼다)은 아버지가 자신들의 불행한 상황을 통해 긍정적인 품성을 키우려 했다고 회상한다. 숙친왕은 스스로의 힘으로 세상을 헤쳐나가면 인격을 단련할 수 있다고 자식들에게 이야기했다. 이런 식의 설교는 보통 징을 울려 형제 모두를 식당에 모은 다음 이루어지곤 했다. 이 중 고무적인 이야기 하나가 어린 소녀 둥전의 마음에 남았는데, 한족의 역사와 문화를 만주족이 얼마나 깊게 흡수했는가를 보여주는 이야기다.

숙친왕이 들려준 이야기는 유방이라는 이름으로 더 잘 알려진 한고조(기원전 256~기원전 195)에 관한 것이다. 중국인들 사이에 여전히 신비한 전쟁 영웅으로 남아 있는 한고조는 농민 출신에 로빈 후드 비슷한 활빈단의 우두머리였다. 그는 멋이나 부리고 다니는 귀족층에 대한 경멸을 드러내고자 고위 관리의 모자에 오줌을 싸기도 했다. 진秦나라 황제에 대항해 싸우던 어느 날 한고조는 강력한 적군에 포위된 채 강물을 마시고 보리를 먹으며 자급자족해야 하는 지경에 처한다. 하지만 그는 끝까지 버텨내서 진나라 군사를 물리치고 한나라를 세웠다. 한漢은 여전히 중국의 민족주의자들이 스스로를 만주족과 같은 '소수 민족'으로부터 구별하기 위해 들먹이는 이름이다. 숙친왕은 자식들이 한고조의 정신을 배울 수 있다면, 중국을 다시 한번 되찾을 수 있을 것이라고 장담하곤 했다.

숙친왕 일가는 밤낮으로 일본군의 엄격한 호위를 받았다. 숙친왕 자신도 혼자서는 낚시도 하러 가지 못할 정도였다. 일본은 이것을 '보호 조치'라고 불렀지만, 보호치고는 사생활을 침해하는 참으로 억압적인 보호였다. 나중에 만주가 괴뢰국이 되면 일본은 이러한 보호를 만주 전체로 확대한다. 만주국은 모든 권력을 가진 일본의 강력한 보호 아래, 거창한 직함을 가졌으나 아무런 실권이 없던 중국인들이 다스리던 나라였다.

그래도 어찌 됐든 숙친왕은 만주국의 존재를 참고 견뎠다. 일본의 도움을 받는다면 청나라의 깃발을 내걸고 중국을 다시 점령하는 꿈을 이룰 수 있으리라고 여전히 생각했기 때문이다. 과거 청 제국의 동북지역이었던 만주와 내몽골은 러시아 혁명 이후의 발트지역 국가들과도 같은 상태가 되었다. 일본에 유학을 다녀오기도 했던 진보적인 청나라 왕자들이 만주와 몽골의 독립이라는 큰 희망을 품고, 중국의 일부로 남고 싶어하는 다른 귀족들과 싸웠던 것이다. 볼셰비키와 백계白系 러시아는 신정神政 체제의 티베트 불교 국가가 되어버린 외몽골 지역에서 싸웠다. 이제는 일본과 중국과 러시아가 청 제국의 남은 지역을 놓고 싸웠고, 이는 때로 지극히 잔인한 결과를 불러왔다.

일본의 보호 아래 있던 숙친왕의 뤼순 저택은 모사꾼과 총기 밀반입자와 정치 책략가들을 끌어모으는 장소가 되었다. 이 중에 진보적인 몽골의 귀족인 룽상노에르부가 있었다. 할라친의 왕자였던 그는 숙친왕의 매제이기도 했다. 그가 속한 하르친 왕부는 과거 청나라의 만주 황제들에게 발효 당나귀 젖을 바치는 일을 전통적으로 해왔다. 그는 청나라의 믿음직한 지지자였으나, 일본에서 유학하며 진보적인 사상을 습득했던 관계로 만주족 처남 숙친왕과 같은 근대주의자이기도 했다. 나중에는 몽골에 여학교를 설립해 몽골 여자아이들이 일본인 교사들로부터 근대 교육을 받도록 하기도 한다. 또한 내몽골 최초의 신문을 만들고 제대로 된 우편 시스템을 만들기도 했다. 이런 것을 보면 일본이 근대 발전의 원천이었던 동시에, 대동아 공영이라는 이상주의의 가면 아래 머잖아 몽골과 만주의 일부를 삼켜버리게 되는 무자비한 군사 확장주의의 배양소였음을 다시 한번 확인할 수 있다.

중국의 미개척지에서 한탕을 노리던 일본인 모험가들을 다이

리쿠 로닌^{大陸浪人}(대륙낭인)이라고 불렀다. 글자 그대로 대륙의 로닌이라는 뜻이다. 로닌은 주인 없는 사무라이를 가리키는 말로 한때 일본 전역을 휩쓸던 무리였다. 미국 서부 시대의 카우보이들과도 조금 비슷한 구석이 있는, 청탁을 받아 칼을 휘두르는 무법자들이었다. 일본에게 있어 만주는 미국의 광활한 서부나 마찬가지였다. 그러한 대륙 로닌 중 한 명이 바로 가와시마 나니와였다. 150센티미터 남짓한 작은 키에 앙상한 얼굴의 그는 어릴 적 소심하고 겁 많은 아이였다. 일본 알프스 근처 고원지대에 있는 지방 도시 마쓰모토에서 자라던 시절 쉽게 다른 아이들로부터 괴롭힘을 당하곤 했다. 1865년생인 가와시마 나니와는 신분제도를 공식적으로 폐지한 1868년의 메이지 유신으로 인해 모든 특권을 잃어버린 사무라이 계층에 속했다. 메이지 정부의 상업적이고 서구화된 태도를 무기력하고 비굴하고 물질주의적이라 여겼던 사무라이들은 그런 노선을 불쾌히 여겼다. 이들은 봉건주의적 질서를 갈망했는데, 이는 과거의 일본보다 더 예전 단계로의 회귀라는 점에서 동양 버전의 파시즘만도 못했다.

가와시마 나니와의 영웅이자 멘토는 같은 일본 알프스 지역 출신의 후쿠시마 야스마사^{福島安正}(1852~1919)라는 장교였다. 후쿠시마는 베를린에서 블라디보스토크까지 말을 타고 횡단한 일로 일본에서 유명 인사가 되었다. 이런 유의 모험가 중 더 유명했던 이로는 육군 장교이던 도이하라 겐지^{土肥原賢二}(1883~1948)가 있다. 도이하라는 여러 중국 방언을 비롯해 완벽한 만다린을 배워서 구사했다. 일본 황군의 중국 전문가 중 한 명으로서 중국 북부와 만주에서 군 경력의 대부분을 쌓은 사람이었다. 건장한 악당 체격에 히틀러식 콧수염, 언제나 웃는 얼굴이었던 도이하라는 낭만적 인물이라는 인상을 주었고, 서양과 일본의 언론에 "만주의 로렌스"라고 알려졌다. 이렇게 말하면 도이하라도 제1차 세계대전 때 아랍의 대의명분을 위해 싸웠던 것으로 유명한 영국인 T. E. 로렌스처럼 원주민들의 해방을 꿈꾸던 몽상가였다는 의미로 들릴 수 있다. 그러나 도이하라는 전혀 그런 인물이 아니었다. 암살자이자 협박가, 테러 기획자이자 아편과 매춘굴을 운영하는 큰손이었던 그는 원주민을 압제하는 사람들의 하수인이었다. 도이하라는 1948년 도쿄의 국제 군사 재판에 회부되어 전범으로 교수형에 처해진다.

10개 국어를 구사했다고 알려진 후쿠시마와는 달리 가와시마 나니와는 영어나 그 어떤 유럽 언어도 배우기를 거부했다. 그는 대신 아시아의 구원자로서 대륙에서 명성을 얻겠다는 속셈 하나로 중국어를 공부했다. 오사카의 어학교를 도중에 그만둔 뒤 가와시마 나니와는 상하이로 가는 배에 올랐다. 상하이에서는 화를 참지 못하는 난폭하고 거친 성격의 괴짜로 금세 유명해졌다. 운 나쁜 현지 가이드를 비롯해 신경에 거슬리는 사람은 누구라도 죽이려들었기 때문에 뜯어말려야 했던 게 한두 번이 아니다. 일본의 소심한 청년이 중국에 와서는 거친 남자처럼 행동했다. 중국인 쿨리 복장에 가짜 변발을 한 채 언제나 휘두를 수 있는 사무라이 칼을 지니고 다녔던 그는, 다양한 부류의 일본군 일행들과 어울려 첩보 목적의 여행을 다니며, 언젠가 일본에 도움이 될지도 모르는 지역의 군벌이며 폭력배들과 친분을 맺었다. 가와시마 나니와는 그런 여행 도중 말에서 떨어진 일이 있는데, 그가 일찍 청력을 잃은 것이 그 때문이라고 하는 사람들이 있다. 혹은 어느 척박한 지역으로 여행을 가서 말라리아 증상을 무시했다가 크게 앓은 뒤 그렇게 되었다는 설도 있다.

가와시마 나니와는 당시 가장 급진적이던 일본의 비밀 결사 중 하나인 현양사玄洋社의 회원들과 어울렸다. 현양사는 가와시마 나니와처럼 불만을 품은 옛 사무라이들로 구성된 테러리스트 조직이었다. 조직의 리더는 턱수염을 기르고 다니던 도야마 미쓰루頭山滿 (1855~1944)로, 일본의 지배 아래 아시아가 활력을 되찾을 것이라는 사상을 전파하던 리더형 인물이었다. 도야마는 나중에 이와 비슷한 또 하나의 급진 단체를 설립해 흑룡회黑龍會라고 이름 짓기도 했다. 현양사도 훗날의 흑룡회도 상당수의 대륙 로닌은 물론이고 조직폭력배를 포함해 온갖 수상쩍은 사람들을 자석처럼 끌어모았다. 자신들이 일본의 사무라이 정신을 대표한다고 믿던 이 성질 급한 무리는 정적을 암살하는 것을 주된 수법으로 삼았다. 조직폭력단과 연결되어 있던 도야마는 한때 쑨원의 혁명을 지원하기도 했다. 그러나 현양사는 날로 군사화되는 일본을 위해 중국 대륙에 효율적인 스파이 네트워크를 구축해나갔고, 다른 한편으로는 매춘과 강탈과 그 외 부정한 방법으로 돈을 벌었다.

1900년 베이징의 해외 공관들을 상대로 일어난 봉기인 의화단 운동 때 가와시마 나니와는 드디어 단순한 도시 전설 수준이 아닌 기억에 남을 만한 업적을 이루게 된다. 독일 육군 원수가 지휘하는 서양 군대가 중국 측이 투항을 거부하면 자금성을 폭파해 그 안의 모든 보물을 파괴하려 하고 있었다. 일본 측의 통역으로 활동하던 가와시마 나니와가 이때 "자금성은 나에게 맡기시오!"라고 외쳤다고 전해진다.[6] 그리고는 자금성의 문들을 통과하며 중국어로 소리질러가면서 설득한 결과, 청나라 황실 근위병들을 저항 없이 밖으로 나오게 할 수 있었다. 숙친왕은 이 왜소한 일본인의 의연함에 크게 감명받은 나머지 그와 따로 만나고 싶다고 요청했다.

비슷한 나이였던 둘은 금세 친구가 되었다. 요시코는 아버지 숙친왕이 이 미래의 양부에게 얼마나 깊은 신뢰를 갖고 있었는지 기억한다. 그녀의 표현에 따르면 "개인적인 이해관계를 훨씬 뛰어넘는" 신뢰였다. 두 사람이 "서로에 대한 애정과 신의를 강하게 느끼고는 의형제가 되었다"[7]라고도 썼다. 아마 둘은 실제로 그렇게 느꼈을지도 모른다. 하지만 만주인과 일본인 사이의 이 우정은 사실 정치와 깊숙이 뒤얽혀 있었고, 당시의 정치는 곧잘 추악한 모습을 하고 있었다.

의화단 운동이 종결된 뒤 숙친왕은 베이징에 근대 경찰 조직을 만드는 일을 도와달라고 가와시마 나니와에게 부탁했다. 가와시마 나니와가 그런 일에 경험이 있을 리 없었으나 숙친왕은 아마도 새 친구가 일본인이기 때문에 근대적인 일에 관해서라면 무엇이든 정통해 있으리라고 생각했던 것 같다. 하지만 두 남자가 의기투합할 수 있었던 주된 이유는, 아시아는 아시아인의 것이 되어야 한다

는 이상을 함께했기 때문이다. 타락한 중국을 구해야 하고 일본이
그 일을 주도한다. 추악한 백인 세력을 몰아내자. 둘 다 이런 생각에
동의하며 건배할 수 있었다.

숙친왕이 망명한 뒤 가와시마 나니와는 뤼순 저택에 주기적으
로 들르는 손님이 되어, 부인인 가와시마 후쿠코川島福子와 함께 오랫
동안 머무르곤 했다. 후쿠코는 침울하고 어딘가 버림받은 느낌을 주
는 사람이었는데 나중에 심각한 우울증을 앓는다. 가와시마 나니와
는 숙친왕 가족 주위를 맴돌던 모의꾼 중 한 명이었다. 그는 중화민
국에 저항하기 위해 몽골로 무기를 밀반입하던 일에도 관여하고 있
었다. 일본의 우익 선동가들 사이에 유행하던 상상 중에는, 몽골과
만주가 인종적으로나 문화적으로나 중국보다는 일본에 가깝기 때
문에 중국은 분명 그 지역을 지배할 타당한 이유가 없다는 것이 있
었다. 가와시마 나니와가 이런 주장을 믿었는지는 확실치 않다. 숙
친왕은 어쩌면 믿었을 것이다. 하지만 둘 사이의 관계는 아무리 의
형제 선언과 같은 감성으로 포장한다고 해도 결국 기회주의적인 것
이었기 때문에 그런 게 중요하지는 않았다. 숙친왕은 만주의 독립을
중국 본토 수복을 위해 거쳐야 하는 징검다리로 보았고, 가와시마
나니와가 신봉하던 대동아 공영론은 일본이 지배 세력이 되는 것을
의미했다.

하지만 종국에는 이 모든 것이 수포로 돌아간다. 일본 정부가
최소한 당분간은 중화민국을 지지하기로 결정한 것이다. 멘토인 후
쿠시마는 가와시마 나니와에게 만몽 독립을 위한 개입에서 손을

떼라고 했다. 가와시마 나니와는 크게 실망해서 일본으로 돌아왔다. 아시아를 구하겠다던 그의 꿈이 실패로 돌아간 것이다.

그럼에도 숙친왕은 일본의 로닌 친구에게 뜻밖의 제스처를 취해 여전한 형제애를 보여주었다. 정확히 무슨 일이 있었던 것인지에 대해서는 논란의 여지가 있다. 1915년이었던가? 아니면 그보다 1년 전이었던가? 하여튼 그 무렵 숙친왕의 아들 중 하나가 도쿄의 가와시마 나니와를 방문했다. 가와시마 나니와는 안절부절못하는 정신으로 아직도 만주에서의 각종 음모를 꿈꾸던 집착 상태였다. 부인 후쿠코는 여전히 우울증을 심하게 앓던 중이었다. 둘 사이에는 아이가 없었고, 그들은 끔찍하게 외로워 보였다.

분명 믿을 만한 것은 못 되지만 요시코의 회고록 내용을 믿기로 한다면 뤼순 저택의 식당에서는 다음과 같은 광경이 펼쳐졌다. "아버지는 고개를 떨구고 깊은 생각에 잠겼다. 그러다가 고개를 들어 나에게 이렇게 말했다. '가와시마 아저씨의 딸이 돼보지 않겠니?' 형제자매들은 충격을 받았지만, 나는 즉각 기꺼이 그러겠노라고 대답했다. 아버지는 '좋다, 모두 동의한다면 너는 그 집 딸이 되는 거다.'" 숙친왕은 곧 다음과 같은 내용으로 친구에게 편지를 보냈다. "자네에게 노리개를 하나 선물로 보내네. 어떤가? 아껴주었으면 좋겠네."[8] 요시코의 친모는 소리 죽여 울었다.

왜 이런 특이한 선물을 보냈는지 그 이유는 명확하지 않다. 가와시마 나니와와 숙친왕은 금전적으로 수상쩍은 관계에 있었다. 일본의 활동가들은 여전히 청나라의 신봉자들에게 돈을 마련해주고 있었다. 숙친왕 가족이 벌어들이는 수입의 대부분은 훔친 장물을 판 것이라는 의심스러운 소문이 현지의 노천시장으로부터 나왔다. 이 "장물 시장"을 운영하던 사람이 다름 아닌 가와시마 나니와다. 훗날 숙친왕의 친척들은 가와시마 나니와가 사실은 수익금의 대부분을 자신의 주머니로 몰래 챙겼다고 비난했다. 숙친왕은 그저 일본과의 연대를 강화해 청 제국의 영광을 다시 한번 되찾으려 시도했던 것인지도 모른다. 하지만 1922년 숙친왕이 죽으면서 그의 이런 꿈은 영원히 끝났다. 그가 어떻게 죽었는지에 대해서도 논란이 있다. 1945년 미 정부의 보고서에 의하면 숙친왕은 일종의 금속 물질을 삼켜서 사망했다고 한다.[9] 장례는 만주족 왕자에 걸맞게 모든 예우를 갖춰 치러졌다. 넷째 첩이자 요시코의 어머니도 그로부터 얼마 지나지 않아 죽었다. 어떤 이들은 그녀도 자살한 것이라고 말한다. 아니면 열한 번째로 임신한 아이를 낙태시키려고 썼던 약 때문에 죽었다는 얘기도 있다.

설혹 자신이 일본에 "선물"로 보내졌다는 사실에 분노했을지라도, 요시코가 공개적으로 그런 얘기를 한 적은 없다. 필리스 번바움이 쓴 가와시마 요시코 전기에 인용한 부분을 보면, 오빠인 셴리憲立는 그날의 불길했던 사건에 대해 다르게 얘기하고 있다.[10] 셴리의 기억 속에서 둥전은 일본에 가기 싫다며 울음을 터뜨렸다.

그렇게 예닐곱 살의 나이에 둥전은 노리개이자 물건으로서, 한 남자로부터 다른 남자에게 넘겨지는 기구한 인생을 시작한다. 얼마 지나지 않아 그녀는 자신의 인생에 일어난 사실을 윤색하는 법

을 터득하고, 타인들이 자신들의 환상을 투사하는 일종의 화폭이
되기도 한다.

시모노세키 항구에 도착한 둥전은 일본 전통의 여관으로 보내
졌다. 거기서 일본식 기모노로 갈아입고, 머리도 눈 바로 위까지 곧
게 내려 기른 일본식으로 잘랐다. 둥전은 정식으로 입양되지는 않아
서 가와시마 집안의 족보에 이름이 올라 있지 않지만, 실질적으로
가와시마 나니와와 부인 후쿠코의 딸이 되었다. 이제는 후쿠코를 "마
마"라고 부르게 된다. 화려한 일본 복장을 하고 일본 부채를 움켜
쥔 당시 둥전의 사진이 한 장 남아 있다. 사진의 왼쪽 구석에는 가와
시마 요시코라는 그녀의 새로운 이름이 손글씨로 적혀 있다.

제3장:
기적

1 : 베를린

펠릭스 케르스텐도 바인레프처럼 자신이 선택받은 사람이라고 느꼈다. 바인레프와는 상당히 다른 맥락이었고, 조상의 핏줄과는 전혀 관계없는 것이기는 했지만.

자신의 커다랗고 부드러운 손에 운명이 달려 있다는 이야기를 핀란드의 의사 에크만으로부터 들은 다음, 케르스텐은 헬싱키의 군인병원에 있던 콜란데르라는 이름의 의사로부터 핀란드식 마사지 기술을 배워 1921년에 학위를 취득했다. 등과 팔다리를 주물러서 혈액순환을 개선하는 마사지는 스칸디나비아에서 오랜 역사를 갖고 있다. 예를 들면 핀란드에서는 사우나 목욕이나 신선한 자작나무의 잔가지로 스스로를 때리는 방법과 더불어 마사지가 민속 문화에 깊숙이 녹아들어 있다. 케르스텐은 마사지사로서 재능이 매우 뛰어났기 때문에 곧 콜란데르 박사의 병원에 있는 군인들이 통증을 덜어달라고 그에게 마사지를 요청하기 시작했다. 생계 유지를 위해 식당에서 설거지 일도 했다. 체격이 컸던 그는 헬싱키의 항구에서 화물도 실었다. 학위를 취득하고 나자 지도 교수가 베를린으로 가서 학업을 계속하라고 조언해주었다. 베를린은 이런 유의 치료법에 있어서 가장 유명한 곳이었다.

온갖 종류의 의학 연구와 임상을 매우 중시하던 독일은 또한 자연숭배자, 등산가, 나체 일광욕꾼, 체조 선수와 같이 심신의 건강을 추구하는 사람들이 모여 있는 나라이기도 했다. 근대 게르만 민족주의를 주창하던 주요 인물 중에는 '체조의 아버지'라는 뜻의 투른파터Turnvater라고 알려진 프리드리히 루트비히 얀(1778~1852)도 있었다. 미국을 포함한 해외의 독일인 커뮤니티는 물론, 독일 전역에 널려 있던 체조 클럽은 건전한 게르만 "정신"을 퍼뜨리기 위한 목적으로 가장 선호되던 공간 중 하나였다.

하지만 케르스텐이 베를린에 도착했을 무렵의 독일은 양차 대전 사이에서 만신창이가 되어 있던 나라이기도 했다. 제1차 세계대전의 패배와 무너져버린 경제와 극도의 가난으로 인해 사회 전체의 사기가 떨어져 있었다. 혁명주의 좌파와 근본주의 우파 사이의 충돌은 길거리 전투로 터져나와 양쪽 모두에 숱한 유혈 사태를 불러왔다. 독일 제국은 무너졌고 빌헬름 2세는 네덜란드로 도망가서, 책상 앞에 의자 대신 말안장을 놓고 앉아 복귀를 구상했다. 인플레이션과 혁명은 상존하는 위협이었다. 바이마르 공화국 시대에 베를린을 대표하던 쌍둥이와 같던 두 상징은 매춘부와 눈이 멀었거나 팔다리가 없는 채로 구걸 통을 들고 있는 상이군인이다. 케르스텐은 이때 독일인의 좋은 면과 나쁜 면을 모두 보게 되었다고 회상한다.

나쁜 면은 훗날 나치즘으로 비화되고, 케르스텐은 언제나 희생자 편에 섰다. 전쟁이 끝난 뒤 그의 주장이다.

바이마르 공화국의 사회적 혼란은 범죄, 부패, 대담한 예술적 실험, 캬바레, 음악당, 높은 자살률, 남녀노소를 가리지 않는 매춘을 부추겼을 뿐 아니라, 신비주의 이론과 이국적인 치료법에 대한 흥미를 불러일으켰다. "정치 경제적 불확실성이 극에 달했던 이 기간에, 모든 형태의 신비주의가 번성했다."[1] 이 문장을 쓴 이는 빌헬름 불프로, 그 자신이 직업 점성술사이기도 했다. 그는 나중에 하인리히 힘러의 휘하에서 케르스텐과 동료로 알고 지내게 된다(히틀러와 마찬가지로 힘러도 다음 수를 정하기 전에 점성술사의 의견을 구해야 하는 사람이었다. 히틀러의 측근에 속한 라이벌들과 경쟁을 벌이는 와중에 흔히 그러곤 했다).

케르스텐은 다시 한번 접시를 닦으며 생계를 유지해야 하는 처지가 되었지만, 그것만 빼면 베를린 생활을 즐겼던 것으로 보인다. 과체중에 느릿느릿하고 창백한 얼굴이었던 그는 외모가 멋지지는 않았지만, 누가 봐도 느긋하고 매력적이며 언제든 즐길 준비가 되어 있는 낙천적인 사람이었다. 그런 케르스텐에게 반한 것이 분명한 몇 살 연상의 여성이 있었다. 엘리자베트 뤼벤이라는 이름의 이 여성은 홀어머니와 살고 있었고, 어머니가 케르스텐의 부모님과 친구였다. 케르스텐은 베를린에 있는 이들의 안락한 집에서 하숙을 함으로써 궁핍한 생계의 부담을 조금 덜 수 있었다. 엘리자베트와는 애초부터 성적인 관계가 아니었던 것 같다. 그보다는 가족과도 같

은 관계였다. 케르스텐과 일생 동안 지속된 관계에서 엘리자베트
는 어머니와도 같은 역할을 했다. 그의 옷을 세탁하고 저녁을 차려
주었으며, 그에게 줄곧 푹 빠져 있었다. 케르스텐이 결혼해서 아이
들을 가진 뒤에도 엘리자베트는 그를 돌봐주는 사람이자 절친한 친
구로 남았다. 조언이나 위안이 필요할 때면 케르스텐은 언제나 엘
리자베트를 찾곤 했다.

베를린에서 케르스텐을 주로 가르쳤던 스승은 아우구스트 비
어 박사였는데, 외과 의사였던 그는 재미있는 업적을 다양하게 이
룬 사람이었다. 코카인을 척수에 주입해 환자를 부분 마취하는 데
최초로 성공한 이가 비어 박사다. 그가 유명해진 데는 다른 이유도
있다. 슈탈헬름^{stahlhelm}이라 불리는 독일의 군용 헬멧을 그가 디자인
했다. 특유의 석탄 통처럼 생긴 부분이 목덜미를 보호하게 되어 있
는 바로 그 철모다. 비어 박사는 또한 독일 체조의 열렬한 애호가
이자 나무를 사랑하는 사람이었고, 동종요법_{질병과 비슷한 증상을 일으키는}
_{물질을 극소량 사용하여 병을 치료하는 방법}을 시술하기도 했다. 동종요법은 현재
돌팔이 치료법 취급을 받지만 당시에는 유행했다.

이상하게도 케르스텐의 회고록에는 비어 박사에 대한 언급이
없다. 프랑스어 전기에는 비어 박사에 대한 내용이 꽤 길게 나오는
것으로 미루어 전기 작가 조제프 케셀에게는 틀림없이 이야기했을
텐데 말이다. 그 대신 케르스텐은 간질과 신경쇠약을 전문으로 다
루던 신경학자인 오토 빈스방거와 같은 다른 저명한 교수들에 대
해서 쓰고 있다. 그렇게 태세 전환을 한 이유는 비어가 열렬한 나치

가 되어 히틀러로부터 온갖 훈장을 받았던 반면, 빈스방거는 모든 혼란이 시작되기 전인 1929년에 논쟁의 대상이 되지 않고 사망했기 때문일 수 있다.

그러나 케르스텐에게 가장 중요했던 스승은 알려진 바에 의하면 독일인이 전혀 아니고, B. 코 박사라는 이름의 중국 남자였다. 케르스텐의 회고록을 보면 빈스방거 교수가 코 박사를 그에게 소개한 것으로 되어 있다. 케셀의 전기에서는 그게 비어 박사다. 나는 물론이고 그 누구도 코 박사의 행적에 관해 아무런 기록을 찾지 못했다. 그의 이름은 당시 베를린의 전화번호부에도 등재되어 있지 않다. 그렇다고 해서 꼭 그가 가상의 인물이라는 것은 아니고, 단지 그의 존재를 여전히 확실하게 증명할 수 없다는 것뿐이다. 코 박사에 대한 케르스텐의 묘사는 어쩌면 모두 사실일 수도 있지만, 분명 허황되게 들리는 부분이 일부 있다. 케르스텐은 코 박사를 조금 지나치게 전쟁 이전 시절의 만화책에 나올 법한 동방의 현인처럼 묘사해놓았다.

서양 사람들에게 고대 동방의 지혜라고 하면, 보통 이들의 상상력은 라마승들이 날아다니고 신이 환생하는 땅 티베트로 향한다. 케셀이 들은 바에 의하면 코 박사는 중국에서 태어났으나 티베트의 사원에서 자랐다. 거기서 중국과 티베트의 신비한 치료법과, 불교 수도승들 사이에서 오랜 세월 전승되어온 티베트 마사지의 기술을 배웠다. 스승들은 코가 흡족한 수준으로 이 기술들을 익히자, 그에게 서방으로 가서 유럽인들에게 동방의 지혜를 알려주라고 명한다. 코는 제1차 세계대전 이후 베를린으로 이주하기 전에 런던에서 의학 박사 학위를 취득했다고 전해진다.

코 박사는 여전히 정체가 모호한 인물이지만 그가 티베트에서 들여온 지식은 바이마르 공화국하의 베를린에서 꽃피우게 된다. 당시 베를린에서는 건강에 집착하는 사람이나 신비주의적 심신 안녕의 추종자들뿐 아니라 일부 나치 사이에서도 아시아의 종교에 심취해보는 것이 유행이었기 때문이다. 직관과 명상을 통해 "근원적인 현실"에 다가갈 수 있다고 주장했던 블라바츠키 부인(1831~1891)의 신지학神智學 학문적 지식이 아닌 직관에 의하여 신과 신비적 합일을 이루고 그 본질을 인식하려는 종교적 학문이 크게 환영받던 시대였다. 케르스텐처럼 재독 러시아인 가정 출신이었던 블라바츠키 부인은 1849년 아시아에 다녀온 적이 있다. 아마 지어낸 이야기겠지만 본인 말로는 거기서 만난 "고대 지혜의 스승들"을 통해 정신세계에 몰입하는 가르침을 얻었고 티베트의 승려들과도 함께 지냈다고 한다.

독일은 원래부터 오랜 세월 산스크리트 학문의 중심지였다. 그러나 그 전통은 1920년대와 1930년대에 온갖 부류의 이상한 추종자들에 의해 통속화되었다. 그중에는 항상 『바가바드기타』힌두교 3대 경전 중의 하나를 주머니에 넣고 다녔던 하인리히 힘러도 있었다. 힘러는 발터 뷔스트라는 이름의 산스크리트 교수를 아넨에르베Ahnenerbe 선조의 유산이라는 뜻의 수장으로 임명했는데, 아넨에르베는 소위 아리아 민족의 인도 쪽 기원에 대해 연구하던 일종의 SS 싱크탱크다. 힌두 불교의 상징이던 스와스티카를 나치 운동에 가져다 쓰자는 생각이 이런 식의 미심쩍은 연구로부터 탄생했다.

　나치 지도자들의 일부는 힘러를 약간 괴짜로 여겼지만, 카스트 제도라든지 신성한 무사와 같은 힌두교의 특정 측면에 대한 힘러의 관심은 당시에 결코 유별난 것이 아니었다. 제1, 2차 세계대전 사이의 독일에서는 요가 수행이 일반적이었다. 에른스트 이스베르너 할다네라는 이름의 독일계 호주인 신비학자이자 요가 강사가 "아리아 요가"라는 것을 장려했다. 오컬트를 숭배하던 우익들의 모임인 이른바 "스와스티카 서클"의 창립 멤버이기도 했던 이스베르너는 지독한 반유대주의자였고 힘러가 편애하던 신비주의 모임들에 관여하고 있었다. 빌헬름 불프도 스와스티카 서클의 회원이었고, 자신의 점성술 커리어를 발전시키기 위해 산스크리트 연구자가 되었다. 훗날 힘러는 일본 사무라이의 자기희생 정신을 SS에 주입하려는 바람으로 불프에게 선불교도 연구하도록 했다.

　코 박사는 1920년대의 베를린에 존재해도 전혀 이상하지 않은 인물이었다. 적어도 케르스텐의 설명에 등장하는 그는 그랬다. 빈스방거 혹은 비어 박사가 케르스텐을 처음 코 박사에게 소개했을 때, 이 중국 마사지사는 아무 말도 하지 않고 줄곧 미소만 지음으로써 진정한 "동방"의 매너를 보여주었다고 한다. 코 박사는 케르스텐이 보여준 핀란드 마사지에는 별다른 감흥을 받지 못했다. 젊은 케르스텐이 좋은 잠재력을 가지고 있긴 하나, 기초부터 완전히 다시 배워야 한다고 했다.

　케르스텐이 묘사한 코 박사의 치료 기술을 우리가 의심해야 할 이유는 전혀 없어 보인다. 그것은 일종의 시아츠(지압)로, 편두통이나 복통, 신경쇠약 같은 증상의 원인이라 여겨지는 신경 부위를 손의 느낌으로 찾아 특정 부위들에 압력을 가해 통증을 완화하는 방식에 기초하고 있었다. 하지만 케르스텐은 코 박사의 기술을 설명하려드는 것이 마치 시인이나 화가가 예술작품의 창작을 말로 설명하려는 것과 마찬가지라고 독자들에게 분명히 일러둔다. 다른 것을 다 떠나서 손가락 끝이 극도로 예민해야만 가능한 기술이었고, 케르스텐 또한 그런 예민함을 타고난 듯했다.

케르스텐의 기록에 의하면 코 박사는 케르스텐을 보자마자, 자기가 아직 티베트의 신참 승려이던 시절 보았던 점성술의 점괘가 실현되었음을 깨달았다. 점괘는 코 박사가 1922년에 아직 아무것도 모르지만 배움의 가능성이 있는 젊은이를 만날 것이라고 했다. 그 젊은이가 바로 케르스텐이었다. 케르스텐은 이 일을 위해 선택받은 자였던 것이다. 코 박사가 제자 케르스텐에게 가르쳤던 내용 중 하나는 환자의 피부 속 손상된 신경을 찾아내는 작업은 치료의 시작에 불과하다는 것이었다. 그다음에는 말하자면 환자의 몸 안으로 들어가야 했고, 이는 고도의 집중을 통해서만 가능한 일이었다. 케르스텐은 그것을 "맨손 치료"라고 불렀지만 사실은 영적 훈련이기도 했다.

코 박사 밑에서의 견습생활은 그 시작이 신비로웠듯 마무리도 신비롭게 다가왔다고 전해진다. 4년 동안 케르스텐에게 최고의 중국 요리를 먹여가며 마사지와 삶에 대해 가르치고 나서, 코 박사는 갑자기 8년 뒤에 다가올 자신의 죽음을 준비하기 위해 티베트의 사원으로 돌아간다고 선언했다. 코 박사는 별점에 나와 있던 내용을 통해 자신이 죽을 날을 미리 알고 있었다. 불교의 현인 코 박사는 줄곧 미소를 띤 채 지극히 평온한 모습으로 자신의 죽음에 대해 이야기했다.

2: 마쓰모토

도쿄에서 처음 학교에 갔던 날, 요시코는 동급생들에게 아주 특별한 인상을 남겼을 것이다. 다른 학생들이 모두 칙칙한 군청색의 학교 교복을 입고 있던 와중에 요시코는 자주색 다마스크 직물로 주름을 잡은 비단옷을 커다랗고 하얀 리본으로 묶은 차림으로 나타났던 것이다. 일본의 학교에서 심지어 지금보다 외국인을 찾아보기 더 힘들었던 시절이다. 아이들은 이 범상치 않은 귀신 복장을 한 전학생 주위에 몰려들어서 어느 나라에서 왔냐고 물었다. 어떻게 대답해야 좋을지 몰랐던 요시코는 불쑥 이렇게 내뱉고 말았다. "우리 엄마 배 속에서 왔어."²

사람들은 여전히 요시코를 중국인을 비하하는 일본어인 잔코로ちゃんころ 짱꼴라의 어원이기도 함라고 불렀다. 양부가 그녀의 이름을 족보에 올리지 않기로 했기 때문에 요시코는 끝내 일본 국민이 되지 못했다. 가와시마 나니와가 왜 이 입양의 마지막 절차를 끝마치지 않았는지는 분명치 않다. 아마 요시코를 청나라 수복의 꿈을 이루기 위한 장기말로 키우고 싶어했을 테고, 따라서 요시코가 일본 국민이 되면 곤란했을 것이다.

외국에서 이민 온 아이인 요시코가 학대에 대처할 수 있는 방법으로는 몇 가지가 있었다. 현지의 풍속과 습관을 최대한 따라하려고 애쓰는 것이 그중 하나다. 그러나 그러다보면 지나치게 노력하는 모습이나 사소하게 저지르는 실수로 인해 더 비웃음을 살 수 있다. 혹은 이국적인 이방인으로서의 모습과 태도를 더 드러내보일 수도 있다. 이민자의 아들이었던 영국 총리 벤저민 디즈레일리가 그랬다. 디즈레일리는 우중충한 빅토리아 시대의 영국에서 금반지와 고급 벨벳 옷을 뽐내며 유대인 귀족 멋쟁이 행세를 했다. 요시코는 이 두 가지를 합친 전략을 썼다. 양부의 집에서 마주치던 마초 일본 민족주의자들을 기이한 방식으로 흉내 냈던 것이다. 스스로가 너무 혼란스러워질 때는 뤼순 시절 점심을 먹으며 만주족 아버지가 들려주던 긴 설교의 말을 기억해내곤 했다. "너는 중국인도 아니고 일본인도 아니다. 너는 중국과 일본 사이의 가교가 될 것이다."3

　요시코는 귀족이었던 자신의 지위만큼은 결코 잊어버리지 않았다. 일본 학교의 학생들은 극도의 경의를 담아 선생을 대한다. 교실에 들어올 때면 급히 차려 자세를 하고 허리 숙여 인사한다. 하지만 어린 요시코는 선생들을 웨이터나 하인처럼 취급했다. 센세라고 부르지 않고 거만하게 "어이, 거기……!" 하고 불렀다.

　따라서 요시코가 대부분의 기초 교육을 집에서 받았던 것도 무리는 아니다. 일본 학교의 엄격한 규율은 그녀에게 전혀 맞지 않았다. 수년 동안 요시코에게 "집"이란 도쿄에 있던 가와시마 나니와의 맨션이었다. 나무로 제멋대로 지은 그 전통 가옥에는 튼튼하게 늘어선 참나무가 그늘을 드리웠다. 요시코의 가정교사는 누구의 도움도 받지 않고 뉴욕의 컬럼비아대학까지 유학을 다녀온 아카바네 마쓰에赤羽鬆江라는 이름의 대단한 여성이었다. 일본으로 돌아온 뒤에는 아시아 각국에서 온 학생들을 전문적으로 개인 지도했다. 아카바네의 진취성은 극우주의자들이 드나들던 가와시마 집안의 환경과 일견 어울리지 않아 보일 수 있다. 그러나 다시 한번 말하건대 근대주의와 급진적 민족주의가 항상 모순관계에 있었던 것은 아니다. 가와시마 나니와 집안 주변에서 맴돌던 악명 높은 흑룡회黑龍會 회원들은, 아시아를 일본 제국이라는 하나의 지붕 아래 결집시키려는 목표를 갖고 있던 적극적인 국수주의자들이었다. 그러면서 그들은 또한 서방 제국주의의 적이기도 했다. 일본이 낙후된 아시아인들을 "해방"시키고 "근대화"시켜야 했던 것이다.

가와시마 나니와와 그의 친구들은 일본 사회의 주류가 아니었다. 바이마르 공화국 시절의 베를린과 마찬가지로 도쿄도 도쿄 나름대로 네온사인이 빛나는 들뜬 재즈 시대를 통과하는 중이었다. 모던 걸(모가^{モガ})들은 단발머리를 하고 영화배우 클래라 보처럼 입술을 붉게 칠하고 짧은 치마를 입었다. 때로 "마르크스 보이"라고도 불리던 모던 보이(모보^{モボ})들은 나비넥타이와 흰 바지에 동그란 테의 해럴드 로이드 안경을 썼다. 이들은 후미오 난리^{文雄南里}(1910~1975)의 재즈밴드 핫페퍼스가 연주하는 음악에 맞춰 찰스턴 춤을 췄다. 니체와 마르크스를 읽고, 카페에서 만나 여성 해방을 논했다. 다이쇼 시대(1912~1926)의 불완전한 다당제 시스템에서 비롯된 이름인 "다이쇼 민주주의"는 예전 어느 때보다, 혹은 향후 20년과 견줘보아도 훨씬 더 리버럴한 시기였다. 보수적인 지식인도, 폭력적인 극단주의자도 서양의 방식을 그대로 받아들이는 것을 수치스럽게 여겨 이를 극복하려 했다. 그런 의미에서 일본의 극우 민족주의자들이 1932년 도쿄를 방문한 찰리 채플린을 암살하려 했던 계획은 뜬금없지만 나름의 이유가 있었다.

가와시마 나니와는 중화민국으로부터 만주와 몽골을 독립시키려는 계획을 아직 포기하지 않고 있었다. 1915년은 계획을 추진하기에 좋은 해였다. 유럽이 포탄으로 구멍투성이가 된 플랑드르의 평원에서 서로를 살육하는 동안^{제1차 세계대전의 발발} 일본은 위안스카이^{袁世凱}가 황제 행세를 하던 북양 정부를 을러대 북중국과 만주의 일부를 일본에 조차하도록 했다^{21개조 요구}.

가와시마 나니와에 의해 고무된 숙친왕은 몽골과 만주에서 일어난 반중 봉기에 재산의 대부분을 걸었다. 일본인 요원들이 현지 봉기 세력을 도와 두부와 고추냉이 절임을 담은 상자에 무기와 탄약을 숨겨 들여왔다. 자금은 오쿠라 기하치로^{大倉喜八郎} 남작(1837~1928) 같이 봉기에 동조하는 사람들로부터 나왔다. 무기상이자 아시아의 골동품 수집가이던 오쿠라의 이름은 아직도 도쿄 호화 호텔의 상호로 남아 있다^{오쿠라 호텔}. 가와시마 나니와는 친일 몽골 장군의 아들들을 개인적으로 돌봐주며 일본 군관학교에 다닐 수 있도록 후원해주었다.

위안스카이는 1915년 12월에 스스로 새로운 중국 황제의 자리에 올랐다. 위안에게는 안타까운 일이지만 그의 내세울 것 없는 천하는 반년을 채 넘기지 못했다. 동지는 너무 적었고, 적은 너무 많았다. 중국의 공화주의자, 남방의 군벌들, 영국, 일본, 그리고 중국의 수많은 일반 국민이 모두 그의 적이었다. 1916년 6월 위안은 황제 지위를 잃고 곧 세상을 떠났다. 탈진으로 인해 신장 기능이 멈춰 죽었다고도 하고, 충격으로 인해 죽었다는 말도 있다. 어떤 사람들은 훨씬 더 어두운 힘이 작용했다고 믿기도 했다.

어찌 되었건 "청나라를 도와 위안스카이와 싸우자"라는 공공연한 운동은 이제 그 목적을 잃고 만다. 일본은 이제 암묵적으로도 더 이상 만몽 독립을 지지하지 않게 되었다. 숙친왕과 가와시마 나니와가 꾸던 청나라 부활의 꿈은 또다시 수포로 돌아갔다. 그로부터 6년 뒤 숙친왕의 때 이른 죽음은 당시의 실패에 따른 좌절감에서 비롯되었을 수 있다. 가와시마 나니와의 경우는 일본의 대륙 몽상가 다수와 비슷한 증상을 겪은 것으로 보인다. 중국에 대한 열정이 중국에 대한 경멸로 빠르게 식어버렸던 것이다. 이들은 중국의 부패를 멈추고 백인들을 몰아내기 위해서는, 일본이 나서서 더 강압적인 조치를 취할 수밖에 없다고 생각하게 되었다.

가와시마 나니와는 아마도 숙친왕을 위로하기 위해서였거나 혹은 둘 사이의 복잡한 재무관계를 정리하기 위해서, 1916년 봄 시모노세키에서 배를 타고 뤼순의 옛 친구를 방문하러 떠나기로 한다. 요시코도 이 여행에 함께했다. 뤼순에서 정확히 무슨 일이 있었는지는 확실치 않다. 요시코는 기모노 차림으로 아버지 앞에 불려나갔던 것 같다. 거기서 일본 군가를 부르고, 아버지를 기쁘게 하고자 가와시마 나니와가 지도해준 것이 틀림없을 일본어로 청나라의 영광스러운 미래에 대한 말들을 충실하게 읊었다. 오빠인 셴리는 당시의 광경을 어쨌거나 그렇게 기억하고 있다. 더 불쾌한 일은 저녁에 벌어졌다. 여전히 셴리의 기억에 따른 것이지만, 요시코가 잠옷 차림으로 부모 앞에서 가와시마 나니와에게 마사지를 했던 것이다. 어머니는 울면서 남편에게 딸을 되찾아와야 하는 것 아니냐고 속삭였다. 숙친왕은 고개를 가로저으며 "청의 부활을 위해 필요한 희생이야"라고 말했다.[4]

내용의 진위를 확인할 수 없는 요시코 본인의 회고록에는 이 감상적인 사건이 언급되어 있지 않다. 수많은 편집을 거친 그녀의 회고록이, 일본이 중국에서 가장 치열한 전쟁 속으로 접어들던

1937년 일본 독자들을 위해 쓰인 글이었음을 생각하면 그리 놀라운 일은 아니다. 중국에 있던 일본인이 부정적으로 여겨질 만한 일은 비록 그게 가와시마 나니와 같은 기회주의자라고 할지라도 일본에서 환영받지 못했다. 그러나 요시코가 언급한 내용은 흥미로웠다. 요시코는 당시 자신이 모국어로 말하는 법을 잃어버렸다고 주장한다. 형제들 사이에서 스스로가 낯선 사람처럼 느껴졌다. 외국인을 뜻하는 일본어 단어 '이호진異邦人'(이방인)이 왜 "외로움의 대명사처럼 사용되는지"[5] 그제야 알 수 있었다고 했다(요시코는 나중에 중국어 능력을 되찾지만 결코 완벽하지는 않았다. 완벽하지 않기는 그녀의 일본어도 마찬가지였다). 그리고 고향집에 다시 익숙해지려 할 때쯤, 가와시마 나니와가 자신을 일본으로 끌고 돌아가버렸다고 요시코는 쓰고 있다. 이 부분은 일본 독자들로부터 연민의 눈물을 자아내기 위해 쓴 것이 분명하지만, 그렇다고 해서 그 감정이 진실하지 않았던 것은 아니다.

점차 청력을 잃고 우울해져가던 가와시마 나니와는 온 가족을 데리고 도쿄를 떠나 눈 덮인 산이 있는 자신의 고향 나가노현으로 이사 가기로 결심한다. 고향은 여름에는 푸르름이 울창하고 겨울에는 온통 눈으로 뒤덮이는, 아름답고도 조금은 외딴곳이었다. 주변에 무수히 널린 온천에서 완전히 새로 수리한 마쓰모토 성의 검은 성벽이 바라다보였다. 유황 성분이 가득한 이 지역의 온천수는 각종 치료 효과가 있다. 소나무와 편백나무 냄새가 가득한 가와시마 나니와의 저택은 여름이면 유람선이 몰려들던 노지리 호수가 내려다

보이는 산비탈에 자리하고 있었다.

대부분의 증언에 따르면 10대에 접어든 요시코는 외로운 아이였다. 갑자기 중국 노래의 소절들을 혼자서 작게 흥얼거리기도 하고, 우스꽝스러운 태도와 오만한 태도 사이를 쉽사리 왔다갔다했다. 몇 가지 독특한 행동으로도 유명했다. 하나는 밤색 당나귀를 타고 동네 중학교에 등교해서 벚나무에 묶어두던 습관이다. 또 하나는 남자아이나 남자 어른들만 쓰던 단어를 사용해가며 남자처럼 말하던 것이다. 남성과 여성의 말이 요즘에도 여전히 뚜렷이 구분되는 일본에서 이는 사람들을 꽤 놀라게 할 만한 일이었다.

학교 출석은 불규칙했다. 요시코는 학교에 마음대로 왔다가 마음대로 가곤 했다. 신임 교장이 요시코에게 학교가 아닌 집에서 학업을 잇는 편이 낫겠다고 한 것은 아마 그래서였을 것이다. 요시코는 회고록에서 그런 일이 반중 정서에 기반한 편견의 전형적인 사례였다고 이야기한다. 아무리 제대로 된 일본의 언어와 습관과 예절, 그리고 당시 일본의 '혼'이라 사람들이 찬미하던 것을 몸에 익히더라도 요시코는 여전히 '이호진', 즉 이방인 취급을 받았다. 이유가 무엇이었든 간에 요시코가 일본 시골의 삶에 전혀 적응하지 못했음은 명백하다.

가와시마 나니와는 거의 존재감이 없던 부인 대신 요시코의 교육을 직접 챙기기로 했다. 체벌까지 포함해서 보통의 10대 소녀라면 전혀 겪지 않아도 될 가혹한 군사 교육을 시킨 것이다. 가와시마 나니와는 요시코를 개인 비서로도 이용했다. 사람들의 말을 더 이상 거의 알아들을 수 없었기 때문에 요시코가 모든 말을 쪽지에 받아적어서 그에게 전해주곤 했다.

이 둘의 관계가 착취적이었음은 거의 확실하고, 어쩌면 그보다 훨씬 더 일그러진 형태였을 수도 있다. 요시코는 가와시마 나니와와 침실을 함께 썼다. 일본에서 그 사실 자체는 그다지 유별난 일이 아닐 수도 있지만 어떤 이들은 요시코가 그와 침대를 같이 쓰도록 강요당했다고 믿기도 한다. 1925년에 요시코는 18세였고 가와시마는 60세였다. 요시코에 대한 가장 철저한 전기를 썼던 작가 가미사카 후유코上坂冬子는 두 사람의 나이 차가 너무 크다는 점을 들어 성적 학대에 대한 의혹을 부정한다. 영어 전기를 썼던 미국 작가인 필리스 번바움은 그만큼 순진하지는 않다. 직접 결론을 내지는 않지만 다양한 증언을 모두 언급한다. 어떤 쪽으로도 확실한 증거는 없기 때문에 그 외에는 다른 방법이 없었을 것이다. 하지만 당시 가와시마 저택에 머물렀던 요시코 오빠의 주장에 의하면, 어느 날 밤 양부가 자신을 강제로 범했다며 요시코가 주저앉아 울었다고 한다. 센리는 또한 뤼순에서의 깜짝 놀랄 만한 일도 기억하고 있었다. 가와시마 나니와가 이렇게 말했다는 것이다. 자신은 용기를 타고났고 숙친왕은 자비를 타고났으니, 요시코가 자신의 아이를 낳는다면 그 아이는 두 가지 덕목을 다 가지고 있지 않겠느냐고.

가장 끔찍한 기록은 1932년 한량이자 중국 밑바닥 삶의 전문가였던 무라마쓰 쇼후村鬆梢風가 요시코의 생애를 가볍게 극화해서 쓴 책에 등장한다. 무라마쓰는 상하이에서 요시코와 같은 아파트에

살던 시절 요시코의 요청으로 『남장의 여인^{男装の麗人}』[6]이라는 책을 집필했다. 책에는 과장된 이야기가 많이 나오지만 사실도 꽤 포함되어 있는 것으로 알려져 있다. 마리코라는 이름으로 등장하는 책의 여주인공은 양부에 의해 강간당한다. 그게 사실인지 아닌지는 모르지만, 요시코에 관한 전후 중국의 책과 영화에서는 이 내용이 반복해서 사실처럼 다뤄진다. 요시코를 매국노인 동시에 일본 침략주의의 희생자로 묘사하고 있는 것이다.

1922년 숙친왕이 세상을 떠나고 가와시마 나니와는 숙친왕의 모든 자녀의 법적 보호자가 되었다. 가와시마 나니와는 자신이 마치 집안의 공식적인 가장이 된 양 행세하며 이들의 재산을 마음대로 사용했다. 대부분의 돈은 가와시마 나니와가 벌었다가 실패한 갖은 사업에 소진되었다. 그중에는 마쓰모토의 온천수를 사용해 탄산 사과주를 제조하던 사업도 있었는데 시장 수요를 찾는 데 실패했다.

가와시마 나니와는 대륙 로닌들과 혁명이라는 이름으로 폭력을 저지른 과거가 있는 퇴폐적인 우익 건달들을 접대하는 데 산골 집에서의 시간 대부분을 보냈다. 요시코가 뤼순 시절부터 주변에서 접해온 이들은 줄곧 이런 남성들이었다. 술 취해서 요란한 군가를 부르고 과거에 저지른 폭력을 자랑삼아 떠벌리는 부류다. 이 중 어느 지독한 반공주의 청년은 러시아를 대하는 태도가 충분히 호전적이지 않았다는 이유로 전 타이완 총독을 습격한 사건에 가담한 적이 있었다. 이와타 아이노스케^{巖田愛之助}라는 이는 중국에 강경한 태도를 보이지 않는다는 이유로 일본 외무성 관료를 찔러 중상을

입힌 사건에 연루되어 있었다.^{1913년 외무성 정책국장 아베 모리타로阿部守太郎 암}
^{살 미수 사건}. 이와타는 1930년 진보적인 총리^{하마구치 오사치濱口雄幸}를 암
살한 우익 테러리스트 단체 애국사愛國社의 리더였다. 이와타를 비롯
한 이 젊은 테러리스트들은 일본 육군의 장교들과 긴밀히 연결되
어 있었다.

요시코는 그런 모임에서 나오는 말들을 가와시마 나니와가 이
해할 수 있도록 받아적는 일을 일상적으로 계속했다. 가와시마 나
니와는 그 와중에도 수양딸이 자신을 추종하는 이 무도한 무리 중
한 명과 엮일까봐 극도로 걱정했다. 요시코에게 그들을 가까이하지
말라고 이야기하기도 했다. 하지만 그들이 요시코를 가만히 놔두지
않았다. 이들의 거친 구애와 양부의 난폭한 분노 사이에 곤란하게
끼어버린 요시코는 최소 두 번 자살을 시도했다. 처음에는 모르핀
과다 복용이었다. 필리스 번바움은 구애자였던 이가 요시코의 입
술에서 모르핀을 빨아냈다고 적고 있다.⁷ 두 번째는 이와타가 청혼
했을 때의 일이다. 또다시 곤란한 상황에 처한 요시코는 차라리 죽
어버리겠다고 했다. 훗날 이와타는 요시코가 거짓으로 협박하는 것
이라 생각했다고 한다. 이와타는 총을 건네주었고 요시코는 자신의
가슴에 대고 총을 쏘았다. 하지만 요시코가 심각한 상처 없이 살아
남았던 것으로 보아 정말 죽으려는 생각은 없었던 듯하다.

다른 구애자들도 있었다. 중국을 동경하던 야마가 도루山家亨는
매력 있는 남자로 나중에 만주에서 비밀경찰로 활동하면서 선전
영화 산업에 발을 들이게 된다. 야마가는 가와시마 저택을 방문해

요시코와 함께 중국어를 연습하곤 했다. 곧 둘 사이에 애정이 싹트고 있다는 소문이 현지 신문에 보도되었다. 가와시마 나니와가 대로하자 야마가는 신속히 거리를 둔다.

그러다 요시코가 과격한 일을 저지른다. 밝은 색 기모노를 입고 탐스러운 검은 머리를 일본 전통 스타일로 꾸민 채 "여성성과의 작별" 사진을 찍고 나서, 머리를 삭발하고는 오빠의 교복을 빌려 입은 것이다. 요시코가 양부 옆에 서서 찍은 당시의 사진이 남아 있는데, 사진 속의 가와시마 나니와는 의연한 척하고 있는 것처럼 보인다. 요시코는 어색해하지만 오빠의 옷과 군인 머리를 한 스스로에게 꽤 만족하는 것 같다. 요시코가 왜 그

랬는지에 대해선 의견이 분분하다. 항상 또래 남자들의 언어와 욕망에 끌렸던 요시코는 자신을 현대 용어로 치면 트랜스젠더라고 생각했을 수 있다. 요시코라면 요즘의 "논 바이너리"남녀라는 이분법적 성 구분에서 벗어난 다양한 성 정체성을 가리키는 말라는 개념을 틀림없이 이해할 수 있을 것이다. 일본어 전기 작가인 가미사카는 요시코가 남성들의 학대로 인해 그런 쪽으로 성향이 바뀌었다고 생각한다. 번바움도 요시코

가 "내가 이런 모든 고통을 겪는 이유는 여자이기 때문이다"[8]라고 했던 말을 인용한다. 그러나 또한 "나는 의사들이 제3의 성에 대한 경향이라고 부르는 것을 갖고 태어났다"라고 한 말도 인용한다. 회고록에서 요시코는 양부가 자신을 젊은 남성들로부터 떼어놓고자 했던 것에 원인을 돌리고 있다. 요시코가 말을 타고 총을 쏘는 톰보이 역할을 하는 한 가와시마 나니와가 안심했다는 것인데, 이런 설명은 설득력이 좀 떨어진다.[9]

요시코와 양부 사이에 심각한 갈등이 있었다는 사실은 분명하지만, 가와시마 나니와는 의붓딸에게 확실한 영향을 남기기도 했다. 번바움은 가와시마 나니와가 했던 이런 말을 인용했다. "요시코는 중국과 아시아의 문제 같은 것에 관심이 있고, 남성적인 인물이었던 서양의 잔다르크처럼 되고자 하는 열망이 있다."[10] 이런 열망에 관한 언급은 요시코 자신의 회고에도 반복해서 등장한다. 여자로 사는 것은 번거롭기도 하거니와 "청나라를 되찾는다는 꿈같은 영웅의 느낌 때문에 나는 여자의 삶을 포기하고 남자가 되려고 했다".[11]

그랬을지도 모른다. 성 정체성에 대한 심리적 요인은 매우 복잡하다. 요시코는 어린 시절 아시아의 잔다르크가 되려고 꿈꿨음을 인정하고 있다. 요시코는 마쓰모토에서 이 프랑스 소녀 영웅에 대한 책을 읽은 뒤 학교에 와서 "잔다르크처럼 행동하며 학생들에게 '나한테 3000명의 병사가 있다면 중국을 내 손에 넣을 것이다'와 같은 말을 하고 다녔다"고 한다.[12] 하지만 이는 요시코가 남성으로서의 정체성을 원했던 이유에 대한 설명으로는 부족해 보인다

(요시코의 이런 정체성이 줄곧 변치 않았던 것은 아니다. 그녀의 삶 중에는 여성의 역할을 했던 때도 여러 번 있었다). 적어도 확실하게 말할 수 있는 것은, 요시코가 남성적 인물이 됨으로써 그녀의 삶 속 가부장적 인물들이 주입한 꿈을 완벽히 체현하게 되었다는 사실이다.

3: 스헤베닝언

헤이그 교외의 마을인 스헤베닝언은 19세기 중반부터 전형적인 북유럽의 해변 휴양지로 알려져 있다. 벨기에의 오스텐더나 영국의 브라이턴처럼 크지는 않지만 잉글랜드 동남부의 램스게이트나 또는 이를테면 프랑스 북부의 디에프보다는 화려하다. 스헤베닝언에는 한가한 사람들을 위한 넓은 바닷가 산책로가 있다. 어떤 이들은 북해의 강한 바람에도 아랑곳하지 않고 옷을 거의 걸치지 않은 채 다닌다. 이곳 부두에는 1959년에 지어진 식당과 상점들이 늘어서 있다. 원래 1901년에 인도 아르누보풍 장식으로 지어졌던 건물이 제1차 세계대전 때 독일에 의해 파괴된 뒤 새로 지은 것이다. 그리고 스헤베닝언에는 1884년 독일의 두 건축가가 설계한 벨에포크 시절의 호화로운 건물인 쿠르하우스 호텔이 있다. 윈스턴 처칠도 여기 묵었다. 1964년 여기서 롤링 스톤스의 콘서트가 난동의 아수라장으로 끝났던 사건도 있다. 학생 시절 나는 이곳에서 매년 무용 선생님이 주관하는 고통스러운 연례 무도회에 참석해야 했다. 선생님은 벽이 거울로 된 이곳의 무도회장에서 우리가 어설픈 왈츠와 폭스트롯을 추는 것을 지켜보았다.

연중 대부분 습기를 머금은 구름으로 덮인 하늘로 인해 이곳의 잿빛 바다는 어쩐지 음산한 아름다움을 띤다. 그러나 여름에는 간혹 운 좋게 찾아오는 맑은 날씨가 계절을 밝혀준다. 제2차 세계대전이 일어나기 전, 특히 1920년대와 1930년대의 쿠르하우스는 독일의 기업인과 귀족들이 여름 휴가를 보내는 곳이었다. 작센 바이마르 아이제나흐 공국의 대공인 카를 알렉산더나, 막시밀리안 폰 바덴 대공자 같은 이들이다. 펠릭스 케르스텐은 이런 사교계에서 마사지 고객들을 확보할 수 있었고, 그런 이유로 스헤베닝언에 집을 샀다.

스헤베닝언에는 그다지 화려하지 않은 구석도 있었다. 어부들이 북해의 청어를 가득 실은 배를 타고 오가는 풍경은 그나마 그림 같은 모습이다. 1960년대 한창때까지도 어부의 아내들은 빳빳한 레이스에 은으로 된 고리가 달린 모자, 파스텔 톤의 모직 숄, 긴 검정 치마와 같은 어촌의 전통 복장을 하고 있었다. 여름 별장과 화려한 호텔들이 늘어서 있는 바닷가 뒤편의 좀더 허름한 거리에는 우중충한 민박집과 수상한 술집과 비싼 월세를 낼 형편이 안 되는 장기 투숙자들을 위한 낡은 건물이 즐비했다. 대부분의 어부 가족들은 다닥다닥 짧게 줄지어 있는 작은 집에 살았다. 벽돌로 된 테라스가 있는 이런 집들은 요즘에 보면 제법 멋스럽다. 바닷바람이 강하게 부는 모래언덕은 전쟁 당시 붉은 벽돌로 된 커다란 감옥 근처에서 독일이 저항군 멤버들을 처형하던 곳이다. 거기서 조금만 뒤쪽으로 가면 남부럽지 않은 중산층이나 하위 중산층이 모여 사는 교외의 동네가 있다. 이곳의 이층집들은 한밤에도 방에 커튼을 거의 치지 않는다. 늘 경계심 가득한 이웃들이 뜻밖의 일이 일어나지 않는지 서로 지켜볼 수 있도록 하려는 전형적인 칼뱅주의 관습이다.

1916년 빈을 떠난 바인레프의 가족이 정착한 곳이 바로 이런 동네였다. 이들이 불안한 상태의 오스트리아-헝가리 제국을 떠나도 된다는 허가를 받은 것은 다비트 바인레프의 건강 상태가 너무 좋지 않아서 군생활을 계속할 수 없었기 때문이다. 그는 여러 질환 가운데 특히 약한 심장으로 고통받았다. 네덜란드의 바닷가 휴양지이자 어촌 마을은 르부프에서 온 가족이 정착하기에는 어울리지 않는 곳처럼 생각될 수 있다. 사실 이들은 스헤베닝언의 1100명이나 되는 상대적으로 큰 유대인 공동체에 합류하려고 온 것이었다. 이 유대인 중에는 호텔이나 식당을 소유하고 있는 이들도 있었다. 바인레프 가족은 유명한 파빌리온 리치라는 건물이 있는 거리에 살았다. 파빌리온 리치는 후대에 철거되었으나 1920년대에는 유행에 앞서가는 사람들이 춤추러 가던 곳이었다.

스헤베닝언에는 폴란드의 크라쿠프에서 온 재단사, 벨기에의 안트베르펜에서 온 다이아몬드 거래상, 러시아 상트페테르부르크 출신의 랍비, 주로 독일에서 건너온 유대인 손님들을 상대하는 유대식 정육점이며 빵집을 운영하는 이들이 있었다. 이곳의 많은 유대인은 러시아와 갈리시아, 그리고 오스트리아-헝가리 제국의 곳곳에서 격동의 전쟁을 피해 온 사람들이었다. 또 어떤 이들은 제1차

세계대전의 와중에 안트베르펜에서 네덜란드로 강제이주되기도
했다. 오스트리아나 독일처럼 공식적인 적국의 시민이던 중앙 유
럽의 유대인들을 벨기에가 추방하기로 결정했기 때문이다. 1930년
대에는 독일과 오스트리아에 나치 정권이 들어서면서 그곳의 유
대인들이 난민이 되어 스헤베닝언으로 흘러들어온다.

　스헤베닝언의 유대인 공동체는 서로 긴밀하기도 하면서 동시
에 분열되어 있기도 했다. 긴밀했던 것은 이들 대부분이 객지에서
외국인으로 살고 있었기 때문이다. 바인레프에 의하면 그의 부모는
르부프나 국제 도시 빈에서는 비유대인 친구들을 사귈 수도 있는
사람들이었지만, 스헤베닝언에서는 유대인 망명자들과 함께할 수
밖에 없었다고 한다. 이들 중 상당수는 네덜란드어를 거의 배우지
못했고, 독일어권 나라들의 독일식 문화가 주는 편안함을 누릴 수
없는 상황에 대해 비통한 불만을 토로했다. 이 중 어떤 가족은 이디
시어를 썼고 어떤 가족은 독일어를 썼다. 마치 하시드 유대교도들
이 리버럴한 유대교도들과 서로 엮이지 않으려고 했던 것처럼 이
들은 서로 거의 어울리지 않았다. 심지어 예전에 카지노로 사용되던
한 건물의 각각 다른 층에 있는 유대교회당을 다녔다.

　바인레프 가족은 리버럴한 유대교도였고 집에서는 여전히 독
일어를 사용했다. 오스트리아-헝가리 제국에서 같은 계급에 속해
있던 다른 많은 유대인과 마찬가지로 이들도 네덜란드를 잠시 머
물고 가는 피난처로 생각했다. 언젠가는 고향으로 돌아갈 것을 꿈
꿨다. 어떤 이들은 다른 종류의 귀환을 꿈꾸기도 했는데, 성스러운

땅으로 돌아가는 귀환이었다. 국가에의 소속감을 애타게 원하는 유대인 이민자들에게 시오니즘은 세속적 신앙이었다. 바인레프 가족은 네덜란드 국민이 되고자 하는 욕망이 전혀 없기도 했고, 원래 네덜란드에 살던 유대인들은 암스테르담과 스헤베닝언을 오가는 일부 다이아몬드 가공사를 제외하면 동중부 유럽에서 건너온 오스트유덴과 엮이고 싶지 않아 했다. 바인레프의 부모는 시오니즘을 믿는 사람들이 아니었다. 어머니는 프란츠 요제프 황제에 대한 신뢰를 끝까지 저버리지 않았고, 독일과 오스트리아의 회사들을 위해 일하는 것으로 생계를 유지하던 병약한 아버지는 계몽적 세계동포주의에 대한 믿음을 고수했다.

젊은 바인레프가 남들과 달랐던 점은 총명함이 월등했고, 부모님 친구들 그룹에 전혀 동질감을 느끼지 못했다는 것이다. 이는 사실 여부를 신뢰하기 힘든 본인의 진술에 따른 것이기는 하지만, 그의 기질에 대해 말해주는 바가 있다. 바인레프는 다섯 살 때 이미 읽고 쓸 줄 알아서, 제1차 세계대전의 프랑스와 중부 유럽 전선에 대한 뉴스를 끄적였다고 자랑한다. 스헤베닝언에서 학교를 다니던 시절에는 동급생들이 아직 기본적인 산수와 씨름할 때 독일 철학에 심취했다고 한다. 특히 바인레프의 어머니는 아들의 비범한 조숙함에 깊이 감동해서, 그를 비즈니차에서 온 경건한 현자인 자신의 아버지 피슐 및 먼 옛날 다윗 왕에게까지 거슬러 올라가는 조상들과 늘 비교하곤 했다.

마음에 들었던 독일어 사립학교에서 한 해를 보냈지만, 바인레프는 싫어하는 네덜란드 학교로 전학 가 거기서 고등학교까지 마쳤다. 그곳의 교육과정은 앞으로 학생들이 공학이나 경제학을 공부하기 위한 예비 과정의 일환으로 인문학보다는 과학에 치중해 있었다. 부모에게는 대단히 실망스럽게도 바인레프의 성적은 평범하기 짝이 없었다. 바인레프의 주요 불만은, 이 역시 그의 진술을 믿을 수 있는가 하는 점에서 근본적인 고민 거리를 주기는 하지만, 우리는 왜 이 세상에 존재하는가와 같은 삶의 좀더 깊은 질문에 대해 교사들이 전혀 관심을 두지 않은 점이었다고 한다.

바인레프의 부모는 종교가 없었지만 그래도 아들이 조상들의 문화에 대해 기본적인 지식을 갖추기를 바랐다. 그러나 히브리어 교사들조차 소년 바인레프가 삶의 의미에 대한 질문을 해대자 당황했고, 나중에는 인내심을 잃었다. 히브리어 수업은 히브리어를 읽는 것이어야 했다. 교사들 중 한 명은 시오니즘 신봉자였고 곧 팔레스타인으로 이주할 예정이었다. 또 한 명은 턱수염을 기르고 이디시어를 주로 사용했으며 몸에서 청어와 양파 냄새가 나는 전통적인 사람이었다. 그 역시 삶의 근본적인 질문들에 대해 바인레프에게 아무런 깨달음을 줄 수 없었다.

바인레프에게 부모님 친구들은 경악의 대상이었다. 바인레프의 회상에 따르면 이들은 물질적인 데만 관심이 있었다. 남자들은 사업 얘기를 했고 여자들은 음식이나 패션 얘기를 했다. 바인레프는 마침내 제1차 세계대전이 끝났을 때 이 사람들이 괴로워하는 모습을 보고 역겨움을 느꼈다고 회고한다. 전쟁이 사업에는 도움이 되었고 여자들은 진주와 값진 모피를 살 수 있었다. 그 좋은 날들이 이제 끝났다는 것이다. 일부는 심지어 울기까지 했다.

어쩌면 그의 말이 사실이었는지도 모른다. 최소한 사업을 하는 아버지 지인들 중 일부는 정말 그랬을 수도 있다. 어쩌면 그의 말이 과장이었을 수도 있다. 과장이었다면 이는 바인레프가 일종의 반유대주의 정서를 갖고 주변인들을 경멸했음을 보여준다. 그의 주변 사람들은 이성과 보편 가치를 믿는다고 말하던 이들이며, 혹은 (신이 진짜 존재한다면) 신에게 맡겨두면 될 문제를 놓고 전전긍긍하기보다는 현실적인 문제들을 먼저 해결해야 한다고 말하던 이들이다.

열두 살의 바인레프는 그의 부모가 오래전에 포기한 종교적 정통성이라는 가치에 몰두하는 것으로 반항했다. 그런 기미를 처음 보인 것은 바인레프가 할아버지에게 들은 고대의 지혜에 관한 단어들을 읊어대던 빈에서부터였다. 네덜란드로 온 이후 바인레프는 히브리어 교사 중 한 명으로부터 영감을 얻었다. 그는 상트페테르부르크에서 온 모노손이라는 이름의 루바비치파 신자였다.[루바비치는 18세기 하시디즘 선구자 중 한 명] 모노손이 바인레프의 철학적인 질문들에 대한 답을 알고 있는 척했던 것은 아니다. 하지만 바인레프는 성스러운 문헌에 경의를 표하는 모노손의 태도를 눈여겨보았다. 모노손은 종교 서적을 신표처럼 다루며 항상 토라를 시편과 탈무드 위에 올려놓도록 신경썼다. 모노손은 성서의 언어들이 신성한 것이며 삶의 신비를 알려주는 열쇠를 갖고 있다고 가르쳤다. 그 열쇠를 손에 넣을 수 있는 것은 극소수의 헌신적인 학자들, 이를테면 선택된 사람들뿐이라고는 해도 말이다.

바인레프는 문헌을 읽는 것만으로는 충분치 않다는 결론에 이르렀다. 신앙은 삶에서 실천하는 것이어야 했다. 그래서 하시드 유대교회당에 다니기 시작했다. 부모가 유대교의 대축제일에 가던 리버럴한 유대교회당과 같은 건물에 있던 그 교회당이다. 신앙심 깊은 유대인들도 바인레프의 질문에 대한 답을 갖고 있지 않기는 마찬가지였다. 바인레프가 보기에 하시드 교도들은 나약하고 속 좁은 사람들이기 일쑤였다. 그러나 이들의 순진함이 터무니없을지라도 바인레프는 이들과 함께 어울렸다. 왜냐하면, 바인레프의 말을 빌리자면, 이들은 "삶을 신과 함께했고…… 천사와 선행과 희생에 대해 알고 있었기 때문이다".[13]

바인레프의 종교적 열정은 부모에게 충격을 주었고, 부모의 여러 친구도 이에 분노했다. 바인레프가 자신의 계층을 스스로 배신한 것처럼 느꼈고 어떤 의미에서는 정말 그랬기 때문이다. 학교 친구들 사이에서도 심각한 괴롭힘을 당하기 좋은 괴짜로 여겨졌으리라는 추정이 가능하다. 그는 학창 시절을 "순교의 시절"이라고 부를 정도로 학교를 혐오했다. 하지만 학교에서 자신의 새로운 종교적 습관을 재미있어하며 관용해주었다고 말한다. 그는 또한 자신이 운동을 잘했던 것이 도움이 된 것 같으며, 월등한 총명함 덕분에 가까스로이긴 해도 별다른 노력 없이 시험들을 통과할 수 있었다고도 이야기한다. 어쨌든 그는 유대인 사이에서나 비유대인 사이에서나 특이한 존재였다. 그리고 바인레프는 일종의 도인, 기적을 행하는 사람, 스헤베닝언의 신비한 랍비와 같은 사람이 되려고 함으로써 특이한 존재로서 자신의 이미지를 더 키워나가게 된다.

십대의 반항이 대부분 그렇듯 바인레프가 종교에 몰두했던 것도 틀림없이 혼란에 겨운 부적응자가 자신의 정체성을 찾고자 하는 수단이었다. 요시코가 남성적인 몸가짐을 취했던 것과 다르지 않다. 그러나 바인레프의 행동은 또한 충격적인 제1차 세계대전이 끝나고 찾아온 환멸과 절망의 분위기 속에서 점점 커져만 가던 유럽 문화의 어떤 조류와도 맞아떨어지는 바가 있었다. 바이마르 공화국 하의 베를린을 (그리고 다른 지역도) 가득 채운 점성술과, 어설픈 힌두 사상과, 동방의 컬트와, 각종 비이성적인 것들에 빠져드는 것이 유럽 전역에서 유행처럼 여겨지던 시절이었다. 네덜란드의 바닷가 휴양지에서 혼란에 빠진 채 성장하고 있던 총명한 유대인 이민자 소년조차 그걸 느낄 수 있었다.

소년 바인레프와 히틀러 사이의 공통점 하나는(나치라는 못마땅한 주제를 콕 집어 얘기하려는 것이 아니므로 토마스 만과의 공통점이기도 하다는 점을 추가한다) 둘 다 쇼펜하우어의 철학에 매료되었다는 사실이다. 19세기 독일의 수많은 사상가 중에서도 쇼펜하우어는 동양의 종교 철학적 사상에 가장 열려 있던 사람이었다. 그의 비관론은 전쟁의 폐허에서 살던 이들에게 특히 잘 와닿았다. 하지만 그는 자유의지의 힘을 강조하기도 했다. 개개인의 현실은 스스로의 의지에 의해 결정된다. 히틀러가 왜 이런 사상에 끌렸는지는 자명하다. 바인레프는 물론 살인을 일삼는 독재자가 아니었지만, 현실을 가공하기 위해 힘을 행사한다는 개념에 끌렸다. 인간의 삶이 신비한 힘뿐만 아니라 상상하는 행위에 의해서도 좌우된다고 하는 바인레프의 생각, 그리고 자신의 삶 자체를 일종의 하시디즘적 기적의 이야기로 여기는 바인레프의 견해를 보면 쇼펜하우어의 영향을 읽을 수 있다.

회고록 중 자신의 어린 시절과 종교에 빠져든 시기를 다룬 부분에서 바인레프는 특이한 이야기를 하나 하고 있다. 의미 없이 유명인을 들먹이는 일화처럼 보이지만, 사실은 의미 없는 이야기가 아니다. 스무 살이던 1930년의 어느 날, 하시디즘으로도 삶의 신비를 깨닫지 못하고 있다는 괴로움에 사로잡힌 바인레프는 혼자서 스헤베닝언을 오랜 시간 걷고 있었다. 걷는 도중에 그는 노인과 어린 소녀를 만난다. 노인은 독일어로 바인레프에게 길을 물어보았다. 그리고 이들은 곧 문학에 대한 이야기를 나누기 시작한다. 노인은 바인레프가 벨기에 작가 모리스 마테를링크(1862~1949)의 상징주의 희곡들을 읽어봤는지 알고 싶어했다. 바인레프는 그렇다고 대답했고, 실제로 읽어보기도 했다. 그 위대한 작가를 만나보고 싶냐고 묻자 바인레프는 그러고 싶다고 했다. 그 노인은 친절하게도 바인레프의 손을 붙들고 근처 어딘가에 서 있던 마테를링크에게 그를 데려다주었다.

『펠레아스와 멜리장드』 같은 마테를링크의 가장 잘 알려진 희곡들은 심오한 신비주의적 취향을 보여주며, 마테를링크 자신도 오컬트의 신봉자였다. 쇼펜하우어도 마테를링크에게 영향을 끼쳤다. 상징적 표현을 통해 삶의 의미를 통찰하려는 마테를링크의 시도는 더 이상 한때의 유행이 아니라 당대를 지배하는 영향력을 지니고 있었다.

스헤베닝언에서 마테를링크와 만난 일은(정말 만났는지 확인할 길은 없지만 만났다고 한다면) 일종의 계시와도 같았다. 이 극작가의 이야기를 들으며 바인레프는 그때까지 직감으로만 알던 세계를 마침내 보게 된 것 같은 기분이었다. 그는 "자아 속에 있는 또 다른 현실을 인지하게" 되었다. 마테를링크는 이 젊은이가 자신을 완벽하게 이해했다고 느꼈다. 그는 원래 둘이 마주쳤던 장소를 방문할 예정이 아니었다. 그러나 무슨 연유에서인지 마테를링크는 어떤 신비한 힘에 의해 그 장소로 끌렸다. 마치 거기서 같은 영혼을 가진 이를 만나게 되리라는 사실을 알고 있었다는 듯이. 가문의 특별한 유산을 알게 되었던 빈에서와 마찬가지로, 바인레프는 다시 한번 자신이 선택된 사람이라고 느꼈다.

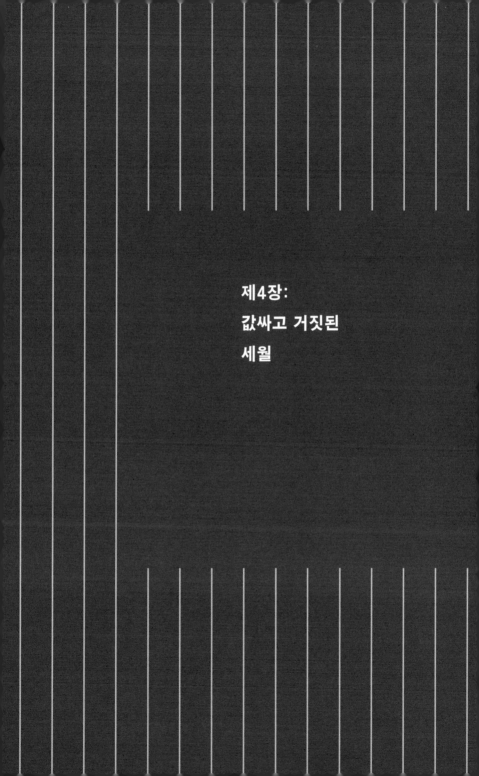

제4장:
값싸고 거짓된
세월

1 : 베를린

코 박사가 불교 사원의 평화로운 안거에서 죽음을 맞이하기 위해 티베트로 돌아갔던 1925년 무렵부터 히틀러가 전격전을 개시했던 1940년까지 펠릭스 케르스텐은 더할 나위 없이 행복한 사람이었다. 중국인 스승으로부터 많은 고객을 물려받았고, 이 중 상당수는 케르스텐이 이미 코 박사의 견습생 자격으로 치료했던 사람들이었다. 환자들은 대부분 매우 부유한 남녀였는데(남자가 대다수였던 것 같다), 이들은 유럽 전역에 있는 친구와 지인들에게 발트해에서 온 신비의 치료사가 있다는 얘기를 퍼뜨렸다. 케르스텐과 예약을 잡으려면 몇 달씩이나 걸리곤 했다. 케르스텐 본인의 진술에 따르면 치료를 해달라고 아우성치던 이들 중에는 저 멀리 인도에서 온 사람도 있었다.

금세 큰 재산을 모은 케르스텐은 베를린의 고급 거주지역인 프리데나우에 있는 호화 아파트로 이사했다. 케르스텐은 집을 독일 부자들의 과도하고 비싼 취향으로 꾸몄다. 마호가니와 떡갈나무로 된 가구 및 크리스털 샹들리에가 가득했고 벽에는 네덜란드 거장의 풍경화들이 걸렸다. 충실한 동반자인 엘리자베트 뤼벤이 집 안에 필요한 모든 것을 도맡아 마련해주었고 케르스텐은 열심히 일했다. 하지만 그에게는 여전히 비싼 음식과 화려한 여인이라는 본인의 두 가지 주된 욕구에 탐닉할 시간이 있었다. 케르스텐은 나이며 스타일이며 결혼 여부를 가리지 않고 여자를 사귀었다. 1920년에 찍은 사진을 보면 커다랗고 둥그런 얼굴에 곱슬머리가 삐죽삐죽한 케르스텐이 흰 넥타이를 맨 채 코미디언처럼 장난스러운 표정으로 슬쩍 웃고 있다. 여러 책에서 케르스텐이 영국 빅토리아 여왕의 손녀이자, 루마니아의 마지막 왕 페

르디난드 1세의 아내였던 마리아 왕비와 애정관계를 가졌다고 언급하고 있다. 사실일지도 모른다. 그러나 마리아 왕비는 케르스텐보다 스무 살 이상 연상이었고, 남편의 죽음을 애도하던 과부로서 스캔들과는 거리가 멀었다. 그보다는 사교계에서 미인으로 알려졌던 그녀의 딸 마리야 공주와 사귀었을 가능성이 더 크다. 마리야 공주의 남편인 유고슬라비아 국왕 알렉산데르 1세는 1934년 불가리아의 혁

명 분자에게 암살당하기 전 케르스텐에게 치료를 받은 적이 있다. 뭐 그런 것은 그리 중요하지 않다. 여기서는 어쨌든 케르스텐이 매우 좋은 인맥을 갖고 있었다는 사실을 확인하는 것으로 충분하다.

케르스텐을 공작과 남작과 왕자들의 세계로 안내하는 데 가장 중요한 연결 고리 역할을 한 사람은 "아프리카의 공작"으로도 알려진 아돌프 프리드리히 폰 메클렌부르크-슈베린 공작이었다. 1918년 발트해의 독일 귀족들이 케르스텐이 태어났던 땅 핀란드에 리보니아 대공국을 세우면서 메클렌부르크 공작을 국가수반으로 옹립하려고 했다. 어느 환상적인 사진을 보면 그는 훈장이 줄지어 달린 흰 제복을 입고 빌헬름 황제를 연상시키는 콧수염을 기른 모습으로 한껏 자태를 뽐내고 있다. 그러나 안타깝게도 독일 황제를 제외하고는 아무도 이 새로운 대공국을 국가로 인정하지 않았고, 메클렌부르크 공작은 국가수반의 자리에 오르지 못했다. 실패로 돌아간 이 사건이 있기 전 그는 아프리카 대륙의 탐험가였으며 독일 식민지였던 토골란드의 마지막 총독이기도 했다. "아프리카의 공작"이라는 별명은 여기서 나왔다. 훗날 그는 독일 올림픽 위원회의 주요 인물이 된다. 술이 거나하도록 오랫동안 만찬을 즐기고 나서 스포츠 정신과 페어플레이에 대해 장황하게 떠들어대는 콤비 양복 차림의 유명 인사들 중 하나라는 뜻이다. 독일 위키피디아에는 메클렌부르크 공작이 나치에 대해 "열린 태도"를 지녔다고 나와 있다. 열대지방 국가들에 대한 그의 과학적 관심 덕분에 어느 도마뱀 종은 그의 이름을 따 "아돌푸스*Adolfus*"라고 불린다.

케르스텐은 1929년에 출간한 본인의 마사지 기술에 관한 얇은 책에서 메클렌부르크 공작의 이름을 직접 언급하지는 않지만, 귀족 고객 한 명이 잘 걷지도 못할 만큼 심장이 약해 고생했다는 이야기를 하고 있다.[1] 그 고객은 케르스텐에게 30회에 걸친 치료를 받고 나서 건강을 완전히 회복했던 듯하다. 케르스텐에게 크게 감사한 그 공작은 자신의 형제이자 네덜란드 빌헬미나 여왕의 남편인 하인리히 공(네덜란드 이름으로는 헨드릭)을 소개한다. 케르스텐처럼 덩치가 크고 대식가였던 헨드릭 공은 우둔했지만 성적으로 왕성해서 끊임없이 민망한 상황을 자초했다. 그가 가는 곳마다 정부를 만들지 않은 곳이 없었다. 경찰이 헤이그의 남창 윤락가를 덮쳤다가 손님들 사이에서 헨드릭 공을 발견했다는 이야기도 계속해서 나돌았다. 심지어 그가 네덜란드에서 공식적으로 회장을 맡았던 유년 보이스카우트에서조차 소년들에게 음란하게 손을 댔다는 말까지 있었다. 어쩌면 이런 이야기들은 하나하나가 사실이라기보다 헨드릭 공의 평판 때문에 생겨났는지도 모른다. 어쨌든 빌헬미나 여왕은 골칫거리 남편이 더 이상 사고를 치지 못하도록 그를 1918년 패전 이후 독일 황제 빌헬름 2세가 망명생활을 하고 있던 도른의 성으로 보냈다. 좌절해 있던 황제는 헨드릭 공을 포함해 자신의 손님들을 밤낮으로 불러서는 유대인 음모론과 독일 공화주의자들의 배신 및 그 외 세계 정치의 현안에 대한 견해를 장황하게 늘어놓았다. 그래도 헨드릭 공이 황제 곁에 있는 한 빌헬미나 여왕은 더 이상 평판에 먹칠할 걱정은 하지 않아도 되었다.

헨드릭 공은 케르스텐의 치료에 대단히 만족해서 그를 자신의 개인 마사지사로 삼았다. 1928년 10월 헨드릭 공이 케르스텐에게 보낸 편지를 보면, 마사지를 받고 "몇 년이나 젊어진" 것처럼 느껴진다며 케르스텐을 누구에게라도 기꺼이 추천하겠노라고 되어 있다. 빌헬미나 여왕 또한 매우 만족했던 터라 케르스텐은 곧 네덜란드 황실에서 신뢰받는 가신이 되었다. 헨드릭 공이 정기적으로 베를린을 방문할 때 동행을 요청받을 정도였다. 빌헬미나 여왕의 감시로부터 안전하게 벗어나 있던 베를린에서 둘은 사냥과 사격을 하는 시간을 빼고는 함께 최고급 사창가들을 찾았다.

케르스텐은 네덜란드를 대번에 고향처럼 느꼈다고 말한다. 좁은 운하가 격자로 길을 낸 네덜란드의 너른 녹지를 좋아했고, 네덜란드의 황실 가문을 흠모했다. 네덜란드 화가들의 그림을 사들였으며, 수많은 독일인이 보여주는 "시골 사람의 좁은 소견"이 네덜란드인에게는 없다는 사실에 감탄했다. 네덜란드는 그가 태어난 땅 에스토니아를 떠올리게 했다고 케르스텐은 적고 있다. 발트해의 에스토니아처럼 네덜란드도 라틴과 게르만 문명의 문화적 교차로에 있는 나라라고 말한다. 그가 이렇게 쓴 이유는 전쟁이 끝나고 스웨덴에서 각종 의혹을 받던 시절 네덜란드 독자들의 환심을 사기 위해서였다. 하지만 케르스텐이 부계 조상의 나라에서 동질감을 느꼈음을 굳이 의심할 까닭이 있을까. 비록 조상들이 5세기 전에 이미 네덜란드를 떠났다고 해도 말이다. 정체성이라는 것에는 원래 여러 측면이 있을 수 있다. 발트해 연안에서 태어나 독일어를 모국어로 쓰던 핀란드 국민이 네덜란드와 감정적인 유대를 느끼지 못할 이유는 또 뭔가.

케르스텐은 곧 스헤베닝언의 가로수가 무성한 거리에 고급 주택을 구입했다. 식민지 시절 네덜란드령 동인도에서 벌어들인 돈으로 지은 인상적인 아르누보 스타일의 저택들이 줄지어 늘어서 있던 거리였다. 베를린에서와 마찬가지로 거장들의 그림과 웅장한 가구로 채운 케르스텐의 저택은 프리드리히 바인레프가 살던 거리와 걸어서 고작 10분 남짓 떨어져 있었다. 테라스 딸린 저택들이 즐비한 그곳은 좀더 검소하기는 했어도 전혀 남부럽지 않은 거리였다. 하지만 둘은 서로 전혀 만날 일이 없는 다른 세상에 살고 있었다. 케르스텐의 네덜란드 지인들은 유럽 곳곳의 화려한 수도와 온천 도시에서 만나 비즈니스를 하는 부유한 기업인, 미술품 거래상, 군장성, 귀족 같은 사람들이었다. 당시 바인레프의 활동반경은 여전히 유대인 이민자들의 좁은 커뮤니티에 국한되어 있었다.

1928년에서 1940년 사이에 케르스텐은 베를린과 더불어 네덜란드를 활동의 거점으로 삼았다. 이 두 나라는 물론이고 로마와 같은 다른 도시들에서도 영향력 있는 사람들이 케르스텐의 주 고객층이 되었다. 케르스텐은 이들의 통증이 과로와 과도한 야망으로 인한 스트레스에서 온다고 믿었다. 그의 표현에 따르면 이들은 좀더 큰 부와 권력을 갈망하다가 "본연의 정신적 기능"을 잃어버렸다고 한다. 보통의 의사들은 복부 경련이나 참기 힘든 두통의 원인이 되는 이런 정신적 고통을 치료할 방법이 전혀 없었다. 케르스텐만이 이들의 끔찍한 고통을 다스리는 법을 알고 있었고 그 대가로 후한 보수를 받았다.

케르스텐 본인이나 그의 삶에 대해 썼던 그 누구도 1930년대의 정치 상황과 히틀러의 부상이 그에게 미친 영향에 대해 별다른 기록을 남기지 않았다. 본인이 쓴 글에는 히틀러가 제3제국의 수립을 선언하고, 유대인 박해가 시작되고, 게슈타포가 악랄한 탄압을 행사하고, 초기 강제수용소들이 지어졌던 1933년의 극적인 사건들이 피상적으로만 언급되어 있다. 히틀러가 패배한 뒤 자신들은 아무것도 몰랐다는 듯 행동했던 수많은 독일인이 쓰던 표현을 빌리자면 케르스텐은 "정치에 관심이 없었다". 행복한 삶이었다. 여자들은 그와 기꺼이 사귀었고, 좋은 음식이 넘쳐났다. 돈도 잘 벌었고 흥미진진한 사교생활의 리듬도 그대로였다. 조제프 케셀의 표현을 빌리자면 케르스텐은 "행복을 폭식하고 있었다".

그러나 케르스텐은 1933년 이전부터 이미 세상이 어떻게 변해가는지 이해하고 있었다. 나중에 쓴 글에 이런 내용이 있다. "새로운 권력이 드러나고 있다. 아직 얼굴을 가리고 있지만 거리에서 행진 소리가, 공장에서는 노랫소리가 들린다."[2] 조제프 케셀은 당시 케르스텐이 속해 있던 세상의 분위기를 이렇게 묘사하고 있다. "지식인과 상류층, 또는 케르스텐이 무료로 치료해주던 보통 사람들을 포함해 그의 환자 대부분은 나치즘을 두려워하고, 부끄러워하고, 혹은 혐오했다. 케르스텐도 이들과 같은 정서를 지녔다. 케르스텐이 갖고 있던 정의에 대한 본능, 깊은 곳에 자리한 선한 본성, 관용과 품위와 절제, 이 모든 것이 역겨운 오만함과 인종적 미신과 경찰 독재와 퓌러^{Führer 지도자, 영도자라는 뜻으로 나치스에서 히틀러를 부르던 말}에 대한 광신으로 인해 흔들리고, 상처받고, 난폭하게 무시되었다……."[3]

케르스텐과 같이 미심쩍은 인물이라 하더라도 우리는 성급한 도덕적 판단을 삼가야 한다. 하지만 케셀의 이러한 진술은 거의 확실한 거짓이다. 케르스텐 본인의 회고록에서조차 그가 나치의 집권으로 인해 특별히 상처받았다거나 분노했다는 흔적은 전혀 찾아볼 수 없다. 좋아하지 않았을 수도 있고, 가슴 깊은 곳에서 인정하지 않았을 수는 있다. 하지만 그의 부유한 고객 대부분과 마찬가지로 케르스텐도 새로운 상황에 기꺼이 적응했던 것으로 보인다. 적어도 그 또한 메클렌부르크 공작이 그랬던 것처럼 "열린 태도"를 갖고 있었다고 말할 수 있다.

"정치에 관심 없는" 사람치고 케르스텐은 사실 당시 독일의 상황을 꽤 현실적으로 파악하고 있었다. 회고록에서 그는 자신에게 치료받고 있던 거물 기업인과 사업가들이 나치보다 좌익 세력을 더 두려워했고, 본인들의 뜻에 따라 히틀러를 조종할 수 있으리라 생각했기 때문에 나치 지도부의 요구에 순순히 응했다고 말한다. 이 말은 확실히 옳았다. 그러나 보수적인 독일 재계가 과연 얼만큼이나 강요에 의해 나치의 방침을 따랐던 것인가에 대해 역사가들은 여전히 논쟁 중이다. 그랬던 경우도 있었다. 하지만 일부 기업인은 나중에 그들이 시인한 것보다 훨씬 더 나치즘에 동조했다. 일부는 케르스텐처럼 "정치에 관심이 없다"고 주장하면서 사실은 커다란 사업 기회를 보았다. 히틀러의 방식이 약간 거칠다고 느꼈고 아리아 종족 지배설과 같은 터무니없는 주장을 믿지 않았다고 하더라도 말이다.

1933년 2월 20일, 헤르만 괴링의 베를린 관저에서 20여 명의 독일 기업인과 히틀러 사이에 비밀회의가 열렸다. 이들 영향력 있는 재계 지도자 중 상당수는 이미 한 해 전, 나날이 힘이 약해져가는 파울 폰 힌덴부르크 대통령에게 히틀러를 독일의 수상으로 임명할 것을 요구하는 탄원서에 서명한 바 있었다. 소위 케플러파 멤버들이었다. 빌헬름 케플러는 나치스의 초기 멤버이자 히틀러의 최측근 경제 고문 중 한 명이다. 1933년이 되면 케플러파는 '하인리히 힘러의 친구들'이라고 알려진다. SS의 수장이던 힘러는 뜻을 같이하는 이 재계 지도자들의 수호자를 자처했다. 이들은 나중에 "아리아 민족"을 강화하기 위한 우생학적 연구 등 힘러가 개인적으로 관심을 갖던 프로젝트에 돈을 기부하기도 했다.

이 운명적인 회의에서 히틀러는 자리에 모인 기업인들에게 마르크스주의자들을 척결하고 민주주의를 폐기하겠다고 말했다. 그는 또한 사유재산이 보호될 것이라며(유대인의 재산이 아닌 경우에 한해서) 이들을 안심시키기도 했다. 그러나 그렇게 하기 위해 나치는 다가오는 선거에서 절대다수의 표를 얻어야 했다. 히틀러는 이렇게 표현했다. "상대를 완전히 박살내고자 한다면 먼저 우리가 완전한 권력을 얻어야 합니다." 300만 라이히 마르크(오늘날 1000만 달러가 넘는 금액) 정도면 유용하게 쓰일 수 있을 것이라고도 했다. 무기와 철강 업자이던 구스타프 크루프가 히틀러에게 감사를 표했다. 그러자 괴링이 "자 여러분, 이제 지갑을 꺼내보시죠"와 같은 취지의 말을 했다. 순식간에 200만 라이히 마르크가 모였다.

거기 있던 사람 중 최소한 셋이 케르스텐의 환자였고, 둘은 '하인리히 힘러의 친구들' 멤버였다. 그중 한 명이 철강과 석탄 거물이던 프리드리히 플리크다. 플리크는 강제수용소에서 사람들을 노예처럼 부리고, 유대인의 재산을 약탈하고, SS의 일원이었던 죄로 전범으로 기소되었다. 케르스텐은 회고록에서 플리크를, 나치를 싫어했고 심지어 1940년 힘러에 의해 체포될 위험에 처하기조차 한 매우 품위 있는 신사로 묘사하고 있다. 믿기 어려운 이야기다. 플리크는 매년 마사지 비용으로 케르스텐에게 2만5000마르크라는 이례적으로 많은 금액을 지불하기는 했다.

1933년 2월의 회의에 참석했던 또 한 명의 '힘러의 친구'는 아우구스트 로스테르크였다. 로스테르크의 회사들은 석유, 가스, 그리고 폭탄에 사용되는 포타슘을 생산했다. 광부의 아들이던 그는 양차대전 사이에 독일에서 가장 부유한 재벌 중 한 명이 되었다. 조제프 케셀은 케르스텐이 로스테르크의 불면증과 지독한 두통을 완치했던 감동적인 이야기를 전하고 있다. 케르스텐은 평소처럼 5000마르크를 청구했다. 로스테르크는 고마운 마음에 호기를 부려 10만 마르크의 수표를 써서 건넸다. 케셀에 의하면 1934년 케르스텐은 로스테르크의 이 특별한 제스처 덕에 베를린 북쪽 브란덴부르크에 고급스럽지만 낡아서 무너질 것 같은 하르츠발데라는 이름의 저택 부지를 샀다. 케르스텐은 회고록에서 이런 부동산을 샀던 이유가 독일 돈을 외국에서 쓸 수 없었기 때문이라고 쓰고 있다. 어쨌든 그는 이 땅을 완전히 보수해서 온갖 최첨단 설비를 설치하고 "목가적 전원생활에 어울리는" 시골풍 가구를 제작했다. 케르스텐은 1945년까지 하르츠발데를 휴양지로 사용했다. 1940년 이후 인근 라벤스브뤼크 강제수용소의 죄수들(여호와의 증인 신도들)이 휴양지를 둘러싼 땅의 공사 작업을 하면서 휴양생활은 더 편안해졌다. 케르스텐이 이들을 딱히 가혹하게 대했다는 기록은 없다. 케르스텐 본인은 이들의 보호자였다고 주장한다. 그랬을 수도 있다. 제3제국에서는 어느 누구라도 보호자가 필요했으니까.

아우구스트 로스테르크는 노조의 힘을 혐오했고 볼셰비즘을 두려워했다. 히틀러의 경제 장관을 지냈던 발터 풍크는 뉘른베르크 전범 재판에서 나치에 가장 동조했던 기업인 중 한 명이라며 로스테르크를 비난했다. 부헨발트 강제수용소에 갇힌 사람들은 로스테르크의 광산 회사를 위해 죽을 때까지 노예처럼 일해야 했다. 하지만 케르스텐은 "자수성가한 사람"이었던 로스테르크가 전쟁 발발 이후 바란 것은 오직 하나밖에 없었다고 주장한다. 바로 나치 독일을 탈출하는 것이었다. 그리고 1944년 로스테르크가 스웨덴으로 이주하는 것을 케르스텐이 도왔다. 그러나 스웨덴으로 도망친 것은 나치에 대한 반감에서였다기보다는 급격히 몰락해가던 나치에서 벗어나고자 했기 때문이었을 수 있다. 로스테르크는 1945년 사망한다.

회의에 참석했던 이들 중 가장 흥미로운 사람은 로스테르크의 친구이자 포타슘 회사에서 일하던 동료인 아우구스트 딘이었다. 조제프 케셀은 그가 "지적으로나 도덕적으로나 높은 경지에 이른" 사람이라고 표현했다.[4] 케르스텐은 딘이 단지 환자나 가까운 친구가 아니라 아버지 같은 존재였다고 말한다. 딘은 여행 경험이 풍부한 코즈모폴리턴이자 독일에서 태어나 독일 문화를 익힌 사람이었지만, 런던이나 뉴욕, 파리의 최고 상류사회에서도 아주 자연스럽게 어울릴 수 있었던 사람이라고도 했다. 케르스텐은 히틀러가 전쟁을 벌이는 것을 막기 위해 딘이 가능한 모든 수단을 동원했다고 주장한다.

그랬을지도 모른다. 하지만 딘은 1931년에 이미 히틀러에게 재정 지원을 하고 있었다. 1933년 히틀러와의 회의에 참석했고, 요제프 괴벨스의 선전부에 협력하던 최측근 기업인들 중 한 명이었다. SS에서 여단장에 해당되는 계급을 하사받기도 했다. 1940년 이후 딘은 케르스텐에게 독일을 떠나라고 조언했다. 하지만 머물러야 한다면 힘러에게 영향력을 행사해서 최대한 좋은 일을 많이 하라고도 했다. 딘이 1942년에 죽었기 때문에 그가 정말 이런 말을 했는지는 알 길이 없다. 물론 이런 이야기가 케르스텐을 좋은 사람처럼 보이게 만들어주기는 한다.

딘은 헨드릭 공의 사생 형제였다고도 한다. 네덜란드 여왕의 남편이었던 헨드릭 공이 히틀러를 어떻게 생각했는지는 알려져 있지 않다. 1934년에 죽었기 때문이다. 그가 1920년대 말 반유대 반계

몽주의자들의 그룹인 툴레학회^{the Thule Society}와 친밀한 관계였다는 얘기들은 있다. 이들은 뮌헨의 화려한 호텔에서 주기적으로 함께 식사하며 인종에 관한 이론들을 논의했다. 이 학회 사람들의 슬로건 중 하나는 "순수한 혈통을 유지하라"였다. 헨드릭 공이 정말 이 으스스한 모임에 참여했다면 그것은 "아리아 철학" 사상에 대한 깊은 관심에서라기보다는 음식과 사람들 때문이었을 것이다. 그는 사상에는 별 관심이 없었다.

케르스텐의 유럽 상류층 고객들(무솔리니의 사위이자 이탈리아 파시스트 정권의 외교부 장관이었던 갈레아초 치아노 백작도 그중 한 명이다) 중 많은 이가 신념에 따라서든 기회주의적 태도에서든 나치에 즉각 협조할 준비가 되어 있었던 것은 분명하다. 어떤 이들은 사회적 혐오의 코를 살짝 틀어막고 협조했을 수도 있다(치아노는 독일인들을 혐오한다고 케르스텐에게 말하기도 했다). 제3제국이 무너지고 있다는 것이 명확해지자 이들은 권력의 이동에 적응하기 위해 재빨리 다음 행보를 준비했다. 케르스텐의 가까운 인맥들 중 나치 정권과 얽힌다는 사실을 부끄러워하거나 혐오스럽게 생각한 이가 없었다는 것만은 확실히 말할 수 있다. 이들은 사실 이와 정반대로 생각했다.

어떤 시점이 되면 상습적인 바람둥이조차 어엿하게 결혼하는 것이 마땅한 때가 온다. 케르스텐은 1937년에 적당한 신붓감을 만났다. 38세 때의 일이다. 언제나 케르스텐에게 충실하던 엘리자베트 뤼벤이 혼자 무슨 희망을 품었을지는 모르지만 그는 그녀를 결혼 상대로 고려해본 적이 전혀 없었다. 케셀에 따르면 케르스텐의 흥미로운 결혼 이야기는 다음과 같다. 케르스텐은 자신의 어머니가 만들어주던 요리를 누군가에게 대접받을 수만 있다면 황홀함에 겨워 결혼할 것이라고 쾌활하게 말하고 다녔다고 한다. 베를린 어디에서도 찾아볼 수 없었던 그 요리는 피클과 보리와 콩팥고기가 들어간 라솔니키ᴿᵃˢˢᵒˡⁿⁱᵏⁱ라는 이름의 러시아 수프였다. 어느 날 케르스텐과 엘리자베트는 퇴임한 독일 대령과 그의 북유럽 출신 부인의 집에 점심 초대를 받았다. 거기에 이들과 친구처럼 지내는 집안의 내성적인 딸 이름가르트 노이샤퍼가 합석했다. 노이샤퍼는 젊고 건강하고 금발이었으며, 그녀의 할아버지는 헤세-다름슈타트 대공의 산림관리 총책임자였다. 케르스텐은 거기서 놀랍게도 라솔니키를 대접받았다. 그는 그 자리에서 이름가르트에게 청혼했다. 간절한 편지가 오가고 둘은 넉 달 뒤 결혼했다.

독일군이 오스트리아와 체코슬로바키아에 진군하고, 브라운셔츠갈색 나치 유니폼에 빗대어 나치 당원을 부르는 말와 신난 군중이 유대인 시민들과 재산을 유린하던 수정의 밤1938년 11월 9일 독일 전역에서 나치와 독일인들이 유대인 상점과 교회를 약탈, 방화했던 일 사건이 일어나고 1938년이 끝나갈 즈음, 아버지와도 같았던 아우구스트 딘이 케르스텐에게 부탁을 하나 했다. 특별한 친구 한 명을 치료해줄 준비가 되어 있느냐는 것이었다. 대단한 권력을 가진 사람이고 만성적인 위경련에 시달리고 있다고 했다. 그 뒤에 일어났던 일에 대해서도 역시 약간 다른 버전들이 존재한다. 조제프 케셀은 딘이 너무 긴장한 나머지 그 권력자의 이름조차 제대로 말할 수 없었다고 전한다. 여기서 권력자란 물론 하인리히 힘러다. 케셀에 따르면 딘은 힘러가 자신의 산업제국을 국유화할까봐 두려워했다. 사실 이에 관한 증거는 전혀 없다. 케르스텐은 독일 기업인들이 힘러와 "긴장관계"에 있었다고만 언급하고 있다.

1939년에 딘 자신이 힘러와 어떤 형태로든 심각한 갈등을 겪고 있었을 것 같지는 않다. 그러나 딘도 그렇고 로스테르크를 포함한 다른 "힘러의 친구들" 입장에서, 케르스텐이 힘러의 위경련을 다스려준다면 SS 수장 휘하의 유용한 내부자가 되어 자신들의 이익을 대변해줄 수 있으리라 믿었을 가능성은 충분하다. 이발사나 궁중의 광대나 바텐더처럼 마사지사도 권력자의 심복이 될 수 있는 사람이다. 참을 수 없는 고통을 덜어줄 수 있다면 특히 그렇다. 케르스텐 스스로 이에 대해 잘 설명하고 있다. "그동안 시술해오면서 나는 지도자급 위치에 있는 사람들의 신뢰를 얻는 경험을 여러 번 했다. 이런 신뢰는 외부인들에게는 더 크게 느껴진다. 지도자들은 늘 사적 이익을 추구하는 사람들에게 둘러싸여 있기 마련이므로 줄곧 방어적인 자세를 취한다. 그러나 자신들의 약한 모습을 스스럼없이 보는 데 익숙해져 있는 의사들에게 치료를 받을 때는 마음 놓고 긴장을 풀기 마련이다."[5]

펠릭스 케르스텐은 그렇게 첫 번째 마사지 치료를 위해 베를린의 프린츠 알브레히트슈트라세에 있는 궁전 같은 게슈타포 본부 안에 자리한 하인리히 힘러의 웅장한 사무실로 들어갔다.

2: 스헤베닝언

험난한 역사의 기류에 휘말려 운명의 노리개가 되었다고 할 수 있는 사람이 있다면 내 먼 친척인 프리츠 코르미스야말로 그렇다. 내 기억 속의 그는 창백하고 멀쑥한 외모에 심한 독일 억양으로 삶이 가져다주는 우여곡절에 대해 냉소적으로 얘기하던 사람이었다. 프리츠는 조각가였다. 그가 청동으로 조각한 처칠, 찰리 채플린, 에드워드 8세, 그리고 내 친척 아주머니 아저씨들의 초상화 목걸이는 특히 소중한 물건이었다. 1897년 프랑크푸르트에서 태어난 프리츠가 막스 베크만[1884~1950, 독일의 유명 화가]이 교수진으로 있던 프랑크푸르트 예술학교에서 공부하던 무렵, 유럽의 열강들이 전쟁에 휩싸였다. 그는 오스트리아-헝가리 육군에 징집되어 동부 전선에서 싸웠다. 부상당해 러시아군에 포로로 잡힌 프리츠는 시베리아의 포로수용소에서 지독한 시간을 보냈다. 당시의 처참한 경험에 대해 그는 "속옷만 입고 지내다보면 주위 사람들에 대해 많은 것을 알게 되지"라고 나에게 얘기해준 적이 있다. 프리츠는 가짜 스위스 여권을 구해서 가까스로 탈출했다. 어떻게 그런 일을 해냈는지 나에게 얘기해준 적이 있는지 모르겠지만, 어쨌든 기억은 나지 않는다. 프랑크푸르트로 돌아온 프리츠는 초상을 조각해서 생계를 꾸렸으나 1933년 불운이 또다시 그를 찾아왔다. 유대인이었던 그와 부인 라헬은 둘 다 제3제국에서는 자신들에게 삶의 희망이 없다는 사실을 일찌감치 알고 있었다. 그래서 이들은 네덜란드로 이

주했다.

네덜란드에서는 그다지 오래 머무르지 않았다. 프리츠는 옆 나라 독일에서 부상하고 있는 히틀러가 몰고 올 결과를 네덜란드가 안일하고 순진하게 여기고 있다고 느꼈다. 네덜란드는 히틀러가 자신들에게까지 영향이 미칠 것이라고는 생각지 않았다. 네덜란드는 제1차 세계대전 때 중립국 입장을 견지했고, 설사 두 번째 전쟁이 일어난다고 하더라도 같은 입장을 고수할 수 있으리라 믿었다. 비록 네덜란드가 지금의 인도네시아가 된 땅에서 아시아 제국을 경영하고 있었고, 거기서는 식민지 지배자로서 매우 잔인한 행동을 저지를 수 있었지만, 본국의 네덜란드인들은 자국을 무역과 상업에 종사하는 평화로운 나라라고 여겼다. 그런 네덜란드에 그 누가 해를 입히려 할 것인가?

1934년 프리츠와 라헬은 후크판홀란드 항구에서 페리선에 올라 친척들이 있는 런던으로 향했다. 거기서 프리츠는 프레드로 이름을 바꾸고 둘은 세인트존스 우드에 있는 로드 크리켓 구장 근처에서 평생을 살았다. 로드 크리켓 구장의 벽에는 운동선수들의 이미지가 부조로 새겨져 있다. 프리츠는 약속 장소를 정할 때 "부조에서 만납시다"라고 말하곤 했다.

프리츠의 생각이 맞았다. 1940년 독일이 침공해온 뒤의 네덜란드는 안전한 피난처가 아니었다. 3만5000명에 달하는 유대인이 독일과 오스트리아와 동유럽 곳곳으로부터 도망쳐 나왔다. 하지만 1930년대 말부터 네덜란드 정부도 이미 다른 서유럽 국가 정부들처럼 이제 버틸 만큼 버텼다고 판단하고는 난민들을 돌려보내기 시작했다. 곧 이들을 죽이려고 하는 나치 정권의 품으로 말이다. 나의 또 다른 친척인 슈스터 일가는 네덜란드에서 체포되었다. 독일군은 이들을 한 명씩 차례로 데려갔다. 몸이 너무 아파 휠체어에 의지하고 있던 막내아들을 마지막으로 끌고 가서 살해했다.

네덜란드에서 독일계 유대인들은 비유대인들 사이에서도, 네덜란드계 유대인들 사이에서도 온전히 환영받지 못했다. 박해당하고 모욕당하고 재산을 몰수당해 어쩔 수 없이 독일에서 도망쳐 나왔지만, 독일계 유대인들은 잘난 체한다는 인상을 풍겼다. 이들에게는 뭐든지 독일 것이 더 좋았다. 거위털 침대도 독일 것이 더 편안했다. 무엇보다 독일 문화와 비교하면 네덜란드는 조악한 시골처럼 느껴졌다.

독일의 기준으로 보면 심지어 네덜란드의 나치조차 '작은 읍내' 조직 같았다. 아무리 독일 나치의 거창한 태도와 웅장한 행사를 흉내 내려고 해도 네덜란드의 나치는 촌스러운 집단처럼 보였다. 네덜란드의 나치 '지도자'였던 안톤 뮈세르트는 작고 통통하고 불그스레한 얼굴의 엔지니어였다. 승마화를 신고 우스꽝스러운 검은 제복을 입은 그의 모습은 위협적이라기보다 우습게 보였다. 광적이고 부패하고 권력을 탐했을지는 몰라도 타고난 살인자는 아니었다. 1934년 하인리히 힘러의 SS가 나치 내부의 라이벌인 SA의 지도자들을 바바리안 호텔에서 살해하고 같은 날 다른 정적들을 도끼로 난도질해 제거한 사건이 있었는데, 뮈세르트는 이런 "부적절한 행위"에 충격을 받은 나머지 1935년 여름 힘러와 만나기를 거부했다. 독일 점령기 동안 자신이 저지른 잘못을 지적받기 전에도, 뮈세르트는 당의 이념을 진실로 믿는다고만 하면 심지어 일부 유대인의 나치스 가입을 허락하기도 했다. 히틀러가 그를 성가신 프티부르주아 민족주의자로 치부해 늘 경멸했던 것도 무리는 아니다.

프리드리히 바인레프 또한 네덜란드에 대한 이런 견해에 어느 정도 동감하고 있었다. 하지만 그가 경멸했던 대상은 좀더 광범위했다. 그는 대부분의 유대인, 특히 신앙이 없는 세속주의 유대인들을 경멸했다.

그의 청년 시절을 기록한 약간은 난해한 회고록을 읽다보면, 젊은 바인레프가 그와 불과 몇 블록 떨어져 살던 펠릭스 케르스텐만큼이나 정치적 사건에 관심이 없었다는 인상을 받을지도 모른다. 회고록에는 바인레프의 관심사가 주로 하시드 교리의 불가사의하고 신비한 경계를 넘나드는 영적인 '여행'에 관한 것이라고 나와 있다. 이는 회고록이 쓰였던 1980년대 그의 상황을 반영하고 있을 수도 있다. 당시 바인레프는 스위스에서 자신의 추종자들에게 성경 안에 숨겨진 비밀 암호를 가르치는 영적 지도자로서 풍족한 생활을 하고 있었기 때문이다. 알다시피 그에게는 좀더 실리적인 면도 있었다.

고등학교 졸업시험을 간신히 통과하고 바인레프는 로테르담의 비즈니스 스쿨에 입학했다. 사실은 철학이나 문학을 공부하고 싶어했지만 아버지는 비즈니스가 더 안전한 선택일 거라고 판단했다. 아버지는 몸이 허약하기는 했어도 대체로 본인의 주장을 관철시키는 편이었다. 로테르담에 방을 구할 돈이 없었던 젊은 바인레프는 스헤베닝언의 부모님 집에서 통학해야 했다. 학교 친구들은 그를 누추한 옷차림에 말수가 적었던 젊은이로 기억한다.

1931년 바인레프의 아버지가 심부전으로 죽으면서 고난이 시작되었다. 어머니도 같은 해에 세상을 떠났고 바인레프와 동생인 에드몬트에게는 아무런 유산도 남지 않았다. 에드몬트는 고등학교를 중퇴하고 아버지의 직업이던 독일 담배 회사의 대리점 일을 이어받아야 했다. 프리드리히는 로테르담에 있는 교수의 도움으로 경제 연구 기관에 일자리를 얻어 비즈니스 스쿨을 계속 다닐 수 있었다. 에드몬트에 대해서는 그 이상 알려진 바가 없다. 바인레프는 동생에 관해 거의 언급하지 않았다. 둘 사이는 그다지 좋았던 것 같지 않다. 에드몬트는 시오니스트가 되어 형이 경멸했던 길로 들어섰다. 1942년 독일이 유대인을 체포하기 시작하던 무렵 잡혀 들어갔던 이들 중 하나였고, 최악의 강제수용소로 알려진 오스트리아의 마우트하우젠 수용소에서 죽었다. 그곳은 SS 경비들이 탈진한 죄수들을 순전히 재미 삼아 채석장의 깊은 바닥으로 던져넣곤 하던 곳이다.

바인레프는 회고록에서 스스로를 마음이 허공에 떠 있는 일종의 몽상가Luftmensch로 묘사하고 있다. 또한 주변에 터놓고 이야기할 사람이 없었기 때문에 매우 불행했다고도 말한다. 비유대인과 세속주의 유대인들은 종교에 대한 그의 헌신을 이해하지 못했고 심지어 놀리기까지 했다. 스헤베닝언의 정통파 교인들은 속이 좁았고 종교생활의 피상적인 규율들을 놓고 왈가왈부했다. 바인레프는 어디를 가도 자신이 이방인처럼 느껴졌다.

바인레프의 지도 교수이자 나중에 노벨 경제학상을 받는 얀 틴베르헌처럼 그가 잘되기를 바라던 이들조차 점점 참을성을 잃어 갔다. 틴베르헌은 바인레프에게 로테르담에서 박사 학위를 끝마치라고 독려했다. 바인레프는 틴베르헌 교수에게는 거의 끝나간다고 말하며 줄곧 논문 작업을 미루었다. 작업은 절대 끝나지 않았다. 원고를 도둑맞았다고도 했고, 원고가 화재로 손실되었다고도 했다. 설명할 수 없는 이유로 분실되기도 했다.

우울한 학생인 바인레프를 유일하게 이해했던 사람은 빈에서 온 그의 외할아버지였다. 스헤베닝언에서 바인레프의 가족들과 함께 살았던 외할아버지 또한 전쟁 중에 추방되어 트레블린카 수용소에서 살해되었다. 그를 동경했던 손자에 따르면 외할아버지 피슐은 물질적인 이곳의 현세보다 더 중요한 또 다른 차원의 현실이 존재한다는 사실을 이해하던 사람이었다. 과학적인 방법으로 분석하거나 경제적 통계로 측정할 수 없는 현실이 있다는 사실을 말이다. 바인레프는 로테르담에서 빈으로, 거기서 다시 폴란드까지 여행하며 그 또 다른 현실이라는 것을 어렴풋이 체험했다. 1930년대 중반 즈음 바인레프는 실제로 그런 여행을 했다. 하지만 그 여행에서 가장 특별했던 사건은 아마 그의 상상 속에서만 일어났던 것으로 보인다. 상상인지 여부는 중요하지 않다. 수많은 공상을 안고 살던 바인레프의 삶에 대해 그 사건이 시사해주는 바가 있기 때문이다. 결

값싸고 거짓된 세월

국 바인레프가 관심을 가진 대상은 측정할 수 없는 또 다른 차원의 현실이었다.

바르샤바를 향해 천천히 달려가는 기차에서 바인레프는 깊은 고독을 느꼈다. 기차는 아직 많은 유대인이 살고 있던 작은 마을들을 지나쳐갔다. 이 중 일부는 검은 카프탄 차림에 모피로 된 모자를 쓰고 있었다. 이 마을 중 한 곳이 바인레프의 마음을 특히 사로잡았다. 설명할 수 없는 어떤 압도적인 힘이 그에게 기차에서 내리라고 명했다. 하지만 차장이 그를 가로막았고 기차는 다시 바르샤바를 향해 출발했다. 그때 무언가 알 수 없는 이유로 기차가 후진하더니 그 작은 마을에 다시 한번 정차했다. 바인레프는 이번에는 기차에서 내릴 수 있었다. 묵을 곳을 찾아 나선 그를 짙은 색 정장 차림에 들떠 있던 어떤 남자가 막아 세웠다. 마을의 랍비가 그를 맞이하려 기다리고 있었던 것이다. 바인레프는 뭔가 착오일 거라고 생각했다.

하지만 그것은 착오가 아니었다. 랍비는 오래전 비밀의 종교 문헌 더미를 남기고 간 신비한 방문자와 관련 있는 젊은이가 언젠가 자신을 찾아오리라는 것을 줄곧 알고 있었다. 그 젊은이가 네덜란드와 빈 출신이라는 것도. 이 랍비는 마법을 믿는 사람이 아니었고 기적을 행하는 유의 랍비도 아니었다. 그저 하늘이 신비로운 방식으로 일을 행한다는 것을 알고 있는 정도였다. 바인레프도 서서히 이 상황을 수긍하게 되었다. "또 다른 세상에 사로잡힌 것 같은 느낌이었다. 마치 편안한 침대에 누워 꿈속으로 스르르 미끄러져

125

들어간 것만 같았다."[6]

랍비가 바인레프를 기다려왔던 이유는 그와 함께 토라의 비밀을 연구하기 위해서였다. 둘은 함께 배워나갈 것이었다. 바인레프는 겔레른터Gelernter가 될 것이다. 겔레른터가 된다는 것은 학자가 된다는 뜻이다. 경제학자나 수학자가 아니라 또 다른 현실의 신비를 담고 있는 고대 문헌을 연구하는 학자다. 바인레프는 여전히 자신을 세상 속 이방인처럼 느꼈으나 더 이상 고독하지 않았다. 랍비가 그에게 겔레른터로서의 사명을 준 것이다. 이스라엘의 영혼이 유대인을 망명으로부터 구해내고, 이기주의와 어리석음이 가득한 세상에 빛을 가져다줄 것이었다.

여기서 이스라엘은 당시 팔레스타인이라 불리던 나라를 뜻하지 않았다. 바인레프는 시오니즘이 어리석고 심지어 죄 많은 오해라고 여겼다. 극도의 정통파 사상을 지녔던 그에게 있어 인간의 힘으로 이스라엘이라는 정치 국가를 세운다는 생각은 일종의 신성모독이었다. 오직 메시아의 도래만이 사람들을 이스라엘이라는 영적국가로 인도할 수 있었다.

바인레프의 모든 글을 주제의식처럼 관통하고 있는 인간의 어리석음에 대한 그의 고뇌는 영적인 면에 국한되지 않았다. 그는 단지 겔레른터가 되기만을 꿈꿨던 것이 아니다. 그에게는 또한 코헴chochem(네덜란드-이디시어로는 호헴goochem), 즉 영리한 면이 있었다. 르부프 시절 그가 지닌 최초의 기억은 뭔가 그럴듯한 말을 하자 식탁에 둘러앉은 가족들이 박수를 쳐주던 일이다. 한참 뒤 스헤베닝언에서 정통파 교인이 된 다음 바인레프는 대부분 시오니스트였던 자기 부모의 친구와 친척들에 대해 이렇게 표현했다. 물질적인 세상에만 관심을 가졌던 그들은 "해충이자 흉내꾼이자 바보들"이라고.[7]

그는 나치에 대해서도 같은 생각을 하게 된다. 말할 것도 없이 가장 어리석은 자들이라고 여겼다. 그는 겔레른터로서가 아니라, 자신의 영리함으로 나치보다 한 수 앞서려고 했다.

바인레프는 정치적인 사건들에 전혀 무지하지 않았다. 그의 책에 1933년 히틀러의 부상이나, 1935년의 뉘른베르크 인종차별법, 1938년의 수정의 밤과 같은 역사적 사건들이 등장하진 않지만, 나치 독일로부터 도망쳐 나온 난민들에 대한 언급이 있다. 이들 중 라비노라는 이름의 겔레른터가 있었는데, 종교 선생님으로서 스헤베닝언이나 혹은 다른 어디에서라도 다급하게 일자리를 구하고 있었다. 바인레프의 주장에 의하면 가난한 학생이었던 자신만이 라비노를 도우려 했다고 한다.

경제학자로서 바인레프는 점점 더 시급한 현안이 되어가는 실질적인 문제들에 대해 글을 썼다. 전시의 인구를 어떻게 먹여 살려야 하는지, 오스트리아가 히틀러의 제국에 합병된 일은 어떤 결과를 불러올 것인지 등에 관한 문제였다. 지금은 이스라엘의 초정통파 정당으로 자리잡은 종교운동인 아구다트 이스라엘의 회원으로서도 바인레프는 단순한 몽상가 이상이었다. 아구다트 이스라엘은 세속적 시오니즘에 대한 반발로 1912년 슐레지엔에서 설립된 초정통파 운동이다. 이들의 목적은 신의 왕국을 찾는 것이었다. 하지만 당시 유대인은 살아남기 위해 나치를 피해 도망쳐야 했고, 자신들만의 보금자리를 찾는 일은 하루가 다르게 어려워지고 있었다. 바인레프는 남미의 콜롬비아나 에콰도르, 페루 같은 곳에서 유대인들이 자신들만의 종교 커뮤니티를 이루어 안전하게 살 수 있는 빈 땅을 찾고자 했다. 이 또한 현실적이라기보다는 공상에 가까운 해결책이었지만, 바인레프는 대다수의 사람에 비해 앞으로 일어날 일을 더 정확히 내다보고 있었다.

바인레프는 1936년에 에스터 횟비르트와 결혼했다. 에스터는 안트베르펜에서 스헤베닝언으로 이주해온 정통파 유대교인의 딸이었다. 이들은 곧 세 명의 자식을 낳았다. 셋 중 하나는 다가올 전쟁에서 목숨을 잃는다.

3: 상하이

독일이 유럽에서 전쟁을 일으키기 8년 전 일본이 아시아에서 전쟁을 일으켰다. 1931년, 일본이 만주를 점령한 것이 그 시작이었다.

일본군의 습격은 나중에 만주사변(혹은 펑텐 사건)으로 알려지는 일종의 음모 또는 사기에서 시작되었다. 1931년 9월 18일 밤, 한 일본 육군 장교가 지금의 선양瀋陽인 펑텐시 외곽에 있는 일본 소유 남만주 철도 선로에 소량의 다이너마이트를 설치했다. 폭발로 인한 피해는 거의 없었다. 애초부터 피해를 입히려는 목적이 아니었다. 창춘에서 다롄으로 가는 기차가 폭발이 있던 선로 위로 몇 분 뒤 아무 일 없이 지나갔다.

일본 관동군 장교 몇몇의 계획을 그대로 따라서 진행된 일이었다. 이들은 본국 정부와 일본군 수뇌부의 대부분이 그토록 회피하고자 했던 만주에서의 전쟁을 원했다. 일본의 모든 지도자는 민간인과 군인을 막론하고 만주에서 일본의 이익을 보호하고 확장하는 것의 중요성에 동의하고 있었다. 1905년 러일전쟁을 통해 남만주 철도를 확보한 일본은 철로 주변 지역들의 통제권을 장악해나갔다. 이는 자신들을 당연히 만주의 통치 세력으로 간주하던 중국 정부와 심각한 갈등을 일으켰다. 일본 정부는 무력이 아닌 외교를 통해 원하는 것을 얻고자 했다. 하지만 일본 육군의 중간 간부급 선동가들은 훨씬 더 급진적인 방법을 생각하고 있었다. 이 중에 비교적 잘 알려진 음모꾼들은 당시 일본 매체에서 찬양해 마지않는 유명 인사가 되었다. "만주의 로렌스"라는 별명으로 불리던 호전적 대륙주의자이자 협잡꾼 도이하라 겐지土肥原賢二, 불교의 광신도이면서 여러 언어에 능통했던 모사꾼 이시와라 간지石原莞爾(이런 사람들이 있었고 여전히 존재한다), 이후에 장군이 되었으나 결국 전범으로 교수형에 처해지고 만 이타가키 세이시로板垣征四郎 같은 이들이다.

선로 폭파는 중국 공작원들의 소행이라는 비난 선동이 시작되었고 바로 이튿날, 일본군은 보잘것없이 무장하고 있던 중국군 주둔지를 공격했다. 동북지역의 군벌이던 장쉐량張學良이 이끌던 곳이었다. 정성껏 차려입은 군복이 마치 턱시도를 입은 것처럼 우아하던 호리호리하고 말쑥한 외모의 장쉐량은 뛰어난 댄서이자 아편 중독자였다. 동북의 실력자였던 그는 일본에 대항하기 위해 장제스와 연합한 바 있으며, 이 때문에 일본은 그를 몰아내고자 했다. 잔인한 일본 군국주의자들이 자유를 사랑하는 민주주의자를 짓밟았다는 식으로 단순히 설명할 수 있는 일은 아니었다. 젊은 원수 장쉐량은 파시즘 중에서도 특히 이탈리아식 파시즘에 경도되었던 막강한 군벌이었다. 그러나 그렇다고 해서 치아노 백작 부인과의 연애를 망설이지는 않았다. 로마에서 펠릭스 케르스텐의 고객이던 치아노 백작은 당시 이탈리아 영사로 상하이에 주재하고 있었다. 무솔리니의 딸이자 치아노의 부인이던 에다는 장쉐량과 바람을 피웠다 (에다를 흠모하던 또 한 명의 인물로는 하인리히 힘러가 있다. 1943년 힘러는 그녀에게 SS 명예 계급을 수여하기도 했다. 1944년 치아노 백작이 무솔리니를 축출하려다 처형되자 에다는 곧바로 공산주의자와 사귀었다).

　장제스도 젊은 원수 장쉐량도(장쉐량은 훗날[2001년] 고령의 나이에 피터 H. L. 장이라는 이름으로 호놀룰루에서 세상을 떠났다) 자신들의 군대가 도저히 일본의 상대가 되지 못한다는 것을 알고 동북지역에서 후퇴하기로 결정했다. 그러자 일본 황군의 만주 주둔군이던 관동군이 호전론을 앞세우던 일본 언론의 부추김을 등에 업고 만주의 주요 도시를 전부 점령해버렸다. 일본의 문민 정부와 천황인 히로히토조차 반항적인 현지 장교들의 이런 노골적인 도발 행위에 깜짝 놀랐다. 하지만 이들 또한 중국의 지도자들과 마찬가지로 이것이 불가항력임을 깨닫고 곧 동조하지 않을 수 없었다.

가와시마 요시코는 펑텐 사건 당시 상하이에 살고 있었다. 그녀는 일본에서 양부와의 생활을 더 이상 견디지 못하고 중국 본토에서 새 삶을 시도해보려고 했다. 하지만 상하이로 이주하기 전 요시코는 본인의 표현에 의하면 "세상에서 가장 특이한 아내"가 되었다. 그녀의 남편은 간주르잡이라는 이름의 키가 크고 잘생긴 몽골인이었다. 둘은 관동군 고위 장교들이 대부분 참석한 가운데 뤼순의 야마토 호텔에서 호화로운 결혼식을 치렀다. 이 만주-몽골 커플이 1927년에 어떻게 맺어졌는가에 대해서는 요시코의 삶을 둘러싼 모든 일이 그렇듯 여러 버전이 존재한다. 훗날 요시코는 강요에 의해 결혼했던 것이라고, 육체적 접촉은 없을 것이라고 몽골인 남편과 약속한 뒤에야 결혼을 받아들였다고 주장했다. 나는 보통의 여자들과 다르다고 설명했다고 한다. 요시코는 신랑 신부의 아버지들이 가슴속 깊이 품고 있던 만몽 독립이라는 대의명분을 위해 가짜 결혼관계에 기꺼이 장단을 맞추었다. 오빠인 셴리를 비롯한 주변 사람들은 요시코가 사실은 간주르잡에게 꽤 호감을 갖고 있었다고 말한다. 요시코는 둘이 도쿄에서 학교를 다니던 시절부터 간주르잡을 알고 지냈고 아주 기꺼이 결혼했다고 한다. 물론 혹한의 몽골 평원에서 그의 가족들과 살면서 조금이라도 행복을 느꼈을지는 또 다른 문제다.

어쨌든 이 결혼은 일본의 이해관계에 딱 맞았다. 간주르잡은 일본의 명문 사관학교 졸업생이었고 아버지는 중국 국민당에 대항해 일본편에 서서 싸웠던 장군이다. 요시코가 강요에 의해 그와 결혼했는지, 아니면 학대를 일삼는 양부의 손아귀에서 벗어나기 위해 그랬는지는 영원히 알 수 없다. 가와시마 나니와가 요시코의 여동생을 새 배우자로 맞아들이자 요시코가 동생에게 그에 대해 경고한 것을 보면 적어도 후자가 개연성 있다.

어쩌면 불가피했겠지만 결혼은 오래가지 않았다. 요시코는 의심 많은 시어머니가 자신의 일거수일투족을 면밀히 지켜보는 봉건적 몽골 가문에서의 삶을 견디기 어려워했다. 따분함에 기분 전환이 필요했던 그녀는 밤에 주변 마을들을 돌아다녔는데, 거기서 자신이 전설의 주인공이 되었다고 주장한다. "이곳 몽골 사람들은 이야기 만들어내기를 좋아한다. 나에 대해서도 『아라비안나이트』 작가들이 지어낸 이야기보다 한술 더 뜨는 드라마를 만들어냈다." 요시코는 이를 즐겼던 것이 틀림없다. 사람들에게 자신에 대한 이야기를 지어내라고 부추겼다. 이처럼 전설의 주인공이 되는 것이 사람들에게 선택받는 기분을 느끼는 그녀만의 방법이었다.

요시코의 소설적 전기인 『남장의 여인』을 쓴 작가 무라마쓰 쇼후가 지어낸 이야기에는 젊은 신혼부부가 몽골 사막을 가로질러 여행하다 중국의 "마적 떼"에게 습격당하는 일화가 나온다. 여기서 요시코의 허구적 자아인 마리코는 엄청난 용기를 발휘해 총으로 마적 떼를 쫓아버리지만 왼쪽 어깨에 총상을 입는다. 이 총상은 훗날 요시코에 대한 이야기에 거듭해서 등장한다. 그녀의 만주의 잔다르크 신화로서의 무용담이 그렇듯 여기에도 판타지 요소가 가미

되었다.

하지만 이 만몽 커플의 결합은 첫날밤을 보낸 이튿날 아침 이미 어긋나기 시작한 것을 어쩌랴. 몽골의 관습에서 길한 결합의 상징으로 여겨 마땅히 내보여야 할 신방 하얀 침대 쿠션 위의 핏자국이 없었던 것이다. 뤼순에서의 화려한 결혼식으로부터 3년 뒤, 요시코는 뤼순 옆의 더 큰 항구도시인 다롄으로 도망쳤다. 거기서 멋진 일본군 장교들과 함께 가장 세련된 댄스홀이란 댄스홀에는 다 드나들며 현지의 일본인 가십 칼럼니스트들을 자극했다. 부부는 이혼했다. 요시코는 "남편과 나는 서로 만몽 합의를 이루어 다시 한번 자유의 몸이 되었다"라고 했다.[8]

간주르잡의 삶은 순탄치 못하게 끝났다. 그는 전쟁이 끝나고 중국 공산당에 의해 반역자로 투옥되었다. 문화대혁명의 와중에 '칭기즈칸의 후예'라는 이유로 6만 명이 넘는 몽골인이 린치와 고문으로 목숨을 잃었다. 실제로 간주르잡은 칭기즈칸 사원의 열렬한 신도였다. 일본은 중국의 무기력하고 퇴폐적인 문명과 대비되는 몽골의 무사도를 일본 사무라이 전통에 빗대며 장려했었다. 나중에 중국 공산당은 몽골인 학살에 대해 유감을 표했는데, 문화대혁명 기간에 벌어졌던 다른 일들과 마찬가지로 몽골인 학살 또한 불행한 '실수'였다고 했다.

일본이 중국 본토에서 선전하던 허구 중의 또 하나는 일본이 불법적인 중국인 통치자들에 맞서 만주와 몽골을 보호하고 독립시켜줄 것이라는 내용이었다. 그로 인해 요시코의 결혼이 성사되었고, 그로 인해 나중에 요시코가 깊이 연루된 다양한 정치적 사건이 발생했다.

무력으로 조선과 러시아와 중국에서 방대한 영토를 차지한 뒤 일본이 다음으로 준비하던 허구는 새로운 독립 국가인 만추쿠오, 즉 만주국의 설립이었다. 만추쿠오는 글자 그대로 만주인의 나라라는 뜻이다. 당시 톈진의 일본 조계지에서 살고 있던 청나라의 마지막 황제 푸이溥儀가 이 나라의 국가수반이 될 예정이었다. 일본 제국의 자비로운 후원하에 만추쿠오는 독립 국가를 이루는 데 그치지 않고(허구), 가장 근대적이고 가장 진보적인(부분적으로 사실) 다인종, 다문화, 다종교의 조화를 이뤄낼 것이었다(거의 완벽한 허구).

베이징의 자금성에서 쫓겨난 뒤 푸이는, 우아하지만 삶에 완전히 싫증나 좌절해 있던 아내 완룽婉容과 함께 톈진에서 이방인 한량의 생활을 해오고 있었다. 완룽은 만주족의 고위 귀족이었고 외국인들은 그녀를 엘리자베스라고 불렀다. 푸이는 테니스를 치거나 애스터하우스 호텔에서 춤추고 나서 톈진 컨트리클럽에서 식사하는 일상을 즐겼다(톈진 컨트리클럽은 중국인을 회원으로 받지 않았기 때문에 게스트로서만 출입했다). 골프장에서는 트위드 반바지를, 도시를 돌아다닐 때는 영국식 정장에 분홍 카네이션을 꽂은 복장을 하는 식으로 항상 완벽한 옷차림을 하고 다니던 푸이는 톈진의 외국인 전용 신문 사교 칼럼에 단골로 등장하는 인사였다.

고등교육을 받은 완룽은 유창한 영어를 구사했으며 피아노 연주도 수준급이었다. 하지만 그녀는 허약한 데다 아마도 틀림없이 동성애자였을 남편과의 잠자리 없는 결혼생활로 인해 불행했다. 징위안룎圀에서의 삶은 점점 더 견딜 수 없었다. 숨막히는 의전과, 굽신거리지만 성가신 환관 시종들과, 일본 관리들을 비롯해 국적은 다양해도 그냥 그 동네에 한정된 고급 사교 서클에 속한 고만고만한 명청이들의 방문이 끊임없이 이어지는 곳이었다. 완룽은 아편을 피우고 모르핀 주사를 맞는 데서 위안을 찾았다. 그녀가 언제 요시코를 처음 만났는지는 확실치 않지만 완룽은 요시코에게 흥미를 느꼈다. 요시코가 완룽 인생의 다음 단계에서 중요한 역할을 하게 되었다는 데는 이론의 여지가 없다. 둘의 관계에서 요시코 측의 이야기는 요시코를 둘러싼 전설이라는 짙은 안개에 가려져 있다.

푸이로 하여금 만주국을 통치하는 수반의 역할을 맡도록 하는 데는 일본 관동군의 대단한 설득이 필요치 않았다. 알고 보니 명목상의 수반일 뿐임이 곧 드러났지만. 요시코는 일본을 돕기 위해 이 설득 작업에 최선을 다했다고 말하고 있다. 역시 요시코의 회고에 의하면, 그것이 그녀가 프랑스제 호화 특급열차인 '남색특쾌藍色特快'를 타고 상하이에서 톈진까지 서둘러 갔던 이유다. 푸이가 말을 듣도록 압력을 가하던 일본 장교들은 만주사변을 꾸며냈던 무리의 일부였다. 그중 특히 음험했던 이가 아마카스 마사히코甘粕正彦(1891~1945)다. 점점 훤히 벗겨지는 대머리에 안경을 썼던 아마카스는 은행원처럼 보였고 어쩌면 정말 하인리히 힘러를 약간 닮기도 했다. 사실 그는 살인자였다. 1923년 관동대지진 직후 두 명의 무정부주의자와 여섯 살 난 소년을 때려죽이고 우물에 던져넣었다는 의심을 받고 있었다. 그러나 그는 곧 더 큰 모험을 위해 대륙으로 건너가 "만주의 로렌스" 도이하라 겐지를 위해 아편 사업을 운영하게 된다.

푸이가 마음을 정하도록 하고자 아마카스와 도이하라는 텐진에서 몇 건의 떠들썩한 암살 사건을 꾸며 중국인 '테러리스트'들이 일으킨 것으로 보이게끔 했다. 요시코도 회고록에서 말하고 있듯이 이 사건들에 대한 공식 결론은 반일 여론을 자극하려는 목적으로 장제스의 국민당에서 테러리스트들을 텐진으로 파견했다는 것이었다. 이 중 한 사건에서는 청나라의 전 황제 푸이에게 복숭아와 석류들 사이에 수류탄이 섞여 있는 과일 바구니가 배달되었다. 일본인들은 만주국에서 자신들의 보호를 받는다면 훨씬 더 안전하지 않겠냐며 푸이를 설득했다.

생명의 위협에 대한 두려움 때문이었을까, 선조들의 땅인 만주에서 왕좌를 복원한다면 중국에서 청나라를 다시 세울 수 있을지도 모른다는 환상 때문이었을까, 푸이는 마침내 텐진에서 만주까지 배를 타고 건너가기로 동의했다. 그는 연회색 영국 황태자 복장을 하고 갈 것인지 아니면 다른 제복이 어울릴 것인지 고민했다고 한다. 경호원들은 푸이를 일본군 장군들이 입는 외투로 휘감아 데려갔다.

도이하라('로렌스')는 분열을 조장하기 위해 중국인 무뢰배들에게 돈을 주고 텐진의 중국인 거주지역에서 권총을 쏘아대도록 시켰다. 요시코에 의하면 바로 그때 그녀가 남장에 사냥 모자 차림으로 등장한다. 요시코의 회고록을 쓴 사람은(본인의 일본어는 회고록을 쓸 만한 실력이 못 되었다) 싸구려 탐정소설에 나올 법한 효과를 노렸던 것 같다. 요시코는 푸이를 차에 태워 기관총 사격과 중국 순찰대 사이로 텐진의 컴컴한 거리를 뚫고 "목이 꺾일 만큼 맹렬한 속도로" 달렸다. 부두에 미끄러지듯 급정거한 뒤 요시코는 동북지역으로 떠나는 일본 증기선에 푸이가 안전하게 실려갈 수 있도록 했다. 동북으로 가면 푸이는 요시코의 아버지 숙친왕이 생전에 살던 집에서 일본군의 보호 아래에 있을 예정이었다.

이 얘기는 완전한 허구다. 푸이가 텐진에서 몰래 빠져나갔을 당시 요시코는 텐진 근처에도 있지 않았다. 좀더 사실에 가까운 이야기는 무라마쓰 쇼후가 쓴 『남장의 여인』에 등장한다. 여기서도 여주인공 마리코가 짙은 정장에 사냥 모자 차림으로 귀족 손님을 차에 태우고 텐진의 위험한 거리를 운전한다. 하지만 그 손님은 이미 며칠 전 텐진을 떠났던 푸이가 아니고, 그의 부인 완룽이었다. 무라마쓰의 책에는 막판에 약간의 해프닝도 나온다. 완룽이 이탈리아 반려견을 두고 온 것을 뒤늦게 깨닫는 바람에 차를 돌려 데리러 갔던 것이다. 이런 디테일이 사실인지 아닌지 누가 알 수 있겠는가? 무라마쓰의 소설은 이 사건이 있던 해인 1932년에 쓰였다. 요시코는 그로부터 5년 뒤에 나온 자신의 회고록에서 소설 속 해당 이야기를 거의 그대로 가져와서는 등장인물만 완룽에서 푸이로 바꾸었다.

사실은 사냥 모자를 쓴 대담한 운전수가 요시코 본인이었는지도 확실치 않다. 하지만 요시코가 남편을 따라 만주국으로 가기를 꺼리는 완룽을 설득하기 위해 상하이의 일본 비밀경찰에 의해 톈진으로 파견되었던 것은 사실이다. 일본이 이 기만극을 수행하도록 그녀가 도왔다는 것은 단순히 지어낸 얘기가 아니다. 요시코가 왜 그랬는지는 그다지 확실하지 않다. 푸이가 그랬듯 청나라의 수복이라는 환상에 경도되었을 수도 있다. 국민당이든 공산당이든 중국인들은 만주족의 대의명분에 공감하지 않는다고 생각했던 것은 확실하고, 본인을 만주의 잔다르크라고 여기기도 했다. 아니면 그저 남장을 한 영웅이라는 자신만의 판타지를 실현하려 했던 것인지도 모른다.

요시코의 삶에서 사실과 허구를 가려내려는 시도는 쉽지 않다. 일본 언론에서 널리 다뤄진 그녀의 허언들이, 본인의 요청에 의해 무라마쓰의 소설에서 한층 더 윤색되고 또한 일본의 선전 선동으로 가득 차 있었다는 점에서 그렇다. 일본이 만주족 공주인 요시코의 신분을 이용해 자신들의 군사적 침략 행위를 미화하려 했다는 데는 의심의 여지가 없다. 사악한 중국의 군벌들로부터 만주와 몽골을 해방시키고, 나아가서는 사악한 서양의 제국주의로부터 아시아 전체를 해방시킨다는 고상한 목적으로 미화하려 했던 것이다.

다롄에서의 답답한 지방 도시 생활에 지쳐 있던 요시코는 1931년 상하이로 이사해서 남자 파티복 차림으로 춤을 추며 무도장과 나이트클럽을 휘젓고 다녔다. 애스터하우스의 왈츠 경연대회에서 우승을 차지하는가 하면 와이탄의 캐세이호텔에서 중국과 러시아와 일본 등 국적을 가리지 않고 정치 해결사들과 인맥을 맺

었다. 요시코는 소수의 여성 시종을 거느리고 다니며 두툼한 돈다
발에서 지폐를 뽑아 팁으로 뿌리면서 밤새 놀곤 했다. 시짱로에 있
던 블루버드 같은 곳에서 러시아의 고급 매춘부며 중국의 직업 댄
서, 일본군 장교 같은 이들과 어울렸다. 인형과 일본 미인들의 그림
으로 가득한 아파트에 살면서 아침이면 베토벤의 「월광 소나타」와
재즈 음악이 나오는 가운데 시종들이 잠을 깨워주는 생활을 즐겼
다. 무라마쓰는 소설을 위해 분위기를 몸으로 느끼려고 요시코와
몇 달간 같이 살았다. 성적으로 대시하는 요시코를 피해가며 지냈
다는데, 그의 주장일 뿐인지도 모른다.

　무라마쓰의 소설은 적어도 문학적인 글이다. 상하이 시절에 대
한 요시코 본인의 글을 읽어보면 너무나 어설프게 쓰인 통속소설
같다. 이야기는 러시아와 만주와 차이나를 줄여 쓴 단어인 '로만시
Romanshi'라는 이름을 가진 가상의 나이트클럽을 중심으로 전개된
다. 러시아와 만주와 차이나는 클럽을 소유한 세 사람의 국적이기
도 한데, 이들의 발언을 보면 꼭 일본의 전형적인 선전 선동을 만
화로 표현한 듯한 내용이다. 백계 러시아인은 공산주의자를 혐오
하고, 만주인은 중국 국민당원을 혐오하고, 중국인은 군벌을 혐오
한다. 과거의 좌파주의적 이상을 포기한 강직한 일본인이 이들의
무리에 합류한다. 그러고는 모두들 일본만이 아시아에 평화와 번
영을 가져다줄 수 있는 유일한 나라라는 데 동의한다.

　정확히 언제 어떻게 요시코가 일본의 적극적인 스파이가 되었
는지는 분명치 않다. 전쟁이 끝나고 요시코는 자신이 스파이였다

는 사실 자체를 완강히 부인했다. 예전에 본인과 상하이 시절의 기록자가 그렇게나 열심히 퍼뜨렸던 이야기를 스스로 부정하면서 말이다. 하지만 그녀가 다나카 류키치田中隆吉(1893~1972)라는 이름의 일본 스파이 전문가이자 군사 전략가와 열정적인 관계였다는 사실은(다나카의 입장에서는 확실히 그랬다) 아무도 부정하지 않는다.

정서적으로 불안정했던 다나카는 한번은 동반 자살로까지 이어질 뻔할 만큼 불안한 연애 이력의 소유자였다. 다부진 체격에 목이 굵었고, 달처럼 둥그런 얼굴에 굳게 다문 작은 입술과 의심 가득한 가는 눈매의 외모는 꼭 일본 전범의 전형적인 이미지를 캐리커처로 만들어놓은 것 같았다. 전쟁이 끝나고 다나카가 도쿄 전범 재판에서 증언하던 당시 미국의 한 잡지는 그를 "괴물"이라고 불렀다. 무라마쓰는 다나카가 "어딘가 미친 구석이 있는" 사람이라며 그와 엮이지 않으려고 했다. 그에 따르면 요시코가 들고 돌아다니던 돈다발의 출처가 바로 다나카였다고 한다. 무라마쓰는 또한 "괴물"이 마조히스트 역할을 맡아 크로스 드레서이자 사디스트인 요시코의 발밑으로 기어다니면서, 규칙을 위반하면 요시코가 호통치는 광경을 여러 차례 목격했다고도 주장한다.

다나카는 만주족 공주와 함께 상하이를 돌아다니는 것을 자랑스럽게 여겼고, 그래서 그녀의 변덕에 기꺼이 맞춰줬는지도 모른다. 하지만 그는 또한 요시코가 일본에 쓸모 있는 요원이 되리라 보았다. 요시코는 상하이의 다양한 인맥을 좀더 잘 활용해 일본에 비밀 정보를 제공할 수 있도록, 돈을 받아가며 중국어 실력을 다듬고 영어를 배웠다. 허언증 환자들이 대부분 그렇듯 요시코도 권력자들과 친밀한 관계임을 즐겨 과시했다. 어떤 경우는 상당 부분 사실이기도 했다. 상하이의 댄스홀들은 그녀의 사교 능력을 발휘하기에 아주 좋은 무대였다. 일설에 의하면 당시 요시코는 중국 국민당의 고위 인사 여럿을 밀고했다고 한다. 국민당 지도부가 이런 정보 유출에 대해 알게 되자 그녀는 자신의 정보원들이 상하이를 벗어나도록 손을 써주었다. 이런 활약을 통해 요시코는 일본군과 언론 사이에서 "동방의 마타하리"라는 또 다른 별명으로 알려지게 되었다.

요시코의 스파이 활동에 대한 자세한 내용은 여전히 뚜렷하게 알려져 있지 않다. 하지만 요시코의 인생을 연구한 사람 대부분은 '상하이사변'으로 알려진 불명예스러운 사건에 그녀가 깊이 관여했다고 믿는다. 상하이사변은 만주사변이 있고 넉 달 뒤인 1932년에 벌어진 사건이다. 어느 날 다나카의 책상에 관동군 본부로부터 전보가 한 통 도착한다. 전보에는 이렇게 적혀 있었다. 만주의 일은 잘 진행되고 있지만, 짐작하다시피 만주사변이 국제사회의 달갑지 않은 비판을 불러일으키는 바람에 중국에서 반일 시위가 조장되고 있다. 이에 대해 뭔가 조치를 취하지 않으면 안 된다. 세상의 관심을 다른 곳으로 돌릴 수 있다면 만주국의 독립을 이루는 데 큰 도움이 될 것이다. 예를 들어 상하이 같은 곳에서 요란한 사건이 일어나거나 한다면.

이후 알려진 바는 다음과 같다. 1월 18일, 중국인 노동자 지역에서 호전적인 일본인 승려들이 북을 치며 도발적인 행진을 벌이다가, 공산당 근거지로 알려진 산유 수건 공장 근처에서 한 무리의 사람들에게 공격당했다. 이로 인해 승려 둘이 중상을 입었고 한 명은 죽었다. 이에 대한 복수로 일본 민병대가 공장에 불을 질렀다. 상하이 곳곳에서 중국인들이 들고일어나 시위를 벌였고 일본 제품의 불매를 촉구했다. 일본은 상하이 시의원회에 다음과 같은 사항을 요구하며 최후통첩을 보냈다. 일본인이 입은 재산 손해에 대한 전액 보상. 중국인의 폭력에 대한 공식적인 비난 성명. 추가로 반일 감정이 확산되는 것을 막기 위한 적극적인 조치. 상하이 시의원회는 여기에 동의했다. 하지만 일본은 열흘 뒤 자국민의 안전을 보호한다는 표면적 이유를 대고 상하이만의 항공모함에서 전투기들을 띄워 중국인 밀집 거주지역에 집중 포격을 가했다. 외국인들은 와이탄의 사무실과 호텔의 발코니에서 이 광경을 구경했다. 이런 전시 폭격 전략은 상하이사변이 그 첫 사례로, 이후 중국의 다른 곳으로 확산되고, 유럽에서도 발생하며, 결국에는 1945년 일본의 두 도시에 원자폭탄을 투하하는 데까지 이른다. 수천 명의 일본군이 상하이를 공격했다. 장제스의 군대가 반격하자 일본은 더 많은 수의 군대를 상륙시켰다. 종국에는 휴전을 맺었지만, 제2차 청일전쟁이 본격적으로 시작된 것이나 마찬가지였다.

여기서 덜 알려져 있는 사실은 요시코가 일본인 상관의 명령을 받아 산유 수건 공장에 파견되었다는 것이다. 행진하는 승려들을 상대로 중국인 노동자들을 선동하기 위해서였다. 일본 민병대에게 돈을 주고 공장을 불태우게 함으로써 많은 사람을 죽게 만든 이도 요시코였다. 이 이야기가 사실인지를 판단하는 데 있어서의 문제는 유일한 정보원이 믿을 수 없는 인물인 다나카라는 점이다. 전후의 회고록에서 다나카는 요시코가 상하이 외곽에 있는 중국 군대에 잠입해 일본에 비밀 정보를 제공하는 등 완벽한 스파이가 돼주었다고 자랑하고 있다. 무라마쓰는 전후에, 책에 나오는 스파이 활동에 관한 이야기는 모두 요시코의 전설을 대중에게 팔기 위한 목적으로 꾸며낸 것이라고 주장했다.

하지만 무라마쓰의 책에서는 요시코의 동기에 대한 개연성을 읽을 수 있다. 물론 개연성이 있다고 해서 모두 사실이라는 것은 아니지만. 책의 주인공이 했던 말이다. "나는 단순한 스파이가 아니다…… 나는 일본인이 아니다. 만주족이다. (장제스와 싸우는 일에 관해서라면) 나는 일본 편이다. 일본과 이해관계가 맞으면 일본을 위해 일할 뿐이다. 일본의 스파이라고 여겨지는 것은 싫다." 본인을 허구화해서 만든 캐릭터인 마리코의 말이지만, 요시코 자신도 똑같이 말했을 것이라고 충분히 상상할 수 있다.[9]

상하이사변에 대한 이야기 일부는 요시코 자신의 회고록에도 나온다. 하지만 이상하리만치 모호하고 수동적인 방식으로 기록되어 있다. 반일 분자들이 승려들을 공격하고 반일 시위꾼들이 고삐 풀려 날뛰었기 때문에 일본이 가능한 최대의 무력을 사용해 질서를 바로잡을 수밖에 없었다는 식이다. 그러나 그녀는 여기서 자신이 어떻게 중국인 군인들이며 민병대와 어울리게 되었는지 자랑스럽게 회고하고 있다. 그리고 중국 군벌들이 만주국의 독립뿐만 아니라 중국 전체의 평화를 가장 위협하는 세력으로 자리 잡았다고 재빨리 부연 설명한다. 요시코가 원한 것은 오직 평화였다. 만주족이기는 했지만 그녀의 몸에는 중국의 피가 흐르고 있었고, 그녀의 마음에는 일본의 혼이 스며 있었다. 회고록에는 로만시 클럽의 러시아인, 만주인, 중국인, 일본인 친구들이 요시코의 이런 정신을 매우 높이 샀다고 나온다. 이들은 요시코의 용기와 독창성에 깊은 감명을 받았다.

그 뒤의 이야기는 전형적인 상하이 통속소설이다. 그녀의 친구들은 기관총으로 무장하고 선글라스를 낀 중국인 갱단에 납치된다. 그리고 요시코가 나서서 이들을 석방시킨다. 여기서 그 시절 상하이의 이야기라면 빠짐없이 등장하는 상하이 지하세계의 지배자, 큰 귀의 두Big-eared Du라는 별명으로 알려진 두웨성杜月笙이 기대를 저버리지 않고 등장한다. 매춘과 도박과 보호비 명목의 금품 갈취 시장을 지배하고 있던 칭방靑幫의 보스 두웨성은 상상 속의 인물이 아니었다. 그가 프랑스 조계지에서 수십 명의 첩을 거느리고 살던 호화로운 서양식 저택은 지금도 여전히 호텔로 남아 있다. 갱단의 보스들이 그렇듯 확고한 보수주의자이자 일종의 애국자였던 두웨성은 장제스의 측근이었다. 모두들 그를 두려워했으나 요시코는 그렇지 않았다. 다른 곳도 아닌 두웨성 본인의 집에서 그에게 맞서, 상하이의 평화와 질서를 되찾고 싶다면 일본군에 저항하는 것을 멈추라고 말했다. 거칠기 이를 데 없는 이 갱단의 보스는 요시코의 용기와 진심에 감복해서 그녀의 말에 따르기로 순순히 약속한다.

이 이야기는 아마 사실이 아닐 것이다. 분명한 사실은 피비린 내 가득한 상하이사변이 전 세계 신문에 보도되면서 펑톈에서 벌어진 또 다른 '사변'이 국제적 관심에서 멀어졌다는 점이다. 만주는 이제 일본의 손아귀에 확실히 들어갔다. 괴뢰 국가인 만주국의 수립이 곧 뒤를 잇는다. 그리고 그렇게 되기까지의 과정에서 요시코는 자신에게 주어진 역할을 충실히 수행했다.

제5장:
선을 넘다

우리가 명단을 만들기 좋아하는 이유는

죽고 싶지 않기 때문이다.

-움베르토 에코

1: 스헤베닝언

전쟁이 끝나고 프리드리히 바인레프를 열심히 옹호했던 사람 중 하나는 그를 중세 독일의 장난꾸러기 틸 오일렌슈피겔에 비견했다. 오일렌슈피겔은 사람을 우습게 만드는 매우 부적절한 장난을 통해서 인간의 탐욕과 온갖 악덕을 드러냈다. W. H. 오든(1907~1973, 미국의 시인)은 사람들에게 이런 장난을 치는 일이 신의 역할을 대신하는 것이라고 쓰기도 했다. 장난의 피해자는 무슨 일이 벌어지고 있는지 깨닫지도 못한 채 장난치는 사람에게 당하고 만다. 바인레프가 신의 역할을 하기로 마음먹었던 것은 언제부터일까.

독일의 네덜란드 침공은 1940년 5월 10일의 일이다. 나치에게 점령당한 것은 치욕적이고 깊은 분노를 자아내는 일이나 대부분의 네덜란드인은 애초에 이를 그렇게 나쁜 사건으로 여기지 않았다. 독일군은 대체로 행동을 조심하는 편이었고 시민들의 눈에 띄지 않았다. 폴란드를 비롯한 동중부 유럽 국가의 국민과는 달리,

네덜란드 국민은 형제 게르만족으로 대접받았다. 쓸데없는 경각심을 일으키지 않으려고 처음에는 심지어 유대인에 대한 별다른 조치도 없었다. 헝가리의 영화감독 페테르 포르가스는 전쟁의 첫 2년 동안 네덜란드의 어느 유대인 가족이 찍은 홈 비디오의 장면들을 발견했다. 그리고 1997년에 만든 빼어난 다큐멘터리 「마엘스트롬 The Maelstrom」에 그 장면들을 사용했다. 생일 파티와 유대 소년들의 성인식인 바르미츠바bar mitzvah와 결혼식의 행복한 모습을 보여주는 장면들의 어디에도, 그 안에서 웃고 있는 남녀와 아이들에게 조만간 닥칠 일에 대한 징조는 전혀 보이지 않는다. 홈 비디오 촬영이 갑자기 중단되었던 1942년, 얼마 지나지 않아 이들 대부분은 가스실에서 질식사한다.

다수의 네덜란드 유대인(물론 가난한 이들보다는 잘사는 이들)이 일반 대중에 잘 융화되어 있었기 때문에 독일이 제일 먼저 한 일은 이들을 분리시키고 게토에 가두어 별도의 집단으로 만드는 것이었다. 그래야 추방과 살인을 최소한의 소동 속에서 집행할 수 있었으니까. 이러한 조치와 규칙들은 물방울이 똑똑 떨어지듯 서서히 시행되었기 때문에 유대인들 자신을 비롯해 대부분의 사람들은 훗날 닥쳐올 무서운 결과를 상상할 수 없었다. 동유럽과 독일에서 피란온 유대인 중 1930년대부터 알고 지내던 가까운 지인들을 통해 바인레프는 현실을 파악하고 있는 편이었다. 물론 그도 아우슈비츠나 트레블린카 수용소의 출현을 예견할 수는 없었다. 트레블린카는 1940년 당시 아직 존재하지도 않았으니까. 하지만 바인레프는 나치의 의도를 결코 고지식하게 받아들이지 않았다.

　네덜란드 정부가 런던으로 망명을 가면서 네덜란드는 나치 국가보안위원회 위원Reichskommissar이자 빈의 전직 변호사인 아르투어 자이스잉크바르트가 다스리는 독일 나치 경찰국가가 되었다. 자이스잉크바르트는 매우 지적이지만 편협한 사람이었다. 두꺼운 안경을 쓰고 눈에 띄게 다리를 절던 그는 살인을 일삼는 무뢰배라기보다는 법조계 관료 같은 인상이었다. 그를 좋아하던 이들은 그가 전형적인 빈 사람의 매력을 풍긴다고 생각했다. 그러나 사실 그는 아리아 인종의 순수성이 티베트까지 거슬러 올라간다는 힘러의 터무니없는 믿음에 동조하고 히틀러를 광적으로 신봉하는 흉폭한 반유대주의자였다. 그는 또한 포르가스의 다큐멘터리에 나오는 유대인 가족처럼 홈 비디오 촬영을 즐겼다. 「마엘스트롬」에 나오는 잘 알려진 장면에는 유대인 가족들이 가축 칸에 실려 '동쪽'으로 강제 이송되던 와중에도 그가 힘러와 테니스를 치고 있는 모습을 보여준다. 나치 강점의 첫해 동안 자이스잉크바르트는 대중 연설에서 유대인에 관해 단 한 차례도 언급하지 않았다.

　유대인에 대한 첫 조치들은 전혀 악의가 없어 보였기 때문에 사람들을 오히려 더 안심시켰다. 1940년 7월부터 유대인을 민간 방공 부대에 참여할 수 없도록 한 조치다. 대부분의 유대인은 연합국 공군에 맞서 하늘을 지키는 일에 전혀 관심이 없었으므로 이 조치는 별다른 충격을 주지 못했다. 하지만 이것이 완전 분리를 위한 첫 번째 작은 발걸음이었다.

그리고 나서는 유대인이나 유대 혼혈은 관공서 및 관련 기관에 취직할 수 없도록 하는 조치가 나왔다. 다음으로 모든 공무원은 자신이 '아리아인'이라는 것을 밝히는 양식에 서명하라는 명령이 내려왔다. 그다음으로 판사와 대학교수를 포함해서 공직에 남아 있던 모든 유대인이 해고되었다. 바인레프는 1941년 말 로테르담의 경제 연구소에서 해고되었다. 여기저기서 약간의 항의가 있었다. 레이던대학의 법학 교수인 뤼돌프 클레베링아는 해고된 동료이자 뛰어난 법학자 에두아르트 메이어르스를 옹호하는 유명한 연설을 남겼다("우리 민족의 고귀하고도 진정한 아들"-우리 민족은 즉 네덜란드 민족이라는 뜻이다). 클레베링아는 자신이 틀림없이 체포될 것을 알고 연설 전에 이미 짐을 꾸려놓았다. 그러나 네덜란드 대법원은 유대인이었던 대법원장 로데베이크 비서르가 해고될 때 한마디 성명도 발표하지 않았다. 유대인들은 암스테르담의 지정된 '유대인 지역'으로 이주할 것을 명령받았다(네덜란드에는 그때까지 공식적인 게토가 존재하지 않았다). 이들은 이제 '아리아인'의 상점에서 물건을 살 수도 없었고, 영화관과 극장과 수영장에 다닐 수도 없었으며 '유대인 출입 금지'라고 쓰인 곳이면 무조건 들어갈 수 없었다. 실직한 유대인들은 노동 수용소로 보내졌다. 1942년 4월이 되면 모든 유대인은 유대인Jood이라고 검은색으로 쓰인 다윗의 별^{유대교의 상징인 육각형 별}을 옷 왼쪽 가슴에 달고 다녀야 했다. 이를 어기면 체포와 추방으로 이어졌다. 독일의 관점에서 보자면 그 뒤의 일은 아주 쉬웠다. 너무 쉬웠던 나머지 유대인 학살의 담당 관료였던 아돌프 아이

히만이 네덜란드 유대인의 신속한 추방은 "보기에 즐거웠다"고 말
했다는 얘기가 있을 정도다.

　박해의 메커니즘이 이처럼 거의 잡음 없이 작동했던 이유 중
하나는 네덜란드가 전반적으로 준법정신이 투철한 시민들로 구성
된 매우 잘 조직된 사회였기 때문이다. 이들에게는 프랑스나 심지어
벨기에와도 달리, 딱히 떠올릴 만한 시민 불복종의 경험이 거의 없
었다. 정부가 대량학살 조치에 착수하는 것은 물론이고, 의도적인
악의를 가지고 움직일 수 있다는 생각 자체를 하지 못했다. 1940년
5월 암스테르담 랍비장의 성명이 그런 정서를 대표적으로 보여준
다. "우리는 무엇보다 침착함을 유지하면서 정부의 요구 사항에 품
위를 갖춰 따라야 합니다. 모든 규정에 잘 따름으로써 우리가 충성
스러운 시민이라는 사실을 보여주어야 합니다."[1] 새로 추가되는 행
정 조치 하나하나는, 문서와 도장과 서명과 목록과 잔뜩 씨름해야
한다든지, 철컥거리는 타자기 앞에서 따분함에 지쳐 웅크리고 있
는 공무원들의 책상 앞에 하염없이 줄을 서서 기다려야 한다든지
하는 정도의 참고 견딜 만한 의례적인 관공서의 불편함으로 느껴
졌지만 사실은 올가미를 조금씩 조여오고 있었다. 네덜란드 유대인
학살의 첫 단계 당시 가장 가슴 아픈 사진들은 암스테르담 길거리
에서 얼굴을 바닥에 대고 엎드린 채 군화와 제복의 사내들에게 난
폭하게 걷어차이는 남자들의 흐릿한 모습이 아니다. 그보다 어쩌
면 더 가슴 아픈 사진은 애써 명랑해 보이려는 표정으로, 사실은 자
신의 사형 집행 영장이 되어버릴 서류에 도장을 받으려고 차례를

기다리는 불안한 남녀들의 모습이다.

시민 복종의 상징으로서 가장 많은 비판의 대상이 되는 것은 이른바 유대인 위원회다. 독일은 암스테르담에서 민스크까지 학살 프로그램을 집행하러 가는 곳마다, 자신들의 행정 부담을 줄이고 끔찍한 요구를 대신 수행해줄 유대인 위원회의 설립을 명했다. 다윗의 별을 배포한 것도 유대인 위원회이고, 실직자들에게 중노동에 지원하도록 부추긴 것도 유대인 위원회이며, 폴란드에 있는 죽음의 수용소로 보내질 사람들의 목록을 작성한 것도 유대인 위원회였다. 이러한 유대인 위원회에서 일한 사람들은 좋은 의도를 갖고 커뮤니티의 기둥 역할을 하던 교수나 의사, 랍비, 회계사, 변호사와 같은 이들이었다. 이 중에는 시오니스트도 있었고 그렇지 않은 사람도 있었다. 종교가 있는 이도 있었고 없는 이도 있었다. 나치를 위해 일했다거나 아니면 적어도 독일 점령군이 일을 쉽게 진행할 수 있도록 도와주었다면서 이제 와 이들을 비난하는 것은 쉬운 일이다.[2] 그러나 이 사람들은 대체로 자신의 행위를 통해 나치 박해의 가혹함을 완화하거나 아니면 최소한 사람들의 고통을 조금 줄여줄 수 있을 거라고 믿었다. 전부는 아니지만 이들 중 일부는 자기 가족을 먼저 지키려는 의도로 그러기도 했다. 그런 의도는 거의 다 실패로 돌아가고 말았지만. 물론 이들은 애초부터 불가능한 임무를 떠맡은 셈이다. 조직적인 학살을 멈출 아무런 힘도 없던 이 사람들은 극히 일부를 제외하면 결국 본인들도 나중에 다 살해되고 만다.

바인레프는 독일을 도와 유대인들을 자택에서 체포하도록 적극 협조한 암스테르담의 경찰을 포함해 고분고분한 네덜란드 당국을 경멸했다. 자신들이 처해 있는 위험을 직시하기를 거부한 유대인들도 경멸했다. 공포에 하얗게 질린 얼굴로 짐가방을 가득 안은 채 어디로 향하는지 모를 트램이며 열차에 강제로 실리던 유대인 가족들의 행렬 같은 불편한 광경으로부터 시선을 돌리고 잘못된 일은 아무것도 없다는 듯 일상을 계속해나가던 비유대인들도 경멸했다. 일요일 오후면 축구 시합들이 여전히 열렸고 카페는 웃고 떠드는 사람으로 가득했다. 유대계 유명 배우들이 일부 자취를 감췄지만 극장과 카바레에는 여전히 손님이 꽉 찼다.

하지만 바인레프는 그중에서도 유대인 위원회를 가장 경멸했다. 이는 계급에 대한 분노에서 일부 기인한다. 동유럽에서 온 이민자가 현지의 엘리트 유대인들이 드러내는 오만한 무심함에 대해 갖게 되는, 때로 일리 있는 분노다. 회고록에서 바인레프는 "멍청한 아첨꾼들"이자 "권력에 눈이 먼" 위선자들이 "나치 강점에 충격받은 나머지 스스로를 독일 경찰이나 권력자들과 동일시하는 행위를 통해 그 충격을 보상받으려는" 것에 대해 성난 불만을 가득 쏟아낸다.[3]

부당한 논리에 기초한 불만이지만, 이는 바인레프가 맞서고자 했다고 주장한 대상을 정확히 요약하고 있다. 나는 멍청한 나치와, 그와 똑같이 멍청한 유대인 위원회와, 대다수의 멍청한 네덜란드 시민보다 더 똑똑하다. 오래된 규율과 법과 규칙에 대한 존중을 버릴 때가 왔다. 바인레프는 사람들에게 '불법적인' 일을 하도록 설득하기가 얼마나 어려운 것인지 깨달았다. 대다수의 사람은 "죽음에 이르더라도 합법적인 일만 하려고 한다"는 사실을 알게 되었다.[4] 그의 주장에 따르면 유대인 위원회는 네덜란드인들의 관료적 마인드를 전형적으로 보여주었다. 저항해보려는 상상조차 하지 못했다. 나치 점령하의 혼란의 도가니에서는 규칙과 규율과 법과 뉴스와 정보, 그 모든 것이 위험한 허구였다. 여기서 살아남기 위해 바인레프가 지향하던 것은 '행정 게릴라'의 역할이었다. 박해에 맞서는 유일하게 옳은 대응은 규칙을 어기고 심지어 필요하면 새빨간 거짓말을 하는 것이었다. 바인레프는 이렇게 말했다. "어떤 상황에서는 진실을 말했다가 파멸에 이를 수도 있다. 정부 서류에 사실대로 정보를 기입하는 것은 어리석은 짓이다."[5]

바인레프의 통찰은 정확했다. 법을 준수하는 이들이 무자비하기 이를 데 없는 적 앞에 무방비 상태로 노출될 거라던 그의 판단이 맞았다. 하지만 강제이주 대상에서 제외될 유대인의 명단을 가짜로 작성하는 식으로, 독일의 방식대로 일하는 척하면서 독일을 속이려 했던 행정 게릴라로서의 그의 경력은 유대인 위원회가 존재하기 전부터, 그리고 유대인 강제이주 작업이 벌어지기 전부터 시작되었다. 그리고 그 활동은 동료 유대인들을 속이는 일에서 출발했다.

케르스텐이나 요시코와 마찬가지로 바인레프의 문제는 스스로에 대한 환상이 지나친 나머지 실제로 일어난 일을 압도해 왜곡

한다는 점이다(1000페이지가 넘어가는 그의 회고록은 분량 면에서도 실로 압도적이다). 그러나 바인레프의 경우는 1976년 네덜란드 국립 전시 문서 연구소Dutch Institute for War Documentation (지금은 NIOD. 전쟁, 홀로코스트, 인종 학살에 대한 연구소로 불린다)가 출간한 보고서에서 전쟁 중 그의 행적을 낱낱이 파헤치고 있고,[6] 1997년 레히나 흐뤼터르 또한 바인레프의 사례 및 그 여파에 대해 철저한 연구를 남겼기 때문에[7] 우리는 상당히 많은 진실을 알 수 있다.

바인레프의 행적이 처음에 어떻게 시작됐는지는 여전히 스헤베닝언의 짙은 안개 속에 가려져 있다. 본인 말에 의하면, 강제노동 수용소에 차출된 슈티엘이라는 이름의 젊은 유대인 지인이 그를 찾아온 것이 출발이었다. 1941년 말의 일로 추정된다. 슈티엘은 고등교육을 받은 경제학자이자 신실한 유대인이었던 바인레프에게 조언을 구했다. 바인레프는 자신이 행정 게릴라가 된 것이 바로 이때라고 말한다. 바인레프는 노동국에 전화를 걸어 나치 관리의 짖어대는 듯한 말투를 흉내 내어, 슈티엘은 해외 자금에 접근이 가능한 인물로 독일군이 특별히 지정했기 때문에 노동 수용소로 보낼 수 없다고 말했다. 전화를 받은 공무원은 주눅이 들어서, 바인레프에게 노동국으로부터 면제를 받을 수 있도록 관련 서류를 보내달라고 했다. 바인레프는 당시의 일을 통해 공식적인 것처럼 보이는 유대인의 명단을 꾸며내면 되겠구나라는 생각을 하게 되었다고 주장한다. 명단에 이름을 올린 유대인은 강제이주 대상에서 제외될 뿐 아니라, 해외의 부유한 유대인이 소정의 금액을 입금하는 대가로

프랑스행 특별열차에 올라 거기서 스위스나 포르투갈 같은 안전한 국가까지 이동할 수 있었다. 이 계획 뒤에는 독일군 중장 헤르베르트 요아힘 폰 슈만이라는 초고위급 후견인이 있었다. 바인레프는 폰 슈만 중장을 헤이그에서 우연히 만났다. 달려오는 열차 앞에 서 있던 그를 바인레프가 마지막 순간 아슬아슬하게 끌어내 목숨을 구했던 것이다. 또 다른 버전의 이야기에서는 바인레프가 전시 경제에 대해 탁월한 연구를 해준 것에 대한 감사의 표시로 폰 슈만 중장이 그에게 너그러운 도움을 주었다고도 한다. 중장이 후견하고 있다는 증거로서, 바인레프는 독일군의 명칭과 주소가 돋을새김된 편지지에 쓰인 폰 슈만 중장의 공식 서한을 갖고 있기도 했다.

폰 슈만 중장의 존재가 완벽한 허구이고 서한은 바인레프가 위조한 것이라 해도, 그의 첫 사기 행각에 관한 이 이야기가 거짓이라는 증거는 되지 못한다. 오히려 문제가 되는 것은 시기다. 1942년 초까지 강제노동에 차출된 사람은 아무도 없었다. 1941년에 슈티엘이 도움을 청할 이유가 없었던 것이다. 도움을 청했다 하더라도 강제노동 수용소행을 피하기 위해 그럴 필요는 없었다. 바인레프에 관한 공식 보고서를 집필한 사람들은 바인레프가 노동국에 전화를 걸었던 이야기 자체도 허구라고 결론 내렸다. 물론 그렇다고 해서 나치 강점 2년 차가 아직 조용한 시절이었다는 뜻은 아니다.

유대인 박해는 1941년 초반부터 수위가 높아지기 시작했다. '상하이사변'과 마찬가지로, 고의적인 도발이 그 시작이었다. 암스테르담의 유대인 구역에 살고 있던 사람 대부분이 크게 겁을 먹거나 무기력한 상태였음에도 불구하고, 나치는 유대인 폭동이 일어날지 모른다고 경고했다. 나치에 동조하는 네덜란드 민병대의 검정 셔츠 차림 불량배들이 재미 삼아 유대인 상점의 유리창을 부수고 무방비 상태로 있는 거리의 유대인들을 구타하는 등 유대인에게 무차별 공격을 가하자, 젊은 유대인 남성 몇 명이 여기에 맞서 싸웠고 검정 셔츠 하나가 이때 입은 부상으로 죽었다. 독일이 원했던 핑곗거리가 생긴 것이다. 300명이 넘는 유대인 남성이 체포되어 얻어맞고 나치가 '스포츠'라 즐겨 부르던 방법으로 모욕당한 뒤 부헨발트 수용소로 보내졌다. 나중에는 훨씬 더 악명 높은 마우트하우젠 수용소로 이송되었다. 이들은 모두 끔찍한 죽음을 맞았고, 일부는 초기 독가스 실험의 희생자가 되었다. 이때 죽은 이들 중 한 명이 한 해 전에 알 수 없는 이유로 체포되었던 바인레프의 동생 에드몬트였다. 아우슈비츠가 알려지기 오래전부터 마우트하우젠은 유대인의 가슴속에 엄청난 공포를 불러일으킨 이름이었다.

유대인 강제이주에 대한 저항의 의미를 일부 담아, 1941년 2월 25일 공산당이 총파업을 조직했다. 공장과 항만과 전차와 기차가 암스테르담을 시작으로 근처의 도시들까지 일제히 운영을 멈췄다. 이 '2월 파업'으로 인해 유대인들은 자신들이 버려지지 않았다고 느낀다. 어려서 2월 파업 이야기를 듣고 자랐던 이스라엘 역사학자 톰 세게브에 따르면 네덜란드에서 벌어진 이러한 저항은 칠흑같은 어둠의 세상에서 깜빡이는 작은 촛불과도 같았다. 독일은 불과 이틀 만에 파업을 무자비하게 진압했다. 하지만 네덜란드는 용감한 저항의 나라라는 명성을 얻었고, 지금까지도 이스라엘 사람들은 이를 의심하려들지 않는다. 베아트릭스 여왕이 1995년 이스라엘의 국회 크네세트를 방문해서, 유대인을 적극적으로 도왔던 네덜란드인들이 예외에 속하는 부류였다고 연설했다가 매우 좋지 않은 반응을 얻은 적이 있다.

2월 파업이 끝나자 독일은 더 이상 본색을 감추려 하지 않았다. 자이스잉크바르트가 처음 "유대인 문제"를 공개석상에서 언급한 것은 암스테르담 필하모닉 오케스트라의 친정인 거룩한 도시 콘세르트헤바우에서였다. 그는 이렇게 말했다. "우리에게 있어, 유대인은 네덜란드인이 아닙니다. 이들은 휴전도 평화도 맺을 수 없는 적입니다. 우리는 가능한 모든 방법으로 이들을 공격할 것이며, 이들 편에 서는 자는 대가를 치를 것입니다." 같은 달, 유대인 위원회가 설립되었다. 5월부터는 노란색 다윗의 별을 의무로 달아야 했다. 하지만 이때만 해도 안네 프랑크 가족은 아직 은신에 들어가지 않았다. 숨어 들어간 사람은 거의 없었다. "동쪽"으로의 대량 강제 이주 작업은 그로부터 1년 뒤에 시작되었다.

바인레프는 그보다 훨씬 전부터 사람들에게 폰 슈만 중장이 뒤를 봐주고 있는 마법의 명단에 대해 말하고 다니기 시작했다. 한 사람당 당시로서는 상당한 액수였던 100길더^{네덜란드의 화폐 단위}의 돈을 받고, 혹은 더 여유 있는 사람들로부터는 더 많은 액수의 돈을 받고, 바인레프는 이들을 안전한 국가로 가는 기차(정확히는 세 대의 기차)에 태워주겠다고 약속했다. 18세 미만에게는 무료였고, 자

유를 살 수 있을 만큼 충분한 돈이 없던 사람들에게도 원칙적으로
는 무료였다. 하지만 실제로 돈을 내지 않고 명단에 이름을 올린
사람은 고작 몇 명에 불과하다. 얼마 지나지 않아 수천 명의 유대인
이 신청했고 바인레프는 35만 길더를 벌었다. 요즘 가치로 대략
300만 달러의 금액이다. 이 큰 금액을 바인레프와 그를 돕던 사람
들이 어떻게 관리했는지는 불투명하다. 상당한 양의 현금이 바인
레프 거실의 과일 그릇에 쌓여 있었다. 이 중 일부는 바인레프가 주
장하듯 사람들이 체포당하지 않고 은신하도록 돕는 데 쓰였을지
도 모른다. 물론 전액을 다 그렇게 썼을 리는 없다.

　사람들이 폭력적 죽음에서 벗어나도록 명단을 만들던 이가 바
인레프 혼자만은 아니었다. 강제이주의 위협은 현지의 온갖 폭력배
들에게 좋은 사업 기회가 되었다. 이들은 현금이나 부동산, 보석을
받는 대가로 사람들을 네덜란드 밖으로 몰래 빼내주겠다고 약속
했다. 그리고 이 범죄자들은 일단 금전 거래가 성공적으로 이루어
지면 피해자를 나치 경찰에 넘겨서 더 많은 돈을 벌었다.

　힘없는 이들을 상대로 하는 절대 권력이 항상 범죄의 남용으
로 이어지는 것은 아니다. 간혹 선한 일을 하고자 하는 사람들이 타
인의 생명을 구하기도 한다. 한스 게오르크 칼마이어라는 이름의 독
일 변호사는 점령군 정부에서 '유대인 문제'를 관장하던 사람이었
다. 누군가가 순수한 유대인인지 혹은 유대인 혼혈인지 결정하는
문제가 전적으로 그에게 달려 있었고, 이는 곧 사느냐 죽느냐를 뜻
했다. 칼마이어는 허위임이 명백한 수많은 서류를 슬쩍 모르는 척

하고 넘어갔던 것으로 보인다. 하지만 나머지 서류에서는 행정적 의무를 성실히 수행해 유대인을 사지로 내몰기도 했다. 많은 사람은 여전히 그를 영웅으로 여긴다. 예루살렘의 홀로코스트 추모 기념관인 야드 바솀에서는 칼마이어를 '열방의 의인'으로 기리고 있다. 동시에 그는 조직적인 살인을 저지른 기계의 중요한 톱니바퀴이기도 했다. 바인레프는 그런 톱니바퀴가 아니었다. 타인의 운명을 좌우할 수 있다는 그의 권력은 순전히 환상의 산물이었다.

　자유의 땅으로 가는 명단을 그럴듯하게 꾸미는 데는 수많은 시간과 에너지와 아이디어가 들어갔다. 바인레프는 '고객'들에게 정교하게 준비된 양식을 작성하도록 하고—양식은 늘 많을수록 좋았다—여권 사진을 제출하게 했다. 어떤 복장으로 사진을 찍어야 하는지에 대해서도 엄격한 규칙이 있었다(잠옷용 셔츠는 되지만 파자마는 안 된다든지). 바인레프는 또한 신청자들이 신체검사를 받아야 한다고 주장했다. 그러면서 그는 신체검사가 명단에 간절히 이름을 올리고자 했던 사람들의 요청에 의해 시행되는 것이라고 애써 분명히 해두었다. 사람들은 이민 목적의 출국을 위해 건강증명서가 으레 필요한 것이려니 하고 여겼다. 처음에는 판 리어라는 이름의 의대생이 신체검사를 진행했다. 하지만 시간이 갈수록 바인레프가 직접 그 작업을 맡았다. 바인레프는 자신이 빈에서 의학 학위를 받아 의사 자격이 있다고 주장했다. 이를 증명할 의대 교수로부터의 편지도 갖고 있었다. 그러나 자유의 땅으로 가는 기차와 독일군 중장의 존재가 그랬듯 학위와 편지도 가짜였다.

바인레프는 남자들에게는 형식적인 검진만 받도록 했다. 반면 여자들은 수많은 검사와 쓸데없는 주사가 포함된 훨씬 더 철저하고 때로는 고통스러운 부인과 검진을 거쳐야 했다. 안전한 해외까지 어린이들과 동행할 행운의 호송 역할로 간호사와 선생님이 필요하다는 이유로 젊은 여성들을 모집하고자 했던 바인레프는, 심지어 젊은 여성만을 위한 특별 명단을 개설했다. 이들 모두는 바인레프의 집, 또는 헤이그와 로테르담과 암스테르담 여기저기에 흩어진 주소지에서 검진을 받아야 했다.

오랜 세월이 지나 바인레프는 이번에는 포교활동 중 여신도들을 대상으로 비슷한 일을 벌이다 문제가 되었다. 그는 심지어 자신이 보통 인간과는 지적으로나 철학적으로나 영적으로 다른 존재라고도 했다. 물론 성적으로도. 하지만 바인레프의 사기극을 금전적인 탐욕이나 성적 탐닉의 소산으로만 치부하는 것은 지나치게 단순하다. 또 다른 무언가가 있었다. 그는 그저 영리하고goochem 독실한 학자Gelernter일 뿐 아니라, 제대로 된 커넥션을 갖고 문제를 해결하는 해결사macher이기도 했다. 그가 해결사로서 자신의 새로운 역할에 대해 다음과 같이 쓴 내용을 굳이 믿지 않을 이유는 없어 보인다. "나는 가장 평범한 세상사 속에서 모든 일이 '어찌할 도리가 없다'라고 하는 느낌, 그 끔찍한 수동성의 굴레를 마침내 깨고 나온 것만 같았다. 이제 전쟁에 뛰어든 기분이었고, 전투는 내게 해방감을 주었다."[8]

그러나 그가 공포에 질린 사람들 눈앞에 내밀었던 모든 것은 환상이었다. 기차도 존재하지 않았고 탈출도 존재하지 않았다. 바인레프는 1976년의 인터뷰에서 이렇게 시인했다. "모든 약속은 비눗방울과 다름없었다. 사람들에게 비눗방울을 파는 것 외에는 아무것도 할 수 없었던 시절이다. 그 시절의 유일한 진실은 독일인이 유대인을 파멸시키려 한다는 것뿐이었다. 문제는 비눗방울이 터지기까지 얼마나 오래 걸리는가였다."[9]

바인레프를 신뢰하지 않고 그로부터 거리를 두려던 사람들도 있었다. 그러나 다수는 그에게 지극히 고마워할 따름이었다. 그는 이들의 고마움을 한껏 즐겼다. 바인레프는 어떤 여인이 그에게 이렇게 이야기했다고도 말한다. "당신은 천사입니다. 보답을 받으셔야 해요."[10] 사람들은 그를 기적을 행하는 이라고 부르며 눈물이 그득한 눈으로 반겼다. 여전히 바인레프가 했던 말이지만, 어떤 이들은 자기 아내를 그에게 보내 명단에 이름이 올라갈 수 있도록 "존경심의 최대치까지 발휘해" 무슨 일이라도 해드리라고 부추겼다고 한다. 1942년 여름 즈음에는 설마 상황이 그렇게까지 악화되지는 않으리라 희망을 품고 있던 유대인들조차 자신이 처한 위험의 심각성을 직시하게 되었다.

바인레프는 본인의 사기 행각을 나중에 이렇게 옹호했다. 비록 비눗방울에 불과했을지라도 자신이 사람들에게 희망을 주었기 때문에 독일이 패전할 때까지 숨거나 버텨서 생명을 구하도록 시간을 벌 수 있었다고. 바인레프의 명단에 올랐기 때문에 목숨을 부지할 수 있었다고 믿는 사람들도 있었다. 그러나 그런 이들은 얼마 되지 않는다. 명단에 오른 약 4000명의 유대인 중 오직 한 줌만이 전쟁이 끝날 때까지 살아남았다. 1940년 네덜란드에 살고 있던 14만 명이 넘는 유대인 중 5년 뒤에도 여전히 살아 있던 사람은 3만여 명에 불과했다. 무관심에서였건 동조에서였건 공포에서였건 악의에서였건, 네덜란드의 비유대인들이 해외에서 망명 온 유대인들은 고사하고 자국의 유대인들조차 거의 도우려 하지 않았다는 바인레프의 말은 맞다. 그렇다고 해서 바인레프의 명단이, 금전과 당치도 않은 감사와 성 접대, 그리고 해결사이자 기적을 행하는 이라는 거짓 명성을 얻는 대가로 고작 헛된 희망을 판 것에 불과하다는 사실이 바뀌지는 않는다.

의뢰인들에게 희망을 주던 다른 이들에 대해 바인레프가 했던 말을 보면 사기꾼으로서 그의 심리가 잘 드러난다. 동생인 에드몬트가 체포되어 독일로 추방되기 전 스헤베닝언의 감옥에 갇혀 있던 1940년 말, 바인레프는 헤이그에 있는 어느 유명한 변호사에게 도움을 청했다. 변호사는 500길더(요즘 가치로 5000달러 정도)의 두둑한 비용을 내면 도와주겠노라고 약속했다. 바인레프는 곧장 그 돈을 냈다고 한다. 그러나 약속은 그저 약속에 지나지 않았다. 그 어떤 도움도 받을 수 없었고 동생의 운명은 결정나고 말았다. 바인레프는 또 어느 빵집 주인과의 부질없던 만남에 대해 이렇게 묘사하고 있다.

그 사람과 또 만났다. 독일에 갖고 있다는 화려한 인맥 이야기를 다시 듣고 또 약속을 받았으나 그 뒤로 소식이 없다. 자신의 영향력이 막강하므로 새끼손가락 하나 까딱하면 독일인들을 조종할 수 있다던 그의 이야기에 헛되이 당했다. 전쟁 기간에 나는 그 같은 인간들을 여러 번 만났다. 남들한테 과장된 이야기를 떠벌리고 가능성을 약속하는 데서 쾌락을 느끼고, 자신이 남들에게 대단하게 보일 것이라는 생각을 즐기는 사람들이다. 이들은 약속을 지켜야 한다는 생각은 눈곱만큼도 하지 않았다. 약속을 지키려면 어떻게 해야 하는지 아예 알지도 못했다. 이들은 오직 영향력 있는 위치에 서는 것을 꿈꿨을 뿐이다. 그리고 이는 당시에 '독일인 고위층과 연줄이 있다는 것'을 뜻했다.[11]

　　이 빵집 주인의 이야기는 프로이트학파에서 "투사projection"라고 부르는 것의 완벽한 사례라고 할 수 있다. 바인레프가 했던 얘기는 자기 자신에 대한 그보다 더 간결하고 정확할 수 없는 묘사다. 가장 놀라운 부분은 바인레프가 그 사실을 깨닫지 못하고 있는 듯하다는 점이다. 그는 어쩌면 허언증 환자가 흔히 그러하듯 자신의 허언에 속았는지도 모른다. 바인레프의 말이다. "누군가에게 용기와 자신감을 주는 데는 대단한 무언가가 필요하지 않다. 나는 내 편지가 갖고 있는 힘을 스스로 믿기 시작했다."[12]

　　바인레프는 그렇게 명단을 만들기 시작해서 금세 수십 명의 신청인을 모았다. 1942년 여름이면 수많은 사람이 절박하게 그의 문을 두드리게 되었음은 물론이다. 명단에 더욱 신빙성을 부여하기 위해 바인레프는 예나 지금이나 많은 사기꾼이 사용하는 기법을 똑같이 썼다. 선택된 사람 중 하나가 된다는 특권을 내세운 것이다. 이는 1980년대 뉴욕의 증권 중개인이던 버니 메이도프가 사람들을 폰지 사기에 투자하도록 끌어들일 때 신뢰를 구축했던 방법이기도 하다^{역사상 최대 규모의 폰지 사기 혐의로 2009년 유죄 판결을 받은 인물}. 메이도프는 뉴욕과 마이애미 유대인 사회의 저명인사로 신뢰와 존경을 불러일으키는 인물이었다. 그런 그가 투자에 참여하겠다고 애걸하는 장래 고객을 거절하는 모습은 오히려 그의 엄정함을 돋보이게 해주었다. 바인레프는 사람들이 자신의 명단에 포함되는 것을 선망의 대상이 되는 일종의 "신분의 상징"으로 여겼다고 회고록에 쓰고 있다. 바인레프 또한 일부 사람을 거절했다. 거절당한 사람의 일부는 그로 인해 목숨을 부지할 수 있었는지도 모른다.

바인레프도 메이도프처럼 우선 자신과 가까운 주변 사람들을 끌어들이기 시작했다. 대부분 스헤베닝언과 헤이그에 거주하던 동유럽 출신의 유대인 이민자들이었다. 많은 이가 자기 주변에 겔레른터가 있다는 것을 자랑스러워하며 그를 존경했었다. 하지만 어떤 이들은 바인레프를 아주 잘 알고 있었다. 초정통파 정당 아구다트 이스라엘의 동료 회원 중 한 명은 바인레프가 1930년대 말 장관과 황실 사람들과 가까운 사이라고 자랑하는 것을 듣고 일찌감치 그의 정체를 꿰뚫어보았다. 아무리 특권층에게만 제공한다 해도 사기에 대한 수요가 너무 많아지면 불가피하게 소문이 난다. 점점 더 많은 사람이 바인레프의 명단에 이름을 올리려고 애태우던 와중에 소문은 위험한 곳에까지 도달했다. 공포의 대상이던 지허하이츠딘스트, SD라고 불리던 곳이다. SS의 보안 기구이던 SD의 사무실과 고문실은 1920년대에 프랭크 로이드 라이트의 추종자가 설계한 빌라 안에 자리하고 있었다. 빌라 빈데킨트라 불리던 그곳은 펠릭스 케르스텐의 저택과 같은 길에 있었고, 그보다 좀더 수수한 바인레프의 집에서도 걸어갈 만한 거리에 있었다.[13] 1942년 9월 11일, 바인레프는 체포되었다.

2: 베를린

펠릭스 케르스텐에게는 따분함을 견딜 줄 아는 특별한 능력이 있었던 게 틀림없다. 힘러를 자신의 환자로 받기로 결정하고 나서 케르스텐은 바바리아 지역의 그문트 암 테게른제에 있는 힘러 가족의 호숫가 휴양지에서 힘러와 그의 부인과 딸과 어쩔 수 없이 함께 지내게 되었다. 무릎까지 오는 가죽 바지에 흰색 긴 양말 차림의 가정적인 힘러는 그곳에서 긴장을 풀고 점심과 저녁 식사 때마다 자신이 좋아하는 온갖 주제에 대해 장황하게 떠들어댔다. 그는 덴마크와 슬라브족과 마자르족에 대항해 싸웠고 흔히 최초의 게르만 군주로 꼽히는 10세기의 왕 하인리히 데어

포글러와 자신을 동일시하기도 했다. 케르스텐은 힘러가 "망상을 빚어내는 특별한 능력이라는 게르만족의 전형적인 단점에 푹 젖어 있었다"고 했다.[14] 케르스텐의 진술을 비롯해서 어떤 기록을 보더라도 힘러는 잘난 체하는 소시민 독일인 학교 선생님의 특징을 모조리 갖추고 있다. 힘러는 독일 시골에 무수히 널린 맥줏집에서 들릴 법한 천박한 편견을 그대로 얘기하곤 했다. 케르스텐은 이 중 일부에 대해 지루할 만큼 길게 기록해놓았다.

공중보건은 힘러가 좋아하는 화제 중 하나였다. 그에 따르면 근대의 의사들과 이른바 전문가라고 하는 사람들은 죄다 틀렸다. 게르만 민족을 건강하게 지킬 수 있는 수단은 과학적 연구나 약품이 아니라 자연 치유법이었다. 힘러는 특히 제바스티안 크나이프라고 하는 19세기 바바리아 신부가 고안한 열탕과 냉탕 치료법을 신봉했다. 그는 또한 식이요법에 관해서도 지겹도록 떠들었다. 힘러는 야생 꿀에 대해 남다른 관심을 갖고 있었다. 또한 핀란드식 사우나에도 심취해 국가적 차원에서 이를 장려하고자 했다. 힘러가 핀란드의 라플란드 지역에서 벌거벗은 SS 장교들에게 둘러싸인 채 사우나 하는 광경을 이탈리아 저널리스트 쿠르초 말라파르테가 묘사한 잊지 못할 기록이 남아 있다. "그가 우리 앞에 서 있었다. 평발의 엄지발가락이 기이하게 위로 들려 있었고 짧은 두 팔이 대롱거렸다. 손가락 끝에 작은 샘을 이룬 땀이 가느다란 냇물처럼 흘러내렸다. 축 늘어진 그의 양쪽 가슴 주위로 자란 털이 두 개의 동그라미를 그리고 있었다. 금색 털로 된 두 동그라미가 빛났다. 젖꼭지로부터는 땀이 우유처럼 뚝뚝 떨어지고 있었다."[15] SS 부하 장교들이 핀란드식 방법에 따라 나뭇가지로 그를 탁탁 내려치기 시작하자 힘러는 꽥 소리를 지르며 자작나무 숲으로 도망쳤다.

힘러는 또한 동성애를 신랄하게 비난했다. 동성애는 "국가 보건에 대한 위협"이기 때문에 "몸통과 뿌리까지 싹" 뽑아버리겠다고 맹세하기도 했다.[16] 1940년 케르스텐과 동성애에 관해 대화를 나누던 중 심지어 그를 "동성애 문제에 관한 특별고문"으로 임명했으면 좋겠다고도 했다. 힘러는 히틀러 유겐트^{나치의 청소년 조직}에서 비위생적인 성적 취향에 대응하기 위한 프로그램을 고안하기는 했지만 "문제를 근본적으로 해결하기 위한 그 어떤 대책도 마련된 바 없다"고 했다.[17] 다행히 케르스텐은 그 임무에서 슬쩍 빠져나올 수 있었다.

유대인과 프리메이슨 음모론에 대한 힘러의 견해는 광적인 데다 진부하고 따분했다. 그에 따르면 "고위층 프리메이슨들은 시온 장로의 핵심층과 동일 인물이었다. 따라서 유대인 지도자들은 프리메이슨의 신분을 국제사회에서 자신들이 갖고 있는 권력을 감추기 위한 가면으로 사용했다".[18] 힘러는 또한 "유대인 제국"이 전 세계 모든 나라의 부와 힘과 영향력을 고갈시켰다고 믿었다. 케르스텐은 회고록에서, 유대인 및 기타 적대세력을 건강한 게르만 민족과 공존해서는 안 될 원수로 여긴 힘러의 의견을 놓고 자신이 그와 논쟁을 벌였던 것처럼 말한다. 케르스텐이 정치에 관심 없다고 공언해온 점과 힘러가 이처럼 중요한 사안에 대한 반대 의견을 용인하지 않았으리라는 점을 생각하면 이런 논쟁이 실제로 가능했을지는 의문이다. 하지만 둘이 나누었다고 하는 대화의 한 토막을 예로 들면 다음과 같다.

케르스텐: 각하의 주장은 지금으로부터 7세기 전에 비롯된 것입니다. 과학과 교역이 그런 생각을 이미 다른 모습으로 완전히 바꾸어놓은 지 오래입니다……

힘러: 아주 간단하게 답해주지. 과학과 교역이 어찌 되었건 간에 나는 유대인이 독일 가죽 장화를 신고 바바리아의 산을 거니는 모습을 보면 구역질이 나. 나도 카프탄 차림에 곱슬머리를 하고 다니지 않잖아. 인종에 대한 감정적 측면에서 보자면, 이건 완전히 다른 두 세계야.[19]

이런 감정은 결코 독일 사람들만 유난히 느꼈던 것도, 나아가 유럽 곳곳에서만 느꼈던 것도 아니다. 사람이 마치 개나 닭인 것처럼 우월한 아리아인을 교배해내야 한다던 힘러의 생각조차, 조금 극단적이기는 해도 당시의 의학적 견해의 범위를 완전히 벗어나지는 않았다. 우생학을 믿는 이들은 미국을 비롯해 수많은 나라에 존재했고, 이 중에는 심지어 나치의 사상에 전혀 동조하지 않는 사람도 있었다. 케르스텐에 따르면 그보다 더 이상한 것은 사냥과 같은 유혈 스포츠에 대한 힘러의 견해였다. 자신의 거칠고 남성다운 성품을 자랑하던 독일인의 견해치고는 이상했다는 뜻이다. 힘러는 동물 사냥을 싫어했다. "숲의 끝에 앉아 있는 순진하고 돌보는 이 없는 그 불쌍한 생명체들. 친애하는 케르스텐, 어떻게 그런 것들을 죽이는 데서 즐거움을 찾을 수 있나?"[20]

전쟁이 일어나기 전까지 힘러는 그저 케르스텐의 여러 고위층 환자 가운데 한 명일 뿐이었다. 1939년 9월 1일 폴란드에서 전쟁이 시작되었고, 1940년 5월 10일 네덜란드에서 벌어진 전쟁은 케르스텐의 운명에 좀더 직접적인 영향을 끼쳤다. 조제프 케셀에 의하면 폴란드 침공 이후 케르스텐의 충실한 동반자였던 엘리자베트 뤼벤과 아내 이름가르트 모두 그에게 힘러와 거리를 두라고 강하게 조언했다고 한다. 그랬을지도 모른다. 하지만 케르스텐은 힘러와 거리를 두지 않았다. 네덜란드가 독일에 항복하자 케르스텐은 훨씬 더 심각한 딜레마에 빠졌다. 힘러가 케르스텐에게 헤이그의 집으로 돌아가지 말라고 한 것이다. 힘러는 아마도 케르스텐이 네덜란드 황실과 가깝다는 사실이 잘 알려져 있기 때문에 네덜란드 나치가 그를 표적으로 삼지 않을까 경고해준 것인지도 모른다. 암살될지도 모르지 않는가. 하지만 네덜란드의 빌헬미나 여왕과 그 가족들이 런던으로 도망간 뒤에도 네덜란드의 나치 총책임자인 안톤 뮈세르트는 이들을 비난하기를 거부했고, 어찌 되었든 케르스텐이 네덜란드 나치가 갖고 있던 적군 명단에 올라갈 만큼 중요한 인물이었을 리 없으므로, 힘러가 그렇게까지 했을 가능성은 거의 없다.

케르스텐이 무슨 이유로 힘러가 마음대로 할 수 있는 개인 마사지사로 그의 곁에 남기로 동의했는지에 대해서는 케르스텐 본인을 비롯해 여러 사람이 다양한 해석을 내놓았다. 케르스텐과 그의 가족이 독일에 발이 묶여 있었으므로 힘러의 말에 순순히 따르는 것 외에는 다른 방법이 없었다는 설도 있다. 거절했다가는 체포되어 강제수용소로 보내졌을 테니까. 그러나 그런 협박이 실제로 있었다는 증거는 어디에도 보이지 않는다. 케르스텐은 핀란드 시민이었고 핀란드는 당시 독일의 적국이 아니었으므로, 케르스텐은 힘러의 영향권에서 빠져나와 핀란드로 갈 수도 있었다. 케르스텐이 베를린에 있는 핀란드 대사관에 조언을 구하자 핀란드 대사관은 케르스텐에게 힘러의 근처에 머물면서 유용한 정보를 핀란드에 넘길 것을 권유했다고 한다. 이것은 가능성이 없지 않다. 하지만 케르스텐이 힘러의 요구에 순순히 따랐던 가장 그럴듯한 이유는 매우 단순하다. 그는 베를린과 그의 저택 부지가 있는 하르츠발데에서의 생활을 즐겼던 것이다. 케르스텐은 힘러에게서 돈을 받은 적이 없다고 주장하지만, 프리드리히 플리크와 같은 기업인과 나치의 최고위층 지도자들을 비롯한 다른 독일 환자들로부터 충분한 금전적 대가를 받았다. 전쟁이 끝나고 힘러의 총참모장이었던 카를 볼프는 힘러가 사실은 케르스텐에게 매년 5만 마르크에 달하는 돈을 주었다고 진술했다. 케르스텐은 어디를 가든 가장 돈 많고 힘 있는 사람들의 고통을 덜어주는 것으로 본인의 커리어를 쌓았다. 나치 치하의 독일에서는 그게 힘러나, 외교부 장관 요아힘 폰 리벤트로프나, 지역 지도자이자 독일 노동전선 총재였던 로베르트 라이나 나치 부총통 루돌프 헤스 같은 이들이었다. 이들은 모두 케르스텐이 가진 치유의 손에 몸을 맡겼다.

전쟁 당시 케르스텐이 남긴 편지나 메모, 일기 같은 기록물은 전쟁이 끝날 무렵 대부분 소실되었다. 그에 관한 자료의 대부분은 복사본이다. 케르스텐은 또한 전쟁이 끝나고 스톡홀름에서 자신의 일기를 고쳐 썼고, 힘러와 다른 이들에게 썼다고 하는 편지의 일부를 가짜로 꾸민 것이 거의 확실하다. 따라서 어디까지가 진실인지를 알기는 어렵다. 그러나 전쟁이 끝나고 사람들은 편지의 복사본 중 하나로 인해 케르스텐이 애초부터 줄곧 반나치 저항 세력의 편에 선 영웅적 인물이었다고 생각하게 되었다. 힘러는 케르스텐에게 SS 내부의 지도자급 직위Standartenführer를 제안한 적이 있다. 물론 그 전에 케르스텐이 인종적으로 순혈인 것을 확인했다. 자료 문서에 의하면 케르스텐은 본인의 깨끗한 아리아인 가족력을 보장해줄 수 있는 사람이 누구인지 힘러에게 알려주는 등 이 조사에 전적으로 협조했다고 한다. 이 자료는 폴란드 침공 수개월 전인 1939년 5월의 것이다. 그러나 케르스텐이 사실은 반나치주의자였다고 밝혀주는 편지는 네덜란드 침공 이튿날인 1940년 5월 11일 날짜로 되어 있다. 케르스텐은 힘러에게 보낸 편지에서 자신은 SS가 되었든 어떤 나치 기관이 되었든 정치 조직에는 절대 관여하지 않겠다고 밝혔다. 나는 핀란드의 애국 시민이며 네덜란드 사람들과 깊은 유대를 느낀다. 네덜란드는 나에게 제2의 고향이다. 따라서 힘러를 오로지 개인 환자의 신분으로 계속 치료할 뿐이다.

만약 케르스텐이 정말 그런 편지를 썼다면 이는 1942년 8월 핀란드의 외교부 장관에게 쓴 또 다른 편지의 내용과 모순된다. 케르스텐은 자신이 힘러로부터 SS의 군사 지부인 SS 무장친위대에 가입하라는 요청을 받았다고 설명하며, 만약 그렇게 한다면 핀란드 국적을 잃는 것인지 알고 싶다고 했다. 일주일 뒤 핀란드 외교부 장관으로부터 도착한 편지는 케르스텐이 독일군 장교의 제복을 입는 선택을 한다 해도 핀란드 시민으로서의 국적은 유지할 수 있으리라고 안심시키는 내용이었다.

케르스텐은 SS 무장친위대에 가입하지도 독일군 군복을 입지도 않았다. 전쟁 기간에 찍은 사진은 모두 커다란 덩치의 그가 깔끔한 정장이나 하얀 의사 가운을 입은 모습을 보여준다. 그가 나치스에 한 번도 가입한 적이 없다는 사실은 확실히 게슈타포의 총책임자이자 '최종 해결책'유대인 전멸 계획의 설계자인 라인하르트 하이드리히와 같은 나치 고위 관료들이 그를 신뢰하지 않은 이유 중 하나였다. 거기에는 다른 이유들도 있었다.

다른 모든 독재 제국이 그렇듯이, 히틀러 정권도 서로 경쟁하는 파벌들이 뒤엉킨 덩어리였다. 각각의 파벌 또한 첩보활동과 중상모략과 지독한 관료주의적 내분이 벌어지는 무대였다. 누구도 서로를 믿지 않았다. 권력을 놓고 경쟁하는 이들에 대한 정보라면 조그만 것이라도 귀중했다. 맨 위의 히틀러로부터 시작해 모두가 배신자에 대비해 늘 경계를 늦추지 않았다. 이런 악의에 찬 분위기는 셰익스피어의 「리처드 3세」에서 배신과 정치적 살인 행위가 점점 고조되며 아름답게 극화되어 있다. 이런 것을 보면 이런 파벌에 속한 사람들이 왜 그토록 흔하게 만성 두통과 불면증과 위경련 같은

174

심리적 스트레스 관련 질환에 시달리는지 알 법도 하다. 마오쩌둥의 개인 주치의였던 리즈쑤이李志綏 박사는 마오의 파벌 내에서도 비슷한 질환을 발견하고는 이를 "공산주의자 특유의 질병으로, 빠져나갈 방법이 없는 시스템에 갇힌 결과로 나타난다"고 했다.[21]

물론 이것은 공산주의자의 질병이 아니다. 독재주의에 따라다니는 질병이다. 히틀러는 위통과 대장 문제에 시달렸다. 리벤트로프에게는 위경련에 더해 끔찍한 두통이 있었다. 로베르트 라이는 늘 취해 있었고 췌장이 제대로 기능하지 않았다. 루돌프 헤스(나치 부총통)는 위통과 방광통으로 고생했다. 사이비 의사와 점쟁이와 점성술사에 깊이 둘러싸여 있던 헤스는 육체의 고통을 덜고자 하는 바람으로 잠자리에 들 때 머리 위 천장에 거대한 자석을 매달아놓았다. 힘러는 케르스텐이 이들 모두를 계속해서 치료하기를 강하게 바랐고, 심지어 히틀러까지 마사지하길 원했다고 한다. 케르스텐은 어떤 이유에서인지 퓌러를 직접 치료하는 것은 거부했다고 주장한다.

하지만 힘러가 케르스텐에게 다른 나치 고위층에게 마사지를 해주라고 허락한 것은 친절함이나 인간적인 염려에서 그랬던 것이 아니다. SS 수장의 전폭적인 신뢰를 받고 있으나 단지 마사지사의 신분이었던 케르스텐은 스파이로서 완벽했다. 그의 역할은 다른 나치 지도자들이 무슨 생각을 하고 있는지 알아내, 힘러가 필요로 할 때 그 정보를 사용케 하는 것이었다. 힘러는 리벤트로프를 견딜 수 없어 했다. 로베르트 라이는 무시했고, 루돌프 헤스는 경멸했다.

심지어 수석 부관이었던 끔찍한 인간 라인하르트 하이드리히조차 완전히 신뢰하지 않았다. 하이드리히의 후임이자 불량배 같은 에른스트 칼텐브루너는 더더욱 믿지 않았다.

이런 상황에서 케르스텐처럼 의료 서비스나 영적 서비스를 제공하던 이들은 마치 포악한 왕이 나오는 셰익스피어 연극에서처럼, 상관을 위해 상관의 강력한 적들에 맞서 활동하는 가신과 같은 존재가 되었다. 케르스텐은 '정치적'이지는 않았을지 몰라도 마당발이자 아첨꾼, 모의꾼이자 영향력을 미치는 사람, 즉 해결사^{macher}로서 스스로의 능력에 자부심을 갖고 있었다. 모의꾼으로 활동하기에는 대단히 위험한 환경이었으나, 케르스텐은 자신이 힘러에게 쓸모가 있는 한 힘러가 보호해주리라는 사실을 알고 있었다.

평소에도 정신적으로 불안한 사람이었던 루돌프 헤스가 1941년 5월 자신의 2인승 비행기를 타고 스코틀랜드로 날아가기로 결심하고 나서, 케르스텐에게 힘러의 보호가 필요한 일이 생겼다. 헤스는 같은 비행 애호가였던 해밀턴 공작을 설득해 국왕 조지 6세가 히틀러와 화평을 맺도록 압력을 가한다는 말도 안 되는 계획을 갖고 있었다. 계획은 물론 실패했다. 헤스가 그때까지 한번 만나보지도 못했던 해밀턴 공작은 헤스의 생각과 달리 전쟁에 반대하는 입장이 아니었다. 그리고 설령 국왕 본인이 화평을 원한다 해도 히틀러와 그런 협상을 할 위치에 있지 않았다. 헤스의 비행은 나치 지도부 사이에 커다란 동요를 일으켰다. 하이드리히는 헤스에게 영향을 끼쳤다고 의심받는 점성술사들을 체포하라고 명령했다.

그중에는 케르스텐이 나중에 힘러 휘하로 데려오게 되는 빌헬름 불프도 있었다. 하이드리히는 케르스텐도 체포하려던 참이었지만 그때 힘러가 개입했다.

케르스텐은 힘러의 파벌 안에 자기편이 여러 명 있다고 늘 주장했고, 충분히 가능한 일이었다. 그중 주요 인물은 힘러의 개인 비서인 루돌프 브란트와 힘러의 정보수장인 발터 셸렌베르크, 그리고 SS의 장군인 고틀로프 베르거였다. 이들은 각자 다양한 사건에서 스스로의 이익을 위해서라도 실제로 케르스텐에게 도움을 주었던 것으로 보인다. 하지만 케르스텐은 전쟁 전 자신의 독일 환자들이 나치에 반대하는 정서를 지녔다고 과장하거나 심지어 꾸며냈듯이, 전쟁이 끝난 후에도 SS 내부에 있던 자신의 우군들을 이상하리만치 장밋빛으로 그렸다. 그에 따르면 베르거 장군은 거친 외관 뒤에 "선한 마음"을 숨기고 있는 SS 내부의 "온건파"였다.[22] 셸렌베르크는 품위 있는 사람이었을 뿐 아니라, 나치의 과도한 행위를 막지 못한 것을 수치스러워했다. 막으려고 시도했더라도 체포되고 말았을 것이다. 브란트는 "자신의 일에 열정을 쏟는" "이상주의자"였고, "나치스와 SS의 부패"에 대해 크게 환멸을 느껴 "시스템으로부터 벗어나려고" 발버둥쳤다.[23]

"선한 마음"의 베르거 장군은 실은 극렬한 반유대주의자였고 잔혹한 돌격대원으로 활동하다 SS 무장친위대를 장악한 사람이었다. 그가 주도했던 일 중에는 동부 전선의 대량학살과 5만 명의 동유럽 어린이를 납치해 노예로 삼은 사건이 있다. 그의 측근 중에는 오스카어 디를레방거가 있다. 디를레방거는 전과자들로 구성된 살인부대를 이끌며 폴란드와 벨라루스에서 유대인과 기타 민간인들을 가장 잔혹하게 학살한 사이코패스다. 전쟁이 끝나고 베르거는 전범으로 유죄 판결을 받았다. 틀림없이 교수형에 처해졌을 디를레방거는 운 좋게도 포로수용소에서 죽었다.

"이상주의자" 루돌프 브란트는 1948년 전쟁범죄와 반인도주의 범죄로 교수형에 처해졌다. 인종적 순수성을 연구하는 히틀러의 싱크탱크였던 '선조의 유산Ahnenerbe' 프로젝트의 일원이었던 브란트는 강제수용소 재소자들을 대상으로 행해졌던 끔찍한 의학 실험의 책임자이기도 했다. 그는 또한 86명의 유대계 러시아인을 학살해 그 유골을 슈트라스부르크의 SS 의사들에게 '표본'으로 보낸 '연구' 프로젝트에도 관여했다. 다하우는 재소자들을 상대로 실험을 벌인 강제수용소 중 하나다. 1945년 미국의 기자인 마사 겔혼이 그곳에 수감된 적 있던 한 폴란드인 의사와 이야기를 나누었다. 그의 이야기다. "독일인들은 거기서 이상한 실험들을 벌였습니다……. 비행사가 얼마나 오랫동안 산소 없이 버틸 수 있는지, 얼마나 높은 고도까지 올라갈 수 있는지 알고 싶어했죠. 그래서 밀폐된 차 안에서 산소를 펌프로 뽑아냈습니다. 죽는 데까지는 그리 오래 걸리지 않습니다……. 15분도 안 걸리지만 고통스러운 죽음이죠. 그리 많은 사람을 죽이지는 않았어요. 그 실험으로 죽은 것이 겨우 800명 정도였죠."[24] 비실비실한 체격에 안경을 썼던 브란트는 죽을 때까지 힘러의 충실한 부하 중 한 명이었다. 속기 능력으로 높이 인정받기도 했다. 뉘른베르크 전범 재판 당시의 진술에 보면 발터 셸렌베르크는 그를 인간 타자기라고 묘사했다.

셸렌베르크 본인은 SS 내부에 있던 케르스텐의 세 친구 중 가장 복잡한 인물이다. 건들거리는 폭력배가 아니라 점잖은 웃음의 수완가였던 셸렌베르크는 그러나 SS의 계급 사다리를 차곡차곡 타고 올라간 나치 신봉자였다. 이른바 펜로 사건Venlo Incident에서 보여준 가차 없는 행동으로 이름을 알렸다. 셸렌베르크는 1939년 11월, 히틀러에 반대하는 독일 장교인 것처럼 가장해서 네덜란드의 중립 지역에 있던 두 영국 첩보 요원과 협상에 들어갔다. 그러다가 하이드리히의 명령에 따라 SS가 그 둘을 납치해서 독일의 강제수용소로 보내버렸다. 셸렌베르크는 히틀러로 하여금, 두 사람이 네덜란드 정보국과 연계를 맺고 그를 암살하려는 계획을 주동하고 있다고 믿게 만들었다. 이것이 독일이 네덜란드를 침공하는 구실이 된다. 그럼에도 케르스텐은 셸렌베르크가 "나치 시스템의 손아귀에서 빠져나가려는 강렬한 소망"을 갖고 있는 "훌륭한 사람"이었다고 주장한 것이다.[25]

케르스텐의 말이 사실이라면 셸렌베르크는 자신의 소망을 정말 감쪽같이 감췄다. 하이드리히와 힘러 모두의 신뢰를 얻었고, SS가 맡은 수많은 프로젝트에서 주도적인 역할을 했기 때문이다. 셸렌베르크는 1941년 폴란드와 발트해 지역에 있던 독일 육군으로부터 결정적인 수송 지원을 얻어내 나치 "특수작전부대Einsatzgruppen"인종청소만을 목적으로 한 SS의 대량살상 조직의 유대인 무차별 살육을 돕기도 했다.

케르스텐이 어째서 이들이 자기만큼이나 나치의 행위를 좋아
하지 않던 품위 있는 인간들이었다고 주장했는지는 언뜻 확실하지
않다. 확실한 것은 이들이 독일의 패전이 불가피해 보이기 시작하
던 즈음 연합군과 비밀 협정을 맺으려는 협상 시도에 관여했다는
사실이다. 힘러 본인도 알고 있던 협상이었다. 케르스텐까지 포함해
이 모의꾼들은 자신의 불편한 과거를 숨겨야 서로에게 이익이라고
생각했을 가능성이 크다.

브란트나 셸렌베르크나 베르거와 달리 케르스텐이 대량학살
에 책임이 있다고 할 수는 없다. 하지만 그는 최소한 대량학살 책임
자들이 훨씬 더 편하게 일하도록 만들어주었다. 케르스텐은 1940년
여름과 겨울을 힘러를 따라 주로 그의 호화 전용 기차칸에 갇혀 유
럽을 돌아다니며 보냈다. 거기서 힘러가 인종적 순수성에 대해서,
그리고 기독교를 대체할 만한 아리아인의 종교를 찾는 일에 관해
혼자 끝없이 떠들어대는 것을 듣고 있어야 했다. 힘러는 복통의 고
통을 덜기 위해 마사지사인 케르스텐에게 전적으로 의존하고 있었
던 터라 심복으로서 그의 지위는 점점 더 확고해졌다. 케르스텐은
이러한 지위를 이용해서 특정 인물들을 도와주었다. 예를 들면 케르
스텐의 고객이자 후원자였던 기업인 아우구스트 로스테르크는 과
거 사회민주주의자였던 직원 한 명이 정치적으로 불건전하다는 이
유로 체포되자 케르스텐에게 도움을 청했다. 케르스텐에 따르면 이
것이 모든 의미에서 그가 특유의 방식으로 힘러를 조종하려 시도
한 첫 사건이었다. 극심한 고통에 시달리던 힘러는 유대인에 대해

관용을 보여주는 일을 제외하고는 그 어떤 부탁이라도 들어주었을 것이다. 유대인은 원칙의 문제였다. 하지만 로스테르크의 직원을 풀어주는 일 정도는 케르스텐이 고통을 없애주기만 한다면 문제도 아니었다.[26]

1941년 3월 케르스텐은 마침내 네덜란드를 방문해 집을 팔고 개인적인 일을 정리해도 된다는 허락을 받았다. 전쟁이 끝나고 케르스텐이 가장 자랑스럽게 내세우던 것 중 하나는 그에게 네덜란드의 저항 세력과 연결 통로가 있었다는 사실이다. 이들은 힘러의 개인 우편실 안에 있는 케르스텐의 보안 우편함으로 편지를 보내 그와 통신했다. 케르스텐은 이런 방식으로 수많은 여자친구와 조심스럽게 관계를 유지하는 것처럼 가장했다. "남자의 세계를 잘 아는" 힘러는 이를 이해해주었고, 따라서 아무도 이에 대해 캐물을 수 없었다.

네덜란드에 케르스텐과 연락하던 사람들이 있었던 것은 사실이지만 이들은 저항 세력과는 거리가 멀었다. 이들 중 핵심은 네덜란드령 동인도(현재의 인도네시아)에 전쟁이 일어나기 전 네덜란드 나치스[NSB]에 가입했던 야코프 니우엔하위스라는 이름의 수상한 인물이었다. 케르스텐은 니우엔하위스에게 나치 점령하의 네덜란드에서 NSB에 가까이 붙어 있으라고 부추겼다. 니우엔하위스가 정보원으로서 실제로 얼마나 유용했는지는 알 길이 없다. 정황상 어설픈 사람이었던 것으로 추정되는 그는 얼마 지나지 않아 독일인들은 물론 네덜란드 나치까지 모두의 심기를 거슬러서 다들 그를 스파이로 의심했다. 전쟁이 끝날 무렵 케르스텐은 그가 스웨덴으로 도망갈 수 있도록 손을 써주었다. 그렇게 하기 위해서는 관공서 쪽 장애물들을 넘어야 했다. 스톡홀름에 있는 네덜란드 대사관이 나치 부역자와 엮이고 싶어하지 않았기 때문이다.

헤이그에 있던 또 다른 수상쩍은 지인은 경매 하우스의 대표를 맡고 있는 샤를 비그넬이라는 이름의 미술상이었다. 케르스텐의 회고록에는 저항활동을 했다는 혐의로 게슈타포 감옥에 갇혀 있던 비그넬을 힘러를 통해 석방시켰다는 이야기가 있다. 네덜란드 SS의 책임자는 한스 라우터라는 이름의 우락부락한 거구의 사내였다. 회고록에는 저항군으로 의심되는 비그넬을 체포했던 라우터의 결정을 케르스텐이 어떻게 힘러의 전화 한 통으로 뒤집도록 해서 라우터에게 모욕을 주었는지 나와 있다.

나는 어린 시절 헤이그에서 비그넬에 대한 이야기를 들은 적이 있다. 학교 운동장에서 아이들을 괴롭히던 비그넬의 손자가 나와 같은 초등학교에 다녔다. 비그넬은 헤이그에서 여전히 상당한 존재감을 가진 인물이었지만 사람들은 그의 더럽혀진 명성에 대해 조심스레 수군거렸다. 수군거리는 것에 그쳤던 게 분명한데 왜냐하면 대부분의 사람은 과거의 불편한 일에 대해 입을 다무는 편을 선호했기 때문이다. 어쨌든 비그넬은 신사였다. 그러나 그에 관한 진실은 지저분했다. 비그넬은 강점 기간에 유대인들로부터 약탈한 미술품을 경매에 내놓아 크게 성공했다. 미술품과 보물을 독일 나치들에게 팔았고 펠릭스 케르스텐에게도 팔았다. 케르스텐은 1960년 세상을 떠날 때까지 비그넬의 단골 고객이었다. 비그넬은 독일 고위층과 탄탄한 관계를 맺고 있었다. 저항군과는 거리가 멀었던 그는 전쟁이 끝나고 나치 부역자로서 5년 형을 선고받았다.

로스테르크와 딘과 니우엔하위스처럼 비그넬도 영리한 고객과 지인들로 구성된 케르스텐의 넓은 인맥 중 하나였다. 이들은 모두 일신의 영달을 위해 시대의 위험한 파도에 올라탔다가 나치 독일이 무너지고 나서 명예를 세탁할 필요가 있던 사람들이었다. 어디까지나 가신이었던 케르스텐이 왜 오랜 지인들을 장밋빛으로 묘사했는지 알 수 있는 대목이다. 일종의 충성심이라고 해야 할까, 그러나 몹시 자기 본위의 충성심이기도 했다.

전쟁이 끝나고 케르스텐을 반나치 저항군의 영웅적인 동지 반열에 오르게 하고, 특히 네덜란드에서 찬사의 대상이 되도록 만드는 데 가장 큰 역할을 한 이야기는 또한 가장 어마어마한 것이기도 하다. 1941년에 네덜란드 전 국민이 폴란드로 강제이주 당할 뻔한 것을 케르스텐이 혼자 힘으로 막았다는 위업에 관한 이야기다.

점령지 네덜란드에서 독일의 원래 정책은 네덜란드인을 동료 아리아인으로 대접하고 현지인을 쓸데없이 자극하는 그 어떤 일도 삼가는 것이었기 때문에, 조제프 케셀이 전쟁 첫해를 맞은 네덜란드를 묘사한 내용은 사실과 완전히 다르다. 그는 케르스텐이 네덜란드로부터 받은 편지에 "강제이주"의 "악몽"과 "기근"과 "고문"과 "즉결 체포"에 관한 내용이 나와 있다고 쓰고 있다. 그런 일은 모두 차츰 현실이 되지만 1940년에는 아직 아니었다. 케르스텐 본인도 힘러가 네덜란드인을 형제의 민족으로 여겼다고 적고 있다.

힘러는 또한 히틀러와 마찬가지로 영국의 상류층을 동경했다. 히틀러가 베를린에서 사설 상영을 할 때 가장 좋아했던 영화는 반항하는 원주민들과 싸우는 용맹한 영국 식민지 장교들을 다룬 게리 쿠퍼 주연의 「어느 벵갈 기병의 삶The Lives of a Bengal Lancer」이었다. 하지만 회고록의 다른 부분에서 케르스텐은 힘러가 이와는 매우 다른 정서를 드러냈다고 말한다. 네덜란드와 영국이 언제나 독일 제국 최대의 적이라는 정서였다. 그렇다면 우리는 그 이유를 마사지사 케르스텐이 아닌 힘러 본인이 혼란했던 탓으로 돌리는 수밖에 없다.

1941년 네덜란드에서 벌어졌던 2월 파업 이후로 독일이 동료 아리아인들에게 '배신'당했다고 느끼고 좀더 강경한 정책을 마련하려 했던 것은 사실이다. 케르스텐은 바로 이때 네덜란드 전 국민을 폴란드로 강제이주시키려는 복수심에 찬 계획을 들었다고 주장한다. 이런 계획이 존재했다는 것을 증명할 문서는 전혀 없다. 오직 케르스텐의 말과 이를 뒷받침하는 여러 전직 SS 대원들의 모호하고 때로 상충되는 진술들이 있을 뿐이다. 그중에는 루돌프 브란트도 있었는데, 이들은 전범 재판에서 자신들의 훌륭한 성품을 입증해줄 (케르스텐과 같은) 몇 안 되는 증인들의 비위를 맞춰야 할 이유가 있었다.

케르스텐의 회고록과 메모와 인터뷰를 보면 이에 대한 다양한 버전의 이야기가 제시되고 있다. 케르스텐이 존경하던 그의 프랑스 전기 작가 조제프 케셀의 버전도 있다. 케셀은 종종 가장 드라마틱한 형태로 이야기를 풀어나간다. 케셀의 버전에는 케르스텐이 3월

1일 베를린의 SS 장교 식당에서 진한 크림 케이크를 입에 욱여넣고 있다가 라인하르트 하이드리히와 한스 라우터를 보았다고 한다. 둘은 사람들이 자신들을 향해 뒤꿈치를 착 붙이며 팔을 들어 "하일 히틀러!" 하고 외치는 것을 조용히 무시하고 성큼성큼 걸어들어왔다. 케르스텐은 그 뒤에 이어진 대화를 엿듣고 새파랗게 질렸다. 라우터는 자기 부하 둘에게 돌을 던진 네덜란드의 건달 세력에 대해 불평하고 있었다. 그러고는 그들이 곧 잊지 못할 교훈을 얻게 될 것이라고 말했다. 하이드리히의 얇은 입술에 즐거운 미소가 스쳐갔다. 네덜란드인들은 이제 폴란드에서 얼어 죽을 것이라며 낄낄거렸다. 히틀러가 방금 대규모 강제이주에 대한 지시를 내렸다는 것이다.

충격에 빠진 케르스텐은 브란트에게 더 자세한 정보를 요청했다. 브란트는 목숨을 잃을 위험을 감수하고 케르스텐에게 네덜란드와 플랑드르 사람들을 폴란드로 즉시 이주시킨다는 내용이 타이핑되어 있는 최고 기밀문서를 보여주었다. 네덜란드의 배신자들이 계속 저항하고 있으므로 인정사정없이 처벌해야 한다는 내용이었다. 300만의 네덜란드인을 독일을 거쳐 폴란드까지 강제 행군시킨다는 것이 처벌의 계획이었다. 대략 전체 900만 명 중 나머지 사람들은 기차와 배편으로 호송되어 루블린 근처의 얼음 호수와 컴컴한 숲 가운데에 버려질 것이었다. 네덜란드의 유대인들도 함께 동쪽으로 호송될 것이었으나 이들이 절대 목적지까지 살아서 도착하지 못하도록 하는 조치들이 고안되어 있었다. 이 놀랍기 그지없는 계획은 히틀러가 본인의 생일에 발표할 예정이었다고 케르스텐은 회고록에 적고 있다(사실 히틀러는 생일에 뭔가 공식 발표를 했던 적이 전혀 없다).

케르스텐은 네덜란드어로 된 회고록에서도 대략 비슷한 이야기를 하고 있다. 크림 케이크 얘기와 하이드리히와 라우터가 나눴다는 대화 부분만 빠져 있다. 1947년 네덜란드의 전쟁 역사가 루 더 용과의 인터뷰에서 케르스텐은 당시 두 SS 장교가 나누던 대화를 한마디도 듣지 못했다고 시인한 바 있다(사실 라우터는 줄곧 네덜란드에 있었으므로 케르스텐이 베를린에서 그를 보았을 리가 없다). 브란트를 비롯해 다른 사람들의 진술을 보면 네덜란드 국민의 일부를 강제이주시키려던 계획에 대한 언급이 있기는 하다. 케르스텐은 1945년 6월 스톡홀름에서 쓴 "1940년부터 1945년까지 내가 도움이 되었던 행위에 대한 기록"에서 그는 강제이주 계획에 대해 언급조차 하지 않고 있다. 석 달 뒤 이에 대한 부록으로 쓰인 글에서 비로소 그 내용을 추가하고 있을 뿐이다.

하지만 이야기는 점점 상상의 날개를 달았다. 케르스텐은 사랑하는 네덜란드 국민을 살릴 수 있는 사람은 자기뿐이라는 사실을 깨달았다. 그러고는 힘러에게 이게 얼마나 어리석은 계획인지 온 힘을 다해 설명했다. 그러나 힘러는 눈 하나 꿈쩍하지 않았다. 힘러는 네덜란드인들이 빌어먹을 배신자라고 말했다. 게다가 어쨌든 히틀러가 내린 결정이었다. 힘러가 어떻게 퓌러의 말을 거역할 수 있겠는가? 모든 일은 계획대로 진행될 예정이었다. 텅 빈 네덜란드 땅은 충성스러운 독일 농부들을 이주시켜서 경작할 것이었다. 힘러의 특별열차를 타고 독일과 발칸반도에서 그를 따라다니던 케르스텐은 자기가 제2의 고향으로 여기고 있는 나라 네덜란드 사람들을 기다리고 있는 파멸적인 운명을 생각하며 초조함을 견딜 수 없었다. 삶은 견딜 수 없는 것이 되었다. 잠도 잘 수 없었다. 간청하고 또 간청했으나 힘러는 단호했다.

네덜란드 사람들에게는 다행스럽게도 케르스텐에게 비장의 카드가 하나 있었다. 힘러의 복통이 평소보다 훨씬 더 심해지고 있었던 것이다. 케르스텐은 힘러에게 그럴 만도 하다고 말했다. 900만의 사람을 한 나라에서 다른 나라로 이동시킨다는 것은 어마어마한 규모의 사업이다. 그 와중에 SS 무장친위대 조직도 재편되고 있었고 독일 육군에는 동원령이 내려져 있었다. 곧 소련을 침공할 것이라는 소문을 나도 들었다. 각하가 이 모든 일을 동시에 진행하려고 고집한다면 몸 상태가 무너져버려 내 마법의 손으로도 어쩔 수가 없다. 네덜란드인의 강제이주야 전쟁을 성공적으로 마무리한 뒤에 진행해도 괜찮지 않겠는가. 더 이상 고통을 견딜 수 없었던 힘러는 악을 쓰며 히틀러에게 이야기해보겠다고 했다("힘러는 울부짖었다. '복통을 멈출 수만 있다면 자네가 원하는 건 뭐든지 해주겠네'").[27] 케르스텐은 통증을 진정시키는 마사지를 해주었다. 경련이 잦아들었다. 히틀러는 마지못해 동의했다. 강제이주 명령은 연기될 것이었다. 케르스텐은 빌헬미나 여왕과 자신의 오랜 환자이자 동행이었던 그 남편 헨드릭 공의 사진 앞에, 자신의 시골 정원에서 꺾어온 꽃으로 만든 꽃병을 놓아 이 기적을 축하했다.

핀란드의 마사지사가 네덜란드 국민을 구한 이 놀라운 이야기는 케르스텐의 전설에 화려한 광채를 더했다(그리고 케르스텐은 전쟁이 끝나고 명예로운 네덜란드 훈장을 받았다. 그의 옷깃에 훈장을 달아준 이는 빌헬미나 여왕의 독일 사위였던 베른하르트 왕자였다. 베른하르트 왕자 또한 자신이 전쟁 전에 SS 기마여단에서 활동했던 일을 쉬쉬하고자 했는데, 여기서 다룰 이야기는 아니다). 케르스텐의 영웅담은 나중에 그에 관해 쓰인 모든 책과 기사에서 되풀이되었다. 그중에는 히틀러의 나치 제국을 연구한 저명한 영국 학자 휴 트레버로퍼와 같은 역사가들의 열렬한 찬사도 있었다. 그러다가 제2차 세계대전사를 연구하던 네덜란드 학자 루 더용이 1972년 철저히 조사한 결과 이 이야기에 허점이 가득하다는 결론을 내렸다. 우선 네덜란드인 강제 이주 계획에 대한 증거가 될 만한 어떤 문서도 존재하지 않았다. 그리고 전후 케르스텐이 남긴 메모에 등장하는 장소와 날짜들에 오류가 가득했다. 케르스텐의 편을 들어주고자 애썼던 브란트조차 1941년 자신이 그에게 보여주었다고 하는 기밀문서에 무슨 내용이 있었는지 기억하지 못했다. 무엇보다 독일이 소련을 대대적으로 침공하기 직전에 이런 악몽에 가까운 수송 작전을 진지하게 고려했을 가능성은 대단히 낮았다. 케르스텐은 아마 여러 시기에 걸쳐 제기되었던 다른 계획들에 대한 소문에 근거해서 이야기를 만들어냈던 것 같다. 일부 네덜란드 농부를 우크라이나에 재정착시킨다거나, 1941년의 2월 파업 이후 아르투어 자이스잉크바르트가 네덜란드 저항 세력에 "강력한 조치"를 취하겠다고 했다는 소문들이 그것이다.

　루 더용은 케르스텐이 힘러의 경련을 이용해서 일부 사람에게 도움을 주었을 가능성은 분명히 있다고 인정하긴 했다. 스파이 혐의로 기소당한 네덜란드 장군이나 저항군에 가담했던 네덜란드 기업인이 사형에 처해질 뻔한 것을 힘러를 설득해 감형해주었을지도 모른다. 하지만 케르스텐이 1941년 네덜란드 국민의 구세주 역할을 했다는 것에 대한 루 더용의 결론은 명확하고도 간결하다. 모두 케르스텐이 꾸며낸 얘기다. 그가 꾸며낸 수많은 이야기 중 하나일 뿐이다.

제6장:
아름다운
이야기

1 : 신쿄

새로운 공화국 만주국의 건국 첫해이던 1932년 가와시마 요시코는 여전히 상하이에 머무르며 댄스홀과 카바레에서 돈을 물 쓰듯 하는 화려한 생활을 하고 있었다. 그러면서 꾸준히 자신만의 무용담을 만들어내려고 했다. 그렇게 그녀가 꾸며낸 이야기 중 일부가 남의 말을 잘 믿고 이국적인 동방에 대한 환상을 갖고 있던 워싱턴주 웨내치 출신의 미국인 월라 루 우즈가 쓴 책에 실렸다. 일류 조종사로서의 영웅적인 행위이며, 자신이 중국 마지막 황제의 딸이라는 거짓 신분, 상하이에서의 결투 끝에 총에 맞아 거의 죽을 뻔했던 경험 같은 내용이다. 꾸며낸 이야기들로 이루어진 이 책의 제목은 『진 공주, 동방의 잔다르크Princess Jin, the Joan of Arc of the Orient 』였다.[1]

192

요시코의 사생활은 복잡했고 점점 더 문제투성이가 되었다. 그녀는 여전히 일본 육군 장교 다나카 류키치와의 변태적인 관계를 유지하고 있었다. 다나카는 요시코가 스파이 활동을 하고 성적 파트너가 되어주는 대가로 계속 월급을 주었다. 다나카가 없었다면 요시코의 요란한 씀씀이는 금세 끝나고 말았을 것이다. 그리고 지즈코라는 이름의 젊은 일본 여성이 요시코의 동반이자 뭐든지 해주는 부하로서 곁에서 시중을 들었다. 요시코는 지즈코를 "내 아름다운 아내"라고 부르길 좋아했다. 번바움의 전기에는 요시코가 일본의 양부를 방문했을 때 찍은 사진이 실려 있다. 사진 속 요시코는 바짝 짧게 자른 머리를 하고 있다. 그리고 그녀의 왼쪽에 가냘프고 조심스러워 거의 어린아이처럼 보이는 지즈코가 꽃무늬 중국 비단옷 차림으로 앉아 있다.

요시코는 다나카를 통해 상하이의 일본군에게 도움을 주었지만, 또한 골칫거리이기도 했다. 요시코와 다나카 사이에는 난폭한 의견 대립이 잦았다. 요시코가 심한 말을 하면 보통 다나카가 수그러들었다. 하지만 다나카가 요시코를 죽이라고 명령을 내렸던 일이 최소한 한 차례 있었다. 얼마 지나지 않아 통통한 뺨 위로 눈물을 줄줄 흘리며 요시코에게 무릎 꿇고 굴욕적인 사과를 해야 했지만 말이다. 요시코에게는 좋은 소문만 따라다니지 않았다. 다나카는 특히 자신과 이 공주님의 에로틱한 관계가 무라마쓰 쇼후의 허구적 전기 『남장의 여인』에 적나라하게 실리자 몹시 불쾌해했다.

요시코에게는 일본 해군에 친구들이 있었는데, 이들을 다나카와 대립하게 만들기도 했다. 일본 각 군 사이의 경쟁관계는 매우 치명적인 결과를 가져올 수 있다. 미담美談 bidan이라 불리는 전설적인 이야기, 글자 그대로 영웅적인 행위에 대한 아름다운 이야기를 가리키는 미담이 여기서 중요한 역할을 했다. 육군과 해군 병사들은 미담을 매우 진지하게 받아들인다. 미담은 말하자면 이들 집단 정체성의 일부라고 할 수 있다. 요시코는 해군 소장에게 다나카가 1932년 1월 상하이사변에서 해군이 수행했던 역할을 폄하하려 했다고 얘기했다. 요시코가 중국인들의 반란을 부추겼다고 추정되는 일이 있고 나서 곧이어 일본 해군이 상하이를 폭격했던 바로 그 사건이다. 해군은 중국의 적군을 향해 자살 폭격으로 생을 마감한 세 명의 용감한 해군 장교의 미담을 특히나 자랑스러워했다. 이 용맹스러운 죽음 뒤에 이들은 공식적으로 '전사戰士의 신'으로 신격화되었다. 요시코는 해군 소장에게 다나카가 해군의 이 미담을 폄하했으며 폭격은 멍청한 사고일 뿐이라고 말했다고 일러주었다. 소장은 분노한 나머지 부하들에게 다나카를 죽이라고 명령했다. 다나카는 납작 엎드려 사과한 뒤에야 겨우 목숨을 부지할 수 있었다.

요시코가 상하이에 계속 있을 수 없음은 분명해졌다. 일본 군부는 그녀가 말썽을 덜 일으키고 좀더 쓸모 있는 일을 하도록 1932년 여름 만주국으로 거처를 옮기라고 명령했다. 관동군 지도부는 요시코에게 푸이의 망명정부에서 궁중의 시녀를 총괄하는 자리를 맡으라는 결정을 내렸다. 중국의 마지막 황제 푸이는 일본이 자신에게 황제 칭호를 사용하지 못하도록 거부한 것에 분노하고 있었다. 그는 만주국 집정執政이라는 직위에 만족해야 했다. 황제 폐하가 아닌 각하라고 불려야 하는 사실에 극도로 불쾌해했다. 요시코는 새 일자리에서 한 달도 버티지 못했다. 황후인 완룽(엘리자베스)은 옛 친구와 재회하게 되어 기뻐했지만 푸이 황제가 요시코를 견딜 수 없어 했다. 그러나 요시코는 상하이로 돌아가지 않았다. 그 대신 이제 요시코 자신에 관한 미담이 만주국 미담의 일부가 되어갔다.

북으로는 러시아까지, 남으로는 한반도까지 뻗어 있던 만주국은 거의 모든 것이 보기와 달리 진짜가 아니었다. 1932년에 가짜 공화국으로 세워졌던 만주국은, 그로부터 2년 뒤 푸이를 만주국 황제로 옹립하는 웅장하지만 어쩐지 싸구려 티가 나는 즉위식을 통해 가짜 제국이 되었다. 만주국은 독립 국가도, 제국도 아니었다. 일본의 식민지였을 뿐이다. 오늘날 중국인들은 만주국을 '가짜 만주'라는 의미로 웨이만저우僞滿洲라고 부른다. 만주국을 다스렸던 것은 황제와 그가 어린 황제였던 시절 베이징에서 그를 보위한 조신들이 아니었다. 허세 가득한 이름으로 된 직위에 앉아 있던 만주국 국무원의 중국인들도 아니었다. 만주국을 다스렸던 것은 일본인 '차관'들과 관동군 장교들이었다. 황궁은 궁전과는 거리가 멀었고, 사실은 예전에 소금세를 관장하던 관청 사무실이었다. 만주국의 국기는 황색 바탕에 흑백홍청의 띠가 그려져 있다. 완벽한 화합과 평등을 이루고 사는 만주(황), 몽골(백), 한족(청), 일본(홍), 조선(흑)의 '다섯 민족'을 상징한다. 만주국은 완벽한 화합을 이루었던 적이 한 번도 없고 평등과는 정말이지 거리가 한참 멀었다. 일본인이 지배 민족Herrenvolk으로서 소수의 만주인과 몽골인과 조선인, 그리고 숫자가 훨씬 더 많은 한족 위에 군림했다. 깜짝 놀랄 만한 근대 문명의 흔적이 간혹 눈에 띄었지만(예를 들면 아시아에서 제일 빠른 쾌속 열차와 최고 시설을 갖춘 가장 현대적인 영화 스튜디오) 만주국은 잔혹한 곳이었다. 노예나 다를 바 없었던 현지 노동자들이 때로 끔찍한 환경에서 일본의 산업을 위해 석탄이나 철광석 같은 원자재를 채굴했다. 중국 농민들은 일본에서 온 이민자들에게 자리를 내어주느라 토지를 빼앗겼다. 만주국 영토 중 몽골의 동쪽은 대부분 평지로, 여름에는 뜨겁고 겨울에는 깊이 쌓인 눈 아래로 땅이 얼어붙는다. 그래도 비좁은 일본의 상황과 비교하면 만주국은 광활하고 웅대한 땅이라는 느낌을 주었다. 얼마 전까지만 하더라도 일본의 노년층 중에는 깊은 향수에 젖어 다롄의 아카시아나무와 하얼빈의 아이스 스케이트장을 기억하는 사람이 많았다.

1931년 말 만주에 도착한 이후 요시코의 예전 가족이 살던 뤼순의 집을 시작으로 일본의 각종 철도호텔을 전전하며 숨어 지내던 가엾은 푸이는 답답함을 견디기 어려워했다. 조계지에서 무도회를 열고 테니스 코트에서 칵테일을 마시던 시절은 아련한 옛날이었다. 두 영국인 추종자가 "조개껍질처럼 사랑스러운 작은 두 손"을 가졌다고 했던 완룽은 일본 경호원들이 가져다주는 아편의 뿌연 연기 속에서 대부분의 시간을 보냈다.[2]

그러므로 푸이는 1932년 3월 조신들과 함께 드디어 만주국의 수도로 이사 가라는 이야기를 듣고 희망에 부풀지 않을 수 없었다. 만주국의 수도는 한때 창춘^{長春}이라 불리던 삭막하고 제멋대로 뻗은 도시로, 이제 새로운 수도라는 뜻의 신징^{新京}(일본어로 신쿄)으로 이름이 바뀌었다. 직위가 격상될 것임을 믿어 의심치 않으며 푸이와 그의 수행단은 날렵한 모습에 에어컨이 완비된 특급열차이자 남만주 철도 회사의 자랑이었던 아시아호에 올랐다. 신쿄 역에 줄지어 대기하고 있던 검정 방탄 리무진들이 이들을 태우고 아직 회반죽과 페인트 냄새가 채 빠지지 않은 도심의 텅 빈 대로를 달렸다.

푸이의 삶에 다시 한번 답답함이 내려앉았다. 저택에 있는 텅 빈 수영장을 조금이라도 벗어나 걷기라도 하면 일본 경비들이 그에게 집 안으로 들어가라고 말했다. 집정에서 황제가 되기까지는 2년이라는 긴 세월을 기다려야 했다. 엘리자베스의 손을 흠모하던 두 영국인 추종자는 특유의 들뜬 문체로 그 화려한 이벤트에 대해 이렇게 썼다. "일본인들은 중국의 특징에 대해 참으로 섬세한 이해를 거쳐 푸이의 만주국 황제 즉위식을 준비했다. 1934년 3월 1일에 있었던 즉위식은 모든 면에서 고대의 전통을 최대한 존중하여 거행되었다."[3]

과연 그랬을까. 그렇기도 하고 아니기도 했다. 푸이는 즉위식에서 본인이 위대한 청나라 황제로서의 화려함을 온전히 갖추게 될 것이라고 기대했다. 다섯 개의 손톱을 가진 용의 모습을 섬세하게 수놓은 황색 비단의 곤룡포를 다시 입고 황좌에 앉아 있는 모습을 상상했다. 그렇게 하면 일본에 협력했던 자신을 정당화할 수 있을

터였다. 하지만 당시 관동군 부참모장이던 이타가키 세이시로板垣徵
四郞가 그런 복장은 적절치 않다고 푸이에게 알려왔다. 대신 푸이는
만주국 군총사령관의 제복을 입어야 했다. 즉위식 사진들을 보면
짙은 안경에 무릎까지 내려오는 푸른 더블코트 차림의 가엾은 푸
이는 꼭 19세기 장난감 병정 같다. 더블코트에는 금은으로 된 커다
란 훈장이 가득 달렸고, 푸이의 좁은 어깨는 무거운 금박으로 된
견장의 무게에 눌려 있다. 기다란 모자에 달린 허연 깃털이 푸이의
뒷머리 쪽으로 흘러내렸다. 중국의 정식 관복을 입은 조신과 내각
장관들이 그의 주변에 있다. 서양식 검은 신사모를 쓴 수많은 일본
관료들도 있고 이들 옆으로는 진흙빛 관동군 군복을 입은 장교들
이 줄지어 서 있다. 푸이는 일본 국기와 만주국 국기를 흔들며 환호
하는 어린이들 사이로 오픈카를 타고 신쿄의 중심가를 지났다. 건
장한 체격의 만주국 일본 "대사"인 히시카리 다카시菱刈隆 장군 옆에
선 푸이의 가냘픈 몸은 왜소하기 그지없었다.

　일본인들은 푸이에게 한 가지는 양보했다. 공식 행사가 시작되
기 전 이른 아침, 곤룡포를 입고 조상에게 공물을 바치는 제례를 치
르도록 한 것이다. 제례는 그날만을 위해 특별히 만든 임시 천단天壇
에서 행해졌다. 황제 푸이가 무릎 꿇은 채 태양을 바라보며 기도하
는 동안, 사제가 수송아지의 목을 따고 머리 위로는 일본 전투기가
굉음을 내며 지나갔다.

　푸이의 즉위식에는 길버트와 설리번의 19세기 코믹 오페라
「미카도Mikado」를 연상케 하는 분위기가 있었다. 조잡하게 만들어진

천단, 모험 시대의 낭만을 보여주는 제복들, 왜소한 당나귀를 타고 지나가던 만주국 병사들, 히죽대는 일본군 장교들이 둘러싼 가운데 행해진 각종 의례를 떠올려보라. 즉위식이 끝나고 황제가 "황궁"으로 돌아가자 나팔수들은 일본 천황의 동생인 지치부 왕자의 도착을 먼저 알렸다. 그다음은 완전 정복 차림에 깃털로 장식된 모자를 쓴 히시카리 장군과 이타가키 부참모장이었다. 완룽은 즉위식에 아예 참석하지 않았다. 지금은 위만황궁박물관僞滿皇宮博物館으로 바뀐 옛 소금관청 황궁에 가면 그녀의 슬픈 얼굴을 여전히 볼 수 있다. 그곳에서 아편 도구를 손에 들고 있는 모습의 밀랍 인형으로 남아 있다.

겉모습만 전통을 따랐던 이 연극의 한 가지 특이한 점은 그 무대가 되는 배경이었다. 신쿄의 변두리에는 지저분한 중국인 거주지가 여전히 남아 있었지만, 신도시의 중심은 일본의 도시계획자와 엔지니어들이 근대화의 표본으로 보여주기 위해 설계했다. 일본이 과시해 마지않던 특급열차 아시아호가 그중 하나였다. 만주국의 기술 관료들은 공중위생에도 집착했다. 신쿄는 새로 지어진 모든 집과 사무실에 수세식 변기를 설치한 아시아의 첫 도시였다. 이는 중국은 말할 것도 없고 일본 대부분의 지역에도 사실상 전례가 없는 일이었다. 일본은 만주국이 독립 국가이지 식민지가 아니라고 주장하면서도, 일본 제국이 서양 제국주의 열강들보다 전혀 열등하지 않다는 것을 보여주려고 여전히 애쓰고 있었다.

당시 아시아에서 근대화는 서구화를 뜻했다. "아시아"로서의

자의식을 지녔던 식민지에서조차 그랬다. 신쿄는 도쿄 대부분의 지역보다 더 유럽처럼 보였다. 넓은 대로와 기하학적인 거리의 패턴, 뽐내는 듯한 지자체의 건축물을 자랑하던 신쿄의 모델은 오스만 남작1809~1891 나폴레옹 3세의 명으로 파리의 재개발을 총감독했음의 파리였다. 수많은 공원과 가로수가 늘어선 거리, 연못들과 관목림, 각종 동물이 잘 갖춰진 동물원은 정원 도시라고 하는 영국의 개념을 빌려왔다. 주택의 표준이었던 빨간 지붕의 이층집들은 맨체스터나 볼티모어의 교외로부터 그대로 옮겨 지은 것처럼 보였다.

만주국 황제의 원래 백성들에게는 주어진 권리가 거의 없었기 때문에, 만주국은 다양한 부류의 일본인이 본국에서라면 법률과 규제와 여론에 의해 발목 잡혔을 각종 실험을 해볼 만한 완벽한 장소였다. 엔지니어, 건축가, 기업인, 사업가, 도시계획가, 영화제작자, 사회학자, 심지어는 탈자본주의와 인종 평등을 꿈꾸는 사회주의 이상가들도 여기 포함된다. 만주국은 요시코의 양부 가와시마 나니와와 같은 모험가들이 자신의 망상을 행동으로 옮길 수 있는 곳이었을 뿐 아니라, 비좁은 일본 열도 바깥의 삶을 맛보고자 했던 수십만의 일본인을 끌어들이는 자석이기도 했다. 이들에게 만주국은 충분히 이국적이면서도 일본의 안전한 통제 아래 있는 곳이었다.

고귀한 이상이라는 가면 아래 자리하고 있는 폭력성을 감추기 위해서는 극적인 효과가 하나 더 필요했으니, 그것이 바로 만주국 미담이다. 일본의 대중매체는 용맹한 개척자, 죽음을 두려워하지 않는 전사, 애국심에 불타는 폭력배들이 부패하고 인종차별적인 서양 제국주의를 탈피해 아시아인을 위해 새로운 아시아를 건설하는 이야기를 좋아했다. 이런 이야기들은 관동군의 극우 장교들뿐 아니라 일본 본토의 마르크스주의 지식인들에게도 호소하는 바가 있었다. 일본 언론은 아시아 대륙에서 대담한 일을 벌이는 사람들에 대한 미담을 앞다퉈 실었다. 바로 여기서 요시코가 다시 한번 가장 화려한 역할을 맡아 무대에 등장한다. 일련의 만주국 미담 속에 허구적 여주인공으로 등장함으로써 일본의 식민 체제에 중국의 귀족적 매력을 더해주게 된다. 상하이의 마타하리라는 전설은 이제 만주국의 잔다르크 전설로 진화했다.

다시 한번, 여기에도 여러 버전이 존재한다. 요시코 본인의 버전부터 살펴보자. 요시코는 동거인인 지즈코 그리고 중국인 하인과 함께 신쿄의 가구점 위에 있는 집에 살고 있었다. 그녀가 어디서 돈을 구해 여전히 카페 바론이나 살롱 도쿄와 같은 화려한 유흥업소에 드나드는 익숙한 생활을 유지했는지는 지금도 확실치 않다. 이타가키 부참모장을 가끔 만났을 것임은 확실하다. 그리고 요시코는 만주국에서 가장 흥미로운 일본군 장교와 새로 관계를 맺게 되었다. 관동군의 참모차장이었던 다다 하야오多田駿 장군이다. 다다는 만주국 군대를 양성하는 임무를 맡고 있었다. 다다는 중국 전문가였을 뿐 아니라 중국인에게 동정적이었다는 점에서 특이했다. 그는 "오족협화五族協和"의 이념을 진심으로 믿었던 것으로 보인다. 가장 강한 인종이 겸손하게 행동하고 약한 인종들이 처한 입장을 고려해야 마땅하다고 말하기도 했다. 다다는 나중에 국수주의적인 군

지도층과 충돌을 일으켰고, 결국 1941년 진주만 폭격 이후 군 경력이 사실상 끝나고 만다.

여성 역할을 전문으로 하는 가부키 배우와도 같은 섬세한 외모에 날씬했던 다다가 요시코를 만났을 때 그의 나이는 이미 50대였다. 요시코가 만주족 황실과 연결되어 있다는 사실이 중국을 동경하던 속물 다다에게 매력적으로 다가왔을 것이다. 요시코의 오빠인 셴리에게 이 둘 사이의 격정은 몹시 당황스러운 일이었다. 셴리의 집에서조차 서로를 향한 욕망을 전혀 자제하지 못했다고 한다. 하지만 셴리는 자신의 악명 높은 누이에 대해 좀 지나치게 비판적이곤 했다. 요시코의 입장에서 실제로 얼마나 애정이 있었겠는가. 확실한 것은 요시코가 돈을 필요로 했고 일본 권력에 접근하고 싶어했다는 사실이다.

관동군은 남만주 철로를 따라 위치한 주요 도시들을 장악하고 있었다. 그러나 시골 지역에는 여전히 중국인 "마적 떼"들이 무질서하게 활동하고 있었고, 몇몇 반항적인 군벌이 만주국과의 국경 지역에서 말썽을 일으키고 있었다. 그중 하나가 내몽골 산악지역의 중국 국민당 사령관 쑤빙원蘇炳文이었다. 관동군이 저항 세력들을 쓸어버리려는 도발적인 움직임을 보이자 쑤빙원은 다른 중국 장군들과 힘을 모아 치치하얼齊齊哈爾에서 일본군과 맞서기로 했다. 치치하얼은 원래 청나라 때 러시아의 잦은 급습을 막기 위한 방어물로 지어진 거대한 철도호텔이 있는 지방 전초기지다. 쑤빙원의 군대는 200명이 넘는 일본 민간인을 인질로 잡고 있었다.

쑤빙원은 인질의 석방을 거부했다. 협상에 임하려고조차 하지 않았다. 요시코의 이야기에 의하면 요시코는 자신만이 그 상황을 타개할 수 있다고 판단했다. 본인의 연줄을 이용해 문제를 해결할 수 있다고 생각한 것이다. 바인레프나 케르스텐처럼 요시코도 해결사macher로서 자신의 재능을 과신했다. 쑤빙원 장군과는 모르는 사이가 아니었다. 펑톈에서 함께 식사한 적도 여러 번 있었다. 요시코는 그가 '폭도'로 취급되어 무력으로 제압되어야 한다는 생각을 견딜 수 없어 했다. 어쨌거나 그의 핏줄에도 자신과 같은 만주족의 피가 흐르고 있지 않은가. 요시코는 돈을 바라고 이 일에 뛰어들지 않았다. 스스로의 안전도 개의치 않았다. 오로지 자신의 설득을 통해 쑤빙원이 반란을 멈추고 '만주의 여명'을 직시하기를 원했다. 요시코의 생각에 이것은 '아시아 평화의 미래'에 관한 문제였다.[4] 그녀는 자신을 낙하산으로 치치하얼에 침투시켜달라고 다다에게 간청했다. 그저 비행기만 사용하게 해주면 된다면서.

다다는 처음에 회의적이었다. 한 명의 여성이 감당할 만한 일이 전혀 아니었다. 하지만 요시코의 "의지는 흔들림 없었고", 마침내 낙하산 강하를 연습하도록 허락받았다. 그렇게 모든 준비가 끝났다. 그런데 갑자기 요시코의 오래된 신경계통 문제가 도졌다. 다리를 거의 움직일 수 없게 된 것이다. 그리고 어쨌든 쑤빙원 장군 쪽에서도 여전히 대화에 나서려는 기색이 전혀 없었다. 아쉽지만 낙하산 침투 작전은 취소해야 했다.

하지만 일본 언론에는 그렇게 보도되지 않았다. 멋진 카키색 제복과 고글 차림의 요시코가 마치 막 비행기에서 뛰어내린 듯한 모습의 사진들이 실렸다. 자비로운 만주국 정부에 맞서던 반란군을 단념시키려는 그녀의 용맹스런 노력에 대한 이야기들이 등장했다. 이 사건을 다룬 거의 모든 기사에 잔다르크의 이름이 소환되었다. 이것이 요시코를 주인공으로 한 만주국 미담의 첫 사례다.

실제로 일어났던 일은 이보다 훨씬 덜 극적이었다. 요시코가 연인 다다에게 자신을 적진으로 낙하시켜달라고 간청한 것이 아니라, 다다가 요시코에게 쑤빙원 장군과 접촉해보라고 부탁했던 것으로 보인다. 물론 낙하산으로 침투해 접촉하라는 것도 아니었다. 일본의 만주 진출이 국제사회의 엄청난 비판을 불러일으키고 있었으므로 일본이 무력을 사용하는 것보다는 요시코가 외교적 노력을 통해 사태를 수습하는 편이 훨씬 모양새가 좋았다. 만주족 황실의 피가 흐르는 영웅이 일본 편에 서는 것만큼 좋은 그림은 없었다. 다다는 또한 연인에게 제복을 입힌다는 사실에 에로틱한 흥미를 가졌을 수도 있다. 그렇다고 해도 요시코 본인이 원래부터 지녔던 취향을 부추긴 것에 지나지 않았겠지만. 하지만 요시코의 입장에서는 순전히 보여주기 위한 쇼였다. 외교적 협상이 실패로 돌아가자 일본군 14사단이 저항군 기지를 공격했다. 쑤빙원 장군은 국경을 넘어 소련으로 탈출할 수밖에 없었다. 남은 저항군 병사들은 더 남쪽에 있는 제홀Jehol, 혹은 중국에서 열하熱河라고 부르는 곳으로 이동해, 일본이 또 다른 '화평' 공작을 펼칠 무대가 마련된다. 요시코에게는 본인이 주연을 맡을 또 다른 미담의 기회이기도 했다. 이번에는 승마용 바지에 검정 가죽 부츠, 멜빵 달린 벨트와 모피 모자 차림으로 등장할 예정이었다.

제홀 지역의 중심 도시는 오늘날 청더承德라고 불리는 북중국 허베이성의 도시다. 불탑들과 인상적인 티베트 수도원으로 가득한 계곡 안에 아름답게 위치한 제홀은 예로부터 중국 황제들이 사냥철에 머무르던 곳이다. 사슴을 가득 채워넣은 아름다운 공원 안에 있는 황제의 별장은 나중에 탕위린湯玉麟이라는 포악한 군벌의 본부가 된다. 탕위린은 중국 국민당 정권의 열하성 정부 주석으로서 1920년대에 이 지역을 다스렸다. 건장한 체구에 콧수염을 기른 탕위린이 무릎 위에 장총을 안아 들고 사나워 보이는 호랑이를 타고 있는 유명한 사진이 있다. 지독하게 부패했고 엄청나게 부자였던 탕위린은 톈진에 있던 르네상스-이탈리아 스타일의 저택에 산 적이 있다. 푸이가 만주로 이사 가기 전에 머물던 곳에서 멀지 않다. 탕위린은 몽골 백성에게서 세금을 쥐어짜고 중국에 있는 외국인들에게 귀중한 골동품을 팔아넘겨 큰돈을 벌었다. 하지만 탕위린 재산의 대부분은 제홀의 주요 작물이었던 아편을 팔아서 생겨났다. 요시코가 회고록에서 주장한 바에 의하면 탕위린의 군대를 움직이는 동력은 군량이 아니라 아편이었다.

일본은 오랫동안 내몽골 지역에 눈독을 들여왔다. 지금이야말로 그곳을 차지할 기회였다. 관동군은 만주국의 국경을 아편이 풍부한 제홀 지역까지 확장하기로 마음먹었다. 탕위린은 죽음을 각오하고 일본과 싸우겠다는 용감한 성명을 발표했다. 하지만 눈보라와 고산지대로 인한 불리함에도 불구하고 일본군의 군사력은 총과 수류탄과 전통 중국도로 경무장한 것이 대부분인 탕위린의 군대보다 훨씬 더 강했다. 일본에게는 폭격기와 탱크가 있었다. 탕위린 휘하의 장교 일부가 재빨리 일본군에 투항했고, 탕위린은 육군 트럭으로 자신의 보물을 빼돌리도록 명령하고는 남쪽으로 도망쳤다. 그는 1937년 자신의 중국 미술 소장품에 둘러싸인 채 톈진의 이탈리아식 저택에서 평화롭게 죽었다.

요시코는 자신이 제홀 전투에 어떻게 관여했는가 하는 미담을 회고록에 남겨놓았다. 1933년의 어느 겨울날, 한 젊은 남자가 신쿄에 있는 요시코의 아파트로 찾아왔다. 그의 이름은 팡용창으로, 한때 수천 명의 군사를 거느리던 만주의 마적 두목이었다. 팡용창은 요시코에게 매우 기이한 이야기를 했다. 팡용창의 두목은 유명한 깡패이자 군벌로서 '개고기 장군狗肉將軍'이라 불린 장종창張宗昌이었다. 첩이 하도 많아 이름 대신 번호를 부여했다는 장종창은 아편 중독자이자 대중 선동가이기도 했다. 처음에는 중국 국민당을 위해 싸웠다가, 나중에는 국민당에 대항해 싸웠고, 종국에는 일본으로 망명했다. 망명지 일본에서는 몇 명의 첩과 함께 온천 휴양지로 갔다가 요시코의 형제 중 한 명을 권총으로 쏴 죽이기도 했다. 요시코는 회고록에서 이것이 사고였다고 쓰고 있다. 아마도 여자를 두고 다툼을 벌이다 생긴 일이었을 가능성이 크다. 팡용창에 따르면 장종창과 그 부하들은 그 일에 대해 양심의 가책을 느꼈다고 한다. 3년 뒤인 1932년 개고기 장군 장종창 본인도 중국에서 수많은 정적 중 한 명에게 총에 맞아 죽었다. 장종창 무리에게는 이제 우두머리가 없었다. 팡용창은 요시코에게 자신들의 우두머리가 되어달라고 간청했다. 요시코의 형제를 살해한 것에 대해 몸 바쳐 속죄할 것이라고도 했다. 요시코는 이제 더 이상 가와시마 요시코가 아니라 사령관 진둥전金東珍이었다.

펑톈의 중국인 거주지에 있는 한 지저분한 호텔에서 사령관으로서 그녀의 지휘권을 공식화하는 행사가 열렸다. 한 월간지의 일본인 기자가 참석한 가운데 팡용창은 사령관에게 세 차례 무릎 꿇고 절하는 의식을 행하자고 주장했다. 사령관 진둥전은 이날을 위해 화려하기 그지없는 육군 제복을 입고 있었는데, 일본인 기자는 그녀가 마치 "경극에 나오는 군인"처럼 보였다고 기록하고 있다.[5] 그녀 곁에는 이제 국민군, 안국군安國軍, 또는 제홀의 자위대로 불릴 새 의용군 소속의 '장교' 28명이 서 있었다. 사실 이들은 너덜너덜해진 중국 옷을 입고 있는 무법자 무리에 불과했다. 이 중에는 손가락이 몇 개씩 없는 사람도 있었고 얼굴에 소름 끼치는 흉터가 있는 사람도 있었다. 이들은 요시코의 검정 승마 부츠 앞에 무릎 꿇고 사령관을 위해, 그리고 아시아의 평화를 위해 죽음을 맹세했다. 사령관 진둥전은 요란한 음주 경연대회가 될 것이 뻔한 철도호텔에서의 뒤풀이 파티에는 참석을 거절했다.

안국군에 관한 이야기는 빠르게 퍼져나갔다. 여전히 요시코의 말이지만 30명 남짓한 규모가 3000명으로 늘어났다. 그녀의 말을 믿어도 된다면 다양한 중국인 애국 단체(청나라에 충성하는 단체로 추정됨)로부터 트럭이며 군복이며 낙타와 같은 필수 군수품은 물론이고, 지원금이 쏟아져 들어오기 시작했다. 사령관 진둥전과 그녀의 오합지졸 군대는 더 이상 관동군 지도부가 무시할 만한 수준이 아니었다. 요시코의 말이다. "나의 의용군과 나는 전투에서 우리 나름의 역할을 맡을 수 있게 되었다."[6]

요시코의 회고록에는 그 역할이 과연 무엇이고, 역할을 정말 수행했다면 어떻게 했는지에 대해서는 기록되어 있지 않다. 요시코가 작전 중 또다시 부상을 입었다는 말을 인터뷰에서 한 적이 있긴 하지만, 안국군이 특정한 전투에 참여했다는 명확한 기록은 어디에도 없다. 요시코는 『부인공론婦人公論』이라는 주류 여성지에 기사를 투고해 자신이 어떻게 군중의 환호를 뒤로한 채 군대를 이끌고 전투를 지휘했는지에 대해 썼다. 기사에는 자신의 병사들이 최전방에서 용감하게 싸운 이야기며, 자신은 오로지 제홀 백성의 행복만을 생각했다는 이야기가 나온다. 일본에 대한 사랑과 조국 땅에 대한 사랑 또한 감동적으로 선언하고 있다. 둘 사이에서 모순을 느꼈다고 하더라도 글에는 드러나 있지 않다. 하지만 그녀의 이야기에서 진심이 드러나 보이는 구절이 적어도 하나는 있다. "내가 제홀의 구석구석을 누비고 다니기는 했지만, 내가 실제로 행한 일이 그 열 배가 넘는 선전 가치가 있었다고 말하기는 좀 민망하다."[7]

요시코의 이 말은 물론 진실이었다. 하지만 진실이 무엇인지는 큰 상관이 없었다. 일본에게는 '미담'이라고 하는 전설이 중요했고, 중국에게도 부정적인 의미에서 중요했다. 그렇게 요시코는 승마 부

츠에 남자 군복 차림을 하고 긴 사무라이 칼에 기대 앉아 산전수전
다 겪은 전사의 모습으로 1933년 2월 22일 『아사히신문』에 등장했
다. "남장여인男裝麗人" 가와시마 요시코는 안국군의 사령관으로서 "전
쟁에 나갈" 준비를 마치고 "만주의 무장 세력을 통합하기 위해 최
선을 다하고 있는 장군을 돕는 데 온 힘을 쏟아붓고 있었다".

여기서 장군이란 물론 요시코의 연인 다다 하야오다. 다다 하
야오는 정체가 불분명한 중국인 애국 단체들과는 달리 실제로 그
녀의 사설 의용군에 자금을 지원해왔을 것이다. 요시코의 용맹을
극찬하는 기사가 실린 같은 면에는 유명한 좌파 소설가인 고바야
시 다키지小林多喜二가 도쿄 경찰서에서 죽었다는 알림도 조그맣게
있었다. 고바야시는 악명 높은 특무 경찰에 의해 반체제 인사로 몰
려 고문 끝에 죽은 것이었으나, 그런 자세한 내용까지는 언급되어
있지 않았다.

요시코에 대한 일본 언론의 관심은 1933년 무라마쓰의 허구
적 전기가 출판되면서 한층 더 뜨거워졌다. 이제 요시코는 라디오
쇼의 인기 있는 초대 손님으로 나와 만주국의 대의명분을 설파하
고 대중가요를 불러 자신의 이국적인 무용담을 윤색했다. 이 중 「카
라반의 종소리」나 「몽골의 노래」와 같은 제목의 일부 가요는 그녀
가 직접 쓴 것이었는데 얼버무린 몽골어 가사들이 섞여 있었다. 얼
마 뒤 요시코는 만주 농민들의 빈곤과 그들이 일본인 건달들에게
당했던 핍박을 달갑잖게 언급하며 조국을 해방시킨 일본을 찬양
했던 자신의 태도를 일부 수정하기는 했다. 아마도 어딘가에 남아

자신을 찔러대는 죄책감을 느꼈던 것 같다. 하지만 그랬다고 하더라도 때는 늦었다. 전설은 이미 완성되었다. 요시코는 스스로가 만든 미담의 산물이 되었다. 요시코에게 관대했던 전기 작가 가미사카 후유코는 그녀가 일본인 주인들이 조종하는 끈에 달린 꼭두각시였을 뿐이라고 말한다. 그 말이 맞는다고 하더라도 요시코는 언제나 기꺼이 춤출 준비가 되어 있던 꼭두각시였다.

2: 헤이그

SS의 보안 기구 SD는 점령국의 상황이 어떤지에 대해 매년 보고서를 작성하곤 했다. 지루하기 짝이 없는 공무원 용어로 쓰인 이 자세한 연간 보고서들은 오직 제한된 소수의 사람만 볼 수 있었다. 하인리히 힘러는 이 보고서들을 꼼꼼히 읽었다.

네덜란드에 관한 1942년의 SD 보고서는 상당한 진전을 언급하고 있다. 유대인을 "후송시키기" 위한 독일 당국의 노력을 지원하고자 유대인 위원회가 설립되었다. SD는 독일 국경에서 멀지 않은 곳에 있던 베스터보르크 강제수용소의 운영을 맡게 되었다. 베스터보르크는 공식적으로 환승 수용소Durchgangslager였다. 1942년 7월부터 연말까지 마흔두 대의 기차가 3만8606명의 유대인을 싣고 베스터보르크를 떠나 폴란드에 있는 죽음의 수용소로 향했다. 보고서에 따르면 "당연하게도" 이러한 조치에 대해 일부 유대인의 저항이 있었다. 그러나 더 귀찮았던 것은 유대인에게 취해진 조치에 대한 "일반 네덜란드 시민들의 몰이해와 유대인 친화적 태도"였다. 어쨌든 "이런 어려움에도 불구하고 유대인을 제거하는 작업은(여기서 쓰인 정확한 독일어 단어는 entjudung이었다. '유대인을 없앤다$^{\text{de-Jewing}}$'는 뜻으로, 마치 이를 박멸한다는 뜻의 단어^{delousing}의 변형처럼 보인다) 중단이나 차질 없이 진행되었다. 14만 명의 유대인 인구 중 5만 명이 후송이나 이민 조치에 따라 네덜란드를 떠났다. 또 다른 수천 명은 SD가 운영하는 수용소에 머무르고 있었다. 1943년의 첫 수개월 동안 예정되어 있는 자택과 병원에서 병약한 유대인을 모집하는 작업에 대한 준비가 이루어졌다".[8]

"후송" "이민" "모집", 이것은 모두 SS의 공무원들이 대량학살이라는 뜻으로 세심하게 골라 타이핑한 단어들이다.

프리드리히 바인레프는 1942년 9월 SD에 의해 체포되었다. 추방령이 시행되기 두 달 전의 일이다(헤이그에서 첫 번째 유대인 체포 작업은 8월에 있었다). 바인레프는 사흘 뒤 다시 풀려났는데, 이는 거의 전례가 없던 일이다. 유대인이 SD의 손아귀에 떨어지면 보통 살인의 관료적 절차로부터 빠져나올 방법은 없었다. 그 며칠 동안 정확히 무슨 일이 있었는지는 절대로 밝혀질 수 없을 것임이 확실하다. 어떤 일이 있었으리라는 추측은 존재한다. 그리고 또한 바인레프가 이에 대해 만들어낸 미담이 있다.

여기서부터가 바인레프가 묘사하는 자신의 미담이다. 이야기는 유대인의 새해인 로슈 하샤나 전날로부터 시작된다. 바인레프와 그가 약간 멍청이라고 묘사한 그의 비서 쿤 더프리스는 스헤베닝언에 있는 거대한 감옥으로 끌려갔다. 네덜란드 저항군의 수많은 인원이 거기 수감되어 있다가 근처 모래언덕에서 처형되었다. 감옥은 그래서 네덜란드 황실 가문인 '하우스 오브 오렌지'에서 이름을 딴 '오렌지호텔'이라는 애국적인 별명으로 불렸다. 체포된 이튿날 바인레프는 악명 높은 SD 사무실인 빌라 빈데킨트로 끌려갔다. 그곳의 지하실은 당시 고문실로 사용되고 있었다. 바인레프를 심문한 사람의 이름은 프리츠 코흐였다. 통통한 볼에 처진 입의 코흐는 고문 기술자라기보다는 백면서생 회계사처럼 보였지만, 의심의 여지 없이 '향상된 심문$^{verschärfte\ Vernehmung}$' 절차에 익숙한 사람이었다.

바인레프는 고문을 당하지 않았다. 아마도 바인레프가 갖고 있었을 것으로 추정되는 독일 장군과의 연줄 때문인지 코흐는 놀랄 만큼 친절했다. 바인레프는 폰 슈만 중장이 그저 자신의 상상력이 꾸며낸 허구의 인물이 아닐지도 모른다고 생각했다. 사실은 "심지어 내가 그를 꾸며내지도 않았다. 마음대로 생각해도 좋다. 하지만 나는 신이 폰 슈만 중장을 만들어 내게 데려다주었다고 생각한다".[9]

코흐는 바인레프에게 베프 투르크스마라는 이름의 젊은 유대인 여자가 가짜 신분 서류를 갖고 있다가 극장에서 체포되었다고 했다. 투르크스마는 자신을 심문하던 SD 요원에게 바인레프가 그 서류의 제공자라고 했다. 투르크스마는 또 자신의 이름이 올라가 있던 바인레프의 명단에 대해서도 언급했다. 게다가 그녀가 폰 슈만의 이름을 얘기하는 바람에 나치 중장 계급의 인물을 심각한 사기 사건에 연루시키고 말았다. 이 일에 대해 혹시 좀더 설명해줄 수 없냐고 코흐가 바인레프에게 물었다. 바인레프는 중상모략이 분명하다고 답했다. 평범한 유대인에 불과한 자신이 어떻게 독일의 중장을 이렇게 터무니없는 일에 끌어들일 수 있겠냐며.

코흐는 과연 그것이 상상하기 어려운 일이라는 데 동의했다. 투르크스마라는 그 여인이 다급한 나머지 헛소리를 지껄인 게 분명했다. 그렇게 말하는 SD 요원 코흐의 목소리에 협박의 기미는 없었다. 오히려 바인레프의 훌륭한 지성을 존중하는 듯했다. 사물을 더넓은 맥락에서 바라볼 수 있는 학구적인 사람과 이야기할 수 있어 매우 즐거웠다고 말하기도 했다. 둘은 서로의 가족에 대해서도 이야기를 나누었다. 코흐는 독일에 있는 자녀들의 사진을 꺼내 보여주며 아이들이 너무 그립다고 눈물을 흘렸다. 하지만 연약한 감정에 휩싸여서는 안 되었다. 사적인 감정보다 업무가 먼저였다. 코흐는 바인레프가 몹시 마음에 들었던 나머지 이 크고 다부진 체격의 남자가 유대인이라는 사실을 믿을 수 없었다.

베프 투르크스마라는 유대인 여인은 실제로 존재했다. 하지만 극장에서 체포되었던 것도 아니고 바인레프의 이름을 불었던 것도 아니다. 그녀의 이름은 애초에 바인레프의 명단에 올라 있지도 않았다. 심지어 바인레프가 누구인지도 몰랐다. 단지 그녀가 체포되었던 시기와 바인레프가 체포되었던 시기가 겹쳤기 때문에 SD나 바인레프, 혹은 둘 다에게 바인레프가 잠시 잡혀갔던 사건에 대한 편리한 핑곗거리로 사용되었을 뿐이다. 바인레프가 왜 체포되었는지에 대한 확실한 이유는 공개된 적이 없다. 어떤 이들은 바인레프와 SD 사이의 접촉이 그 전부터 이미 상당히 지속되어왔다고도 한다. 이에 대해서도 역시 증거는 없다.

투르크스마 본인의 이야기 또한 놀랄 만하다. 그녀가 잡혀왔던 이유는 바인레프의 설명처럼 유대인이라서가 아니라 학생 저항 세력의 일원이었기 때문이다. '오렌지호텔'과 빌라 빈데킨트에서 지내면서 투르크스마는 바인레프와는 달리 지독하게 얻어맞았고 그 뒤 베스터보르크 수용소로 보내졌다. 수용소에서 야간 간호사로 일하던 중 탈출한 그녀는 한동안 숨어 지내다가, 영국까지 가려는 마음을 품고 두 장의 미슐랭 지도에 의지해 벨기에와 프랑스를 통과하려고 했다. 그 과정에서 두 번이나 체포되었다. 처음에는 프랑스에서 붙잡혀 프랑스 강제수용소에 수감되었으나 거기서 또다시 탈출했다. 그러고는 피레네산맥을 넘는 고된 여정 끝에 스페인에서 두 번째로 붙잡혔다. 하지만 투르크스마는 결국 런던에 도착해 거기 있는 네덜란드 망명 정부에서 일했다. 그녀의 남동생은 아우슈비츠에서, 어머니는 소비부르 강제수용소의 가스실에서 죽었다.

전쟁이 끝나고 투르크스마는 네덜란드 대사관 여러 곳을 조용히 전전하며 비서로 일했다. 바인레프가 1969년에 펴낸 회고록 첫 권에서 그녀의 '배신'을 언급하는 가운데 투르크스마라는 이름이 세간에 처음 알려졌다. 그리고 이 중상모략으로부터 자신의 명예를 회복하려고 노력하는 과정에서 극심한 스트레스를 받았다. 1976년 전쟁 네덜란드 전시 기록물 연구소에서 바인레프에 대한 공식 보고서를 발간하면서야 투르크스마는 마침내 혐의를 벗었다.

바인레프는 일단 조사가 들어오면 아무리 대충 살펴본다고 해도 폰 슈만 중장의 이야기는 들통나고 말 거라고 우려했다. 그리고 실제로 그런 일이 벌어졌다. 베를린으로부터 이에 대한 문의가 있었던 것이다. 물론 폰 슈만 중장이라는 사람은 존재하지 않았다. 그럼에도 신이 바인레프에게 선물했다는 이 상상 속의 중장은 당분간 바인레프를 보호해주었다. 코흐가 특이한 결론을 내렸기 때문이다. 아마도 독일 육군 안에 누군가가 있는 것은 분명해 보인다. 유대인에 대한 중대 조치에 훼방을 놓을 뿐 아니라 유대인들로부터 돈을 털어내는 시스템을 만든 인물이다. 바인레프는 이 악질적인 사기꾼들로부터 이용당하고 있는 정직한 사람임이 분명하다. 바인레프의 도움을 받는다면 SD가 이 사건의 진상을 밝힐 수 있을 것이다.

코흐가 이런 결론을 내린 데에는 SS와 독일 육군 사이의 경쟁 관계가 일부 작용했을 수 있다. 독일 국방군 장교들은 나치의 대의명분에 진정으로 충성하지 않는 것 아니냐는 의심을 곧잘 받고 있었다. 코흐는 유대인들을 보호해주겠다고 약속한 뒤 돈을 받고는 이들을 독일 측에 밀고해 돈을 더 받아내는 네덜란드인과 독일인 범죄자들이 있다는 사실도 잘 알고 있었다. 독일 당국은 유대인의 돈을 뜯어내는 행위에는 전혀 개의치 않았으나, 자신들의 통제 바깥에서 그런 짓을 하는 개별 행위자들을 용납하지 않았다. 질서 유지가 가장 중요했고, 독일 당국은 유대인의 부를 독점적으로 갈취하고 싶어했다.

어쨌든 바인레프로서는 코흐의 독특한 대응이 다행스러웠다. 하지만 추가적으로 다가올 위험에서 벗어나려면 이제 자신이 꾸며낸 이야기를 보충해줄 그럴듯한 디테일을 재빨리 만들어내야만 했다. 바인레프는 코흐에게 폰 슈만 중장을 한 번 봤을 뿐이라고 말했다. 중장이었건 중장 행세를 하던 사기꾼이었건 그 사람이 철십자 훈장을 하고 있던 것까지 기억하고 있다고 했다. "이런 못된 놈!" 하고 코흐가 외치고는, "하지만 설마 기사 철십자 훈장은 아니었겠지?" 라고 물었다. 바인레프는 기사 철십자 훈장은 확실히 아니었다고 답했다. 그렇게까지 했다면 너무 대담한 것 아니었겠냐며 ^{철십자 훈장을} ^{받은 독일군은 480만 명에 달하고 기사 철십자 훈장은 7500명가량.} 바인레프는 빠르게 머리를 굴려야 했다. 계속 자기 이야기에 살을 붙여나갔다. 폰 슈만 중장이 어디에 있는지는 전혀 모르지만 중개인 역할을 하는 두 명과는 정기적으로 연락을 취해오고 있다고 했다. 한 명은 폰 라트라는 이름의 독일인이고, 또 한 명은 식스^{Six}라는 이름의 네덜란드 귀족이었다. 식스는 잘 알려진 식스 가문의 후손이었고 렘브란트가 17세기에 이 가문의 유명한 인물의 초상을 그리기도 했다. 바인레프는 식스의 귀족적 색채를 강조하기 위해서였는지 그가 언제나 짙은 향수를 뿌리고 다녔다는 작은 디테일을 보태는 것도 잊지 않았다. 좋아, 이 정도면 이제 SD가 곧 이 범죄자와 훼방꾼과 동성애자들을 모두 잡아들이겠지라고 코흐는 생각했다. 바인레프는 석방되었다. 그러나 코흐에게 매주 보고를 해야 했고 자신의 연락책들을 신속히 체포할 수 있도록 협조해야 했다. 그렇게 하는 동안에는 코흐가 모든 반유대 정책으로부터 바인레프와 그의 가족을 보호해주기로 했다.

이 이야기가 모조리 꾸며낸 것은 아니다. SD가 바인레프를 풀어준 것을 보면 그가 코흐를 도와 가상의 무리를 체포하게 한다는 상호 이해가 있었던 것은 분명하다. 하지만 바인레프가 회고록에서 언급하지 않은 본인의 역할이 하나 더 있었다. 그것은 바로 바인레프가 강제이주에서 제외될 유대인 명단을 계속 만들어, 은신 중인 유대인들을 독일 경찰이 색출해내도록 돕는 역할이었다. 이런 계략이 실제로 먹혔는지에 대한 증거는 남아 있지 않다. 그리고 바인레프가 항상 했던 주장에 의하면 그는 사람들에게 피신해 있을 장소를 찾으라고, 네덜란드어 표현으로는 '잠수onderduiken'하라고 조언했다고 한다. 그렇다면 왜 바인레프 스스로는 가족들을 데리고 은신하려 하지 않았을까 하는 의문이 생긴다. 그는 왜 잠수가 필요할 때 잠수하지 않았을까?

바인레프 자신의 설명 중 어떤 것도 완전히 이치에 맞지는 않는다. 그는 자기가 숨는다면 비서인 쿤 더프리스가 위험해진다고 말했다. 하지만 더프리스도 얼마 지나지 않아 풀려났다(더프리스는 1943년에 다시 체포되어 소비부르 수용소에서 가족과 함께 살해되었다). 바인레프는 또한 명단에 있는 사람들을 보호해야 했기 때문에 은신에 들어갈 수 없었다고도 주장했다. 명단 자체가 허상이었고 바인레프에게는 이들을 보호해줄 방법이 전혀 없었기 때문에 이 또한 말이 되지 않는 설명이다. 그는 비유대인들 사이에 숨어 있는 것의 어려움을 강조하기도 했다. 두 명 이상 함께 잠수하는 일은 극히 어렵다고 말했다. 은신에 들어간 유대인들이 돈과 귀중품을 빼앗기는 일은 흔했고, 강간당하는 일도 드물지 않았으며, 결국 독일에 밀고되기도 했다. 독일이 패전할 때까지 들키지 않고 잠수한다는 것은 거의 불가능했다. 잠수는 대부분의 경우 함정으로 드러났다. 그럼에도 바인레프는 자신이 사람들을 은신하도록 도와 많은 생명을 구했다고 주장했다.

바인레프가 왜 숨지 않고 일을 계속하기로 결심했는지에 대한 좀더 설득력 있는 이유는 그가 상황을 완전히 장악해서 자신의 영리함으로 독일 SD를 속일 수 있다고 믿었기 때문이다. 자신이 지어 낸 이야기에 코흐가 장단을 맞추도록 조종하는 한 바인레프는 독일 경찰로부터 보호를 받을 수 있었다. 바인레프도 체포되었다가 신속하게 풀려난 뒤의 몇 달을 "너무나도 좋은 시간"이었다고 회고하고 있다.[10] 그토록 많은 수의 네덜란드 유대인이 강제로 '후송'되어 그중 극소수만이 살아 돌아왔던 시기를 그렇게 말하는 것은 너무 이상한 일이다. 그러나 우리는 바인레프가 꾸며낸 속임수에 대해 어떻게 생각하든 간에 그가 스스로도 늘 심각한 생명의 위협에 처해 있었다는 사실을 잊어서는 안 된다. 사기꾼이었기 때문이 아니라 유대인으로 태어났다는 단순한 사실 때문에 그랬음을 말이다.

독일의 '조치'에 대한 바인레프의 묘사는 사실 매우 흥미롭다. 자신에 관해서는 거짓말을 하고 과장하며 수많은 소문을 만들어냈지만, 당대의 특이한 분위기를 둘러싼 디테일을 포착해내는 그의 눈썰미는 그의 이야기를 사실처럼 느끼게 한다. 바인레프의 회고록에 수없이 등장하는 일상의 한 광경이다. 11월의 어느 추운 날 헤이그 중심가의 집 주위에 멍한 표정의 구경꾼들이 몰려 있다. SD 요원들이 잠옷 차림의 병들고 늙은 남자의 다리를 잡고 계단에서 질질 끌어내린다. 남자는 고통에 못 이겨 비명을 지른다. 한쪽 눈이 의안인 험상궂은 사내가 그를 끌고 길가로 데려간다. 구경꾼들이 조금씩 비켜나 자리를 내준다. 사제 한 명이 지나가다가 사람들에게 집으로 가라고 말한다. 이게 무슨 좋은 구경거리냐고. 하지만 아무도 움직이지 않는다. 여인 몇 명이 낄낄거리는 소리가 들린다. 바인레프는 특유의 냉소적인 말투로 이렇게 회상한다. "그래, 잠옷 차림으로 사람들이 끌려나오던 광경은 참 우스웠지. 겨울 오후에 그 부산한 길거리에서 말이야."[11]

바인레프는 그렇게 세 치 혀를 사용해 빌라 빈데킨트의 극한 위험으로부터 빠져나왔을지도 모른다. 그러나 명단 작업을 계속해 나가려면 이제 유대인들과의 신뢰를 이어가야만 했다. 이들은 명단에 오르기 위해서라면 마지막 한 푼까지 쓸 만큼 절박한 사람들이었다. 바인레프가 잡혀들어갔다가 어떻게 기적적으로 풀려났는지에 대해 그럴듯한 설명이 있어야 했다. 믿기 힘든 이야기를 꾸며내는 바인레프의 행위는 여기서 그 자체로 믿기 힘든 이야기가 된다.

적어도 주변에 있는 대부분의 사람에게 바인레프의 석방은 의심을 자아내기는커녕 커다란 안도로 다가왔다. 바인레프가 이렇게 빨리 석방되었다는 사실을 폰 슈만 중장의 계획이 SD의 전폭적인 지지를 얻고 있다는 증거로 받아들인 것이다. 훗날 바인레프의 어린 시절 친구인 헤르베르트 크루스칼은 명단에 오르고 싶어하던 사람들이 스헤베닝언 집을 에워싸고 있던 당시의 광경을 묘사했다. 이들은 그 전보다 훨씬 더 바인레프를 기적을 행하는 이로 여기게 되었다.[12]

크루스칼에게 이야기하면서 바인레프는 참지 못하고 자신이 감옥에 잠깐 갇혀 있던 시간의 중요성에 대해 과장을 보탰다. 오렌지호텔 안에서조차 자신은 해결사였던 것이다. 감옥에 있는 동안 독일의 최고 권력자들과 만났다고 이야기했다. 유대인 추방을 총괄하던 SS 초고위층 장교 페르디난트 아우스 데어 퓐텐이 직접 바인레프를 심문하러 암스테르담에서 왔다고 했다.

바인레프는 계속 메이도프식 방법을 사용해 자신의 명단을 점점 더 아무나 이름을 올릴 수 없는 특별한 것처럼 보이게 만들었지만, 명단은 금세 불어났다. 이제 수천 명의 사람이 바인레프만 믿고 있었다. 바인레프는 마치 자신이 로빈 후드라도 된 양 가난한 유대인들을 탈출시킨다는 명분 아래 금전적 여유가 있어 보이는 유대인들로부터 돈을 받았다. 어떤 이들은 명단 위쪽으로 새치기해서 들어가기 위해 큰돈을 냈다. 다시 한번 말하지만, 이 돈 중 얼마가 바인레프의 주머니로 들어갔고 얼마가 어려운 이들을 돕는 데 쓰였는지는 여전히 미스터리다. 바인레프는 12월에 한 대도 아닌 세 대의 기차가 남쪽으로 떠날 것이라고 사람들에게 약속했다. 자세한 행동 지침이 주어졌고 기차의 출발 시각도 발표되었다. 포르투갈과 스페인에 도착하면 사람들을 어떻게 거주시킬 것인가를 논의하기 위한 비밀회의도 열렸다. 아이들을 돌보기 위한 젊은 여성들을 신중하게 선발했고, 이 중 일부는 전문의도 아닌 바인레프가 실시하는 신체검사를 거쳐야 했다. 기차의 좌석 번호까지 배정되었다. 그러나 마지막 순간에 '기술적인 문제'로 기차가 역을 떠나지 못하게 되면서 이 모든 준비는 참담한 실망으로 끝났다. 바인레프는 또한 독일이 1942년 11월 11일부로 프랑스 전역을 점령했으므로 프랑스의 비시를 통한 탈출은 더 이상 가능한 선택지가 아니라는 꽤 타당한 지적을 했다. 그러나 물론 기차는 처음부터 줄곧 바인레프의 상상 속에 존재하던 신기루에 지나지 않았다.

모든 사람이 바인레프에게 속아넘어갔던 것은 아니다. 그의 집에서 한동안 머물렀던 처형 릴리 구트비르트는 수상한 낌새를 채고 사람들에게 그를 믿지 말라고 했다. 이 때문에 바인레프의 집에서 커다란 말다툼이 있었다. 바인레프는 독일이 구트비르트를 체포하게 만들 것이라고 위협했으며, 돈을 훔쳤다고 비난했다. 구트비르트는 나중에 붙잡혔고(바인레프 때문은 아닌 것으로 보인다) 강제수용소에서 살해되었다. 바인레프는 또한 I. G. 랑게라는 이름의 독일계 유대인 난민에게 암스테르담의 어느 세련된 호텔에서 폰 슈만 중장과 만났던 일에 대해 얘기한 적이 있다. 중장은 바인레프가 유대인이라는 뻔한 이유로 호텔 입장을 거부당한 것에 대해 격노했던 듯하다. 바인레프는 중장이 유대인 이민 중앙사무소의 소장이었

던 아우스 데어 퓐텐을 크게 질책했다고 신이 나서 말했다. 바인레
프가 하는 주장의 진실성을 원래부터 의심하고 있던 랑게는 확인
차 여기저기 문의해보았다. 당연히 호텔 측에서는 폰 슈만 중장이
라는 이름을 들어본 적도 없다고 했다.

그럼에도 불구하고 바인레프를 믿는 사람의 수는 의심하는 사
람의 수를 압도했다. 이제 문제는 바인레프가 얼마나 오랫동안 코
흐와 신뢰관계를 지속할 수 있느냐였다. 둘은 빌라 빈데킨트에서 매
주 회의를 했고 바인레프는 철저히 감시받고 있었다. 폰 슈만의 조
력자인 식스와 폰 라트를 잡으려는 시도는 어떤 이유에서인지 모
두 실패로 돌아갔다. 매번 일이 늦어지는 무슨 사정이 생겼다. 전후
에 바인레프를 추종했던 사람들은 그가 SD를 속인 일을 특히나 교
묘하게 수동적 저항을 했던 사례로 들어 칭송한다. 그가 유대인들이
돈과 가짜 배급표를 갖고 은신하도록 도왔다고 주장했기 때문에 더
욱 그렇게 여긴다. 바인레프가 정말로 수십 명의 사람이 지하로 잠
적하도록 해주었는지는 의심스럽다(바인레프는 이를 유대인 위원회에
속한 속물들의 비겁하고 비굴하며 기만적인 행위와 대조해 자신의 업적으
로 삼곤 했다). 몇몇 사람을 돕기는 했을 것이다. 바인레프는 심지어
1942년 12월에 불법 문서 소지죄로 잠시 체포되기도 했다. 코흐의
전화 한 통으로 풀려나기는 했지만.

바인레프가 저항군의 일원들을 밀고해서 코흐를 기쁘게 한 일
은 최소 두 차례 있었다. 이 중 한 명은 바인레프에게 백지 신분증
을 제공했던 링겔링이라는 이름의 회계사였다. 판 발트 판프라흐라

는 이름의 또 한 명은 바인레프에게 서류를 위조해주던 사람이다. 링겔링은 자신의 사무실에서 바인레프와 만나던 중에 SD에 의해 체포되었다. 판 발트 판프라흐의 경우는 SD가 아예 바인레프의 집 안에서 기다리고 있다가 그가 집을 나서는 순간 붙잡았다.

　바인레프의 기만극이 이런 식으로 영원히 지속될 수는 없었다. 밀고하면 할수록 의심은 늘어갔다. 그는 SD에게 뭔가 확실한 것을 넘겨주지 않으면 안 되었다. 바인레프는 독일인들이 자신의 아름다운 이야기를 조금 더 오래 믿도록 하고자 또 다른 계책을 생각해냈다.

　바인레프는 오래된 유대교 이야기들을 좋아했다. 그중 하나가 흙으로 작은 조각상을 만들었다고 하는 16세기 프라하의 랍비 유다 뢰브 벤 베잘렐에 대한 유명한 이야기다. 골렘이라는 이름의 그 조각상은 신의 이름이 적힌 종잇조각을 입에 물리는 등 여러 신비로운 의식을 거쳐 생명을 얻었다. 건설적이기도 했지만 파괴적이기도 했던 캐릭터인 골렘은 프라하의 유대인들을 집단학살로부터 막아주기도 했다. 일부 버전의 이야기에서 골렘은 통제력을 잃어 프랑켄슈타인의 괴물처럼 미쳐 돌아다니게 된다. 자신을 만든 랍비의 손에 마침내 제압된 골렘은 흙으로 된 조각상 형태로 랍비의 교회당에 있는 다락방에 보관되었다. 전쟁 중의 전설에 따르면 독일이 프라하를 점령하고 있던 시절 한 나치 장교가 그 조각상을 찾아나섰다. 다락방에 있던 골렘을 죽이려던 장교는 죽고 말았는데, 죽음의 사유는 여전히 비밀에 부쳐져 있다고 한다.

바인레프는 자신만의 골렘을 만들어내려고 했다. 그의 이야기에 등장하는 캐릭터는 피와 살로 이루어져 진짜처럼 보이는 사람이어야 했다. 누군가가 귀족인 식스 행세를 해서 SD에 체포되었다가, 그 또한 못된 독일인 무리에게 속은 것으로 판명이 나 석방되면서 그동안 바인레프에게 시간을 벌어준다는 것이 바인레프의 바람이었다. 이런 위험한 역할을 해줄 후보를 찾기 위해 바인레프는 경범죄자들의 세계로 눈을 돌렸다. 때로 그다지 가볍지 않은 범죄를 저지른 사람들도 있었는데, 독일 점령군도 이런 범죄자들 사이에서 자신들에게 협조할 가장 잔인한 부역자들을 뽑곤 했다. 도둑, 암거래상, 갈취꾼들이 돈을 받고 고용되어 유대인 사냥에 나섰다. 어떤 이들은 유대인과 사회주의자들과 저항군 세력을 고문하던 게슈타포 감옥이나 기타 장소에 고용되어 지저분한 일을 맡기도 했다.

모든 것이 거꾸로 뒤집힌 나치 점령하의 세상에서 범죄라는 것은 물론 유동적인 개념이었다. 독일을 도와 무고한 시민들을 죽이고 다니던 전문 범죄자들은 나치 기준으로 보면 '합법적인' 일을 하는 것이었고, 저항 세력은 문서를 위조하고 불법 신문을 발행하는 등의 방해 공작을 통해 점령군의 법치를 전복시키려고 했다. 드물기는 하지만 저항 세력이 범죄자들의 도움을 받는 경우도 있었다. 속임수와 가짜 신분과 위장 침투는 나치와 나치에 저항하는 세력 둘 다 사용하던 방법이었다. 전후 네덜란드 문학의 고전 중 하나인 『다모클레스의 암실De donkere kamer van Damokles』(1958)이 바로 그런 것에 관한 소설이다. 저항군 영웅과 나치 부역자들이 신분을 위장하며 그 어느 것 하나 모호하지 않은 것이 없다. 저자인 W. F. 헤르만스는 훗날 프리드리히 바인레프의 이야기에서 중요한 역할을 하게 된다.

바인레프는 살아남기 위해 유대인은 불법을 저질러야 한다고 항상 주장했다. 그리고 그의 말은 틀리지 않았다. 바인레프는 상류층 유대인들의 위선에 유독 예민하게 굴기도 했지만 그것이 바로 그가 유대인 위원회를 그토록 경멸한 이유다. 유대인 위원회가 본인들을 포함한 모든 유대인을 위험에 몰아넣는 상황에서도 규칙에만 집착했기 때문이다. 그래서 바인레프는 자신만의 규칙을 만들어 냈다. 그렇다고 그 규칙이 덜 위험하다는 뜻은 아니었다. 적어도 일부 사람에게는. 그는 "내 분신이라고도 할 수 있고 내 지시를 맹목적으로 따르는 존재"를 찾아야 했다. "골렘만이 식스의 역할을 할 수 있다. 골렘만이 내가 시키는 대로 할 수 있다"면서 말이다.[13]

바인레프는 친하게 지내던 미술상을 통해 미술품 위조 사업에 돈을 대고 저항 세력에게 가짜 신분증을 만들어주던 소텐스라는 이름의 삼류 사기꾼을 소개받았다. 소텐스는 암스테르담의 조선소 근처 어둡고 불결한 거리에 있는 다락방에 살고 있었다. 바인레프는 자신이 꾸며낸 이야기로 소텐스를 감쪽같이 현혹했다. 폰 슈만 중장의 조력자인 네덜란드 귀족 식스로 행세해서 독일인들의 주의를 중장으로부터 분산시킬 사람이 필요하다. '식스'는 감옥에 좀 들어가 있어야 할 테지만 그게 꼭 나쁜 일은 아니다. 그에 대한 보상을 충분히 받을 테고, 다른 18세에서 35세 사이의 네덜란드 남성들

처럼 독일에서 강제노동을 하지 않아도 될 테니까. 감옥에서 해야 할
일은 바인레프의 세심한 지시에 따라 폰 슈만 중장 일당의 가짜 이
름 몇 개를 불어서 독일인들이 헛수고하게 만드는 것이다. 그렇게 하
면 폰 슈만 중장은 자신의 선행을 계속할 수 있게 된다.

폰 슈만의 존재를 믿어 의심치 않았던 소텐스는 바인레프의
놀라운 기발함을 칭송했다. "이걸 당신이 혼자 다 생각해냈단 말입니
까? 내 부하들도 그렇게는 못 할 거요. 대단한 계획이라고 하지 않을
수 없군요."14 소텐스는 이 일을 하기에 안성맞춤인 사람을 알고 있
었다.

헨드릭 코테는 전쟁이 일어나기 전 강도와 위증죄로 몇 번이나
체포된 절도범이었다. 불콰한 코에 수상쩍은 전과자의 인상을 한 코
테에게 귀족적 분위기가 있다고 하기는 힘들었다. 하지만 그는 1만
길더라는 매우 후한 금액을 제안받자 이 일을 하기로 했다. 뒤따를
수 있는 위험은 그다지 개의치 않았던 것 같다. 바인레프는 코테가
"앉는 것이 꼭두각시 같았다"라고 묘사했다. "만약 영화에서 골렘 역
할을 할 사람을 골라야 한다면 나는 이 남자를 고르겠다. 이 사람은
연기할 필요조차 없다."15 코테는 마치 감옥 뒤뜰에서 비밀 정보를
교환하기라도 하는 양 이상하게 목소리를 낮춰 말하는 사람이었다.

바인레프는 자신의 좀도둑 골렘을 귀족의 모습으로 변화시키
기 위해 일주일에도 서너 번씩 암스테르담에 있는 소텐스의 더러
운 다락방을 찾았다. 상류층의 매너를 알려주고 우아한 말투로 얘
기하는 법을 가르쳐주었다. 바인레프가 이런 일에 어떻게 전문적인

지식을 갖고 있었는지는 잘 모르겠다. 코테에 비하면야 바인레프가 네덜란드 상류층에 아는 사람이 더 많았겠지만 그리 큰 차이는 없었을 것이다. 골룸 코테의 변화는 훗날 바인레프의 기억만큼 성공적이지는 않았던 것으로 보인다. 둘은 취조 과정을 모의로 연습했고 바인레프가 코흐의 역할을 맡았다. 폰 슈만 중장의 무리가 어떻게 일하는지에 대한 세밀한 이야기를 만들어 반복했다. 몇 주간의 연습 뒤, 코테는 바인레프가 거의 만족할 만한 수준으로 세련된 신사 행세를 할 수 있었다.

하지만 마치 자기가 정교하게 만든 거미줄에 자기가 걸리지 않을까 불안해하듯 바인레프는 이 계획에 어쩐지 두려움을 느끼고 있었다. 바인레프가 솔직한 이야기를 하고 있는 것인지는 여전히 알 수 없지만 당시의 불안함을 묘사한 부분이 눈에 띈다. "설명할 수 없는 이유로 두려움을 느낀다. 귀신이 나오는 집 안에서 창문과 문이 모두 닫혀 있는데 차가운 바람을 느끼는 듯한 기분이다. 내가 만든 골렘 계획에 대한 두려움일까? (…) 나는 겁을 내고 있던 것일까? 나는 골렘을 완벽하게 통제하고 있지 않았던가? 내가 골렘의 역할을 생각해낸 것이 아니던가? 나의 영감으로 골렘을 만들었는데……."[16]

SD와 짜고 만든 함정이 면밀하게 준비되었다. 바인레프가 헤이그의 중심부에 있는 트램 정거장에서 '식스'를 만나면, 코흐의 부하들이 신속히 나타나 체포하기로 했다. 첫 번째 시도는 어긋났다. 코테가 막판에 겁을 먹고 나타나지 않은 것이다. 바인레프는 다시 한번 암스테르담까지 가서 아무 일도 없을 것이라며 코테를 안심시켜야 했다. 코테 또한 독일군 협잡꾼 무리에 당한 피해자에 지나지 않는다는 사실을 깨닫자마자 SD가 틀림없이 그를 풀어줄 것이라고.

두 번째 시도는 계획대로 진행되었다. 코테가 고급 정장에 실크 양말과 주머니 손수건 차림에 귀족처럼 향수를 (아마 조금 지나치게) 뿌리고 나타났다. SD 요원들이 트램 정거장에서 두 사람을 덮쳐서 둘 다 감옥으로 끌고 갔다. 코테는 바인레프와 따로 취조를 받게 되었다. 만족한 코흐는 만면에 웃음을 참지 못하며 이렇게 말했다. "축하하오 바인레프, 정말 잘해주었어." 그러고는 여전히 바인레프의 묘사에 따르자면 코흐는 "감격에 부들부들 떨었다. 목소리도 떨렸다. 그의 이마에서 땀방울이 흘러내리는 것이 보였다".[17]

코흐는 바인레프가 말한 것처럼 어리숙한 면이 있는 사람이었는지는 몰라도 완전 바보는 아니었다. 아무리 둔한 게슈타포라도 네덜란드의 좀도둑 코테가 렘브란트가 초상화를 그렸던 고위 귀족의 후손이 아니라는 것쯤은 금방 알아챌 수 있었다. 바인레프는 1943년 1월 19일 코흐와의 정기 회의를 위해 SD 사무실로 찾아갔다. 그때까지 코흐와의 회의는 보통 유쾌한 시간이었다. 하지만 이날 코흐는 바인레프의 재킷 옷깃을 틀어쥐고는 소리쳤다. "이제 쇼는 끝났어!" 바인레프는 체포되었다.

체포되고 일주일 뒤, 바인레프의 부인과 아이들이 베스터보르크 수용소로 보내졌다. 그 뒤에는 죽음이 기다리고 있을 것이 거의 확실했다. 코테는 감옥에서 10개월을 보내고 나서 먼저 네덜란드의 나치 강제수용소 중 한 군데로 보내졌다. 그곳은 운 나쁘게도 뷔흐트 수용소였다. 1944년에 코테는 더 열악한 다하우 수용소로 이송되었고 1945년 1월 거기서 죽었다.

제7장:
사냥 파티

1: 힘러의 열차

1941년 10월 26일, 나치 독일의 외교부 장관 요아힘 폰 리벤트로프의 손님들이 사냥에 나서서 꿩 2400마리, 토끼 260마리, 까마귀 20마리, 노루 한 마리를 쏘았다.[1] 리벤트로프가 1939년 히틀러에게 하사받은 성 주변의 풍경은 한 폭의 독일 낭만파 그림처럼 아름다웠다. 짙푸른 호수들과 빽빽한 숲과 안개 자욱한 산들에 둘러싸여 있었다. 여기 모인 일행은 모두 유명한 인물이었다. 힘러도 포함되어 있었는데, 그는 이번에도 역시 무고한 생명을 죽인다는 것에 대한 불편함을 숨기지 않았다. 펠릭스 케르스텐은 열정적으로 사냥에 참가했다. 무솔리니의 사위이자, 이탈리아의 외교부 장관이면서 케르스텐의 예전 환자였던 치아노 백작 또한 마찬가지였다.

리벤트로프와 힘러는 서로 감정이 별로 좋지 않았다. 외교부 장관인 리벤트로프는 SS 수장인 힘러가 왜 머리 위로 날아가는 꿩들을 계속 놓치는지 이해할 수 없었다. "실력을 좀 보여주고는 싶은데 인간적인 감정이 방해하고 있는 거겠지"라며 비웃었다. 하지만 그는 이탈리아의 외교부 장관이 총을 다루는 솜씨는 인정했다. 리벤트로프는 치아노 백작에게 이렇게 외쳤다. "이 사냥 너무 상징적이지 않소? 우리가 이렇게 힘을 합쳐 꿩을 쏘아 잡듯이 힘을 합쳐 독일의 적들을 타도하는 거야!"

이 장면은 케르스텐의 회고록에 등장한다. 정말 이런 장면이 펼쳐졌을 수도 있지만 사실을 알 길은 없다.

그로부터 석 달 뒤인 1942년 1월 20일, 베를린 외곽의 반제에 있는 신고전주의 양식의 쾌적한 별장에서 일어난 일은 꼼꼼한 기록으로 남아 잘 알려져 있다. 별장에는 유럽의 모든 유대인을 몰살시킬 계획과 관련한 수송 문제를 의논하고자 많은 수의 나치 관료가 모여 있었다. 이 건의 총책임을 맡고 있는 SS 관료인 아돌프 아이히만이 이에 대한 자세한 보고를 준비해왔다. 아이히만은 당시 회의에 참석했던 사람들이 관료적 완곡어법 대신 강한 언어를 썼다고 훗날 증언했다. 사람들이 대리석으로 된 벽난로 앞에서 브랜디 잔을 든 채 나누던 비공식 대화에서는 그랬을지 모르나, 아이히만이 공식적으로 보관했던 회의록에서는 그렇지 않았다. 회의의 의장이던 라인하르트 하이드리히는 참석자들에게 이렇게 말했다. "퓌러가 이미 승인하셨듯이 유대인을 해외로 이주시키려던 계획은 이제 한발 더 나아간 해결책의 일환으로 이들을 동쪽으로 후송하는 것으로 바뀌었습니다." 그러나 이것은 "유대인 문제에 대한 최종 해결책"으로 가기 위한 작은 단계에 지나지 않았다.[2] 하이드리히는 일의 진행 상황을 알리기 위해 이튿날 힘러에게 전화를 걸었다.

힘러의 마사지사이자 아마도 심복이었을 케르스텐은 이 일에 대해 얼마나 알고 있었으며, 어떻게 생각했을까. 펠릭스 케르스텐에 관한 이야기는 늘 어딘가 석연치 않은데, 그에 대해 흥미롭긴 하지만 우호적인 전기를 쓴 작가 조제프 케셀이 이에 대한 가장 희한한 서술을 내놓는다. 반제 별장에서의 운명적인 회의가 있기 두 달 전인 1941년 11월 11일, 힘러는 끔찍한 고민에 시달리고 있었다. 아무도 자신을 도울 수 없을 것이라며 마사지사인 케르스텐에게 신음처럼 내뱉었다. 케르스텐은 힘러에게 속내를 털어놓으면 마음의 짐이 줄어들 것이라고 간곡히 말했다. 자신의 유일한 친구였던 케르스텐을 신뢰하기로 한 힘러는 이내 좋아, 라고 말했다.

힘러를 그토록 괴롭히던 일은 다음과 같다. 히틀러는 유대인이 존재하는 한 지구상에 평화가 있을 수 없다고 믿기에 이르렀다. 그렇군요, 그래서요? 라고 케르스텐이 말했다. 힘러의 창백하고 가느다란 두 손은 마치 무시무시한 공포에 의해 얼어붙은 것처럼 꼼짝도 하지 않았다. "그래서 말야, 나에게 유대 인종을 완전하고도 영원히 절멸시키라고 명령을 내리셨다네."

경악하지 않을 수 없었던 케르스텐은 힘러에게 만약 그런 혐오스러운 일이 정말로 실행에 옮겨진다면 세상이 과연 독일을 어떻게 생각하겠느냐고 물었다. 힘러는 이렇게 답했다. "수많은 시체를 딛고 올라서야 하는 것이 위대함의 숙명일세."[3] 힘러에게 양심이 있다면 어찌 그런 일을 저지를 수 있을까? 힘러는 이것이 퓌러가 직접 내린 명령이라고 다시 한번 강조했다. 그는 처음에는 명령에 "명청이처럼" 반응했다. 자신과 SS는 히틀러를 위해서라면 언제라도 죽을 준비가 되어 있지만 "제발 이 작전의 실행만큼은 시키지 말아달라고" 부탁한 것이다. 히틀러는 분노에 차 고래고래 소리 지르며 힘러의 옷깃을 틀어쥐고는 그를 배신자라고 불렀다. 힘러는 이 끔찍했던 경험을 케르스텐에게 이야기해주며 숨조차 제대로 쉬지 못했다. "두들겨 맞은 개처럼" 불쌍해 보였던 힘러는 케르스텐에게 제발 자신이 처한 상황을 이해해달라고 부탁했다.

케르스텐은 큰 충격을 받았다. 히틀러가 미친 것이 분명했다. 그러나 케르스텐이 무엇을 할 수 있겠는가? 네덜란드 국민이 폴란드로 강제이주당할 뻔한 것을 가까스로 구했던 적은 있다. 하지만 그런 기적은 결코 되풀이되지 않는다. 힘러가 위경련에 고통을 겪는 상황을 계속 이용한다고 해도, 심지어 치료를 그만두어 힘러가 이 극악무도한 계획을 실행할 수 없게 만든다고 해도, 히틀러는 다른 누군가에게 이 일을 시킬 것임이 틀림없었다. 케르스텐이 전체 유대인의 집단학살을 막기 위해 할 수 있는 일이라고는 아무것도 없었으므로, 그는 자신이 할 수 있는 한 최대한 많은 수의 사람을 구해보기로 했다.

본인도 유대인이자 한때 프랑스 저항군이었던 조제프 케셀의 이 같은 서술이 사실이라면 힘러는 여전히 일말의 양심을 갖고 있던 사람이므로, 히틀러에게 인종 학살의 모든 책임을 지우는 결과로 이어진다. 케르스텐은 올바른 명분을 위해 투쟁하던 사람이 되고, '최종 해결책'의 총책임자를 계속 치료해주던 그의 행위도 변명이 가능해진다.

　케르스텐은 자신의 회고록에서 힘러가 결코 유대인들을 학살하고 싶어하지 않았으며, 예를 들면 마다가스카르 같은 곳으로 그저 이주시키고 싶어했을 뿐이라고 주장한다. 그리고 홀로코스트가 히틀러만의 광기 어린 생각이라는 설에 대하여, 원래 계획은 사실 선전부 장관이던 요제프 괴벨스로부터 나온 것이라는 신뢰하기 어려운 의견을 제시한다. 1938년의 "수정의 밤" 때 유대인 교회를 불태우고 유대인을 처단하라는 명령을 내렸던 이는 괴벨스였다. 케르스텐에 따르면, 괴벨스가 히틀러로 하여금 모든 유대인을 죽여야한다고 생각하도록 만들었다는 것이 힘러의 의견이었다. 불쾌하지만 필요한 그 작전을 SS에게 맡겨야 한다고 히틀러를 설득했던 것도 괴벨스였다. 힘러는 이에 대해 "대단히 화가 나지만 내가 거부할수 있는 방법이라고는 없다"는 입장이었던 것으로 보인다.[4]

　케르스텐이 굳이 이런 이야기를 독자들에게 믿게 하려던 이유는, 그가 알던 대부분의 SS 장교가 자신만큼이나 유대인 학살을 끔찍이 여겼다고 주장했던 이유이기도 하다. SS의 고틀로프 베르거장군이나 힘러의 개인 비서였던 루돌프 브란트 같은 힘러의 측근들이 "선한 마음"을 가진 강직한 "이상주의자였다"고 주장했던 것과도 일맥상통한다. 원래부터도 학살과는 절대 거리가 멀었던 자신과 이들의 공모관계를 훨씬 덜 지독한 것으로 보이게 만들어주기때문이다. 말하자면 나는 선한 사람이다, 그리고 역시 기본적으로 품위를 갖추었으나 강압에 의해 미치광이의 명령을 수행하던 이들에 둘러싸여 있었을 뿐이라는 것이다. 어떤 의미에서 베르거와 그 일당도 미치광이 퓌러의 희생양이었다고 할 수 있고, 심지어 좀더 나아가면 힘러조차 그랬다고 할 수 있다.

알려져 있는 사실들을 종합해보면 힘러의 행동은 위의 서술과 사뭇 달랐다는 점을 알 수 있다. 리벤트로프의 저택에서 사냥 파티 가 열리고 힘러가 케르스텐에게 '고백'하기 수개월 전의 시점인 1941년 봄부터 이미 그랬다. 그해 한 해에 걸쳐 힘러는 무장된 자신의 특별열차를 타고 폴란드와 소련과 발트해 국가들의 점령지를 바쁘게 돌아다니며 사회주의자와 게릴라와 유대인들을 몰살시키기 위한 죽음의 분대를 조직하고 있었다. 힘러는 다양한 SS 경찰 단위로 구성된 이 특별 병력에게 모든 유대인은 존재 자체로 게릴라라고 전달했다. 셀 수 없이 많은 사람이 고문당해 죽고, 목매달려 죽고, 더 흔하게는 스스로 판 구덩이 앞에서 총살당했다. 이 일을 집행한 죽음의 분대의 특화된 킬러들은 술에 취했거나, 기꺼이 작업을 수행했거나, 아니면 두려움에 감히 상관의 명령을 거역하지 못했다. 크리스토퍼 브라우닝의 탁월한 저서 『아주 평범한 사람들Ordinary Men』에 나와 있듯 이들 대부분은 동료들 사이에서 유별나게 뒤는 존재가 되기를 거부한 순응주의자였다.[5]

힘러는 마사지사 케르스텐에게 유대인에 대한 자신의 증오를 숨기지 않았으나 그런 개인적인 감정과는 별개로 그가 열정적으로 앞장서 유대인 학살을 지휘한 것은 SS의 권위를 확고히 세우기 위한 노력의 일환이기도 했다. 오로지 자기 휘하의 사람들만이 유대인종 몰살이라는 작업의 책임을 맡아야 했던 것이다. 군대가 와서 돕는 것은 물론 환영이었고 실제로 돕기도 했지만, 명령은 힘러가 내려야 했다.

유대인 학살 업무를 주도한 힘러의 주요 심복 중에 안경을 쓴 프로이센 장교 에리히 폰 뎀 바흐첼레프스키가 있었다. 1941년에 죽음의 분대를 지휘한 이도, 그 한 해 전 아우슈비츠 강제수용소를 세우는 작업을 도운 것도, 1944년의 바르샤바 봉기 때 20만 명의 폴란드인을 도살한 이도 바흐첼레프스키였다(그는 당시 프레데리크 쇼팽 기념관에 있던 쇼팽의 보존 처리된 심장을 갖고 있다가 나중에 너그러움의 표시로 "폴란드 국민에게" 돌려주기는 했다). 전쟁이 끝나고 바흐첼레프스키는 힘러가 1941년 6월에 있었던 회의에서 우월한 북유럽 인종이 날개를 활짝 펼 수 있을 만한 국민 생활권Lebensraum을 만들기 위해서는 소련에 있는 3000만 명이 죽어야 한다고 자신에게 말했다는 증언을 했다.

1941년 7월 벨라루스에서 바흐첼레프스키와 회의를 마친 뒤 힘러는 SS에 이런 명령을 내렸다. "모든 (남자) 유대인은 쏴 죽이고, 모든 여자 유대인은 늪에 처넣는다."[6](늪이 너무 얕은 것으로 드러나자 여자들도 총으로 쏴 죽였다.) 리가에서 그와 한 차례 더 회의를 가진 뒤에는 라트비아 전역에서 유대인들이 살해되었다. 힘러가 자신에게 주어진 일을 혐오한다고 케르스텐에게 고백했다던 무렵인 그해 11월, 힘러는 민스크에서 유대인 남녀와 어린아이들을 총으로 쏴 죽이는 광경을 지켜보고 있었다. '히틀러의 카메라맨'으로 알려진 발터 프렌츠의 필름에 이때의 영상이 담겨 있다. 힘러는 총살 과정을 흥미롭게 지켜보았을 뿐 아니라 시체 더미 속에서 아직 움찔거리는 사람들에게 다시 총을 쏘라고 지시 내렸다. 시체가 쌓여 있던 구덩이는 그대로 이들의 집단 무덤이었다. 힘러는 일기에 이렇게 적고 있다. "기차에서 저녁을 먹었다. 민스크에서 뉴스와 영상을 찍음."[7]

이 모든 일이 1942년 반제 회의에서 유대인 학살 계획이 확정되기도 전에 일어났다. 홀로코스트의 책임 소재에 관해서는 그동안 셀 수 없이 많은 논문과 책이 쓰였다. 지구상에서 유대인을 멸종시켜버린다는 결정을 내린 이는 히틀러인가? 그러나 히틀러의 명령은 아무런 문서로도 남아 있지 않다. 그렇다면 히틀러가 무엇을 원하는지 알았고, 저명한 영국의 사학자 이언 커쇼의 표현처럼 "퓌러를 향해 일했던" 충성스러운 지휘관들의 결정인가? "퓌러를 향했던 일"은 이념적 광기에서 비롯된 것인가, 아니면 영향력과 권위를 쟁취하기 위한 관료들의 경쟁에서 비롯된 것인가? 아니면 둘 다인가? 힘러가 도덕적 결벽성 때문에 고민한 것이 절대 아니었다는 사실은 그가 몇 년 뒤 독일군 장군들에게(자신이 신뢰하던 SS의 장군도 아니고) 했던 말만 봐도 드러난다. "유대인 여성과 어린이들에 관해서라면, 그 아이들을 훗날 우리의 아버지와 손주들을 살해할 복수의 화신으로 자라게 놔두는 나 자신을 정당화할 수 없었다. 그런 행위는 비겁하다고 생각했다. 따라서 그 문제는 타협의 여지 없이 처리되었다."[8]

힘러가 열차를 타고 점령지의 이곳저곳을 돌아다니던 그 몇 달

동안 케르스텐은 무엇을 하고 있었을까? 그는 스트레스에 시달리던
SS 친위대장 힘러를 편안하게 해주고 통증을 완화시켜주기 위해
열차에 동행하고 있었다. 힘러가 하루를 개운하게 시작하도록 치료
는 주로 아침에 이루어졌다. 힘러의 임시 본부가 있는 동프로이센
열차에서의 생활은 나쁘지 않았다. 열차에는 꽤 괜찮은 식당이 있었
고, 힘러와 그 측근들을 위해 극장 시설도 갖춰져 있었다. 조제프 케
셀에 따르면 이 소수의 특권층 그룹은 지루한 독일 영화뿐만 아니
라 금지된 할리우드 영화도 볼 수 있었다. 케르스텐은 덩치가 커서
좁은 나무 의자에 앉을 수 없었기 때문에 그만을 위해 특별히 커다
란 의자가 제작되었다. 나머지 시간에 그는 근처 숲에서 버섯을 채
취했다. 그리고 그 버섯을 빵 굽는 오븐에 말려서 하르츠발데의 시
골집으로 보냈다. 케르스텐이 버섯 채취와 영화 감상으로 얼마나
바빴는지는 몰라도, 힘러와 물리적으로 그토록 가깝게 있으면서 그
가 1941년의 여름과 가을에 무슨 일을 벌이고 있었는지 전혀 듣지
못했다는 것은 거의 불가능하다. 전후에 케르스텐이 거짓말을 했거
나 병적으로 둔했거나 둘 중 하나다. 케르스텐은 회고록에서 당시
보통의 독일 사람들은 무슨 일이 벌어지고 있는지 전혀 알지 못했
고 자신 또한 예외가 아니었다고 주장한다. 하지만 보통의 독일 사
람들이 힘러의 특별열차에 올라 동유럽을 돌아다니지는 않는다.

　헤센주 라우바흐시의 중간급 관리였던 프리드리히 켈너는 꽤
보통의 독일 사람이라고 할 수 있다. 과거 사민당원으로 나치를 증
오했던 켈너는 전쟁 기간에 계속 일기를 썼고 나중에 『나의 반대My

Opposition』라는 제목의 책으로 출간했다. 1941년 10월 28일에 그가 쓴 일기다. "이곳에서 휴가 중이던 군인 한 명이 점령지 폴란드에서 끔찍한 참상을 직접 목격했다고 말했다. 그가 본 바에 의하면 벌거 벗은 유대인 남녀들이 길고 깊은 도랑 앞에 세워졌다. SS의 명령에 맞춰 이들의 뒤통수에 대고 우크라이나인들이 총을 쏘면 도랑 안으로 굴러떨어진다. 도랑이 사람으로 메워지면서 그 안으로부터 비명이 들려왔다."[9]

이 참상은 리벤트로프의 사냥 파티에서 힘러가 꿩을 차마 쏘고 싶지 않다고 했던 일이 있기 바로 이틀 전에 벌어졌다.

그리고 일찌감치 1933년부터 독일에 짓고 있던 강제수용소들은 어떻게 설명할 것인가? 뮌헨 근처의 다하우 수용소는 전쟁이 일어나기 한참 전부터 이미 공포의 대상으로 이름을 날렸던 나머지 이에 관한 노래가 생겨났을 정도다. "오 신이시여, 다하우에 가지 않도록 나를 벙어리로 만들어주세요……. 귀가 멀고, 말을 못하고, 보지 못하면 아돌프가 나를 제일 좋아할 거예요."

케르스텐은 적어도 그의 브란덴부르크 집과 매우 가까운 위치에 있었던 강제수용소 한 군데에 대해서는 틀림없이 알고 있었을 것이다. 라벤스브뤼크 수용소는 1938년 힘러의 명령으로 여성 수감자들을 위해 지어졌다. 1939년부터 전쟁이 끝날 때까지 이곳을 거쳐간 13만 명 이상의 여성 중 약 5만 명이 살해되거나 비참한 환경에서 죽었다. 이곳 전체 수감자의 1퍼센트를 조금 넘는 수가 여호와의 증인 신도였다. 이들의 '범죄'는 나치 운동에 불참하고 조국을 위해 무기를 들길 거부했다는 것이다. 이들은 하나님 왕국의 시민이었고 하나님의 법률에 따라 살았다. 어떠한 위협에도 흔들리지 않던 이들 신앙의 힘에 간수들조차 감탄하지 않을 수 없었다. 여호와의 증인은 절대적인 정직과 복종을 중시하는 것으로도 유명하다. 따라서 이들은 결코 도망가지 않으므로, 수용소 밖에 있는 농장이나 집에서 믿고 일꾼으로 쓸 수 있었다.

그런 사정으로 케르스텐은 1942년 7월, 10명의 여호와의 증인 신도를 자신의 저택에 일꾼으로 데려올 수 있었다. 나중에 그는 남자도 포함시켜서 사람들을 더 보내달라고 요청했다. 훗날 케르스텐이 개인 점성술사로 데려왔던 빌헬름 불프의 말이 사실이라면, 케르스텐은 순전히 사리사욕에서 그렇게 했다. 수감자들이 공짜로 강제노동을 제공했기 때문이다. 불프는 케르스텐의 하르츠발데 저택을 라벤스브뤼크 강제수용소의 '지소branch'라고 불렀다. 하지만 불프에게는 아마도 선입견이 있었을 것이다. 그는 케르스텐을 좋아하지 않았고 돈과 권력에 집착하는 "탐욕스러운 조그만 눈"을 가진 이기적인 수완가로 묘사했다.[10] 불프는 케르스텐의 부인 이름가르트에게는 좀더 호감을 갖고 있었다. 하지만 이름가르트가 힘러를 증오했다는 그의 이야기도 그다지 정확하지는 않아 보인다. 힘러가 부하를 시켜 여호와의 증인 신도들의 옷을 벗기고 재미로 채찍질을 했기 때문이라는 것인데, 힘러는 어쨌든 그런 일을 할 인물이라기보다는 깐깐한 대량학살자였다.

케르스텐은 자기가 노예 일꾼들을 각별한 친절함으로 대했고,

수용소 바깥에 머물 수 있게 해주었으며, 자신의 저택을 "억압받고 박해받는 이들을 위한 피난처"로 만들었다고 항상 주장했다.[11] 조제프 케셀은 한술 더 떠서 하르츠발데가 수감자들의 천국이었고, 케르스텐은 이들을 지옥에서 구하려고 "천사들이 보낸 메신저"였다고 쓰고 있다.[12] 케르스텐과 그의 부인이 여호와의 증인 신도들의 노동력을 이용하기는 했어도, 이들을 꽤 관대하게 대해주었을 가능성은 충분하다. 케르스텐보다 더 널리 알려진 오스카어 쉰들러의 이야기에서 볼 수 있듯이 기회주의자라고 해서 동정심이 없는 것은 아니다. 라벤스브뤼크에서의 비참한 삶보다는 하르츠발데에서의 삶이 더 나았으리라는 점도 의심할 여지가 없다.

케르스텐은 자신의 저택에 있던 수감자들을 통해 힘러가 운영하는 수용소의 끔찍한 환경에 대해 처음으로 짐작하게 되었다고 주장한다. 믿기 힘든 이야기지만 완전히 불가능하지는 않다. 독일의 많은 국민처럼 케르스텐도 비참한 일에 대해서는 알고 싶지 않아 했을 수 있다. 하지만 케르스텐은 전쟁이 끝나고 네덜란드 정부 조사위원회와의 인터뷰에서는 약간 다른 이야기를 한다. 강제수용소들에서 어떤 일이 벌어지고 있는지 이미 1942년에 SS 장교들로부터 들어서 알게 되었다고 말한 것이다. 자신이 계속 술을 권하자 장교들이 모든 사실을 이야기해주었다며.[13] 힘러의 개인 비서인 루돌프 브란트조차 그런 사실을 모르고 있었기 때문에 자신이 깨우쳐주었다고도 했다. 이것은 전혀 가능하지 않은 이야기라고 생각한다.

어쨌든 본인의 설명에 따르면 케르스텐은 힘러에게 직접 따져

묻기로 결심했다. 수용소에서 벌어지고 있는 고문이며 각종 학대에 관해 제가 들은 내용이 사실입니까? 케르스텐은 친위대장 힘러가 특히나 지독한 위경련으로 괴로워하던 무방비의 순간을 골라 이렇게 물었다. 힘러는 애써 질문을 웃어넘기려 하며 케르스텐에게 적군의 선전 선동은 무시하라고 했다. "우리 독일이 그 정도의 나라는 아니라네."[14] 케르스텐은 물러서지 않고 핀란드 대사관에서 끔찍한 사진들을 봤다고 말했다. 이것은 지어낸 말이었다. 케르스텐은 자기 저택의 일꾼들이 소문을 퍼뜨리고 있다는 혐의로 곤란해지는 것을 원치 않았다. 힘러는 사진이 있다는 말에 표정이 굳어지더니 때로 가혹 행위가 발생했을 수도 있음을 인정했다. 힘러와의 대화가 있고 나서 케르스텐은 다른 SS 장교들로부터 더 많은 사실을 알아내려고 시도했다. 장교들은 모두 케르스텐만큼이나 심란해했지만 모든 것을 히틀러 탓으로 돌렸다. 물론 케르스텐은 네덜란드 조사위원회에는 이렇게 말하지 않았다.

조제프 케셀은 여기서 또다시 한술 더 뜬다. 그가 케르스텐의 이야기를 되풀이한 것인지 아니면 스스로 이야기를 지어낸 것인지는 모르겠다. 그에 따르면 힘러는 "핀란드식 사고방식"을 갖고 있고 "네덜란드식 민주주의"에서 "지적인 습관"이 몸에 밴 케르스텐이 가혹한 징계의 필요성을 이해할 수 없을 것이라고 말했다. 어찌 됐든 "내가 이 두 손으로 직접 누군가를 해칠 수 없는 사람이라는 것은 자네도 잘 알고 있지 않은가"라고 덧붙이기도 했다.[15] 그리고는 지갑에서 문서를 꺼내 보였다. 금색으로 돋을새김된 히틀러의 서명이 있는 문서였다. 문서에 적힌 글은 수용소에 있는 유대인과 그 외 수감자들을 몰살시키라는 명령에 대한 모든 책임을 히틀러가 진다는 내용을 보증하고 있었다. 여기서 다시 한번, 한때 저항군의 일원이었다는 사람이 어찌 이리도 남의 말을 쉽게 믿는지 놀라지 않을 수 없다. 하지만 어쩌면 케셀은 남의 말을 잘 믿었거나 순진했던 것이 아닌지도 모른다. 그보다는, 비록 신빙성이 좀 떨어지더라도 그저 좋은 이야깃거리를 글로 쓰고 싶었던 것일 수도 있다.

케르스텐이 나치 치하의 공포에 대해 그때 처음으로 들은 것이 사실이라고 해도, 그는 여전히 힘러의 개인 우편실로 전해져오던 비밀 서한을 통해 네덜란드 저항군과 긴밀히 연락을 취하고 있을 터였다. 그렇다면 케르스텐이 수용소 내부의 일에 대해 모르고 있었다는 것은 더 말이 되지 않는다. 바인레프의 회고록을 봐도 알 수 있듯이 네덜란드에서는 마우트하우젠 수용소가 1941년 초에 이미 잔혹함과 죽음의 대명사가 되어 있었다.

케르스텐과 케셀의 기록에는 힘러의 잔인한 관료들 중에서도 가장 악랄한 인물이었던 라인하르트 하이드리히와의 갈등이 자세히 나온다. 케르스텐은 심지어 자신이 하이드리히에게 체포된 적도 있다고 주장한다. 그랬을지도 모른다. 서로가 서로를 의심하는 정치 술수의 소굴과도 같던 힘러의 휘하에서 하이드리히는 케르스텐을 충분히 의심할 법했다. 그가 자신의 상사이던 힘러 곁에 붙어서 지나친 영향력을 행사하고 있다고 생각할 수 있었다. 하지만 케르스텐이 네덜란드 국민의 강제이주를 막은 것이 아닌가 하고 하이드리히가 의심했다던 그의 주장은 틀림없이 허구다. 강제이주 계획 자체가 존재하지 않았다. 케르스텐의 또 다른 주장처럼, 루돌프 헤스가 스코틀랜드까지 혼자 비행기를 타고 날아간 기이한 사건에 케르스텐이 관련되어 있다고 하이드리히가 의심했을 수는 있다. 하이드리히가 케르스텐을 자기편으로 끌어들여 SS 내부의 라이벌들을 감시하는 스파이로 활용하려 했을지 모른다는 것도 충분히 상상 가능하다.

여전히 케르스텐의 주장이지만, 하이드리히의 이런 달갑잖은 관심에도 불구하고 히틀러 휘하의 학살자들로부터 되도록 많은 사람을 구해야겠다던 케르스텐의 군은 결심은 변치 않았다. 그렇게 할 수 있었던 첫 번째 기회는 케르스텐의 제2의 조국 핀란드와 관련 있었다.

독일이 소련을 침공한 사흘 뒤인 1941년 6월 25일 소련에게 폭격을 당하기 전까지 핀란드는 공식적으로 중립국이었지만, 실제로는 독일에 긴밀히 협조해오고 있었다. 핀란드는 독일로부터 무기를 공급받고, SS 무장친위대의 핀란드 대대를 조직했다. 이는 핀란드인들이 나치주의자여서가 아니라(핀란드 대통령 리스토 뤼티는 친영주의자이자 프리메이슨이었다) 1939~1940년의 소련-핀란드 전쟁 때 소련에게 당한 피해를 되갚으려면 독일의 힘이 필요했기 때문이다. 독일의 소련 침공 이후 핀란드는 독일과 함께 소련에 맞서는 군사동맹이 되었다. 편의에 의해 맺어진 이 동맹은 독일의 패전이 불 보듯 뻔해진 1944년 9월까지만 지속되었다. 독일에게는 애석한 일이지만 이미 동력을 잃은 양국의 협력관계는 핀란드가 스탈린과 별도로 평화 협정을 맺으면서 종결되었다.

케르스텐은 핀란드인으로서 자신의 훌륭한 자격을 곧잘 자랑하곤 했다. 핀란드가 곡식을 한참 필요로 하던 때에 케르스텐이 힘러를 설득해 곡식을 제공한 일이 있었다고 하고, 그 일로 케르스텐은 핀란드 정부로부터 1942년 백장미 훈장을 받았다. 여기에도 석연치 않은 구석이 있다. 헬싱키의 네덜란드 대표부가 1948년 네덜란드 외교부에 보낸 서한을 보면 핀란드인들은 케르스텐을 그다지 신뢰하지 않고 있었다. 소련-핀란드 전쟁의 와중이던 1940년, 독일을 핀란드 대신 모스크바에 개입시켜서 "핀란드 국민을 구했다"던 그의 주장을 믿지 않았던 것이다.[16]

다음의 일만큼은 사실이다. 조직적인 유대인 학살이 끔찍한 절정으로 치닫던 1942년 7월, 케르스텐은 우크라이나의 야전본부에서 힘러를 돌보고 있었다. 힘러는 핀란드에 가보는 것이 좋겠다고 마음먹었다. 표면적으로는 SS 무장친위대 핀란드 대대를 시찰하기 위해서였지만 수개월간의 과로로부터 휴식을 취하고 기분 전환을 하기 위해서이기도 했다. 케르스텐에 따르면 힘러의 헬싱키 방문에는 히틀러로부터 부여받은 임무가 있었다. 핀란드 현지에 거의 동화되어 있는 유대인 시민 2000여 명을 핀란드로부터 인도받아 폴란드의 마이다네크 강제수용소로 보내는 임무였다. 독일은 핀란드 정부가 이 요청에 응하면 더 많은 곡식을 보내겠다고 약속했다.

케르스텐은 힘러와 그의 총참모장인 카를 볼프와 함께 헬싱키에 도착했다. 케르스텐은 카를 볼프를 '언제나 친절하고 도움이 되는' 사람이라고 묘사했다. 볼프는 전후에 전범으로 유죄 판결을 받는다. 그는 민스크에서 힘러와 함께 유대인의 집단 총살을 지켜보았던 인물이다. 그가 수행했던 수많은 끔찍한 작업 중에는 공포의 대상이던 바흐첼레프스키와 함께 바르샤바 게토에서 유대인 몰살을 감독했던 일도 포함되어 있다.

호텔에 도착하자마자 힘러는 경련을 일으켰다. 케르스텐은 그 틈을 타 힘러에게 핀란드 정부에 유대인을 넘기라는 압력을 가하지 말라고 설득했다. 커다란 고통에 시달리던 힘러는 핀란드 지도자들과 상의해보겠다고 약속했다. 여전히 몸이 좋지 않던 힘러는 뤼티 대통령이 그를 위해 마련한 만찬에의 참석을 거절했다. 케르스텐은 몰래 빠져나와 핀란드의 외교부 장관이던 롤프 비팅과 유대인 문제를 의논했다. 둘은 시간을 끄는 것이 가장 좋은 방법이라는 결론을 내렸다. 비팅은 힘러에게 유대인 이송은 의회의 의결이 필요한 일이고 의회는 현재 회기 중이 아니라고 했다. 이튿날 케르스텐은 힘러에게 핀란드의 의견을 무시하는 것은 현명치 않다고 말했다. 힘러는 히틀러에게 전화를 걸었고, 퓌러는 핀란드의 유대인 문제를 잠시 보류하는 데 동의했다.

힘러가 핀란드에서 벌이려고 했던 일에 대한 보다 일반적인 설명에 따르면 그는 요한 빌헬름 랑겔 총리에게 그 이야기를 꺼냈다고 한다. 둘은 케르스텐이 힘러에게 추천한, 일광욕 시설을 갖춘 호숫가의 휴양지 페타이스에서 만났다. 북구의 태양이 주는 "자석과도 같은 치유의" 힘이 힘러에게 좋다고 했던 것이다. 랑겔은 핀란드에는 "유대인 문제"가 없다고 말했다. 그것으로 다였다. 여기에 케르스텐이 얼마나 영향을 미쳤는지는 명확지 않다. 하지만 2000명의 유대인은 적어도 이제 안전했다. 힘러는 부대를 시찰하러 라플란드로 갔다. 이탈리아 작가 쿠르초 말라파르테가 그의 책『파멸 Kaputt』에서 그토록 실감나게 묘사했던 유명한 광경이 이때 등장한다. 부하 장교들이 잔가지로 힘러를 내리치던 사우나의 광경이다. 케르스텐이 자신이 SS에 가입하면 핀란드 여권을 잃게 되느냐고 핀란드 외교부 장관에게 물었던 것도 이때다.

전설은 그렇게 탄생했다. 네덜란드 전 국민이 폴란드로 강제 이주될 뻔한 일을 막았던 케르스텐은 이제 마이다네크 수용소에서 죽음을 맞을 뻔한 핀란드의 유대인들도 구했다. 그것도 1940년 소련이 핀란드를 통째로 삼키려던 시도로부터 핀란드 국민을 구한 다음에 말이다.

케르스텐의 무용담은 여기서 끝나지 않는다. 1943년에 그의 전설을 장식할 또 하나의 일이 일어났다. 우선 그는 전쟁 전에 네덜란드 황실이 베풀어준 후의에 대해 보답했다고 한다. 예전 환자이자 네덜란드 여왕의 시동생이었던 메클렌부르크의 아돌프 프리드리히 공작을 나치의 복수로부터 구해줌으로써 그렇게 했다는 것이다. 이야기는 빌헬미나 여왕이 런던으로 도망친 것에 대해 요제프 괴벨스가 단단히 화가 나 독일에 있는 여왕 남편의 친척들을 처벌하려고 했던 데서 시작된다. 아마도 아돌프 프리드리히 공작이 위험에 처해 있을 때 케르스텐이 힘러에게 교묘한 아부로 가득한 편지를 보냈던 것 같다. '위대한 게르만의 지도자로서' 힘러는 항상 '적을 존중으로 대했으며' '각하의 그런 태도에 동의하지 않는 일부 사람이 그랬듯이' 적을 중상모략으로 욕보이고 싶지는 않으실 것이라고 썼다.[17]

이 편지는 여러 이유로 수상쩍다. 케르스텐이 환자들로부터 신뢰를 얻고 있다고 해도 일개 마사지사가 괴벨스와 같은 나치 고위 관료를 공개적으로 비난한다는 것은 상상하기 힘든 일이다. 하지만 더 중요한 이유는 아돌프 프리드리히 공작이 나치 지도부와 매우 좋은 관계를 유지하고 있었다는 점이다. 그는 독일 정권을 대표해 아프리카와 남아프리카로 여행을 다녔으며 히틀러와 연락하고 지내는 사이였다. 러시아에서 태어나 러시아인 어머니를 둔 조카인 게오르크 알렉산드르가 1944년 자신의 집에 독일의 적들을 숨겨주었다는 혐의로 게슈타포에 의해 체포되기는 했지만 이는 네덜란드 여왕의 시동생인 아돌프 프리드리히 공작과는 아무 관련이 없었다. 또 다른 가까운 친척인 프리드리히 프란츠는 SS 무장친위대의 적극적인 대원이었다. 어떤 역사가들은 케르스텐이 네덜란드 황실 고객들의 환심을 사려는 목적에서 사실은 전쟁이 끝나고 나서 이 편지를 위조한 것이라고 믿는다.

배경이 든든한 귀족들을 위해 케르스텐이 개입했다는 일은 그가 했다고 여겨지는 또 다른 일에 비하면 하찮기 그지없다. 인위적인 기아로 인해 프랑스와 벨기에와 네덜란드 국민이 죽을 뻔한 것을 막았던 일이다. 이상하게도 이 대단한 일에 대한 이야기는 조제 프 케셀만이 전하고 있다. 케르스텐 자신의 회고록에는 영어판에도 네덜란드어판에도 등장하지 않는다. 케르스텐은 나치가 프랑스라 는 국가를 폐지하고 부르고뉴 자유국Burgundian Free State이라는 이름의 새로운 나치 국가를 세워서 벨기에의 나치 지도자인 레옹 드그렐로 하여금 다스리게 하려 했다는 계획에 대해 언급하고 있을 뿐이다.

케셀이 들려주는 이야기는 매우 놀랍다. 1942년 8월 힘러의 비 서인 루돌프 브란트가 프랑스와 벨기에와 네덜란드의 식량을 약탈 하고 암시장에 남아 있는 것조차 모두 사들이려는 계획을 케르스 텐에게 얘기해준다. 그 나라 국민은 물론 굶게 되겠지만 힘러에게 는 아무 상관 없었다. 힘러는 케르스텐에게 그 사람들이 모두 굶어 죽는 것을 기꺼이 지켜볼 것이라고 했다. 하지만 그것은 너무 끔찍 합니다, 라고 케르스텐이 울부짖었다. 프랑스의 문화와 예술가와 작 가들과 찬란한 역사는 어떻게 되는 겁니까? 힘러는 이렇게 답했다. "친애하는 케르스텐, 자네는 지나치게 휴머니스트야. 죽음이 오가 는 전쟁에서는 무슨 일이라도 일어날 수 있다네. 그 사람들은 어쩌 자고 우리와 싸웠지? 그냥 우리 편을 들기만 했으면 됐을 텐데."[18]

1943년 초반 케르스텐은 여기에 맞서 자신이 뭔가를 할 기회 를 포착했다. 힘러는 지독한 고통에 시달리고 있었을 뿐 아니라 우 울함에 짓눌려 있었다. 끝없이 이어지는 기차 여행이 그의 신경을 쇠약하게 만들었다. 고독함을 느끼고 있었다. 하이드리히는 암살되 었고 독일은 스탈린그라드에서 패했으며 연합국 군대가 시칠리아에 상륙했다. 힘러가 나약해져 있는 이 순간이 케르스텐에게는 수백만의 목숨을 살릴 기회였다. 케르스텐은 만약 힘러가 유럽 3국의 국민을 굶겨 죽이려는 계획을 포기하기만 한다면, "사람들이 위대한 게르만 지도자의 관대함을 천년에 걸쳐 칭송할 것이다"라고 했다. 웬일인지 케르스텐은 힘러의 감상적인 구석과 허영심에 호소하는 데 성공했다. 힘러는 깊은 감동을 받았다. 눈에는 눈물이 고여왔다. "친애하는 케르스텐", 힘러가 말했다. "내 마법의 부처님이여. 자네 말이 맞네. 내가 당장 퓌러에게 이야기해서 모든 수단을 다해 설득해보겠네."[19]

케셀은 아마도 나치의 두 가지 계획을 뒤섞은 것 같다. 이른바 '기아 계획'이라는 것이 실제로 존재하기는 했지만, 그것은 소련과 폴란드의 국민을 굶겨서 독일군과 독일 국민에게 먹일 식량을 확보하려는 작전이었다. 그 결과로 수백만의 소련군 포로와 유대인을 비롯한 많은 사람이 굶어 죽었다. 프랑스와 벨기에와 네덜란드의 식량 및 기타 물품을 조직적으로 약탈한 일도 있었다. 하지만 그 나라의 국민을 굶겨 죽이려는 계획은 존재하지 않았다.

1943년 말 즈음이 되자 케르스텐은 나치 독일이 천년 동안 지속될 나라가 아니라는 걸 알 수 있었다. 어쩌면 정말 1~2년도 못 버틸지 몰랐다. 독일과 핀란드의 관계가 급속히 악화되고 있는 것도 알 수 있었다. 힘러와 리벤트로프는 핀란드의 배신행위에 대해 분통을 터뜨렸다. 케르스텐은 이렇게 쓰고 있다. "핀란드와 독일 사이에 일어나고 있는 상황을 보면, 나도 천천히 눈에 띄지 않게 독일과 거리를 두기 시작하는 편이 좋을 것 같다."[20]

이때는 나치의 인종청소로 인한 유대인 희생자 대부분이 이미 죽었을 시점이다. 리벤트로프의 사냥 파티로부터 겨우 1년이 지났던 1942년 가을, 100만 명이 넘는 사람이 살해되었다.

2: 텐진

유럽에서 제2차 세계대전의 공식적인 시작은 독일이 폴란드를 침공한 1939년 9월 1일이다. 독일은 8월 31일 저녁 폴란드 국경에 있는 글리비체 라디오 방송국이 습격당한 것처럼 꾸며내 이 가짜 사건을 개전의 명분으로 내세웠다. 습격한 군인들은 폴란드 군복을 입은 독일인이었다. 현장에는 게슈타포에게 막 살해당한 사람의 시체가 남겨져 있었다. 죽은 이는 폴란드 공작원의 역할을 맡았다. 이 치명적인 조작극을 꾸며낸 이가 바로 라인하르트 하이드리히다. "할머니가 돌아가셨다"라는 묘한 작전명으로 불렸던 이 사건은 "글리비체 사건"으로 더 잘 알려져 있다.

하지만 대부분의 서유럽 사람은 독일이 프랑스와 벨기에와 네덜란드를 전격 전술[Blitzkrieg]로 압도해버린 1940년 5월을 전쟁의 시작으로 인식하고 있다. 혹은 그보다 한 달 앞서 덴마크와 노르웨이가 침공당했던 일을 기준으로 삼기도 한다.

아시아에서 제2차 세계대전이 정확히 언제 시작되었는지는 이보다 더 애매하다. 1931년의 만주사변일까? 아니면 1932년의 상하이사변? 이 두 날짜에 대한 주장이 모두 존재한다. 하지만 중국에 아시아에서만 2500만 명의 사망자를 발생시킨 전면전의 첫날은 1937년 7월 7일이었다. 사망자의 대부분은 민간인이었다. 전면전을 직접적으로 촉발한 것은 속임수라기보다는 오해였다. 베이징 중심가에서 겨우 10마일 떨어진 곳에 루거우교盧溝橋라는 이름의 무지개 다리가 있다. 이 다리는 마르코 폴로의 견문록에도 등장하기 때문에 서양에서는 마르코 폴로 브리지라고 부른다. 7월 7일, 일본인 이등병이 이 지역을 순찰하러 나왔다(이등병이 화장실을 찾으러 나왔다가 길을 벗어난 것이라고도 한다). 그가 정해진 시간에 돌아오지 않자 일본 지휘관이 조바심을 견디지 못하고 근처 마을로의 진입을 요청했다. 중국은 이를 거부했다. 이등병은 기지로 곧 복귀했으나 협상은 결렬되었고 전투가 시작되었다. 얼마 지나지 않아 베이징과 톈진이 일본군 수중에 떨어진다.

요시코는 같은 해에 자신의 회고록『동란의 그늘에서』를 썼다. 책에서 그녀는 국민군 원수 장제스에게 전쟁 발발의 책임이 있다며 비난한다. 그가 "중국인들에게 반일 정서를 부추겼다"고 쓰고 있다.[21] 요시코의 회고록은 일본 시장을 겨냥해 출판된 것이었고, 1937년에는 그게 일본의 공식 입장이었다. 같은 해 여름 요시코는 고통스러운 허리 통증을 유발하던 옛 부상에서 회복하는 와중에 일본 매체들과 인터뷰를 했다. 요시코는 몽골의 사막에서 '마적들'과 싸우다가 입은 총상 때문에 여전히 고통받고 있는 것이라는 낭만적인 설명을 곁들였다.

그해 8월 상하이에서 벌어진 전투는 루거우교 사건보다, 혹은 1932년의 상하이사변보다 훨씬 더 많은 사상자를 냈다. 한 일본인 장교가 현지 공항에 무작정 들어가려다 중국인 경비의 총에 맞았다. 일본은 상하이에서 중국군이 철수할 것을 요구했고 중국은 이 요구에 응할 이유를 찾지 못했다. 상하이는 무차별 폭격을 당했다. 도시 전체가 화염에 휩싸였다. 피란민들이 조계지로 몰려들었으나 그곳 또한 공습으로부터 안전하지 않았다. 일본군은 더 강한 파괴력을 가진 무기와 가공할 만한 전함과 더 많은 폭격기를 보유하고 있었다. 병력 수는 중국이 더 많았으나 기관총과 수류탄과 약간의 곡사포를 빼면 무기라고 할 만한 것이 별로 없었다. 그럼에도 불구하고 장제스는 서구 열강이 도우러 몰려올 것이라는 헛된 희망을 안고 상하이에서 버티기로 결심했다. 그는 일본군과의 협상을 거부하고 "끝까지 항전할 것임을" 약속했다.[22] 장제스의 이런 애국심은 감탄할 만했으나 결국 무모한 것으로 드러난다. 중국군은 죽음을 각오하고 싸울 것을 명령받았고 자살 공격도 드물지 않았다. 상하이와 근교 도시에서의 가두 전투가 어찌나 치열했던지 넘쳐나는 시신을 다 묻을 시간도 없었다. 상하이 전투가 끝났을 때는 장제스의 장교 다수를 포함해 전사자가 30만 명가량에 달했다.

중국인은 비겁한 민족이라는 생각을 상식적으로 갖고 있던 일본은 중국군이 일본 황군에 대항하면서 보인 지독함에 충격을 받았다. 좌절감, 해이해진 군기, 너무나 많은 수의 비양심적인 장교,

가혹한 훈련 방식, 이런 것들로 인해 일본군은 점점 더 잔인해져갔다. 그해 11월 일본군 고위부가 국민당 수도인 난징으로의 행군을 결정했을 때는 이미 제2차 세계대전 최악의 전쟁범죄 중 하나가 발생할 조건이 갖춰져 있었다. 난징까지 가는 길에 있던 크고 작은 도시들에서 벌어진 살인과 약탈과 강간이, 중국인들을 겁에 질리게 만들어 투항시키려는 목적으로 이른바 '충격과 공포'를 일으키려는 고의적인 지침이었는지, 아니면 식량 부족과 피로에 시달리며 비인간적인 취급을 받던 병사들의 기분을 풀어주기 위한 것이었는지는 여전히 논란의 대상이다. 일본군의 행동은 또한 낯선 환경에서 군인인지 민간인인지 구별할 수 없는 적에 둘러싸인 외국 병사들이 취할 법한 것이기도 했다. 조금이라도 위협이 될 것처럼 보이는 사람은 모조리 죽여버렸다. 잘 모르겠으면 일단 쏜다는 원칙이었다.

난징의 두터운 성벽이 폭격으로 무너지고, 장제스의 장교들이 도시를 버리고 떠난 후, 민간인 복장으로 서둘러 갈아입은 일반 병사들만이 남겨진 뒤에 펼쳐진 피바다는 오늘날까지도 중일 관계를 사로잡는 악몽이다. 중국 병사라고 추정되는 사람은 모조리 붙잡혀서 처형되었다. 어떤 이들은 기관총 세례를 받았고, 어떤 이들은 칼로 난자당해 죽었으며, 또 어떤 이들은 군사훈련을 섬뜩하게 모방한 총검술 연습의 대상이 되었다. 수천 명의 여인이 집단 강간을 당했고, 그중 대부분은 살해되기 직전에 그런 수모를 겪었다. 건물들은 불타고, 집과 박물관과 상점은 약탈당했다. 약탈한 물건 중에 일본군 장교들이 골동품과 귀중품을 골라 가지기도 했다. 이 광란의 폭력 사태는 12월 13일부터 6주간 계속되었다. 사망자와 강간 피해자의 정확한 수는 영원히 알 수 없을 것이다. 중국 역사책의 공식적인 집계는 30만으로, 이는 상징적인 추정치다. 일본에서 추정된 일부 수치는 이보다 훨씬 적은 규모다. 하지만 이런 규모의 범죄는 단순히 통계의 문제가 아니다. 전후 도쿄 전범 재판에서는 이를 아우슈비츠에 견주기도 했다. 정확한 비교라고는 할 수 없지만, 이 사건이 얼마나 대중에게 충격을 불러일으킨 일이었는가를 보여준다.

요시코가 난징 대학살에 대해 어떻게 생각했는지는 알려져 있지 않다. 그녀의 책이나 혹은 그녀가 발표한 어떤 글에도 이에 대한 언급은 나와 있지 않다. 만주국 진둥전 사령관으로서의 모험담이 널리 기사화되고 나서 요시코는 1933년 일본으로 돌아와 유명 인사가 되었다. 본인도 유명 인사처럼 행동하면서 종종 여러 사람을 대단히 성가시게 했다. 어느 한쪽의 호의가 바닥날 때까지 머무르다가 중국과 일본을 왔다갔다하는 것은 내내 그녀 삶의 패턴이 된다. 요시코는 군대를 해산했다. 아마도 일본의 침략에 반대하다가 중국의 상황을 훨씬 더 악화시킨 중국 군벌들의 전철을 밟고 싶지 않았던 것 같다. 그런 면에서 요시코는 일관성을 보였다. 중국 대륙에서 일본인들이 아무리 제멋대로 행동하더라도 그녀의 주적은 변함없이 장제스와 그의 국민당이었다. 당시 요시코는 마침 도쿄에 머무르고 있었으므로 난징 대학살의 잔인한 세부 사항은 물론이거니와 자행된 폭력의 규모에 대해서도 알지 못했을 것이다. 일본 언론

257

에서는 중국 수도 난징의 함락을 위대한 승리로 묘사했다. 함락 뒤에 무슨 일이 벌어졌는지에 대한 기사는 엄중히 검열되었다. 요시코는 여전히 '만주국을 낙원으로 건설'하기 위한 자신의 지칠 줄 모르는 노력을 과시했지만, 틀림없이 중국에서 뭔가 단단히 잘못되어가고 있다는 것을 느꼈고 간혹 공개적으로 일본의 정책을 비판했다.[23] 여기에는 도덕적인 분노도 한몫했겠지만, 중국에서 전사한 일본군이 본토의 신사에서 영웅으로 추앙받는 데 비해 자신의 만주 병사들은 사막의 이름 없는 무덤에 묻히는 것에 대한 강한 불쾌감도 작용했다. 상처받은 자존심과 그로 인한 분노가 점점 더 자라나 일본의 명분을 위해 기꺼이 협조하려던 그녀의 의지를 잠식했다. 요시코는 이 갈등을 영원히 해결하지 못했고, 이로 인해 점점 더 아편성 약물에 의존했던 것일 수도 있다.

루거우교에서 중일 간의 야만적인 전투가 벌어지기 석 달 전, 요시코는 그녀 생애에서 가장 인상적인 연설을 남겼다. 마쓰모토의 고등학교 동창회에 초대받아 간 자리였다. 연설은 저녁에 시청에서 있었다. 추운 밤이었고, 주변을 둘러싸고 있는 산에서 불어오는 바람 때문에 더 춥게 느껴졌다. 요시코의 유명세가 어찌나 대단했던지 시청 바깥에 그녀의 모습을 잠깐이라도 보려는 인파가 구름처럼 몰려들었다. 안쪽에는 서 있을 자리조차 없었다. 요시코는 수척하고 지쳐 보였다. 계속해서 모르핀 주사를 맞고 있었는데, 간혹 공공장소에서 치마를 걷어올리고 허벅지에 주삿바늘을 꽂아 사람들을 깜짝 놀라게 했다. 보좌관이 단상으로 부축해서 올라가

야만 했다. 마쓰모토 시장이 그녀를 청중에게 소개했다. 요시코는 서른이 채 되지 않았지만 그보다 몇 년은 더 나이 들어 보였다.

요시코는 이날 일본의 청중이 자신에게 보여준 호의의 한 조각만이라도 받을 수 있다면 중국과 만주에 있는 자신의 동포들이 얼마나 감격할 것인지에 대한 얘기로 연설을 시작했다. 그리고 한탄스러운 일이지만 중국과 만주는 "중국인을 경악에 떨게 하는" 탐욕스러운 일본의 불량배들에게 짓밟히고 있다고 했다. 일본의 외교관이나 장교들이 중일 간의 우호를 이야기해봐야 소용없다. 화해는 밑바닥으로부터 시작해야 한다. 일본이 중국에서 펼치고 있는 외교정책은 재앙 수준이다. "전쟁이 있을 때마다 나는 평화를 위해 목숨을 걸고 뛰어다닙니다. 나는 전쟁을 일으키려고 사령관이 된 것이 아닙니다. 나는 내가 사령관으로서 가지고 있는 모든 힘을 동원해 싸움을 멈추려고 계속 노력하고 있습니다."[24]

일본이 아직 전체주의 사회는 아니었지만(중국에서 전쟁이 발발한 이후 통제가 급속히 강화되었다) 1937년 당시에 이런 연설은 매우 대담한 것이었다. 요시코 특유의 꿈꾸는 듯한 과대망상의 말투로 전달되기는 했어도 그녀의 이런 비판은 정곡을 찌르는 것이었다. 중국의 일본군이 요시코를 멀리하려던 이유가 무엇이었든 간에, 그들은 요시코가 일본의 정책을 헐뜯고 다니거나 중국의 고통에 관심을 보이는 것만은 결코 원하지 않았다. 요시코가 체포되지 않았던 것은 일본에서 유명세가 있었고 일본의 선전 선동에 간혹 대변인 역할을 해주었기 때문일 수 있다. 성가신 존재였으나, 여전히 가끔 쓸모 있는 존재였던 것이다.

요시코의 유명세가 크게 올랐던 것은 1933년 무라마쓰 쇼후가 그녀 삶의 이야기를 가공해 쓴 책이 출판되고 곧이어 극화되면서다(그 뒤로도 여러 번 극화되었고 가장 최근에는 2008년 텔레비전 드라마로 만들어졌다). 요시코는 각종 취재에 응했고, 대중가요를 썼으며 라디오에서 말할 기회가 생기면 절대로 거절하지 않았다. 남성용 하얀 재킷에 짙은 색 나비넥타이를 매고 초췌한 모습으로 마이크 앞에 앉아 있는 그녀의 어딘가 슬픈 사진이 아직도 남아 있다. 깔끔한 검정 머리는 짧게 정리되어 있고, 하얀 분필로 칠한 것처럼 두껍게 화장한 얼굴 안에 마스카라가 그려진 우수에 젖은 두 눈이 바깥을 내다보고 있다.

요시코에게는 일본의 무뢰배들이며 실패한 정책을 평하다가, 새로운 아시아를 건설하려는 일본의 영웅적인 노력에 관한 선전 선동과 그 위대한 이상을 실현하는 데 방해가 되는 못된 중국 군벌들에 대해 얘기하며 이 두 주제를 왔다갔다하는 혼란스러운 버릇이 있었다. 그녀가 회고록을 통해 전하는 이야기도 그랬다. 비단으로 된 중국 남성용 장삼이나 때때로 일본 여성용 기모노 차림으로 만주국 인종 화합의 가치에 대해 설파하는 것은 고스란히 그녀 자신의 삶의 퍼포먼스였다. 그리고 그 퍼포먼스는 중일 우호라는 허울 아래 진행되던 일본의 호전적인 전략들을 위한 값싸고 요란한 광고 역할을 했다. 어디선가 불러주기만 하면 요시코는 여전히 완벽하게 자신의 역할을 연기할 수 있었다.

일본이 중국을 본격적으로 침략하기 한참 전에 요시코가 만주국으로부터 돌아와 도쿄에서 처음 살던 집은 만주국 대사관이었다. 이때 새로 사귄 남성 파트너가 작가이자 연설가이자 사기꾼이자 주식투기꾼이자 한량인 이토 한니伊東ハンニ라는 사람이었다. 둘은 이토의 뷰익 리무진을 타고 나이트클럽을 전전하며 도쿄를 돌아다녔다. 중국과의 전쟁이 일어나고 특히 진주만 공습으로 인해 '경박한 오락'이 금지되기 전까지 나이트클럽은 일본에서 할리우드 영화, 재즈 음악, 그 외 '적국의 문화'들과 더불어 여전히 인기를 누리고 있었다(미국식 민주주의에 대한 찬가인 「스미스 씨 워싱턴 가다Mr. Smith Goes to Washington」가 진주만 공습 전날까지 도쿄의 극장에서 상영되고 있었다).

호리호리한 체격에 세련된 발라드 가수처럼 머리에 기름을 발라 넘긴 이토는 월가 주식시장이 폭락한 뒤 주식들을 싸게 사 모아서 큰돈을 벌었다. 그의 투자 결정은 전속 점성술사의 조언에 따라 이루어졌다. 적어도 그의 주장에 따르면 그랬다. 이토는 친분이 있는 점성술사 무리를 통해 문단과 정계의 다양한 괴짜들을 만났다. 자기 홍보에 관한 타고난 재능과 일본 황군에 대한 요란한 기부를 통해 유명 인사가 되었고, 유명 잡지들의 가십 칼럼이 그의 이야기를 많이 다루었다.

신통찮은 소설을 여러 편 쓰기도 했던 이토는 스스로 '국민주권'이라 부르던 개념의 전도사로서 정치에도 발을 담갔다. 그는 『니혼고쿠민日本國民』이라는 이름의 잡지를 창간했다. 그가 주창하던 특유의 개념은 우정과 노동과 사랑의 이상에 기반한 주권이었다. 오스트리아의 영적 지도자이자 인지학의 창시자인 루돌프 슈타이너(1861~1925)의 영향을 받아 만든 개념이다. 이 또한 전속 점성술사의 조언에 따랐던 결과로 보인다. 이토는 일본 전역을 돌아다니며 사람들의 영감을 북돋우는 연설을 통해 명성을 더해나갔다. 이토의 열렬한 추종자 중 한 명은 어딘가 이해할 수 없는 이유로 그를 몬테 크리스토 백작에 비유하는 소설을 쓰기도 했다.

안타깝게도 잡지 사업은 안 좋게 끝났고 자금도 다 떨어졌다. 이토는 중국에서 새로운 모험을 찾아보기로 결심했고, 어느 댄스홀에서 요시코를 처음 만나게 되었다. 중국으로의 여행을 통해 그는 국민주권에 대한 이상보다 더 요란한 정치적 환상을 갖게 되었다. 그는 그것을 '신동양주의'라고 불렀다. 일본이 서구 열강을 몰아내고 아시아를 차지할 것이라는 사상이었다. 다음은 그의 연설 모음집에 등장하는 내용이다. "일본이 태평양 위를 제비처럼 날아 세상을 통일하는 날이 올 것이다. (…) 일본 국민은 수천 년간 떠오르던 태양의 힘으로 세상이 통일될 것이라는 사실을 잊지 말아야 한다. 우리의 산과 숲과 새, 아름다운 물고기가 가득한 깊디깊은 바다, 일본의 쌀과 논밭, 조용히 내리는 눈, 우리의 전통 사무라이 정신, 우리의 핏줄에 흐르는 고귀함도 거기 힘을 보탠다."[25]

이토의 신동양주의 정신은 한 게이샤 파티에서 일본군 장교들에게 축음기로 틀어 들려준 대중가요의 가사에 더 간결하게 표현되어 있다. 그가 직접 쓴 가사다. 이토와 요시코는 여기에 맞춰 즉흥적인 스텝을 밟으며 파트너끼리 몸을 비벼대는 새로운 춤을 시범적으로 선보였다. '워킹 댄스步きダンス'라고 불리는 춤이었다. 가사의 내용은 이토의 정치 연설만큼이나 모호하지만 그의 민족주의가 가진 팽창주의적 성격을 잘 드러내고 있다.

신동방을 손으로 가리키며 우리는 베이징의 궁궐에서 죽고 말겠노라
오 자주색 태양이여, 오 태평양이여, 오 대륙이여!

이토와 요시코는 잘 어울리는 한 쌍이었다. 언론에서는 둘이 결혼할지 모른다는 추측도 했다. 둘 다 스스로 창조해낸 가상의 캐릭터가 되어 인생을 살던 사람들이다. 이토는 그의 본명도 아니었다. 원래 이름은 마쓰오 마사나오松尾政直다. 둘 다 화려한 밤 문화에 중독되어 있었고, 둘 다 군대 및 정계의 인물들과 활동 영역이 위험하게 겹치는 환상의 세계에서 살았다. 그런 인물들은 두 사람보다 훨씬 더 완고했고 또 대놓고 호전적이었지만, 그렇다고 덜 기괴하지는 않았다. 요시코의 연인관계가 늘 그러했듯 돈을 흥청망청 쓰는 생활도 계속되었다. 그녀는 1934년 만주국 대사관을 떠나 이토

와 동거를 시작했다. 둘은 도쿄의 커다란 아파트에서 함께 살았는데, 요시코의 침실 방문에는 '사령관실'이라는 팻말이 붙어 있었다.

일본에서 요시코의 사교생활은 그녀의 혼란스러운 정치적 입장을 반영하고 있었다. 그녀는 극우 민족주의 단체 흑룡회黑龍會를 창립했던 정치 깡패 도야마 미쓰루와 함께 도쿄의 스모 챔피언십에 참석했다. 아시아에서 일본의 역할에 대한 도야마의 견해는 가장 극단적인 것이었고 당시 막 주류에 편입되기 시작한 참이었다. 요시코의 또 다른 오랜 친구 이와타 아이노스케는 급진적 우익 테러리스트였다. 과거에 요시코가 자살하겠다고 위협하자 그녀에게 자신의 총을 건네줬던 인물이기도 하다. 요시코는 공공 행사에 때로 일본의 전통 방식으로 머리를 올린 게이샤 차림으로 나타나곤 했다. 이제는 해체된 요시코의 사설 부대 대원들이 그녀의 파티에 함께 모습을 드러내기도 했다. 이들이 다다미 바닥에서 마치 베이징 자금성의 조신들인 양 요시코에게 머리를 찧으며 절하면 행사에 이국적인 분위기가 더해지곤 했다.

요시코는 결코 한 남자와 오래 사귀지 않았다. 1935년, 이토가 주식시장 교란죄로 체포되자 이들의 관계도 끝났다. 감옥에서 구타를 당했던 이토는 감금생활로 정신이 이상해진 뒤에야 보석으로 풀려났다. 건강도 좋지 않고 재정적으로도 쪼들리던 요시코는 대륙으로의 귀환이라는 자신의 꿈이 손아귀에서 자꾸만 멀어지는 것을 느끼며 점점 더 혼란에 빠진 듯 보였다. 마쓰모토에서의 비판적인 연설은 어쩌면 그런 혼란의 결과였는지도 모른다. 요시코는 서로 병존할 수 없는 여러 측면이 혼재하던 자신의 공적인 인격을 애써 표현하려 했던 것이다. 만주의 귀족이라는 뿌리, 양부 주변에 모여 있던 극우 인사들, 권력자의 위치에 있던 여러 일본인 연인, 갈수록 주전론主戰論에 빠져들며 선정적인 가십과 애국적인 미담에 목말라하던 일본 언론, 그리고 자신의 풍부한 상상력이 조합되어 있던 요시코의 인격은 어차피 조각조각 갈라진 혼합물이었다.

1937년의 연설 때문에 체포되지는 않았지만 요시코의 존재는 일본 당국에 다시 한번 골칫거리가 되었다. 그녀는 중국으로 돌아가 베이징에 거처를 마련했다. 충실한 일본인 심복 지카코가 여전히 함께했고, 과거 요시코가 거느리던 민병대의 다양한 대원들과 화려한 군복을 입힌 여러 명의 경호원도 함께 있었다. 하지만 일본군이 전투를 거듭하며 난징을 향해 가고 있던 그해 가을, 그녀는 톈진에서 몽골 양고기 훠궈를 전문으로 하는 중국 식당을 경영하며 대부분의 시간을 보냈다. 식당의 이름은 동흥루東興樓라고 했다.

일본 조계지에 위치했던 동흥루는 수많은 방과 아름다운 중국식 정원이 딸린 커다란 별장이었다. 손님들에게는 고급스러운 중국식 식사 외에도 차와 떡을 대접했다. 온천도 딸려 있었다. 호화로운 시설을 이용할 만한 돈이 없는 사람은 뜰에서 간단한 간식만 즐길 수도 있었다. 이런 식당을 운영하기 위한 재정적 지원을 어떻게 마련했는지는 불투명했다. 많은 이는 요시코의 전 연인인 만주국의 다다 하야오 장군이 관련되어 있었을 것이라고 믿는다. 요시코가 문제를 일으키지 못하게 하려는 일본 측 노력의 일환으로 이번에는 그녀를 식당 경영인으로 둔갑시킨 것이다. 동흥루의 직원들은 약 50명의 젊은 남성으로, 이들은 모두 요시코가 이전에 거느리던 민병대의 병사였다. 요시코가 회고록에서 설명하고 있듯이 만주국 주민들의 점점 커져가는 반일감정 때문에 이들은 더 이상 고향에 머무를 수가 없었다.

동흥루 손님의 대부분은 일본군 군인이었다. 일부러 그렇게 의도한 것이다. 요시코는 "전선으로 나가는 장교들과 중국 내지에서 돌아오는 사내들에게 위안을 제공"[26]해서 용감한 일본군 병사들에게 감사를 표하고 싶어했다. 그녀의 식당은 "중국과 일본의 국민을 하나로 만들" 것이었다.

동흥루의 연회에 드나들던 사람은 일본군뿐만 아니라 중국 상류사회의 인물들도 있었다. 그중 한 명이 톈진의 조계지를 담당하던 친일 시장 판위구이潘毓桂다. 판위구이는 수수한 중국 교복을 입은 열일곱 살짜리 여학생 한 명을 베이징으로부터 데려왔다. 그녀의 이름은 판수화潘淑華라고 했는데 자신의 대부인 톈진 시장 판위구이에 대한 경의의 뜻으로 지은 이름이었다. 그녀에게는 리샹란李香蘭 혹은 일본어로 리코란이라는 예명도 있었다. 만주국의 라디오에서 중국어와 러시아어와 일본어로 노래를 불러 유명해진 후 사용하기 시작한 이름이다. 만주국에서 태어난 그녀의 본명은 사실 야마구치 요시코山口淑子였다. 부모도 모두 일본인이다. 아버지 야마구치 후미오山口文雄는 무기력한 중국 동경론자였다. 그는 남만주 철도 주식회사의 일본인 직원들에게 중국어를 가르쳤고 번 돈의 대부분을 도박으로 날려버렸다. 그래서 중국인 친구 판위구이에게 자신의 딸을 임시로 입양시켰던 것이다.

판수화/리샹란/리코란/야마구치 요시코는 식당에서 가와시마 요시코의 모습을 처음 봤던 때를 기억한다. 검정 비단으로 된 중국 옷을 입고 있던 가와시마 요시코는 여장을 한 아름다운 남자처럼 보였다. 얼굴과 두 팔은 '시체처럼 창백했고' 입술과 눈썹은 마스카라와 립스틱으로 가벼운 화장을 하고 있었다. 아슬아슬한 성적 농담을 건네며 추종자 무리를 접대하던 중이었다. 톈진 시장으로부터 대녀를 소개받은 가와시마 요시코는 그녀를 천천히 머리부터 발끝까지 훑어보았다. "아," 그녀는 중국어로 중얼거렸다. "당신은 일본인이군……. 이상한 일 아닌가. 게다가 우리는 이름도 같아."[27] 가와시마 요시코는 야마구치 요시코에게 자기를 '오라버니'라고 부르라고 했다. 그리고 야마구치 요시코는 톈진에 머무르는 내내 조계지의 자극적인 성인 문화 분위기를 흡수하며 가와시마 요시코와 밤마다 줄곧 함께 어울렸다. 중국인 대부 판위구이의 반대에도 불구하고 두 요시코는 베이징에 돌아와서도 계속 만났다. 가와시마 요시코는 늦은 밤 제복을 입은 여러 명의 경호원을 거느리고 나타나서 춤을 추러 가자고 하곤 했다.

이 둘은 참으로 기이한 중일 커플이었다. 그리고 만주의 일본군 선전 선동 책임자였던 아마카스 마사히코가 일본의 명분을 선전하는 영화를 제작하기 위해 만주국에 영화 스튜디오를 세우면서 더 기이해졌다. 이 또한 운명적인 한 해였던 1937년의 일이다. 신동방의 비전을 그린 영화들에서 주연을 맡을 정도로 일본어가 유창한 중국인 여배우를 구할 수 없었던 아마카스는 영웅적인 일본 군인들과 사랑에 빠지는 젊은 중국 여성 역할을 맡기에 야마구치 요시코가 적임자라고 생각했다. 그 뒤로 그녀는 리샹란 혹은 리코란으로만 알려지게 되었고 야마구치 요시코라는 신분은 철저한 비밀로 남겨진다. 일본군이 중국을 무자비하게 휩쓸며 지나간 자리에 수십만 명의 사망자를 발생시키고 있었음에도 일본 본토에는 리코란이 일으킨 이국적인 가짜 중국 스타일이 대유행했다. 도쿄 카페의 젊은 여성들은 리코란처럼 보이고 싶어했다. 그녀의 이야기 또한 허구의 나라에서 만든 허구세계 안에 싸여 있는 허구였다.

두 요시코는 모두 난폭한 제국주의를 정당화하기 위한 감상적인 선전 선동을 체현하고 있었다. 한 명은 젊고 이국적인 여배우였고 다른 한 명은 그녀의 '오라버니'였다. 한 명은 중국인 부역자인 척하는 일본 여성이었고, 다른 한 명은 일본에서 교육받은 뒤 일본군 군복을 입고 중국 국민당과 싸우는 만주족이었다. 둘은 또한 좀더 변태적인 무언가를 체현하고 있기도 했다. 에로틱 페티시의 대상으로서 이들은 남성적인 일본 정복자들에 의해 정복당하는 이국적인 동방을 여성의 모습으로 의인화했다. 이들이 일본의 군인, 경찰, 정치인, 영화 스튜디오 간부, 영화배우들과 맺었던 수많은 관계가 실제로 어떤 성격이었는지는 확실히 알 수 없지만, 이들은 대중에게 권력과 복종에 대한 커다란 판타지를 불러일으켰고 본인들도 그런 판타지로부터 자유롭지 못했다.

얼마 지나지 않아 두 사람의 관계는 틀어졌다. 리코란은 오후 늦게 일어나서 밤새 흥청대는 가와시마 요시코의 생활 방식을 도저히 따라갈 수 없었다고 주장한다. 리코란의 중국인 대부와 그녀를 보호해주던 여러 일본인 모두 이 부적절한 친구로부터 거리를 두라고 경고했다. 앳되고 소박한 분위기를 애써 꾸며내기는 했지만 리코란에게는 꽤 계산적인 면도 있었다. 리코란은 회고록에서 옛 친구 요시코에 대해 이렇게 말한다. "나는 진비후이 사령관으로서의 가와시마 요시코의 삶이 그 효용을 다했다는 사실을 깨달았다." 동방의 마타하리나 아시아의 잔다르크로 불리던 영광의 시절은 이제 지나갔다. "가와시마 요시코는 일본군과 만주국 군대로부터 모두 외면당했다. 우익 성향의 대륙 로닌들조차 이제 그녀와 엮이지 않으려고 했다."²⁸ 어쩌면 불가피한 일이었겠지만 여기에는 한 남자도 관련되어 있었다.

리코란을 보호해주던 일본인 중에는 야마가 도루 대좌가 있었다. 1920년대 마쓰모토에서 가와시마 요시코에게 구애했던 이야기로 이 책의 앞쪽에 등장했던 인물이다. 그와 맺어지지 못하면서 가와시마 요시코는 자신이 차라리 남자였으면 좋겠다고 말한다. 야마가 도루 또한 모험을 찾아 만주국으로 홀연히 떠났던 중국 동경론자였다. 그는 야마구치 집안에 손님으로 자주 드나들면서 리코란을 어릴 때부터 봐왔다. 다정한 성격에 여성 편력이 있던 낙천가인 야마가는 유창한 중국어로 '현지인처럼 행세하며' 중국 여배우들과 사귀고, 아편에 탐닉하고, 중국인이 일본인에게 형편없는 취급을 받는 것에 대해 때로 개탄하기도 했다. 하얀 상어 가죽 정장을 하지 않고 있을 때는 중국식 비단옷을 입고 지냈던 그는 왕자형王嘉亨 이라는 중국 이름으로 행세했다.

야마가 도루/왕자형은 단순한 중국 동경론자가 아니라 만주 국 군부 소속의 내부자였다. 적어도 중국인 행세 때문에 그의 충성 심이 의심을 사기 전까지 한동안은 그랬다. 일본 특무 소속의 첩자 로서 중국의 문화계 인사들을 감시하는 것이 그의 임무였다. 야마 가에게 딱 어울리는 일이라고 하지 않을 수 없었다. 일본 영화 선전 을 위한 이상적인 도구로서 리코란을 기용할 것을 아마카스에게 제 안한 사람도 그였다. 리코란은 언제나 자신과 야마가의 관계가 전 적으로 순결한 것이었다고 강조했다.

야마가가 실제로 리코란의 수많은 연인 중 하나였다는 증거는 없다. 그러나 베이징에서 야마가와 격정적인 관계에 다시 불을 붙 였던 가와시마 요시코는 분명 그를 연인으로 생각했다. 그녀는 질 투심에 사로잡혀 야마가가 이중 첩자라고 일본 헌병대에 알렸다. 일본 헌병대는 극악한 고문을 자행하는 것으로 악명 높은 곳이었 다. 헌병대는 처음에 가와시마 요시코의 말을 믿지 않았다. 그러나 야마가는 1943년에 일본으로 소환된 뒤 반역자로 체포되었다. 가 와시마 요시코가 나쁜 소문을 더 퍼뜨렸을 수도 있고, 질투에 사로 잡힌 중국인 정부 중 누군가가 그랬을 수도 있다. 리코란은 전쟁이 끝나고 야마가를 한 번 더 만났다. 그가 리코란이 살고 있던 도쿄 의 아파트에 나타나 돈을 빌려달라고 한 것이다. 리코란은 예전의 멋쟁이 야마가를 거의 알아볼 수 없었다. 초췌한 몰골에 수염도 깎지 않고 꾀죄죄한 옷을 걸친 모습이었다. 그로부터 얼마 지나지 않아 야마가는 재혼한 젊은 부인과 함께 소나무에 몸을 묶었다. 둘은 수면제를 다량으로 복용한 상태였다. 이들의 시체는 며칠이 지나서야 들개에게 심하게 훼손된 채로 발견되었다. 그가 도쿄에서 리코란에게 마지막으로 남긴 말 중에는 이런 것이 있었다. "중국 여인의 복수심은 아주 무서운 거야."[29]

야마가 대좌의 애정을 차지하려 애쓰던 와중에 가와시마 요시코 또한 난처한 최후를 맞을 뻔했다. 이에 대한 그녀 본인의 회고는 멜로드라마로 점철되어 있다. 가와시마 요시코는 만주 군벌 쑤빙원의 여동생인 왕 씨 부인과 친구 사이였다. 앞서 가와시마 요시코가 낙하산으로 내몽골 기지에 침투해서 협상을 벌이려고 했던 그 쑤빙원이다. 왕 씨 부인은 반일 저항군 중 한 명과의 연인관계를 막 끝냈던 참이었다. 당시의 톈진은 '테러리스트'와 일본 요원들이 거리 곳곳에 도사리고 있는 위험한 도시였다. 왕 씨 부인은 옛 애인의 저항군 동료들에게 무참하게 습격당했다. 알고 있는 정보가 너무 많아 제거되어야 했던 것이다.

친구가 톈진의 병원에서 죽어간다는 소식을 듣고 요시코는 병상으로 달려갔다. 요시코가 병실에서 죽어가는 친구의 손을 쓰다듬고 있을 때 복면을 한 세 명의 '중국 마적'이 도끼를 휘두르며 방으로 난입했다. 요시코는 이들에게 대항하려고 했다. 하지만 상대는 셋이었고 요시코는 빈손이었으므로 상대가 되지 않았다. 요시코의 왼손 넷째 손가락이 거의 절단되었고 뒤통수에도 강한 타격을 입었다. 그러는 사이 왕 씨 부인의 두개골은 부서지고 베개는 피로 흥건하게 젖었다.

가와시마 요시코의 최신 스캔들에 항상 목말라하던 일본의 신문들은 그녀가 중국 마적들과 사력을 다해 싸우다 비극적인 최후를 맞았다고 보도했다. 그러나 요시코가 회고록에 쓰고 있듯 그녀는 사실 기적적으로 부상으로부터 회복했고, 이제 남은 귀중한 인생을 새로운 힘으로 '더욱 위대한 아시아를 건설'하는 데 바치겠다고 맹세했다. 이게 과연 사실일까 허구일까? 누가 알 수 있겠는가? 요시코의 이야기는 점점 더 기괴해지고 있었다. 하지만 불과 수개월 전 난징에서 학살이 최고조에 달했을 때 일본 신문들이 보도하던 내용만큼 기괴하지는 않았다. 1937년 12월 21일 『아사히 신문』의 보도 내용이다. "(중국인들은) 처음에 일본 사람을 볼 때마다 그늘로 몸을 숨기곤 했다. 하지만 얼마 지나지 않아 이들은 일본 병사들과 친해졌고 얼굴에 웃음을 띠고 서비스를 제공하기까지 했다."

그리고 이 보도가 있기 이틀 전 같은 신문사에서 운영하던 잡지에 실린 광고 문구다. "북중국에서는 모든 것이 밝고 희망에 차있다. 상하이의 뒤를 이어 난징이 우리 손에 들어왔다! 우리와 중국과의 관계는 줄곧 깊이를 더해가고 있다. 우리 일본인들은 이제부터 중국과 중국 사람들을 더 잘 이해할 필요가 있다는 사실을 깨달아야 한다."

제8장:

엔드게임

1 : 베스터보르크

나치 경찰이 민간인 조력자를 부르는 말이 있다. 베만$^{V-mann}$, '믿을 수 있는 사람'이라는 뜻의 베르트라우엔스만^{Vertrauensmann}을 줄인 말이다. 프리드리히 바인레프는 회고록에서 베만에 대해 간결하게 설명하고 있다. 베만이 된다는 것은 '공작원, 경찰의 첩자, 밀고자'가 되는 것이라고 쓰고 있다.[1] 바인레프는 그런 사람을 한 명 알고 있었다. 저항군 그룹에 침투해서 그 멤버들을 게슈타포에 밀고한 사람이다. 바인레프에 따르면, 신기한 점은 이 베만이 "첩자생활을 성공적으로 너무 오래 한 나머지 아무도 그에 대해 제때 경고해주지 않았다는 사실이다".

바인레프를 두 번이나 체포했던 SD 요원 프리츠 코흐는 바인레프를 '훌륭한 베만'이었다고 말한다. 그는 바인레프가 "하도 여러 가족을 배신해서 몇 명인지도 기억나지 않는다……. 그는 우리에게 모든 것을 말해주었고 정말로 최선을 다했다. 그가 그렇게 한 것은 자신의 가족과 자기 자신을 보호하기 위해서였다"라고 했다.[2]

274

코흐가 이런 말을 한 것은 전쟁이 끝나고 나서다. 과거 나치의 장교였던 사람의 말에 의존하는 것은 현명하지 못하다. 하지만 1943년에 있었던 바인레프의 행위에 대한 코흐의 발언을 확인해주는 다른 보고서들도 존재한다. 이 중에는 나치뿐만 아니라 나치 희생자들의 보고서도 있다. 내가 궁금한 부분은 바인레프가 정확히 언제부터 베만이 되었냐는 것이다. 그가 처음 체포되기 전부터 이미 빌라 빈데킨트의 SD 사무실과 접촉하고 있었다는 주장은 제대로 증명된 적이 없다. 1943년 1월 19일에 두 번째로 체포돼 스헤베닝언의 '오렌지호텔' 감옥에 수감된 뒤에 벌어진 일에 대한 설명은 더 모순투성이다.

바인레프는 또한 자신이 어떻게 고문당했는지에 대한 자세한 내용을 길고 장황하게 서술하고 있다. 그는 코흐에게 있는 그대로의 사실을 믿게 하려 했다. 모든 일은 자기가 꾸며낸 이야기이고, 자신의 명단은 동료 유대인들에게 희망을 주기 위해 만들어낸 허구였으며, 그 가짜 계획을 돕던 폰 슈만 중장이나 다른 독일 장교는 애초에 존재하지도 않았다는 사실을 말이다. 코흐는 이를 믿으려 하지 않았다. 그는 독일군 내부 깊숙한 어딘가에 음모를 꾸미는 무리가 있고 진실을 알아내려면 바인레프를 두들겨 패는 수밖에 없다고 확신했다. 코흐는 고문이 시작되면 조심스레 취조실을 나왔다. 그는 그런 일에는 비위가 약한 사람이었다. 바인레프는 더 이상 걷거나 똑바로 앉을 수 없을 때까지 걷어차이고 짓밟히고 얼굴을 주먹으로 얻어맞았다. 고문을 가하던 이 중 한 명은 한쪽 눈에 의

안을 하고 있던 렘케라는 이름의 건장한 독일인이었다. 하지만 독일인보다 네덜란드 SD 요원들이 훨씬 더 지독하게 굴었다. 이런 고문이 며칠 동안이나, 아니 어쩌면 몇 주 동안이나 계속되었다.

자신이 영리한 공상가에 불과했다는 바인레프의 주장은 취조하는 이들에게 여전히 통하지 않았다. 그동안 줄곧 속아왔다는 것을 인정하기에는 코흐의 직업적 자존심이 허락하지 않았던 것인지도 모른다. 따라서 바인레프는 계속 얻어맞고 짓밟혔다. 바인레프는 스스로를 이렇게 위로했다. "이들은 내가 진짜로 죽을 때까지 짓밟을 수는 없다. 그러면 음모론 자체가 사라져버리기 때문이다. 코흐는 우선 음모의 출처를 알아내야만 한다."[3]

바인레프의 이야기들이 늘 그렇듯 그는 고문을 당하는 처지에 있으면서도 자신이 얼마나 존경받았는지를 굳이 이야기한다. "코흐는 이렇게 내뱉었다. 이 남자는 굽힐 줄 모르는군. 제대로 훈련받은 게 틀림없어. 우리가 생각했던 것보다 더 위험한 놈이야. 진짜 유대인인지조차 의심스럽군. 그것 또한 가짜일 수 있어."[4]

코흐가 진짜로 저런 말을 했는지 누가 알 수 있겠는가? 만약 바인레프가 정말로 고문을 받았다면 그가 고문 과정에서 토해낸 말은 신중하게 판단되어야 한다. 어느 누구도 극심한 육체적 고통을 언제까지 버틸지 알 수 없기 때문이다. 하지만 바인레프는 그 고통을 이겨냈다고 주장하고 있다. 나는 그가 정말로 고문을 당하기나 했을지 궁금하다.

SD에서 코흐의 비서 역할을 하던 크레이나 페이런이라는 이름의 네덜란드인 나치 부역자가 자신이 바인레프의 취조 과정에 동석했다고 전후에 주장했다. 페이런에 의하면 바인레프는 긴장하고 안절부절못하기는 했지만 절대 육체적인 폭력을 당하지는 않았다고 한다. 바인레프가 끊임없이 떠들며 SD 요원들에게 온갖 이야기를 들려주었다고 그녀는 말한다. 자신이 밀고자라는 인상을 주지 않으려고 마치 무심코 튀어나온 것인 양 유대인의 이름과 특정 주소들을 말하던 모습도 눈에 띄었다고 한다.[5]

페이런 역시 신뢰할 만한 증인은 아닐지 모른다. 하지만 바인레프가 감옥에 있는 동안 일어난 어떤 일들은 의심의 여지가 없다. 은신 중이던 유대인들에게 돈과 식량권을 나누어주기 위해 바인레프와 연락을 취해오던 사람 여럿이 신속히 체포되었다. 바인레프의 상상이 만들어낸 동업자 귀족 식스의 행세를 했던 좀도둑을 그에게 소개했던 이들도 체포되었다.

그리고 바인레프가 감옥에 있는 동안, 헤이그에서 스물네 명의 유대인이 잡혀간 악명 높은 사건인 라인켄슈트라트 습격이 있었다. 이들 중 일부는 돈을 내고 바인레프의 명단에 이름을 올린 사람들이었다. 이들은 사라 발빔이라고 하는 유라시아계 간호사의 보호 아래 한 아파트에 숨어 지내고 있었다. 사라 발빔은 도와달라는 요청을 절대로 거절하지 않는 용기 있는 여성이었다. 얼마 지나지 않아 더 이상 안전을 보장하기 어려울 정도로 너무 많은 사람이 그 아파트에 몰려와 지내게 되었다. 어떤 사람들은 마룻바닥에서, 어떤 사람들은 욕조에서 잠을 잤다. 이들은 양말을 신은 채 까치발로 돌아다녔고 늘 조용히 있어야 했다. 화장실 물을 내리는 것조차 이웃의 불필요한 의심을 살 수 있었다. 그러던 어느 날 밤, 프리츠 코흐가 이끄는 SD가 문을 두드리며 나타나 이들을 모두 잡아갔다. 발빔은 감옥에서 고초를 견뎌냈으나 너무 심하게 고문을 당한 탓에 끝까지 건강을 회복하지 못했다. 그녀가 숨겨주었던 이들 모두는 폴란드에 있던 죽음의 수용소 중 하나인 소비부르의 가스실에서 희생당했다. 이 중 가장 어린 아이는 생후 6개월짜리였다. 바인레프는 라인켄슈트라트 습격과 자신은 아무런 관계가 없다고 늘 부정해왔다. 코흐는 유대인이 숨어 있던 곳을 자신에게 알려준 사람이 바인레프였다고 주장한다. 그는 바인레프가 라인켄슈트라트 습격 및 그 외 사건에 도움을 주었기 때문에 그와 그 가족들이 폴란드로 압송될 운명에서 벗어날 수 있었다고 설명하기도 했다.[6]

우리는 바인레프의 회고록을 신뢰할 수 없다는 사실을 알고 있다. 하지만 그의 회고록은 꽤 흥미로운 자세한 묘사들도 담고 있다. 자기변명으로 가득한 그의 이야기가 귀에 거슬릴 때까지 계속되기 때문에 사실은 너무 자세할 정도다. 이 중 어떤 이야기는 사실일지도 모르고 바인레프가 원래 글을 쓰며 의도했던 것보다 본인에 대해 더 많은 것을 드러낸다. 특히나 유대인이라는 정체성에 관한 그의 복잡한 감정을 얘기할 때 그러하다. 회고록에는 바인레프와 같은 방에 수감되어 있던 스켈레비스라는 유대인에 대한 기괴한 이야기가 있다. 언제라도 얻어맞을 것처럼 불안한 상태에서 늘 벌벌 떨고 있던 젊은이였다. 스켈레비스는 암스테르담에서 어떤 독일인에게 영문도 모른 채 잡혀와 그의 집에서 애완견 같은 취급을 받았다. 개처럼 짖어대고 네발로 기고 밥그릇에 남은 음식을 핥아 먹어야 했다. SS나 네덜란드 경찰 제복을 입은 덩치 큰 손님들이 오면 그는 탁자 밑을 기어다니며 발판 노릇을 했다. 스켈레비스가 경악해 마지않았던 것은 사람이 개 행세를 하고 있는 상황을 모두가 너무 자연스럽게 받아들였다는 사실이다.

같은 방에 수감되어 있던 또 다른 사람으로는 블리크라는 이름의 암스테르담 출신 노동자 계층 유대인이 있었다. 바인레프에 관한 모든 것을 알고 있던 블리크는 소위 바인레프 명단에 대해 전혀 신뢰하지 않는다고 말했다. 독일인들이 어떻게 그렇게 말도 안 되는 이야기를 믿을 수 있겠는가? 그리고 그토록 대단한 바인레프 자신이 이렇게 감옥에 갇혀 있다니……. 이것은 틀림없이 처음부터 뭔가 수상한 일이다.

바인레프는 대단히 불쾌해했다. 그의 생각에는 블리크의 말이 '사람들의 진짜 속마음'이었다. 사람들은 돈이 걸려 있을 때는 면전에 대고 상냥하게 굴지만 이제는 그의 몰락에 기뻐해 마지않았다. "내 가족의 목숨과 내 할아버지의 목숨을 걸고 벌이던 일이 모두 이런 사람들을 위한 것이었다니. 이 장사꾼들, 이 교활한 인간들을 위해서였다니. 이제 이들은 내가 처한 운명을 비웃으며 자기가 옳았다고 기뻐한다."[7]

스켈레비스와 블리크에 대한 이야기는 모두 사실이었을 법하다.

5월이 되자 코흐는 바인레프로부터 더 들을 내용이 없다고 판단했다. SD 입장에서 보면 그의 이용 가치는 다했다. 혹은 바인레프에 의하면, 그를 고문하던 사람들이 결국 그의 진술을 바꾸는 데 실패하고 그냥 포기해버렸다. 어느 쪽이 사실이건 간에 그는 베스터보르크로 보내졌다. 이름표에는 징벌^{straf}을 뜻하는 S자가 붙었다. 최하위 중에서도 가장 낮은 등급의 재소자로 분류되어 곧 아우슈비츠나 소비부르로 확실히 보낸다는 뜻이었다.

베스터보르크는 1939년에 독일계 유대인 난민들을 위한 수용소로 지어졌다. 1939년부터 이미 5만 명에 달하는 유대인이 국경을 넘어 이곳으로 왔다. 네덜란드에서도 가장 황량한 지역에 위치한 베스터보르크는 춥고 축축했다. 강한 바람이 눅눅한 황무지로부터 먼지를 몰고 와 늘 수용소를 뒤덮었다. 조잡한 나무 오두막 사이로 난 엉성한 길은 비가 내리면 진흙 바다가 되곤 했다. 재소자들은 가운데에 난 길을 고난의 대로라는 별명으로 불렀다. 여름이 되면 파리 떼가 사방에서 달려들었다. 음식이며 눈이며 코, 침대, 상수도, 아물지 않은 상처 그 어디건 가리지 않았다.

1000명 이하의 재소자를 받도록 설계된 베스터보르크 수용소에 1942년 여름 수만 명의 네덜란드 유대인이 보내졌다. 이들을 모두 수용할 만한 공간이 있을 리 없었다. 암스테르담이며 헤이그 등지에서 체포된 유대인 무리가 날카로운 증기 소리를 내며 수용소를 오가는 기차에 실려 도착했다. 한밤중에 잡혀와 여전히 잠옷 차림이던 이 사람들은 굶주리고 당황해 있고 더러운 상태였다. 네덜란드 헌병들과 독일의 '녹색 경찰'과(제복 색깔 때문에 녹색이라는 이름이 붙었다) 재소자들 사이에서 기강을 잡도록 선발된 유대인 경찰들이 이들을 거칠게 다루었다.

베스터보르크는 황량하고 지저분한 곳이었다. 하지만 거기에 며칠, 몇 주, 몇 달, 그리고 간혹 몇 년 예정으로 송치된 사람들은 모두 조금이라도 그곳에 더 머물 수 있게 해달라고 기도했다. 이들은 폴란드로 이송되면 무엇이 기다리고 있는지 정확히는 모르더라도 그게 끊임없이 두려워 떨 만할 일이라는 것 정도는 알고 있었다. 애초에 삼등칸으로 시작했다가 가축칸으로 바뀐 동쪽으로의 수송 기차는 매주 화요일 아침에 정확히 출발했다. 그 전날 밤 '수송 화물'이라는 이름으로 알려진 이송자 명단이 발표되었다. 매번 수송 인원은 환자와 노약자를 포함해 전 연령대에서 최대 1000명에 이르렀다.

베스터보르크에는 언제나 다양한 명단이 있었다. 기다려서 이름을 올려야 하는 명단, 승인해야 하는 명단, 돈을 내서 빠져나와야만 하는 명단, 돈을 내서 들어가야 하는 명단. 물론 나치 은행에서 나온 사람들에게 전 재산을 빼앗기고 난 재소자들에게 아직도 현금이 남아 있었다면 말이다. 소위 팔레스타인 명단이라는 것도 있었다. 독일 죄수들과 맞교환되어 팔레스타인으로 갈 수 있는 시오니스트 유대인들의 명단이었다. 이들 중 아무도 팔레스타인까지 가지 못했다. 대부분은 폴란드나, 혹은 안네 프랑크가 베스터보르크를 거쳐 도착했다가 장티푸스로 죽은 베르겐 벨젠 수용소에 이른 것이 다였다. 독일 변호사 한스 게오르크 칼마이어의 이름을 딴 칼마이어 명단이라는 것도 있었다. 칼마이어는 대상자가 순수 유대인인지 반반 혼혈인지 4분의 1 혼혈인지를 판단하는 일을 했던 사람이다. 그리고 바인레프의 명단도 베스터보르크의 깊숙한 곳까지 도달했다. 바인레프의 명단이 존재하는 한 어떤 이들에게는 최소한 이송이 아직 연기될 기회가 있었다. 하지만 명단에 올라 있던 사람의 대부분은 살해되고 말았다.

절대적 지배자로서 작은 왕국 베스터보르크를 총감독하던 이는 수용소장 알베르트 콘라트 게메커였다. 전쟁 전에는 하위 게슈타포 장교였고 늘 흠잡을 데 없는 깔끔한 옷차림을 하고 있던 게메커는 스스로를 '내 유대인들'을 잘 보살피는 신사라고 여겼다. 독일 오페레타에 등장하는 인기 남자 배우처럼 가꾼 잘생긴 외모의 그는 목소리를 높이는 일이 거의 없었고 자주 웃었으며 유대인 재소자들이 꾸미는 행사에 즐겨 참석했다. 유대인 재소자 중에는 전전 독일과 네덜란드의 극장과 콘서트홀에서 이름을 날리던 대스타들도 있었다. 베를린에서 손꼽히던 코미디언과 풍자극 배우들도, 암스테르담 콘세르트헤바우 교향악단의 일류 음악가들도 베스터보르크 수용소를 거쳐갔다. 폴란드로 4만 번째 유대인이 이송된 것을 축하하기 위해 콘서트와 연극으로 구성된 특별한 공연의 밤이 마련되기도 했다.

게메커는 꽉 짜인 통제를 유지하는 능력에 자부심을 갖고 있었다. 최대한의 효율성과 최소한의 잡음을 목표로 하던 그는 동쪽으로 향하는 기차에 10만 명의 유대인을 욱여넣기도 했다. 베스터보르크는 다인종 간의 완벽한 화합을 자랑하던 괴뢰국가 만주국만큼이나 거짓과 환상으로 만들어진 대규모 사업이었다. 만주국보다 더 치명적인 사업을 벌이고 있었을 뿐이다. 집단학살되기 전에 마지막으로 거쳐가는 정거장이었던 베스터보르크에는 겉모습뿐인 평범함이 드리워져 있었다. 집단학살도 물론 집단학살이라 부르지 않고 글자 그대로 '노동 배정'을 뜻하는 아르바이트자인사츠^{Arbeit-seinsatz}라고 했다. 유대인들은 폴란드로 가면 노동에 참여해야 했기 때문이다. 베스터보르크에는 축구 시합, 콘서트, 훌륭한 치과 치료, 공장 워크숍, 우체국, 학교, 탈무드 학교, 심지어 유대인 교회당까지 있었다. 베스터보르크에서 썼던 일기로 나중에 유명해진 에티 힐레쉼은 거기서 바인레프를 만나 호감을 가졌던 사람이다. 그녀는 베스터보르크에 있던 적지 않은 수의 십대 소녀가 웃는 얼굴의 '신사적인 범죄자'인 게메커를 몰래 흠모했다고 편지에 쓰고 있다.[8] 힐레쉼은 1943년 9월 폴란드로 이송된다. 아이들은 열차에 오르면서 대부분 곧 이들을 뒤따라올 것이 분명한 가족과 친구들에게 손을 흔들며 노래를 불렀다. 힐레쉼은 두 달 뒤 아우슈비츠에서 살해되었다.

타인에 대한 무제한의 권력을 가진 사람들이 다 그렇듯 게메커에게도 변덕스러운 면이 있었다. 그러나 그의 변덕은 나치의 대량학살에 관한 특유의 가식에 어울리는 것이었다. 게메커는 어린아이들에 대한 사랑을 과시하는 사람이었다. 마키엘이라는 이름의 갓

난아기가 있었다. 엄마가 아이를 두고 강제로 가축칸에 실려 떠나게 되면서 마키엘은 간신히 목숨만 부지하고 있었다. 게메커는 시몬 판크레벌트라는 이름의 유명한 유대인 소아과 의사에게 모든 수단을 강구해 아기를 살려달라고 부탁했다. 흐로닝언에서 특별히 인큐베이터가 조달되었다. 게메커는 매일매일 아이를 방문해서 상태를 확인했다. 판크레벌트 박사가 고안한 의료 처방을 위해 자신의 최고급 헤네시 브랜디를 내놓기도 했다. 마침내 모두의 바람대로 아기는 기운을 되찾기 시작했다. 마키엘이 6파운드(약 2.72킬로그램)가 되자 게메커는 이 아이를 이제 노동 배정시켜야겠다고 결심했다. 그리고 그다음 수송편으로 아우슈비츠로 보내버렸다. 나는 마키엘의 이야기를 읽으며 어쩐지 판크레벌트라는 이름이 낯익다고 생각했다. 그리고 곧 그가 내 할아버지의 친한 친구이자 동료 소아과 의사였다는 사실을 깨닫고는, 마키엘의 그로테스크한 일화가 내 주변의 이야기였다는 생각에 모골이 송연해지지 않을 수 없었다.

S자가 붙은 재소자가 되어 베스터보르크에 도착한 바인레프에게는 운이 따랐다. 재소자들로부터 영웅 대접을 받았다는 본인의 주장은 믿을 수 없다. 첫 번째 명단이 독일인들에 의해 파기된 후 많은 이가 그를 불신하게 되었다. 여기서 파기에 해당되는 의미로 쓰인 독일어 단어는 거품처럼 무엇이 '터진다'고 할 때 쓰는 게플라츠트geplatzt였다. 수용소의 어린이들은 이런 노래를 불렀다.

바인레프가 누구지, 바인레프는 슈바인레프슈바인은 돼지라는 뜻야

바인레프는 헤이그에 있는 높은 양반들의 친구야

바인레프가 누구지, 바인레프는 슈바인레프야

바인레프는 포르투갈에서 프라하까지 유대인을 돕는 사람[9]

운 좋게도 바인레프의 부인 에스터가 수용소 안에서 일자리를 구했다. 수용소에 일자리가 있다는 것은 그것이 이름뿐인 가짜 일자리라고 해도 매우 중요했다. 이송으로부터 잠시 유예될 수 있었기 때문이다. 몸이 건강한 사람들은 무슨 짓을 해서라도 일자리를 얻으려고 했던 터라 온갖 종류의 부정부패가 생겨나기도 했다. 베스터보르크의 실세들과 좋은 관계를 맺고 있던 에스터는 남편을 징벌방에서 병원으로 이감시키도록 손써서 S자를 떼도록 했다. 네덜란드와 독일의 일류 의사 중 일부가 재소자로 있던 베스터보르크의 의료 수준은 매우 훌륭했던 것으로 보인다. 그중에는 슈파니에 박사도 있었는데, 그는 게메커의 진료도 맡고 있었다(이 둘은 같은 뒤셀도르프 출신이었다. 슈파니에 박사는 전쟁에서 죽지 않고 살아남았으며, 나중에 감옥에서 석방된 게메커를 고향에서 계속 치료해주었다). 학살 대상인 사람들에게 의료 서비스를 제공하는 것은 베스터보르크에 존재하던 또 다른 나치식 가식이었다. 바인레프는 병원 수감자에게 제공되는 식사가 맛있다고 말하기도 했다.

병원에서 나올 수 있게 된 다음 바인레프는 꽤 예리하게 동료 재소자들을 관찰했다. 그와 부인과 아이들이 폴란드로 이송되지 않은 것은 에스터의 인맥 덕분이었을 수 있다. 이송될 사람의 명단

을 작성하는 일도 다른 모든 괴로운 일과 마찬가지로 재소자들 자
신에 의해 이루어졌다. 이는 수용소 내에 적대적인 위계질서를 만
들어냈고, 바인레프는 민감하게 발달한 그의 사회적 촉으로 이를
잘 묘사했다. 서열의 꼭대기에는 상류사회에 속한 독일계 유대인
들이 있었다. 이들 대부분은 1939년부터 수용소에 있던 사람들이
었다. 바인레프의 눈에 이들은 자신의 제한된 권력에 도취돼 오만
하게 굴던 유대인 위원회와 비슷해 보였다. 독일계 유대인들은 동
유럽과 네덜란드 출신의 노동자 계층 유대인들을 독일 문화에 대
한 소양이 없다는 이유로 무시했다. 그러나 이들 가난한 유대인 중
일부는 적어도 유대 종교에 대한 지식은 갖고 있었다. 교육받은 네
덜란드계 유대인들은 국경 너머 독일계 유대인들이 보기에 전통
에 대한 의식도 문화적 섬세함도 없는 사람들이었다. 어떤 의미에
서 슈파니에 박사 같은 사람들은 이디시어를 쓰며 주말 시장터에
서 절임 야채를 팔던 암스테르담의 유대인보다는 수용소 소장에게
더 친근감을 느꼈을 것이다.

유대인 사회에서 바인레프의 위치는 분류하기 애매했다. 그는
오스트유덴이었지만 네덜란드계 유대인보다는 독일계 유대인에
게 더 동질감을 느꼈을 것이다. 어쨌든 바인레프는 스스로를 문화
적 소양이 높다고 여기고 있었으니까. 수용소 내 서열의 위쪽을 차
지하고 있던 사람들에 대한 그의 판단은 꽤 공정해 보인다. "독일
계 유대인들은 자신과 비슷한 사람들을 더 편하게 느꼈다. 수용소
를 속속들이 알고 있고 수용소의 관리 체계를 만들고 관리했던 사

람들 말이다. 인간으로서 독일계 유대인이 네덜란드계 유대인보다 특별히 낫거나 못하지는 않다. 그들은 그저 자신을 표현하는 방식이 달랐을 뿐이다."[10] 하지만 그렇다고 해도 네덜란드계 유대인들은 여전히 독일계 유대인을 오만한 전형적 독일식 원칙주의자로 여겼다.

이때쯤 수용소장과 친밀한 관계를 만들지 않았다면 바인레프가 아니다. 적어도 스스로의 회상에서는 그랬다고 한다. 수용소장을 한두 번 만나봤을 수는 있다. 전쟁이 끝나고 게메커는 바인레프라는 이름을 들어본 적은 있으나 그와 깊은 대화를 나눠본 기억은 없다고 말했다. 바인레프가 1943년 6월에 게메커와 만났을 가능성은 있다. 왜냐하면 코흐의 심복이자 나치 부역자인 볼란트가 의안을 한 독일의 거한 렘케를 데리고 수용소에 나타나 바인레프를 헤이그로 다시 데려가려고 했던 것이 6월이기 때문이다. 바인레프에 따르면 게메커의 사무실에서 그 이야기가 이루어졌다. 수용소장은 깍듯이 예의를 갖춰 자신을 소개하고 바인레프와 악수하며 말했다. "그래 당신이 그 유명한 바인레프군요."[11]

게메커는 자신을 진료해주는 의사나 혹은 어쩌면 유명한 독일 배우 또는 음악가를 제외하고는 유대인과 직접 얘기하는 법이 없었지만, 이 만남은 이루어졌을 가능성도 있다. 바인레프는 곧 아내와 세 아이를 베스터보르크에 인질로 남기고 스헤베닝언의 오렌지호텔로 옮겨졌다(아들 중 하나인 다비트는 의사들의 치료에도 불구하고 폐렴으로 죽었다). 다시 오렌지호텔의 감방에 갇힌 바인레프는 최악을 예상하고 있었다. 감옥 밖의 모래언덕에서 처형당할지도 모른다고 생각했다. 그렇지 않다면 왜 그를 베스터보르크에서 여기까지 다시 데려왔겠는가?

그러나 바인레프는 얼마 지나지 않아 자신이 감옥에서 얼마나 좋은 대우를 받고 있는지 아내에게 편지를 써서 보냈다. 그의 마음에 쏙 드는 특별 유대식 식사를 제공받기까지 했다. 그는 편지에 이렇게 썼다. "삶에서 먹는 것이 가장 중요한 일은 아닐지 모르지만, 제대로 된 식사를 무시할 필요는 없겠소. 특히 요즘 같은 시절에는. 이제 단것이 먹고 싶지만 그건 기다려야겠지."[12]

몇 달이 더 지나고 11월이 되자 에스터와 아이들도 베스터보르크에서 풀려났다. 바인레프 가족은 헤이그의 중심부에 있는 잘 꾸며진, 호화롭다고 해도 좋을 집으로 이사했다. 마음대로 돌아다닐 수도 있었다. 심지어는 공포의 노란 별을 더 이상 달고 다니지 않아도 되었다. 유대인 인구의 70퍼센트가 수용소에서 영원히 돌아오지 못한 나치 점령국 네덜란드에서 듣도 보도 못한 이 기적적인 변화를 어떻게 설명할 수 있을까? 여기서 설명은 다시 한번 크게 갈린다. 단지 해석의 문제가 아니라 누가 하는 설명을 믿을까의 문제다. 바인레프의 설명을 믿을 것인가, 아니면 바인레프를 제외한 대부분의 사람의 설명을 믿을 것인가.

바인레프의 설명은 길고 자세하고 기이하다. 그렇다고 해서 믿을 수 없다는 뜻은 아니다. 그 시절에 일어났던 대부분의 일이 기이했으니까. 바인레프의 설명은 볼란트와 렘케와 함께 기차를 타

고 베스터보르크에서 헤이그로 돌아오던 일에서 시작된다. 볼란트
는 나치에 고용되지 않았다면 잡범이 되었을 네덜란드의 부패한 불
량배였다. 바인레프는 이 SD 직원들의 친밀함이라고 해도 좋을 만
큼 예의를 갖춘 달라진 태도에 놀랐다. 오만하게 소리를 질러대던
태도는 온데간데없었다. 이들은 심지어 재수 없게 걸린 역무원에
게 차표를 내놓으라고 하는 대신 자신들의 차표를 직접 구입하기
까지 했다. 바인레프는 이것을 독일의 전승에 대한 전망이 암울해
지고 있던 탓이라고 생각했다. 그는 이렇게 쓰고 있다. "스탈린그라
드는 1월부터 지금까지 같은 상태다. 시칠리아에서도 전투가 있었
다. 러시아가 승기를 잡아가고 있다. 독일에서 벌어지고 있는 공습
은 날이 갈수록 잦아지고 파괴의 강도는 세지고 있다."[13] 볼란트는
바인레프가 SD를 속이려들었던 과거를 만회할 만한 새로운 계획
이 있다고 넌지시 비췄다. 겉으로 보이는 이들의 친절함 아래에는
어떤 위험이 도사리고 있었을까?

코흐의 제안은 이런 것이었다. 누가 봐도 바인레프는 유대인
들의 방대한 지하 저항군 조직에서 신뢰받고 있는 인물이다. 그의
지식과 뛰어난 지능이라면 이 조직에 침투해서 조직의 우두머리
들을 SD에 넘길 수 있을 것이다. 그러면 얼마 지나지 않아 유대인
을 남김없이 체포할 수 있게 된다. 그 대가로 바인레프와 그의 가족
은 폴란드로의 이송에서 면제해준다. 그리고 비교적 안전하기 때
문에 특권층 유대인들이 가던 체코슬로바키아의 테레지엔슈타트
수용소로 가서(그들 중 다수도 결국 아우슈비츠에서 죽었다) 살아남을

수 있을 것이다. 물론 바인레프가 약속한 일을 해내지 못하면 그와 그의 가족들은 곧장 폴란드로 간다. 코흐는 말했다. "잊지 말게. 자네 가족도 모두 유대인이라는 사실을!"[14]

바인레프는 그런 유대인 저항군 조직이 존재하지 않는 데다, 코흐의 기획이 터무니없다는 사실을 아주 잘 알고 있었다. 하지만 자신만의 대안을 생각해내기 전까지는 여기에 협조하기로 결심했다. 스탈린그라드에서의 패배 이후 독일은 좀더 적극적으로 각종 협상에 응하기로 한 듯 보였다. 포로 교환에 대한 이야기가 오갔으나 대부분 거짓이었다. 이 중 남미에 붙잡혀 있는 독일 포로를 되돌려받는 대신 유대인들을 남미로 보낸다는 제안이 있었다. 바인레프는 여기서 복잡한 계획 하나를 생각해낸다. 유대인과 독일인 모두를 속이는 계획이었지만 다 좋은 명분을 위해서였다. 그는 유대인들이 막대한 가치의 돈과 다이아몬드를 숨기고 있으리라는 점에 착안했다. 나치도 그럴 법하다고 생각할 것이다. 아직 은신하고 있던 돈 많은 유대인들을 남미로 탈출시키는 두 번째 명단을 만든다는 것이 바인레프의 계획이었다. 목숨을 부지하기 위해서라면 이들은 SD에게 틀림없이 기꺼이 전 재산을 바칠 것이다. 이 계획의 후견인은 가상의 독일 장군이 아니라, 폰 클라이스트라는 이름의 실존하는 독일 육군 장군이었다. 장군이 직접 나서지 않더라도 그의 존재가 돈 많은 유대인들에게 계획의 진실성을 보장해준다. SD가 남미까지 안전한 이송 경로를 마련하기란 불가능했으므로, 실제로는 돈 많은 유대인들을 테레지엔슈타트 수용소로 보낼 예정이었다. 바인레프는 이 마지막 사항을 매우 강하게 요구했다. 그도 옳은 일을 하고 싶었던 것이다.

코흐는 깊이 감탄했다. "대단한 계획이군!", 그는 생각했다. "자네는 정말 영리해. 자네 같은 사람이 유대인이라니 안타깝네. 아니, 자네는 정말 유대인인가?"[15] 하지만 SD는 욕심이 컸다. 1만 명의 유대인 명단을 확보할 것을 요구했다.

두 번째 명단을 추진하면서 대상자들에게 자신이 독일 당국의 신뢰를 얻고 있다는 것을 보여주기 위해 바인레프는 베스터보르크에 사무실을 얻었다. 그는 자신이 원할 때 언제라도 수용소를 드나들 수 있었다. 이때쯤 되면 많은 유대인이 바인레프를 사기꾼으로 여겨 피해다녔지만 개중에는 이송될 운명을 피하려는 절박함에 명단에 이름을 올리고 싶어하는 사람들도 있었다. 명단에 올랐든 그렇지 않든 학살 시스템이 가차 없이 조여들어오고 있었기에 명단도 결국에는 소용없었다. 하지만 이들에게는 더 잃을 것이 없었다. 그리고 바인레프는 아직까지 은신 중이던 유대인들이 단지 그의 명단에 이름을 올리기 위해 바깥으로 나올 만큼 어리석지는 않을 것이라고 생각했다.

전후 바인레프는 자신이 게메커를 조종해 12월에 아우슈비츠로 가는 수송편들을 멈추도록 했다고 주장했다. 그는 수용소장과 원만한 관계였으므로 명단에 관한 진척을 계속 공유하고 있었다. 게메커는 기차를 한 편 보낼 때마다 충분한 양의 '수송 물자'를 맞추기 위해 1000명의 유대인을 필요로 했다. 하지만 바인레프가 계속 거기에 제동을 걸었다. 명단을 최종적으로 완성하려면 먼저 헤이그의 SD로부터 확인을 받아야 한다는 구실이었다. 확인은 계속 지연되었고 게메커는 텅 빈 열차를 돌려보내야만 했다.

12월의 몇 주 동안 아우슈비츠로 향하는 열차가 멈췄던 것은 사실이다. 그러나 바인레프가 말한 이유 때문은 아니었다. 베스터보르크의 어린아이들 사이에서 소아마비가 크게 유행했다. 죽음의 열차가 다시 치명적이고 규칙적인 방식으로 동쪽으로의 운행을 시작하기까지 수용소에는 한동안 격리 조치가 내려졌다.

1943년 여름 헤이그와 베스터보르크에서 실제로 일어났을 법한 일은 바인레프의 설명보다 훨씬 덜 영웅적이고, 훨씬 더 추악하다. 우리는 다시 한번 바인레프와 그의 가족이 늘 죽음의 위협에 놓여 있었다는 사실을 기억해야 한다. 그리고 의심의 여지 없이 증명할 수 있는 일은 거의 없다는 사실도. 하지만 다음에 이어지는 이야기는 네덜란드 국립 전시 문서 연구소RIOD에 있는 바인레프의 전시 기록을 면밀히 분석하여 퍼즐을 맞춘 것이다.[16] 바인레프는 존재하지도 않는 유대인 저항군 조직에 침투하기 위해 헤이그로 소환되어 온 것이 아니었다. 실제로 일어난 일은 훨씬 더 평이하다. SD의 네덜란드인 부역자 볼란트가 SS와의 작전을 마치고 이탈리아로부터 막 돌아온 참이었다. 이탈리아에서 그는 탱크에서 떨어지는 바람에 부상을 입었다. 그에게는 아직까지 숨어 있는 마지막 유대인들을 찾아내라는 새로운 임무가 주어졌다. 바인레프가 예전에 베만으로서 가치를 증명한 적이 있기 때문에, 볼란트는 그에게 한 번

더 일을 맡기면 좋겠다고 생각했다. 두 번째 명단이라는 것도 정말로 존재했지만, 다이아몬드와 현금을 훔치기보다는 남아 있는 유대인들을 은신처에서 몰아내는 것이 그 목적이었다.

하지만 바인레프는 우선 다른 방식으로 그의 가치를 증명해야 했다. 전쟁이 끝나고 볼란트와 렘케와 코흐는 모두 바인레프가 어떤 식의 협조를 했는지에 대해 이야기한 바 있다. 유대인 죄수들을 바인레프가 있는 감방에 넣으면, 바인레프가 저항군인 것처럼 가장해 그들의 신뢰를 얻었다. 바인레프는 자신이 얻은 정보를 SD 요원들에게 전달하고, 이들은 죄수를 심문할 때 그 정보를 활용했다. RIOD의 보고서는 바인레프의 이러한 스파이 행위로 인해 최소한 스물두 명이 목숨을 잃었다고 결론짓고 있다. 이 중 한 사례를 보면 그 암울함이 잘 드러난다. 7월에 조제프 칼커르라는 이름의 의학 박사가 은신 중이던 다른 유대인들과 함께 잡혀왔다. 전쟁에서 살아남은 그의 부인은 그가 끔찍한 고문을 받았지만 어떤 이름이나 주소도 불지 않고 끝까지 버텨냈다고 증언하고 있다. 이후 칼커르 박사는 바인레프의 감방에서 2~3일 정도 머물렀다. 그리고 나서 곧바로, 칼커르 박사를 숨겨주고 유대인들에게 음식과 돈을 제공해주던 사람 여럿이 잡혀 들어왔다. 나중에 바인레프는 칼커르 박사가 처음 그의 감방으로 왔을 때 약간 혼란스러워 보였고, 어쩌면 술에 취해 있었던 것 같았다고 주장한다. 그가 심지어 자기를 죽이려고 위협했다고도 했다. 하지만 바인레프가 감옥에서 부인인 에스터에게 보낸 편지를 보면, 술에 취했다거나 혼란스러워 보였다는 얘기는 전혀 없이 칼커르에 대해 언급하고 있다. 실제로는, 칼커르가 바인레프를 죽이겠다고 위협한 것은 그를 전에 돌봐주던 사람들이 붙잡혀오고 나서다. 누가 그들을 밀고했는지 칼커르가 정확히 알고 있었다는 뜻이기도 하다. 칼커르는 같은 해 아우슈비츠에서 죽었기 때문에 본인의 증언은 들을 수 없게 되었다.

전후 볼란트는 "바인레프가 SD의 지령하에 동료 죄수들로부터 정보를 빼내는 일을 했다고 믿어 의심치 않는다"고 말했다. "그런 조치가 SD에게 성과를 안겨주었다고 절대적인 확신을 갖고 말할 수 있다. 바인레프가 은신 중이던 수많은 유대인을 밀고한 것도 확실하다."[17] 볼란트가 불량배였다는 점 역시 잊으면 안 된다. 그러나 RIOD의 조사관들은 그가 진실을 말하고 있다고 결론지었다.

바인레프에게는 SD를 위해 수행할 임무가 하나 더 있었다. 바인레프는 안트베르펜에서 태어난 아내를 통해 벨기에의 유대인 사회 사람들을 알고 있었다. 코흐는 바인레프를 크롬이라는 이름의 또 다른 네덜란드 SD 부역자와 함께 몇 차례나 안트베르펜으로 출장 보냈다. 두 번째의 바인레프 명단이 벨기에에서도 통할지 시험해보려는 목적이었다. 벨기에에서는 바인레프의 이름이 알려져 있지 않았기 때문에 의심도 덜 살 것이고, 은신처에서 유대인을 끌어내는 것도 더 쉬울지 몰랐다. 하지만 안트베르펜에는 남아 있는 유대인이 거의 없었다. 대부분이 이미 붙잡혀갔다. 그러나 바인레프는 SD에게 다이아몬드와 현금을 약속했고(그의 설명에 의하면), 따라서 자신의 계획이 진행 중임을 납득시키기 위해 어느 정도의 현금을 구할 만한 방법을 찾아야 했다. 그리고 이어지는 이야기는 개연성이 몹시 떨어지기 때문에 과연 그의 이야기에 넘어간 사람이 있었을지 의문이다.

SD 요원들이 밖에서 기다리는 동안 바인레프는 아내의 부유한 친척을 찾아갔다. 안트베르펜의 고급 대저택에 살고 있는 멘델 란다우라는 이름의 인물이었다. 고급 인테리어와 최상의 페르시아 카펫이 깔려 있는 저택은 여전한 모습이었으나 란다우는 사라진 지 오래였다. 독일 해군이 그의 저택을 사무실로 사용하고 있었다. 한 예의 바른 독일 장교가 바인레프를 안으로 안내했다. 바인레프가 란다우의 행방에 대해 묻자 그 장교는 금세 상황을 눈치채고는 자신의 조국이 유대인을 대하는 방식에 대해 매우 유감이라고 말했다. 독일은 어차피 전쟁에서 질 수밖에 없는 상황이라고도 했다. "내가 뭔가 도와줄 수 있는 것은 없을까요?" 바인레프는 돈을 좀 달라고 부탁했다. 고상한 장교는 "물론이지요, 문제없습니다"라고 답하고는 바인레프에게 1만 벨기에 프랑 다발을 건네주었다. 바인레프는 "그것은 마치 동화 속 이야기 같았다"라고 회고록에 쓰고 있다. SD 요원들은 바인레프가 돈 많은 유대인들로부터 그토록 손쉽게 돈을 얻어오는 것을 보고 크게 감탄했다.

바인레프는 그 출장에서 있었던 다른 사건들에 대해서도 기분 좋게 회상하고 있다. 그는 브뤼셀 SD를 설득해 저명한 유대인 의사를 석방시키기도 했고, 네덜란드의 저속한 경찰들과는 달리 매너가 훌륭했던 플랑드르의 경찰과의 유쾌한 만남도 가졌다. 그때까지

약 200명의 벨기에 유대인이 바인레프의 두 번째 명단에 이름을 올리기 위해 각각 500프랑씩을 냈다. 하지만 이번 출장에서는 친절한 해군 장교로부터 1만 프랑을 받았다는 것 외에 별다른 성과가 없었다. 바인레프는 거기서 시간을 때우고 있는 것이 분명했다.

하지만 그게 다가 아니었다. 나치가 벨기에의 유대인 은신처를 습격할 때 바인레프가 함께하는 것을 봤다고 주장하는 사람이 여럿 있다. 그게 사실이라면 바인레프의 배신행위 중에서도 가장 악질적인 일이다. 습격은 10월 16일에 일어났다. 네덜란드 SD 요원인 크롬이 습격을 주도면밀하게 준비했다. 그는 한 네덜란드 저항군 무리에게 자신이 그들 편에 서 있는 경찰이라며 접근했다. 이들은 크롬에게 유대인 난민들을 벨기에로 밀입국시키는 작전에 대해 알려주었다. 크롬은 나니 마리에 비에이라라는 이름의 유대인 여성과 두 명의 어린 자녀가 안트베르펜의 교외지역에 숨어 있다는 사실을 알게 되었다. 그녀의 남편은 벌써 베스터보르크에 가 있었다. 크롬은 나니 비에이라의 은신처에 자주 방문해서 다른 유대인들이 어디에 숨어 있는지 알아내고 그녀로부터 돈을 뜯어내려고 했다. 비에이라 가족이 체포되었을 때 크롬은 그 자리에 없었다. 체포조는 녹색 로덴천으로 된 겨울 코트를 입은 볼란트와 렘케와 코흐, 그리고 바인레프였다. 세 명이 집 안의 귀중품을 뒤지는 동안 바인레프는 가족들을 감시하도록 명령받았다. 이들이 찾은 귀중품이라고는 비에이라 부인의 모피 코트밖에 없었다. 여러 명이 이 사건을 직접 목격했다. 은신처 집주인의 아들도 있었고 비에이라의 어린 자녀들 중 한 명을 돌보고 있던 의사도 있었다. 두 사람 다 자신이 게슈타포라도 된 것처럼 으스대며 돌아다니던 바인레프를 기억한다. 심지어 아들은 바인레프가 총을 휘두르고 다니던 것도 기억하고 있다. 볼란트도 그 사실을 확인해주었다. 의사는 총에 대해서는 확신하지 못했다. 하지만 쫓기는 자가 자신을 쫓는 자와 동일시하는 사례가 존재한다면 바로 이것이었다.

출장은 또 다른 이유에서 '성공'이었다. 비에이라 가족이 베스터보르크로 보내져 아버지인 안토니 비에이라와 재회하고 곧장 아우슈비츠로 이송되는 와중에 바인레프는 브뤼셀로 갔다. 거기서 네덜란드의 SS 장교인 프란츠 피셔의 아내와 만나기로 약속한 터였다. 프란츠 피셔는 유대인 박해에 대한 열정으로 인해 유대인 낚시꾼Judenfischer이라는 별명으로 불리던 사람이다. 그의 아내가 어째서 바인레프에게 동정심을 갖게 되었는지에 대한 설명은 없으나, 그녀는 바인레프의 가족을 베스터보르크에서 석방하라고 남편을 설득했던 것으로 보인다. 이런 흔치 않은 '관대함'의 이유로는 아마도 바인레프가 SD에 제공한 서비스의 대가로 혜택을 받은 것이 아닌가라는 추측이 가능하다.

하지만 가족들을 살리기 위해서 바인레프는 여전히 나치에게 자신의 두 번째 명단이 그들이 원하던 성과를 낼 것이라는 점을 증명해야 했다. 곤란한 상황이었다. 바인레프는 이제 신용을 잃었기 때문이다. 숨어 있는 유대인들은 밖으로 나와 그의 명단에 이름을 올리기를 거부했다. 이 수상쩍은 특권을 위해 사람들이 줄을 서는 유일한 장소는 베스터보르크였으나, 많은 이가 바인레프의 명단을 마지막 희망으로 여겨 매달리던 와중에도 수용소 안에서 그의 명성은 나날이 나빠져갔다. 바인레프의 가족이 그와 함께 수용소를 떠났던 것이 결정타였다. 이제 사람들은 그가 배신자라고 확신하게 되었다.

바인레프는 회고록에서 사람들의 이러한 악감정을 인정하고 있으나, 그것을 질투심 혹은 폴란드 태생 유대인에 대한 네덜란드 유대인의 편견으로 치부했다. 다음은 누군가 수용소에서 그에게 했다는 말을 인용한 것이다. "독일계 유대인을 견디지 못하는 네덜란드계 유대인들이 있지. 하지만 이들은 폴란드계 유대인을 더더욱 미워해. 그리고 그들이 당신을 폴란드계 유대인으로 보고 있어. 폴란드계 유대인은 모두 협잡꾼에 사기꾼이라고 생각한다고. 기회만 되면 당신을 때려죽이려고 할 거야."[18]

이 이야기가 사실이든 아니든 간에 바인레프는 사람들의 아픈 구석을 찔렀다. 뛰어난 사기꾼들이 그렇듯 그에게는 인간의 약점을 꿰뚫어보는 눈이 있었다. 그리고 그는 망상과 자화자찬으로 스스로를 위로했다. 게메커를 조종해 아우슈비츠로 가는 열차를 멈춘 것은 참 대단한 일이었다. 막대한 부를 빼내오겠다는 약속으로 SD를 멀리 떨어뜨려놓은 것은 훌륭했다. 코흐조차 벨기에서 바인레프의 작전을 '걸작'이라고 했다. 그리고 그에게는 베스터보르크에도 여전히 "눈물이 가득 고인 눈으로 나를 마술사라고 부르던"[19] 진실한 친구들이 있었다. 바인레프는 명단이 이제 겨우 몇 명의 목숨만을 살릴지라도 멈출 수 없었다. "나는 계속 저항해야만 한다고 확신한다"라고 썼다. "이것이 내 인생의 작품이다. 적군의 세계에서 적군의 현실 속에 살고 있는 사람만이 내 작품을 거짓이나 사기라고 부른다. 그런 이들은 내가 자기 세계를 위협하는 적군이라고 느끼기 때문이다."[20]

이것이야말로 바인레프라는 인물을 이해하는 가장 명확한 열쇠다. 그는 마치 자신이 예술가인 것처럼 대안 현실alternative reality을 창조해냈다는 사실을 자랑스러워했다. 하지만 예술가들조차 자신이 만들어낸 세계와 자신이 살고 있는 세계를 구분할 줄 안다. 예술작품은 실제 세계를 반영하고, 실제 세계에 관해 논평하고, 실제 세계에 대한 표현을 찾는다. 하지만 작품이 실제 세계라고 믿어버리는 것은 위험한 결과를 불러올 수 있는 범주의 오류다.

바인레프도 간혹 자신의 이런 오류를 느꼈을 것이다. 거짓말을 많이 만들어내기는 했어도 그는 스스로의 마음 상태에 대해 날카로운 관찰을 할 줄 아는 사람이었고, 그런 관찰을 통해 어떤 종류의 진실이 드러나기도 한다. 바인레프는 두 번째 명단에 관한 비밀이 언제라도 들통날 수 있다는 사실을 잘 알고 있었다. 헤이그에 있는 SD 사람들은 점점 조바심을 내고 있었다. 두 번째 명단에 대한 고위 당국의 허가를 받아야 한다는 이유로 그가 게메커를 설득해서 아우슈비츠로 가는 열차를 멈추었던 12월의 어느 날, 바인레프는 베스터보르크에 있는 '고난의 대로'를 정처 없이 걷고 있었다. "어지럽다. 지금까지의 모든 일이 사실이라니 믿기지 않는다. 속임수의 규모가 너무 커져버려서 감히 거기에 대해 생각조차 할 수 없다. 이 제는 내 속임수를 둘러싼 모든 것이 진짜인 양 사는 데 익숙해지는 수밖에 없다. 하지만 그 또한 불가능한 일이다. 나는 부들부들 떨고 있다. 마치 열병에 걸린 것만 같다."21

2: 스톡홀름

1943년 여름 스탈린그라드에서 독일이 재앙에 가까운 패배를 겪은 이후 달라진 분위기를 감지한 것은 바인레프만이 아니었다. 독일이 전쟁에서 질지 모른다는 전망은 모든 곳에 영향을 미쳤다. 특히 중립국인 스웨덴이 영향을 받았다. 전쟁에서는 빠져 있었지만 나치 독일에 도움을 준 행위에는 대가가 따랐고, 이 때문에 일부 스웨덴 관리들은 눈에 띄게 초조함을 느끼기 시작했다.

사회민주당 총리가 이끄는 스웨덴 정부는 자유주의자와 좌익 세력과 보수주의자로 이루어진 연합 정권이었고, 친나치라고는 할 수 없었다. 하지만 많은 수의 스웨덴 정치인과 기업인이 히틀러의 독일보다 소련을 더 두려워했다. 그래서 일찌감치 협의가 이루어졌다. 스웨덴은 중립국으로 남되, 철광석을 독일에 수출하고, 비무장 독일군이 스웨덴을 통과해 노르웨이의 점령지를 오갈 수 있도록 하는 데 동의했다. 1941년에 스웨덴은 이러한 혜택을 무장 독일군에게도 적용함으로써 중립성의 원칙을 깨뜨렸다. 그리고 1942년 말까지 스웨덴 국경은 독일과 인근의 스칸디나비아 국가들로부터 탈출하려는 유대인들이 넘어올 수 없도록 막혀 있었다. 1942년 말이면 정확히 독일의 전세가 기울기 시작하던 때다.

스웨덴의 모든 사람이 독일 제국에 대한 자국의 편향에 찬성하지는 않았다. 스웨덴 정부는 형식적인 중립성을 조심스레 유지하면서 여론이 반독일로 향하지 않도록 애썼다. 나치의 범죄에 대한 기사는 '적국 범죄에 대한 비난 선동atrocity propaganda'으로 억압되었다. 노르웨이의 독일인들이 저지른 고문과 살인에 대한 기사를 실은 좌익 신문들은 압수되었다. 폴란드에서 저질러진 끔찍한 일들을 자세히 묘사한 책『폴란드의 순교Polens martyrium』 또한 1942년 가을에 출판되었으나 몰수되었다.[22]

바르샤바에 주재하고 있던 몇몇 용감한 스웨덴 기업인이 폴란드의 섬뜩한 진실을 보도했다. 자신들이 목격한 것에 큰 충격을 받은 이들은 자금을 밀반입하고 정보를 밀반출해 폴란드 저항군에 협조했다. 1942년 여름 독일은 이들 중 일곱 명을 스파이 죄로 체포했고 그중 넷이 사형을 선고받았다.

여기서 펠릭스 케르스텐이 다시 한번 등장한다. 그는 법정에서 '바르샤바의 스웨덴인들'을 변호하고자 자원했던 카를 랑벤이라는 베를린 변호사로부터 도와달라는 요청을 받았다고 주장한다. 랑벤은 케르스텐의 환자였다. 대단히 부자이고, 보수주의자이자 1933년부터 나치스의 당원이었던 랑벤은 1930년대 중반에 힘러의 친구가 되었다. 둘의 딸들은 베를린에서 같은 학교의 동급생이

었다. 그런 친분관계에도 불구하고 랑벤은 나치 정권의 잔악함에
마음이 편치 않았다. 랑벤은 전쟁의 마지막 몇 년 동안 힘러의 주
변과 나치 정권 내의 반체제 인사들과 군대 사이를 오가며 영국이
나 미국을 설득해 우호적인 화평을 협상해낼 수 있는지 알아보려
고 여러 번 시도했다. 힘러는 이러한 시도를 알고 있었지만 결코
거기에 응하지는 않았다. 랑벤은 그 대가를 나중에 치른다.

바르샤바의 스웨덴인들에 관한 일로 케르스텐과 접촉한 뒤 랑
벤은 사건에서 발을 뺐다. 이 사건에 관심을 갖고 있던 또 한 명은
술책이 뛰어난 힘러의 정보참모장 발터 셸렌베르크였다. 그는 스
웨덴 정부의 심기를 거스르지 않으려 애쓰고 있었다. 철광석의 지
속적인 공급을 확보하기 위해서이기도 했고, 그 또한 랑벤처럼 독
일과 힘러 그리고 스스로에게 유리한 방식으로 연합국과 화평을
맺을 방법이 없을지 궁리하고 있었기 때문이기도 했다. 1933년부
터 SS의 충성스러운 장교였던 셸렌베르크가 "나치 시스템에 진지
하게 반대하고 있었다"는 케르스텐의 주장은 허황되게 들리지만,
셸렌베르크는 광적인 나치주의자라기보다는 생존 본능이 뛰어난
사람이었다.

케르스텐도 이러한 시도에 일부 참여했다. 본인의 설명에 따
르면 자기가 주요 인물이었고, 셸렌베르크와 같은 타인들이 보기
에는 단순한 중개인이었다. 그가 참여한 데는 그만의 이유가 있었
다. 독일이 패배할 때를 대비해 스웨덴에 자신과 가족의 안전을 보
장할 근거지가 필요했던 것이다. 그렇게 그의 부역활동에 새로운

장이 열렸다. 스웨덴은 독일로부터 거리를 두어야 할 필요가 있었다. 케르스텐은 안전을 위해 스웨덴을 필요로 했다. 셸렌베르크는 사람들을 소개받기 위해 케르스텐을 필요로 했다. 그리고 나치 지도부에 있는 다른 인사들의 통제로부터 벗어나 있기 위해 둘 다 힘러를 필요로 했다. 라인하르트 하이드리히의 뒤를 이어 게슈타포의 총책임자가 된 에른스트 칼텐브루너 같은 인사가 대표적이다. 결투에서 생긴 흉터들이 말처럼 긴 얼굴을 가로지르고 있던 오스트리아인 칼텐브루너는 셸렌베르크나 케르스텐 같은 국제적 수완가들을 매우 미심쩍게 여겼다. 이들이 힘러에게 영향을 미치고 있는 것도 못마땅해했다. 연합국과 화평을 맺으려는 모든 시도는 '패배주의'의 냄새를 풍기는 일이었다. 많은 사람이 그보다 더 가벼운 죄로도 교수형에 처해졌다.

사실은 칼텐브루너도 화평조약에 대해 조심스럽게 떠보려고 했다. 그의 목적은 소련과의 화평을 통해 소련과 서방 연합 국가들 사이를 갈라놓는 것이었다. 그러나 힘러는 유대인을 혐오하는 만큼이나 러시아인들을 혐오했다. 협상을 맺는다면 그것은 그가 존중하는 혈통인 '앵글로색슨족'과 맺는 협상이어야 했다. 그는 게르만과 앵글로색슨의 피를 섞으면 더 위대한 아리아 인종이 탄생할 수 있다고 케르스텐에게 말한 적도 있다고 한다. 하지만 히틀러는 단호하게 끝까지 싸우겠다는 입장이었고, 힘러는 어쨌든 아직까지 그를 거역할 준비가 되어 있지 않았다.

케르스텐은 힘러를 설득해 바르샤바에 있던 네 명의 스웨덴인이 처형당하지 않도록 하는 데 일부 역할을 했다. 힘러가 케르스텐의 마법의 손 때문에 고통을 줄일 수 있어서 그랬는지 아니면 스웨덴과 불필요한 갈등을 피하고 싶어서 그랬는지는 확실치 않다. 어느 쪽이든 간에 스웨덴 정부는 케르스텐이 도와준 데 대해 감사했다. 스웨덴인 네 명의 고용주는 케르스텐의 노력에 대해 5만 5000스웨덴 크라운을 지불하는 후한 사례를 했다.[23] 야코브 발렌베리라는 이름의 이 고용주가 케르스텐의 인생에 큰 영향을 미치는 또 하나의 강력한 인물이다. 스웨덴의 가장 큰 은행과 다양한 회사를 보유한 발렌베리는 헤르만 괴링을 비롯한 몇몇 나치 지도부와 가까운 사이였다. 그의 은행은 나치가 약탈한 금괴로 비즈니스를 했다. 발렌베리는 친독 성향이었지만 카를 랑벤과 마찬가지로 독일의 보수적인 반나치주의자들과 일부 관계를 맺고 있었다.[24]

1943년 9월 스톡홀름에 도착한 케르스텐을 보수파 외교부 장관인 크리스티안 귄터가 맞아주었다. 장관은 독일이 감옥과 수용소에 있는 스칸디나비안 죄수들을 석방하도록 설득하기 위해 진지한 노력을 기울일 때라며 케르스텐에게 제안을 했다. 회고록에서 케르스텐은 이 제안을 "스웨덴의 인도주의적이고 중립적인 전통"에서 나온 것이라고 했다.[25] 그럴지도 모른다. 하지만 그렇다면 스웨덴은 왜 1942년 이전에는 절박한 유대인 난민들에게 국경을 열지 않았을까? 여기서 다시 한번, 남의 말을 잘 믿는 케르스텐의 프랑스 전기 작가 조제프 케셀이 남긴 정교한 설명이 더 진실에 가까워 보인다. 케셀의 설명에 따르면 귄터는 연합국들이 스웨덴에 자기들 편으로 넘어오라고 압력을 가하고 있다며 불평했다. 그는 그렇게 한다면 스웨덴에게는 재앙이 될 것이라고 보았다. 스톡홀름이 로테르담이나 바르샤바처럼 공습을 당하면 어떻게 할 것인가? 인도적 제스처를 취하면 어쩌면 연합국들을 만족시킬 수 있을지 몰랐다. 스웨덴이 가능한 한 많은 사람을 수용소에서 빼내도록 노력을 기울이는 것이다. 우선은 스칸디나비아인들로 시작해서 나중에는 다른 사람들에게까지 확대할 수도 있다. 그러면 스웨덴 적십자사가 이들을 스웨덴으로 데려올 수 있다. 스웨덴 적십자사는 스웨덴 국왕의 조카인 폴셰 베르나도테가 이끌고 있었다. 귄터는 이 계획을 수행하는 데 힘러에 대한 케르스텐의 영향력이 도움이 될지 모른다고 생각했다.

케르스텐은 스톡홀름에 살면서 일할 권리를 얻는 대가로 스웨덴 정부를 위해 더할 나위 없이 기꺼이 협조할 준비가 되어 있었다. 하지만 그에게는 여전히 심각한 문제가 하나 있었다. 독일로 돌아가 위통을 치료해줄 것이라고 힘러를 안심시키기 위해 아내와 아이들, 그리고 충실한 엘리자베트 뤼벤을 브란덴부르크에 있는 교외 저택 하르츠발데에 남겨두어야 했다. 하지만 이 문제를 해결할 수 있는 방법을 찾았다. 케르스텐은 게슈타포의 도청을 피해 스웨덴과 연락할 수 있는 안전한 방법도 필요로 했다. 그는 핀란드 대사관의 도움으로 이야기를 하나 꾸며냈다고 전후에 주장했다. 핀란드 육군이 징집 명령을 내려 케르스텐을 소환해서, 사실상 그가 마사지 치료를 더 이상 할 수 없게 만든다. 그리고 그가 스웨덴에 있는 핀란드 병사들을 치료해주기로 동의하면 국방의 의무에서 해제시켜준다. 그렇게 하면 그는 힘러를 치료하는 일도 계속할 수 있고, 가족들을 스톡홀름으로 옮겨올 수도 있다. 힘러도 여기에 동의했다. 놀랍게도 힘러는 하르츠발데에서 스톡홀름까지 도청 없는 사설 전화선을 설치하는 데도 동의했다.

조제프 케셀은 이보다 더 놀라운 조치에 대해 언급하고 있다. 케르스텐의 저택에 치외법권이 주어진 것이다. 케르스텐이 어떻게 이런 일을 이루어냈는지에 대한 이야기는 너무나도 신빙성이 떨어지지만, 동시에 너무 재미있기 때문에 언급하지 않을 수 없다. 독일에서는 식량이 엄격하게 배급되고 있었기에 짐승을 도축해 개인적으로 먹는 행위는 절대적으로 금지되어 있었다. 케르스텐은 자신이 먹고 있는 대량의 소시지와 돼지고기가 직접 기르는 돼지들로부터 나왔다는 사실을 칼텐브루너의 게슈타포가 알아차릴까봐 극도로 두려워했다. 1944년 초의 어느 날 케르스텐은 커다란 햄을 들고 베를린에 있는 힘러의 사무실을 찾아갔다. 살아 있는 생명에 대한 애정 때문에 보통 고기를 잘 먹지는 않지만 힘러는 고급 독일 햄 한 조각을 기꺼이 받았다. 매우 맛있군. 그런데 자네는 어떻게 이렇게 많은 고기를 갖고 있을 수 있지? 케르스텐은 그에게 사실을 말했고 힘러는 사색이 되었다. SS 수장이 방금 나치 독일의 가장 엄격한 규율을 위반한 것이다. 케르스텐은 이제 힘러에게 다음과 같은 선택지가 있다고 말했다. 위법행위에 대한 죄로 체포되거나 하르츠발데 저택에 치외법권을 허락해주는 것이다. 힘러는 수치심에 머리를 떨구고 케르스텐의 소원을 들어주었다. 재미있는 이야기이 기는 하지만…… 힘러가 규칙에 엄격한 사람이었다 해도 SS 수장 이 불법 햄을 먹었다는 이유로 체포된다는 것은 말도 안 된다. 참고 로 이 햄 사건이 진짜로 일어났다면 그 시점은 힘러가 독일 장군들 에게 다음과 같이 자랑스럽게 선언했을 즈음이다. "유대인 문제는, 우리 조국의 생명과 우리 핏줄의 생존을 위해 우리가 치르고 있는 투쟁의 관점에서 볼 때 타협 없이, 그리고 적절하게 해결되었다."[26]

이어지는 케르스텐의 스톡홀름에서의 활동은 이보다는 덜 터 무니없지만 여전히 꽤 비현실적이다. 누구의 이야기를 믿느냐에 따 라 케르스텐은 단순한 중개인이었을 수도 있고 협상가였을 수도 있 다. 야코브 발렌베리는 케르스텐에게 허리에 문제가 있는 새 환자 를 소개했다. 환자의 이름은 미국인 사업가로 보이는 어브램 스티 븐스 휴잇이었다. 케르스텐은 그를 "루스벨트 대통령의 스톡홀름 특 별 대표"라고 설명하고 있다. 케르스텐은 영어를 전혀 못했고 휴잇 의 독일어는 일천했으므로 거기서 오해가 생긴 것일 수도 있다. 휴 잇은 정계와 재계에 넓은 인맥을 갖고 있었으나 스웨덴에 온 이유 는 미국 대통령의 대표로서가 아니라 훗날 CIA가 되는 정보기관 OSS를 위한 정보 수집차였다. 휴잇에게는 케르스텐이 힘러와 맺고 있는 친분과 그의 인맥이 큰 관심의 대상이었을 것이다. 케르스텐 은 자신이 중요한 외교관의 역할을 맡아 활약할 기회를 감지했다.[27]

휴잇과 케르스텐은 이 끔찍한 전쟁을 종결시킬 가능한 방법 들에 대해 논의했다. 휴잇이 연합국은 히틀러와 화평을 맺을 리 없다고 이야기하자 케르스텐은 자신이 어쩌면 대안을 마련할 수 있을지 모르겠다고 답했다. 우선 힘러에게 이야기해보겠다고 했다. 힘러는 독일과 유럽이 야만적인 러시아의 손에 떨어지는 것을 두려워했던 터라 앵글로색슨 국가들과는 협상할 준비가 되어 있을지도 몰랐다. 휴잇도 독일을 함께 방문해보면 어떨까? 휴잇은 이 제안을 거절했지만 화평을 맺기 위한 전제 조건들을 나열했던 것으로 보인다. 우선 히틀러 정권이 집권을 포기해야 했다. 점령국들은 해방시킨다. 그리고 나치 지도자들은 전범으로 재판을 받아야 한다. 케르스텐은 힘러가 본인을 예외로 처리해준다면 이 조건들을 받아들일 수 있으리라고 보았다. 본인의 주장에 의하면 케르스텐은 조건들을 열심히 받아 적어서 힘러에게 보냈다.

미국 스파이와 핀란드 마사지사 사이의 이 '협상'에는 터무니없는 구석이 있다. 둘 중 어느 누구도 그 어떤 공식적인 정책을 결정할 위치에 있지 않았음은 물론이고, 협상권을 갖고 있지도 않았다. 케르스텐의 말이 사실이라면 그는 독일로 비행기를 타고 돌아가서 러시아 전선 근처에 있던 힘러의 본부인 호흐발트에서 힘러를 만났다. 케르스텐이 1943년 12월 4일에 남긴 일기를 보면(이것은 전쟁이 끝나고 새로 고쳐 쓴 일기다. 원본은 잃어버렸다고 한다) 이렇게 적혀 있다. "스톡홀름에서 내가 진행 중인 협상에 대해 힘러가 결정을 내릴 때가 되었다는 것을 오늘 아침 그에게 깨닫게 하려고 했다. (…) 나는 이렇게 말했다. '유럽의 그 어느 국가도 전쟁으로부터 얻는 것이 없습니다. 이제는 전쟁을 끝내야 할 때예요.' (…) 힘러가 답했다. '으윽, 제발 나를 괴롭히지 말게. 시간을 좀 달라고. 퓌러에게 모든 걸 빚지고 있는 내가 그를 제거할 수는 없어.'"[28]

힘러가 퓌러에 대한 공포에 압도되어 있었다는 사실은 의심의 여지가 없다. 하지만 힘러 본인의 일기를 보면 그는 그날 호호발트가 아니라 베를린에 있었고, 케르스텐과 만났다는 얘기는 전혀 없다. 실제로는 케르스텐으로부터 휴잇을 소개받고 몇 차례에 걸쳐 그의 의중을 떠본 셸렌베르크가 힘러에게 미국과 화평을 맺을 것을 고려해보라고 했다. 힘러는 관심 없다고 하고는, 자신의 마사지사가 그 어떤 외교적 제안이든 간섭하는 것을 원치 않는다고 말했다.

이 모든 이야기는 당시의 현실과 꽤 동떨어진 것처럼 보인다. 연합국은 히틀러나 힘러와 협상할 의도가 전혀 없었다. 이들은 무조건적인 항복을 원한다는 입장을 고수했다. 그리고 전범 재판이 열린다면 힘러가 제일 먼저 법정에 소환될 예정이었다. 하지만 힘러가 알고 있었든 그렇지 않든, 곧 붕괴될 나치 제국으로부터 아직 무엇을 살릴 수 있을지 알아보려는 내부의 시도들이 있었던 것은 사실이다. 이런 시도 중 일부는 대단히 괴상했다. 예를 들어 모델헛 Operation Modellhut이라는 이름의 작전에서는 셸렌베르크가 프랑스 디자이너 코코 샤넬을 통해 윈스턴 처칠에게 접근하려고 했다. 코코 샤넬은 독일군의 정보장교인 연인과 파리에서 동거하고 있었다(샤넬은 웨스트민스터 공작과 오랫동안 연인이었던 관계로 처칠과 아는 사이였다). 힘러의 친구였던 카를 랑벤은 독일이 무조건적인 항복을 피할 방법은 없는지 스위스에 있던 OSS 정보원 앨런 덜레스와 얘기해오고 있었다. 랑벤은 과거 프로이센의 재무장관이었던 요하네스 포피츠를 힘러에게 소개했고 포피츠는 힘러에게 퓌러를 상대로 쿠데타를 벌이면 어떻겠냐고 제안했다. 셸렌베르크도 예전에 힘러에게 비슷한 제안을 한 적이 있었다. 랑벤 자신은 힘러를 대신해 과연 어떤 형태의 평화협상을 중개할 수 있을지 알아보려고 스톡홀름을 여러 차례 방문했었다.

포피츠와 랑벤도 셸렌베르크처럼 독일군 지도부 사이에 점차 커져가던 반발에 연루되어 있었다. 둘은 히틀러의 광기와 임박한 독일의 파멸로부터 벗어날 방법을 진심으로 찾고자 했다. 케르스텐도 그만의 방식으로 그렇게 했다. 전쟁이 끝나고 케르스텐은 이들 모두가 나치 제국에 대한 공통된 증오에서 행동한 것처럼 이야기했다. 하지만 대부분의 경우 반발의 이유는 이보다 훨씬 더 복잡했다. 그 이유를 들여다보면 지금 우리에게는 기상천외하게 느껴질 만한 당시의 움직임들을 설명할 수 있다. 전후 셸렌베르크는 심문을 받는 과정에서 자신의 교섭 상대였던 휴잇이 "대중이 적화될 경우 독일에 닥칠 거대한 위험을 특히 강조했고, SS를 강화해 독일 내부와 동부 전선을 안정시키는 역할을 하는 것이 필수라고 생각했다"고 진술했다.[29] 전쟁이 끝나는 바로 그 순간까지도 힘러를 비롯한 일부 나치는 서양의 연합국이 정신을 차리고 자신들이 엉뚱한 적과 싸우고 있음을 깨닫기를 바랐다. 연합국은 독일과 어깨를 나란히 하고 아시아의 무리를 상대로 싸우고 있어야 옳았다.

전 CIA 요원이자 케르스텐에 관한 책의 저자인 존 월러는 "[휴잇의 것이라고 알려진] 이와 같은 정서는 기본적으로 휴잇이 아니라 셸렌베르크의 것이다"[30]라고 쓰고 있다. 그럴 가능성이 높다. 연합국 쪽에도 아예 없었던 것은 아니지만(조지 패튼 장군도 전쟁이 끝나고 비슷한 생각을 얘기한 적이 있다) 미국이나 영국의 주류 정서는 아니었다. 스톡홀름이나 파리나 스위스에서 화평조약을 중개하려던 시도에 진전이 없었던 것은 그 때문이다. 힘러가 휴잇의 생각에 대해 더 들어보고 싶다며 관심을 나타냈을 때 그는 이미 미국으로 떠나고 없었다. 힘러가 히틀러 이후의 독일에서도 주도적인 역할을 하기를 바랐다는 것은 확실하다. 아마도 야코브 발렌베리와 같은 스웨덴의 보수파가 그의 이런 바람을 부추기지 않았을까.

케르스텐 본인의 이유는 무엇이었을까? 그는 부와 권력을 가진 사람들의 안락함을 돌보는 편안한 삶, 화려한 삶을 원했다. 아마 정치에는 그만큼 관심을 갖지 않았을 것이다. 하지만 케르스텐은 공감과 반감의 대상이 분명했다. 러시아인에 대한 그의 혐오는 잘 알려져 있다. 에스토니아와 핀란드에서의 경험으로 인해 볼셰비즘에 대해서도 현실적인 두려움을 갖고 있었다. 나치 수뇌부를 포함한 그의 수많은 환자도 케르스텐의 이러한 두려움을 공유하고 있었다. 그는 전쟁이 끝나고 한참이 지난 후에도 자신의 나치 환자들이 사실은 품위 있는 인간들이라며 계속해서 옹호했다.

히틀러가 사라지기를 원했던 반체제주의자들은 실제로 품위 있고 용감한 사람들이었다. 카를 괴르델러, 루트비히 베크, 한스 폰 도나니 같은 이들이다. 대부분 상류층 보수주의자로 한때 히틀러 정권에서 관료나 장교로 일했다. 이들은 조국의 운명을, 때로는 자신이 속한 상류층 계급의 운명을 걱정했다. 케르스텐은 힘러가 군주와 귀족과 상류층 엘리트들을 증오했다고 언급한 적이 있다. 1944년 초 네덜란드를 잠깐 방문했을 때 힘러는 네덜란드 상류층이 위대한 독일의 명분에 충성을 보이지 않는다며 몇몇 부유한 사업가를 다하우 강제수용소로 보내려고 했다. 케르스텐은 힘러가 마침 마사지를 간절히 필요로 하고 있었으므로 자신이 나서서 이들을 그 끔찍한 운명으로부터 구할 수 있었다고 주장한다. 케르스텐의 회고록에는 여기서 네덜란드 최대의 미술품 수집가 몇 명의 이름이 등장한다. 이들을 나치에 저항한 영웅이라고 할 수는 없었다. 이 중 한 명은 큰 이윤을 남기고 헤르만 괴링에게 그림들을 팔기도 했다. 전쟁이 끝나고 나서 이들이 케르스텐에게 큰 도움이 되었음은 물론이다.

1944년 6월 20일, 독일 육군 장교들이 히틀러를 암살하려던 시도가 실패로 돌아가자 내부 저항의 움직임은 신속히 붕괴되었다. 퓌러가 살아남은 것을 신의 섭리에 의한 행위로 여겼던 힘러는 '반동적 무리'들을 모조리 체포해서 죽이겠다고 맹세했다. 실제로 주모자들은 체포되어 고문당하고 공개 재판에서 굴욕을 당한 뒤 고기를 걸어놓을 때 쓰는 갈고리에 매달리는 신세가 되었다. 주모자들뿐만이 아니었다. 힘러는 이들 중 일부는 가족들도 가둬야 한다고 생각했다. 이때 힘러의 명령으로 죽은 사람들 중에는 요하네스 포피츠, 그리고 힘러의 오랜 친구 카를 랑벤도 있었다. 힘러는 마치 히틀러의 목숨을 노린 시도를 막지 못한 자신의 실패를 이들에 대한 가혹한 처벌로 벌충이라도 하려는 것 같았다. 아니 그가 벌충하려던 것은 그게 다가 아니었는지도 모른다.

힘러의 문제는 비록 간접적인 위치였다고는 하나 스스로가 히틀러의 암살 음모에 너무 가까이 있었다는 사실이다. 랑벤 같은 인물은 너무 많은 것을 알고 있었다. 힘러는 셸렌베르크 및 다른 이들로부터 히틀러가 죽는 편이 나을 것이라는 의견을 듣기도 했다. 케르스텐도 힘러에게 암살 계획이 성공하는 편이 좋겠다고 말한 적이 있다고 한다(가능성이 희박한 얘기다). 케셀이 쓴 글에도 힘러가 크게 당황해서 케르스텐에게 스톡홀름과의 대화 기록을 모두 파기하라고 했다는 이야기가 있다(역시 가능성이 희박한 얘기다). 케르스텐이 힘러에게 소개했던 점성술사인 빌헬름 불프는 케르스텐이 극도의 불안 상태로 그에게 전화했다고 말한다. 힘러와 자신이 이제 위험한 상황에 빠지는 것은 아닌지 별점을 통해 알아봐달라고 했다는 것이다.

이 모든 이야기는 신뢰하기 어렵다. 하지만 이는 힘러의 주변과 전반적인 나치 정권이 어떻게 대혼란의 도가니가 되어갔는지에 대한 흥미로운 시각을 더해준다. 지금이야 우리는 나치 제국이 사람들이 한때 생각했던 것처럼 효율적이고 매끄러운 관료 체제와는 거리가 한참 멀었다는 사실을 알고 있다. 하지만 케르스텐이나 불프 같은 주변인의 이야기는 실제의 나치 정권이 편집증적이고 잔악한 경쟁관계가 우글대는 소굴이었음을 엿볼 수 있는 흔치 않은 기회를 제공한다. 그리고 현실에 대한 감을 갈수록 잃어가는 사람들 사이에서 그런 경쟁이 일어나고 있었다. 점성술사와 안마사의 이야기에는 허구가 일부 섞여 있긴 하겠지만, 이들이 묘사하는 정신병적인 분위기는 사실처럼 들린다.

힘러의 전기 작가 페터 롱게리히에 따르면 힘러는 1944년 7월의 사건들이 마무리되면서 이전보다 훨씬 더 큰 권력을 갖게 되었다. 히틀러는 암살 모의와 관련된 독일군 장군들을 파면하고, 군사 경험이 매우 제한적이었던 힘러에게(무고한 민간인을 죽이는 것이 아니라 군대와 전쟁을 한다는 의미에서 그렇다) 예비군 지휘권을 맡겼다. 하지만 그렇다고 해서 힘러의 불안이 줄어든 것은 아니다. 점성술사의 신비한 능력에 기대어 군사 전략에 대한 자문을 구했다는 사실 자체가 힘러의 주변이 얼마나 불안정해졌던가를 보여준다. 그가 불프의 조언을 항상 받아들였는지 여부는 별개의 문제다. 마사지사 케르스텐과 마찬가지로 점성술사 또한 나치 수뇌부에 있는 사람들의 행동을 감시하고 그들에게 영향력을 행사하는 목적으로도 이용되었다.

전후 불프가 했던 발언은 케르스텐의 발언만큼이나 걸러서 들어야 하지만, 그는 분명히 관찰력이 뛰어난 사람이었다. 불프가 보기에 셸렌베르크는 해외 강대국들의 정치와 군사 전략에 대해 힘러보다 더 잘 알고 있었다. 여기에는 의심의 여지가 없다. 그에 따르면 셸렌베르크는 나치 지도층이 저지른 "막대한 범죄행위를 방지하거나 완화시키기 위해" 노력했다.[31] 불프는 이렇게 덧붙였다. "셸렌베르크의 노력이 어디까지가 인도주의적 감정에 기인한 것이고, 어디까지가 미래를 위한 알리바이 목적으로 사용하려는 욕구에서 비롯된 것인지는 판단하기 어렵다." 후자가 더 일리 있어 보인다. 케르스텐이 "힘러와 셸렌베르크에게 자신을 더 돋보이게 하려고 (나의) 점성술 지식을 이용했다"는 불프의 발언은 악의적이기는 하나 이 또한 사실이었을 수 있다.

사실 나치 지도부는 마지막이 다가오고 있음을 느끼기 시작하면서 특별 무기, 막판의 극적인 승리, 독일의 우월한 투지에 대한 희망 고문을 통해 종말을 애써 생각하지 않거나, 아니면 되도록 많은 수의 사람을 자신들과 함께 파멸시키기 위해 점점 더 살인적인 정책들을 몰아붙였다. 그러면서 이들은 마법의 손, 마법의 도표, 마법의 약물로 일시적인 위로를 줄 수 있는 약장수와 점성술사와 의사와 마사지사에게 점점 더 의존적이 되어갔다. 이렇게 미쳐 돌아가는 환경에서 계속 활동한다는 것은 절대 안전하지 않았다. 케르스텐이 힘러의 불안을 이용해 그를 설득하여 사형에 처해질 뻔한 사람들을 구한 것은 칭찬할 만한 일이다. 그중에는 사회주의자이자 빈의 전 시장인 카를 자이츠도 있었다.

칼텐부르너가 전부터 케르스텐을 의심하고 있었다고 한다면, 7월의 사건들과 케르스텐이 자이츠 같은 사람들의 목숨을 살려달라고 부탁한 일로 인해 그의 편집증은 더 심해졌을 것이다. 케르스텐의 회고록에는 1944년 8월 2일 셸렌베르크가 그에게 보낸 편지의 복사본이 실려 있다. 이 '은밀하고 비밀스러운' 편지에서 셸렌베

르크는 칼텐부르너가 '랑벤 사건' 때문에 케르스텐을 노리고 있다
고 경고한다. 랑벤이 7월의 암살 음모에 공모했다는 주장을 하고
있는 이 사건의 파일에는 케르스텐이 영국 첩보 기관과 함께 일하
고 있다는 증거가 들어 있었다고 한다. 셸렌베르크의 주장에 따르면
케르스텐이 스웨덴으로 떠나고 가족들을 스톡홀름으로 이주시킨
뒤부터 게슈타포가 그를 죽이려고 했다. 편지에는 이 사실을 힘러
에게 알리고, 총을 갖고 다니고, 이 편지는 즉시 파기하라고 쓰여 있
다. 편지에는 어떤 공식 레터헤드도 인쇄되어 있지 않다. 케르스텐
이 편지를 파기하지 않았거나, 전쟁이 끝나고 자기 손으로 직접 쓴
편지이거나 둘 중 하나다.

케르스텐과 그의 전기 작가 케셀은 모두 셸렌베르크가 8월 2일
에 보낸 또 하나의 편지를 언급하고 있다. 하르츠발데에서 베를린
으로 가는 동안 케르스텐을 암살할 것이라는 구체적인 계획에 대
한 경고가 담긴 편지다. 이 편지의 복사본은 케르스텐의 회고록에
인쇄되어 있지 않다. 케르스텐은 평소와는 다른 길로 베를린에 갔다
고 주장한다. 그러고 나서 힘러에게 암살을 간신히 피해왔다고 말
하자 힘러는 대로했다. 칼텐브루너가 즉시 힘러의 개인 열차로 불
려왔다. 케르스텐이 품위 있는 양반이라고 묘사했던 고틀로프 베
르거 장군도 함께 있었다. 베르거는 당시 동부 전선에서 친위대의
힘을 규합하는 작업을 하고 있었다. 칼텐브루너는 케르스텐에게 어
떻게 지내느냐고 정중하게 물었다. 케르스텐은, 별로입니다. 왜냐
하면 막 일자리를 잃었거든요. 영국 첩보 기관에서 다년간 일했으

면서도 아직 힘러를 죽이는 데 성공하지 못했기 때문입니다, 라고 답했다. 칼텐브루너는 얼어붙어 입을 뗄 수 없었다. 힘러는 이게 아주 훌륭한 농담이라고 생각하고는, 칼텐브루너에게 만약 자신의 마사지사에게 어떤 일이라도 생긴다면 목숨으로 대가를 치를 것이라고 말했다.

케르스텐의 이야기가 흔히 그렇듯 이것 역시 어쩌면 그랬을 수도 있고 아닐 수도 있다. 어쨌거나 이 이야기는 그의 활발한 상상력을 보여주기는 한다. 케르스텐은 살아남았으나 전쟁은 아직 끝나지 않았다. 힘러는 여전히 수백만 명의 삶과 죽음을 결정지을 권력을 갖고 있었다. 8월 9일 SS와 경찰부대가 폴란드 우치의 유대인 거주지역을 정리해서 6만 명의 유대인을 아우슈비츠로 보냈다. 8월과 10월 사이에는 고틀로프 베르거의 SS가 슬로바키아의 반란을 진압해서 1만2000명의 슬로바키아 유대인을 아우슈비츠로 보냈다. 10월 30일에는 테레지엔슈타트에서 마지막 수송 열차가 아우슈비츠로 떠났고, 1만8000명의 유대인 대부분이 도착하자마자 가스실로 보내졌다. 11월 25일에는 힘러가 조직적인 대량학살의 흔적을 지우려는 목적에서 아우슈비츠의 가스실과 화장터를 파괴하라는 명령을 내렸다. 베스터보르크로부터의 마지막 수송 열차는 9월 13일에 279명을 태우고 출발했다. 안네 프랑크는 그 바로 한 주 전의 수송 열차에 탑승했다.

3: 베이징

일본의 전쟁을 위한 가와시마 요시코의 적극적인 부역은 사실상 진주만 공습 전에 끝났다. 일본의 패전이 불가피해지자, 그동안 일본의 전쟁 수행을 독려하는 자신만의 역할을 하고자 했던 요시코의 열의는 버림받았다는 느낌으로 급속히 변했다. 조국을 배신했던 그녀가 이제 자신을 이용했던 남자들에게 배신당했다고 느꼈던 것이다. 자신들의 쾌락을 위해, 그리고 중국 침공을 영웅적인 사업으로 포장하기 위해 요시코를 이용했던 사람들이다. 그녀는 이런 감정을 표현하는 데 거리낌이 없었고, 이로 인해 큰 위험에 처했다.

자기연민에 빠져 규슈 섬의 한 온천호텔에 파묻혀 지내던 요시코는 어느 날 영화배우 리코란을 로비에서 마주쳤다. 리코란은 영화 「지나의 밤支那の夜」을 촬영하고 상하이로 돌아가는 길이었다. 영화에서 리코란은 용감한 일본 선원과 사랑에 빠져 중일 관계를 발전시키는 젊은 중국 여성을 연기했다. 요시코는 리코란을 보자마자 기모노의 솔기를 획 걷어올려서 허벅지에 있는 주사 자국과 시퍼런 흉터를 보여주며 말했다. "내가 이렇게 고생을 했어. 일본군을 위해 몸 바쳐 일했는데, 이 흉터가 내 끔찍한 운명의 증거야."

요시코는 이미 규슈에 너무 오래 머물러 미움을 사고 있었다. 호텔 주인이 계산서를 속였다며 잘못 비난하기도 하고, 성적 학대를 당했다며 병원 원장을 몰아세우고, 다이아몬드 시계를 도둑맞았다고 거짓 신고를 해 경찰을 여기저기 찾아다니게 만드는 등 소동을 피웠다. 요시코의 충직한 비서는 이런 터무니없는 행동을 그녀의 외로움 탓으로 돌렸다. 하지만 요시코를 호송하던 경찰 중 한 명은 다르게 이야기한다. 그는 요시코가 "일본에 원한을 품고 있었기" 때문에 일본 관리들을 일부러 놀려먹는다고 믿었다.[32]

요시코의 이런 마음 상태는 그녀가 리코란의 호텔 방 문 밑으로 밀어넣은 편지에 가장 잘 나타나 있다. 리코란을 일본어 본명으로 호칭하는 편지의 내용은 이렇다.

요시코짱,

오랜만에 만나서 정말 반가웠다. 나는 이제 어떻게 될지 모르는 몸, 우리는 다시 만나지 못할지도 몰라…… 돌이켜보면 내 인생은 도대체 무엇이었는지. 그렇게 생각하면 슬프기 그지없군. 세상이 너를 찬양할 때는 인생이 아름답지. 하지만 그러다가 너를 이용하려는 사람들이 몰려오는 순간 모든 것이 바뀌어버려. 그런 놈들에게 끌려다니면 안 돼. 너는 너의 신념을 지켜. 네가 정말로 하고 싶은 일을 해. 이용당하다가 버려지면 어떻게 되는지 보여주는 좋은 예가 여기 있잖아. 나를 잘 보라고. 나 자신의 뼈아픈 경험에서 충고하는 거야. 지금의 나는 막막한 광야에서 해가 지는 것을 바라보는 심정이야. 나는 고독해. 혼자서 어디를 향해 걸어가야 좋은 것일까?[33]

자기연민이 약간 과하게 드러나 있기는 해도, 남자 말투의 일본어로 쓴 요시코의 편지는 진심으로 들린다. 그녀는 스스로의 신화에 유폐되었다. 더 이상 갈 곳이 없었다. 그래서 스스로의 환상에 더 깊이 침잠해들어갔다. 이 또한 그녀의 정치적 충성심이나, 그녀를 이용하던 남자들과의 애정관계만큼이나 모순된 것이었다. 그런 남자들 중에 진정한 일본 파시스트에 가장 가까운 인물이 한 명 있었다.

사케 양조업자의 아들인 사사카와 료이치笹川良一는 수상한 사업가이자 정치 공작가였다. 그는 1930년대에 쌀 시장 투기로 큰돈을 벌고 나서 온갖 부정한 돈벌이에 손을 뻗쳤다. 그는 지하 범죄세계를 정치권과 군대에 연결시켜주는 극우 세력의 해결사 중 한 명이었다. 비행 부대까지 갖추고 있던 그의 개인 민병대는 황군 육군이 뜻대로 쓸 수 있었다. 그는 상하이와 만주국에서 중국 상인들을 갈취해 큰돈을 벌었고, 일본군에 광물과 다이아몬드와 그 외 다른 서비스들을 제공했다. 그중에는 수익률이 매우 높은 아편 사업도 있었다고 한다. 사사카와의 깡패들은 황군이 직접 할 수 없어 누가 대신 해주길 원하는 폭력적인 일들에 동원되었다. 정치적 암살 같은 일이었다. 간혹 사사카와의 방식은 너무 극단적이라 일본조차 공식적으로 용납할 수가 없었다. 그는 1935년에 갈취죄로 체포되었으나 나중에 증거불충분으로 풀려났다. 무솔리니를 매우 동경해서 1939년 로마에 찾아가 방문하기도 했던 사사카와는 자신의 국수대중당國粹大衆黨 당원들에게 이탈리아 스타일의 검은 제복을 입히기도 했다.

사사카와는 1945년 미국에 의해 일급 전범으로 투옥되었으나 기소되지 않았다. 폭력 조직뿐 아니라 보수 정치인들과도 가까운 관계를 맺고 있던 사사카와 부류의 우익 인사들이 그랬듯, 그는 철저한 반공주의자로 효용 가치를 증명해 냉전 기간 내내 승승장구했다. 사사카와는 모터보트 레이싱 도박 사업으로 막대한 부자가 되었다. 그는 자신을 '세계에서 가장 돈이 많은 파시스트'라고 불렀는데, 순전히 농담이었던 것 같지는 않다.[34] 닛폰 재단日本財團이라는 이름의 그의 조직은 유엔을 비롯한 여러 자선단체에 있어 중요한 기부자였다. 사사카와의 꿈은 노벨평화상을 받는 것이었으나, 이 꿈은 1995년 그가 죽을 때까지 이루어지지 않았다.

1940년 6월 사사카와는 요시코를 살해하려는 계획에 가담했다. 자가용 비행기 '애국호'를 타고 만주국으로 갔다가 다시 거기서 베이징으로 가서 헌병대 여단장인 유리中利와 자신의 호텔에서 만났다. 유리는 "골치 아픈" 문제가 하나 있다며 이야기하고 싶어했다. 다다 하야오 장군이 유리에게 요시코를 "처리하라"는 명령을 내렸다는 것이다. 물론 요시코의 연인이자 후견인이자 자금줄인 그 다다 하야오다. 유리는 일본의 대의명분을 위해 그토록 많은 일을 해온 요시코에게 연민을 느끼고 있었다. 하지만 다다 하야오는 이제는 성가신 존재가 되어버린 요시코를 제거하고자 했다. 유리는 차마 그렇게 할 수 없었다. 헌병대는 절대로 마음 약한 조직은 아니었으나, 이 일은 유리의 도덕적 원칙이 허락지 않았다.

여기서부터 사사카와가 취한 행동은 그의 전기 작가 야마오카

소하치山岡莊八에 따른 것이다. 야마오카 소하치의 전기는 사사카와 에 대한 호의적 평가로 가득 차 있어 신뢰하기는 어렵다.[35] 요시코 의 전기 작가 필리스 번바움은 어쨌든 그 전기를 길게 인용하고 있 다. 사사카와에 대한 청송 일색의 전기이기는 해도 번바움은 야마 오카가 요시코를 대체로 제대로 꿰뚫어보았다고 믿고 있다. 사사 카와는 유리에게 이 곤란한 일을 자기가 직접 처리하겠다고 말하 고는 베이징에 있는 요시코의 집으로 직행했다. 집에서는 헌병대 장교 여럿이 그녀를 빈틈없이 지키고 있었다. 창백하고 지친 얼굴 의 요시코는 심각하게 우울한 상태였다. "나를 이렇게 만든 건 '파 파'(다다 하야오)예요"라고 그녀는 말했다. 일본을 위해 그토록 많은 일을 했는데, 이제 나를 이렇게 범죄자 취급 하다니. 요시코는 다 다 하야오와 상하이의 옛 연인 다나카 류키치를 "별 볼 일 없는 장 군들"이며 "고마움을 모르는 깡패들"이라고 비난했다. 자신의 몸을 탐했을 뿐이며 그러고 나서는 "오래된 넝마"처럼 내다버렸다며.[36]

요시코가 그런 말을 했을 수는 있다. 그녀가 육군대신과 외무 대신을 비롯한 일본의 여러 지도급 인사에게 다다 하야오 중장과 일본군이 중국에서 저지른 행동을 비난하는 편지를 습관적으로 보 내곤 했다고 여러 사람이 이야기한다. 요시코는 단순한 골칫거리가 아니었다. 육군대신인 도조 히데키를 비롯해 군 내부에 수많은 정 적을 두었던 다다에게 그녀는 직접적인 위협이었다. 라디오 방송 과 연설에서 일본에 대한 도발적인 비판을 거듭했던 요시코의 행 위를 보면 그런 편지들을 보냈을 법도 하다.

유리 연대장이 요시코의 암살 명령을 받은 첫 번째 인물이 아니었을 수도 있다. 최소한 다른 한 명이 같은 임무를 부여받았던 것으로 보인다. 바로 요시코의 과거 연인이자 리코란의 멘토였던 야마가 도루 대좌다. 이 임무에 대한 내용이 리코란의 회고록에 언급되어 있다. 옛 연인을 살해하라는 명령을 받는다는 것은 지극히 기괴한 일이다. 하지만 그렇다고 해서 그 가능성을 배제할 수는 없다. 다다 하야오는 어쩌면 야마가 도루의 일본에 대한 충성심을 시험해보려던 것인지도 모른다. 아니면 애정의 경쟁 상대로 여겼는지도 모른다. 혹은 그런 일 자체가 아예 없었을 수도 있다.

어쨌든 야마가 도루는 요시코를 죽이지 않았다. 일본의 군 지도부에게 요시코가 정말로 일본어 표현처럼 '눈엣가시'였을 가능성은 매우 크다. 연인들의 행동에 대한 개인적인 불만 때문이었든, 스스로의 배신행위에 대한 회한 때문이었든, 남아 있는 일말의 애국심 때문이었든, 아니면 이 세 가지 모두였든, 요시코는 점점 더 공개적으로 일본이 중국에서 벌이고 있는 전쟁을 비난하고 있었다. 그렇다면 그녀는 왜 사사카와와 같은 극우 국수주의 무법자의 품에서 위안을 얻고 보호를 받으려 했을까? 이 질문 자체가 순진한 것인지도 모른다. 왜냐하면 점점 끔찍한 막장으로 치닫는 오페라에 반복적으로 등장하는 모티프처럼, 특정한 패턴이 계속해서 그녀의 삶을 장악하고 있었기 때문이다. 요시코는 일본에게 정복당했음을 분하게 여기면서도 그걸 계속 찾아다녔다. 징벌적 사랑이 주는 굴욕을 갈망하면서.

요시코와 사사카와의 관계가 정확히 어떤 것이었는지는 가늠하기 어렵다. 요시코는 사사카와를 '큰형님'이라고 불렀다. 사사카와는 요시코의 베이징 집에서 둘이 처음 만났을 때 그녀가 울면서 도와달라고 빌었다고 말한다. 그는 요시코를 다롄에 있는 그녀 가족의 집으로 강제로 보낸 다음, 그녀가 중국에서 곤란한 지경에 처하지 않도록 비행기에 태워 규슈의 중심 도시인 후쿠오카로 데려갔다. 말년의 사사카와는 유료 텔레비전 광고에 출연해 자신이 노모를 등에 업고 다닐 만큼 효성이 지극하고 인정 많은 사람인 양 포장하기를 좋아했지만, 젊은 시절의 그는 바람둥이 기질을 자랑스럽게 여겨 여러 명의 정부를 거느리던 사람이었다. 요시코는 그에게 깊은 애착을 갖게 되었던 것으로 보인다. 후쿠오카에서 도쿄로, 도쿄에서 오사카로, 그가 가는 곳은 어디든 따라다녔다. 사사카와가 혼자 어디론가 떠나려 할 때마다 눈물을 펑펑 흘리며 그를 밤새 잠도 못 자게 만들었다. 어느 날 밤 그녀는 울면서 이렇게 말했다고 한다. "안아주세요. 진짜 일본 남자에게 안기고 싶어요."[37] 사사카와는 요시코가 밤에 기모노 바지인 하카마를 정성을 다해 개는 모습에 감동받았다고 한다. "하카마를 제대로 갤 줄 아는 여자는 이제 많지 않아."[38]

그녀의 에로틱한 관계가 대부분 그랬듯, 사사카와와의 관계에도 정치적 판타지가 끼어들었다. 그중 하나는 요시코의 일생을 다룬 영화에 리코란을 출연시키는 것이었다. 그녀는 또한 자신이 평화 사절이 되어 국민당 임시 수도인 충칭에서 장제스를 만날 것을 꿈꾸기도 했다. 그녀는 이러한 의도를 담은 편지를 사사카와에게 보냈다. 요시코는 그녀 특유의 부자연스러운 일본어로 사사카와에게 그의 국수대중당을 중국의 운명에 관여시키라고 썼다. "당신의 요시짱이 장제스를 만나려고 합니다. 시간이 별로 없어요. 이리 와서 함께 의논해봅시다. 마쓰오카(외무대신)와 이야기해보고, 같이 충칭으로 갑시다."[39]

사사카와로서는 성적인 관심 외에도 당분간 요시코를 붙들고 있을 이유가 있었을 것이다. 일본에서 여전히 유명 인물이었던 요시코는 그의 파시스트 정당에 큰 도움을 줄 수 있었다. 만주족 황녀의 지지를 받고 있다는 사실은 그가 중국과 일본에서 벌이고 있던 떳떳지 못한 사업에 광채를 더해줄 것이었다. 그렇게 그녀는 다시 한번 권력을 가진 남자가 갖고 놀기 좋은 대상이 되었다. 하지만 요시코는 사사카와의 대외 홍보를 돕기에는 너무 믿을 수 없는 존재였다. 대중 연설을 해달라는 요청을 받고 나서 나타나지 않는다거나, 연설 중간에 갑자기 멈춰버리거나, 원고에 없는 도움도 되지 않는 발언으로 새버리곤 했다. 요시코는 하루의 대부분을 침대에 누워 보냈다. 약물 중독 문제도 점점 통제하기 어려워졌다. 자살하겠다는 협박도 여러 번 있었다. 그리고 언제나 더 많은 돈을 필요로 했다.

요시코의 삶이 늘 그랬듯, 주인과 노예 중 어느 쪽이 어느 쪽을 더 착취하고 있었는지는 불분명하다. 사사카와의 전기 작가는 그가 "요시코가 인생을 걸었던 꿈, 아직 이루지 못한 제국 건설의 꿈에 대한 순수한 열정에 크게 감동받아" 힘닿는 데까지 그녀를 지원했다고 믿고 있다.[40] 문제는 여기서의 제국이 청 제국인가 일본 제국인가 하는 것이다. 어찌 되었든 요시코는 오래지 않아 사사카와의 계획에 들어맞지 않는 존재가 되었다. 사사카와는 그녀를 버렸다.

요시코는 마침내 규슈를 벗어날 수 있었다. 여기에는 외무대신 마쓰오카 요스케가 관련되었던 것으로 보인다. 요시코는 마쓰오카가 베를린에서 도쿄로 돌아오던 중 후쿠오카 공항에서 그를 만났다. 나중에 크게 후회하기는 했지만 당시 마쓰오카는 나치 독일과 파시스트 이탈리아와 협정을 맺고 만족해하던 중이었다. 둘은 서로 포옹했다. 공공장소에서의 포옹은 중국이나 일본에서는 사람들의 주목을 끌 만큼 이상한 일이었다. 마쓰오카의 호의 덕분에 요시코는 도쿄로 갈 수 있는 허가를 받았다. 도쿄에서 그녀는 세 마리의 원숭이를 사서 산노호텔로 이사했다. 산노호텔은 1936년 젊은 군국주의자들이 천황을 신성한 독재자로 삼는 파시스트 국가를 세우려는 쿠데타를 일으켰다가 실패한 곳이다.

그곳에서 요시코는 원숭이들을 어깨에 앉힌 채로 라디오를 듣다가 일본이 진주만을 공습한다는 발표를 들었다. 이 소식을 듣고 일부 자유주의자를 포함한 수많은 일본인이 크게 안도했다. 이제 적어도 일본은 서양 제국주의 열강이라는 진정한 적과 명예로운 싸움을 하게 되었다. 중국에서 벌이고 있던 전쟁은 지저분하고 당혹스러운 상황이었다. 만주국은 가난에 찌든 일본 농민들이 몰려가는 곳이 되어버렸다. 중국이 '영미의 야만인'과 벌이는 진정한 전쟁의 곁다리가 되어버렸으므로, 아시아에서 일본의 야망을 위해 요시코가 할 수 있는 역할도 의미가 없어졌다.

산노호텔에서 요시코의 옆방에는 키 크고 콧수염을 기른 찰스 쿠즌스라는 사람이 살고 있었다. 그는 오스트레일리아의 육군 소위였다가 싱가포르에서 일본군의 포로가 되었다. 일본은 방송 경험이 있던 그를 본인의 반대에도 불구하고 일본으로 데려와 연합군 병사들을 상대로 한 심리전 라디오 방송을 만들도록 했다. 그가 제작하는 프로그램의 주인공은 캘리포니아 일본인 이민자의 딸인 이바 도구리였다. 도구리는 '도쿄 로즈' 또는 때로 '도쿄 마타하리'로 알려지고, 매도당했다.

이 이야기 또한 거짓으로 가득 차 있다. 도쿄 로즈는 존재하지 않았다. 적군 병사들의 사기를 꺾기 위해 매혹적인 목소리로 방송하던 여러 명의 여성에게 붙여진 통칭일 뿐이었다. 도구리는 전쟁을 벌이고 있는 두 나라 사이에 끼어 시대적 상황에 당한 순수한 희생자였다.

도구리가 일본의 친척을 방문하고 있을 때 진주만 공습이 시작되었고 그녀는 하루아침에 적국의 시민이 되어버렸다. 그녀는 일본말도 전혀 할 줄 몰랐다. 젓가락도 제대로 쓰지 못했다. 미국인인 도구리는 일본인 친척 집에 머무르지 못하게 되었고, 그녀의 부모는 미국의 포로수용소에 갇혔다. 돈도 없고 갈 곳도 없던 도구리는 '고아 애니'라는 방송용 예명을 만들고 일본 라디오에서 영어로 방송을 해 생계를 유지했다. 그녀는 정치적인 메시지는 일체 방

송하지 않았다. 도구리와 쿠즌스는 주로 음악과 재미있는 일화를
소개하던 자신들의 프로그램에 의도적으로 체제 전복적인 농담을
끼워넣었다고 이야기한다.

하지만 도쿄 로즈의 신화는 영향력이 강했다. 전쟁이 끝나자 미
국은 희생양을 원했다. 미국 법무부도 미군도 그녀가 아무런 해악
를 끼치지 않았다고 생각했지만 도구리는 미국에서 배신자로 재판
을 받았다. 재판은 매우 미심쩍은 상황에서 진행되었다. 배심원들
은 유죄 의견을 내라는 압력을 받았다고 주장한다. 도구리는 10년
형을 판결받고 미국 시민권을 잃었다. 진정으로 어디에도 고향이 없
는 사람이 바로 여기 있었다. 그녀가 원래 유죄 판결을 받지 말았
어야 할 것이라는 보고서가 1977년에 나오고 나서 포드 대통령은
마침내 도구리에게 완전하고도 무조건적인 사면을 내렸다. 60세
의 나이에 도구리는 다시 한번 미국 시민이 되었다.

그러는 동안 요시코는 또 한 번 일본을 떠나 중국으로 보내져
서, 급격히 노쇠해가는 육체와 세 마리의 원숭이와 함께 전쟁의 남
은 기간을 베이징에서 지루하고도 한가하게 보냈다. 요시코는 그러
나 전쟁이 끝나고 배신자로 재판을 받고 난 뒤 도쿄 마타하리와 달
리 살아남지 못했다.

제9장:
최후

1: 헤이그

1944년 새해가 막 지났을 무렵, 프리드리히 바인레프는 자신이 벌이던 게임이 이제 얼마 못 가리라는 것을 짐작했다. 바인레프가 정보원 역할을 했던 덕분에 독일이 어차피 곧 '동쪽'에서 처형될 유대인을 다수 검거하기는 했다. 하지만 그것만으로는 충분치 않았다. 여전히 피에 굶주려 있던 SS를 만족시키기란 절대 불가능했다. 그리고 진짜인지 모를 부자 유대인들의 두 번째 명단을 놓고 미적거리는 바인레프의 태도가 헤이그 SD 관료들의 심기를 심각하게 거스르고 있었다. 바인레프의 생각이 맞았다. 어느 누구도 명단에 이름을 올리기 위해 은신처 밖으로 나올 정도로 멍청하지는 않았다. 베스터보르크 수용소에서 명단에 등록했던 유대인들은 독일에게 아무런 소용이 없었다. 그들은 어차피 '수송 물자'로서 보내질 운명이었기 때문이다.

바인레프는 정중한 태도의 수용소장 알베르트 콘라트 게메커가 여전히 그를 예의 바르게 대했지만, 목소리 톤이 희미한 의심을 품었다고 해도 좋을 정도로 약간 강압적으로 변했다고 회고록에 쓰고 있다. 자신은 그런 것을 알아챌 수 있었다고 여겼다. 독일인의 생각은 그가 보기에 너무 뻔했다. 바인레프의 견해에 따르면 독일인들은 연기가 형편없는 배우였다.

바인레프는 은신에 들어갈 생각도 해봤고, 그럴 준비도 완벽하게 되어 있었다. 은신에 들어가지 않은 유일한 이유는 명단에 있는 사람들을 실망시킬 수 없어서였다고 그는 말한다. 바인레프는 여전히 시간을 벌고 있었다. 틀림없이 연합군이 곧 올 테고 그러면 모두 집에 갈 수 있게 된다. 바인레프는 그 기쁜 날이 오기 전에 자신의 명단이 '발각되어'버릴 경우 사람들에게 닥칠 운명을 걱정했다. 명단에 오른 사람들에게 어떤 보복도 할 수 없도록 그는 그들의 이름이 적힌 모든 서류를 파기하기로 결심했다. 사실은 대부분 자신의 머릿속에만 존재하던 서류들이기는 했지만. 불가피하게도 명단은 2월에 정말로 발각되었다. 마침내 바인레프와 그 가족이 지하로 '잠수'해야 할 때였다.

그러나 이 극적인 운명의 변화가 있기 전에 바인레프는 임무를 하나 더 부여받았다. 터무니없이 들리는 임무였지만 그의 개인적 서사시를 장식하는 또 하나의 상상 속 에피소드로는 말이 된다. 헤이그 SD 요원들과의 정기 회의 중에 바인레프는 은신하고 있는 유대인들을 독일이 어떻게 찾아내는지 알고 싶다며 관심을 표했다. 유대인들이 어디에 숨어 있는지 도대체 어떻게 알 수 있는가? 프리츠 코흐와 네덜란드인 부역자들은 베만이라 불리는 정보원들이 아주 작은 역할만 할 뿐이라고 말했다. SD 정보의 대부분은 네덜란드의 보통 시민들이 보내는 투서에서 온다고 했다. 의사, 학교 선생님, 가정주부, 사업가를 포함한 온갖 직종의 사람들이 보내는 투서였다. SD 요원들은 바인레프에게 이 흥미로운 현상에 대해 제대로 연구해보면 어떻겠냐고 제안했다. 바인레프는 훌륭한 학자가 아니던가. 사례와 수치를 곁들여 유대인 검거에 대한 세심한 연구 논문을 쓰는 일은 바인레프에게 잘 어울리기도 하거니와 독일 당국으로부터도 큰 환영을 받을 것이다.

바인레프는 이 임무를 받아들였고 게슈타포의 문서에 접근을 허용받았다. 그리고 거기서 SD 요원들이 말한 그대로의 투서들을 발견했다. 그중 일부는 고등교육을 받은 시민들이 흠잡을 데 없는 독일어로 쓴 편지였다. 뭔가 특혜가 필요해서 그 대가로 유대인의 은신처를 기꺼이 알려준 사람들이었다. 어떤 이들은 마룻바닥 밑에 살면서 너무 많은 소음을 내거나 화장실 위의 벽장까지 비집고 들어오는 성가신 피란민들이 사라졌으면 했다. 전쟁이 끝나도 돈을 주지 않아도 되도록 예전 직원들을 제거하고 싶어하던 사업가들도 있었다. 바인레프는 예수 그리스도를 살해한 이들을 고발하라는 신의 말씀을 들었다고 주장하는 독실한 크리스천의 편지를 보고 특히 충격을 받았다.

바인레프가 말하고자 했던 바는 네덜란드인이 실제로는 독일인보다 하등 나을 게 없다는 점이었다. 그리고 베만의 역할이 별로 중요하지 않았다고 함으로써 자신의 책임을 회피하려던 것이다. 유대인들에게 닥친 재앙은 소시민들의 편견, 질서에 대한 집착, 탐욕, 그리고 권력에의 복종이 만들어낸 결과다. 바인레프가 이런 글을 썼던 1960년대 말은 마오쩌둥과 프랑스 철학자 사르트르와 사회학자 마르쿠제의 영향을 받아 반권위주의를 주장하던 학생 시위대 및 좌파 지식인들이 계급주의 언설로 가득한 선언을 하며 '기득권'을 공격하던 때다. 당시의 새로운 역사가들은 네덜란드인이 얼마나 부역을 했는지 밝혀내거나 심지어 과장하면서까지 전쟁 시절의 영웅적인 저항군을 다뤘던 전통적 서사를 분주히 '탈신화화'하고 있었다. 권력을 가진 시스템을 전복하는 것이 당시의 시대정신이었다. 바인레프의 이야기는 그 시대에 꼭 들어맞았다.

비록 바인레프의 '연구 프로젝트'는 존재하지도 않았고 그가 말한 밀고 행위 사례들은 꾸며낸 것이었지만, 그의 주장은 여전히 잘 먹혀들어갔다. 나치 점령군은 대체로 온순하고 고분고분한 네덜란드의 국민성과 일부 사람들의 가장 저열한 본능을 효과적으로 이용했었다. 게슈타포가 자신들의 살인적인 시스템을 운영하는 데 탐욕이나 비겁함, 또는 악의로 타인을 고발한 일반 시민들의 도움을 받았다는 사실에는 의심의 여지가 없다. 나치 강점하에 있던 프랑스나 다른 나라에서와 마찬가지로 네덜란드에서도 게슈타포는 너무나 많은 익명의 투서를 받은 나머지 그것을 어떻게 해야 할지 모를 정도였다. 바인레프는 자신의 이익을 위해 가공의 이야기를 꾸며내면서도 사람들의 아픈 구석을 찌를 줄 알았다.

스스로의 지능과 수완에 자부심을 가졌던 사람치고 바인레프는 놀라울 정도로 둔감했거나 둔감한 척할 수도 있었다. 그는 1944년이 되어서야 유대인이 가스실에서 조직적으로 살해되고 있다는 사실을 깨달았다고 주장한다. 안네 프랑크는 그 사실을 BBC 라디오 방송을 통해 1942년에 이미 알고 있었다. 바인레프는 몰랐다. 그는 이 끔찍한 소식을 유대인 여성과 결혼한 헤이그의 독일 관리로부터 들었다고 주장했다. 이 관리의 견해에 따르면 가장 끔찍한 일은, 게메커나 SD 요원들과 같은 사람들이 이 가공할 진실을 알고 있으면서도 모든 것이 지극히 정상인 양 자신의 일을 수행해나갔다는 점이다. 아무도 책임감을 느끼지 않았다.

1944년 2월 3일 이후로 바인레프의 두 번째 명단은 더 이상 존재할 수 없었다. 나치의 인내심이 한계에 달해 명단의 진실이 마침내 발각된 것이다. 바인레프와 부인과 아이들은 급히 헤이그의 집을 떠나 네덜란드의 시골지역에서 은신처를 구했다. 오랜 친구인 비른바움이라는 이름의 독일계 유대인 가족이 도움을 주었다. 우리엘 비른바움은 자신의 종교적 믿음에서 영감을 받은 신비한 장면들을 그리던 화가다(루이스 캐럴의 『거울나라의 앨리스』에 훌륭한 삽화를 그리기도 했다). 그의 누이 미리엄이 현지 기차역에서 바인레프 가족을 만났다. 난민 가족에게는 끔찍하기 그지없을 은신의 와중에도 바인레프는 특별했다. 회고록에 나오는 그의 회상이다. "우리는 너무나 따뜻한 대접을 받아서 처음부터 마치 집에 온 것처럼 편안한 느낌이었다. 여기에 빛이 있다……. 우리는 빛 속에서 서로를 바라보고 웃는다. 함께 있으니 좋다. 바깥 세상은 여전히 캄캄한 밤이다."[1]

바인레프 가족은 뒤를라허르라는 이름의 또 다른 놀라운 유대인 가족의 도움도 받았다. 뒤를라허르 집안 사람들은 모두 저항군 활동을 하고 있었다. 예티 뒤를라허르는 꾸미지 않은 외모 때문에 바인레프의 회고록에 '작은 농부'로 등장한다. 그녀는 유대인들이 숨을 장소를 찾는 일을 활발히 벌였다. 그녀의 아들 중 하나인 에반은 가짜 신분증을 조달했다. 에반은 전쟁이 끝나자마자 상당수의 반나치 지하조직 멤버들과 함께 네덜란드령 동인도로 파병되었다. 이들의 임무는 네덜란드의 식민 통치에 저항하는 인도네시아 사람들을 진압하는 것이었으니, 참으로 섬뜩한 역할의 반전이라고 하지 않을 수 없다.

이들 가족이 바인레프와 알게 된 것은 에반의 형 레오를 통해서였다. 레오는 제대로 된 후미등을 달지 않고 자전거를 타다가 붙잡혀서 1942년에 베스터보르크 수용소로 보내졌다(권력의 충동적인 행사가 일상이 되어버린 시스템에서는 그런 사소한 잘못이 심각한 결과로 이어질 수 있었다). 사태가 더 악화될 수도 있었다. 레오가 한 영국인 비행사를 영국으로 탈출하도록 도왔던 사실이 경찰에 발각될 수도 있었던 것이다. 레오의 어머니 '작은 농부'는 바인레프에게 레오를 명단에 올려달라고 부탁했다. 바인레프는 그렇게 했다. 모자는 바인레프의 명단 덕분에 레오가 강제이주와 그 뒤에 틀림없이 이어졌을 죽음에서 벗어날 수 있었다고 굳게 믿었다. 레오는 동생 에반이 수용소 안으로 몰래 들여보내준 알약을 먹고 무서운 고열에 시달렸다. 외부 병원으로 이송된 뒤, 레오는 가까스로 탈출했다. 레오와 바인레프는 함께 숨어 있으면서 밤낮으로 신학에 대해 토의했다. 뒤를라허르 가족은 전쟁이 끝나고 바인레프가 믿을 수 있는 그의 가장 충실한 변호 세력이 되었다.

네덜란드 전역이 캐나다 군대에 의해 해방된 것은 1945년 5월의 일이다. 동남부 지역은 이미 1944년 여름에 영국군, 미군, 폴란드군에 의해 해방되어 있었다. 바인레프 가족은 농장에 숨어 있었다. 바인레프는 헤이그로 돌아가기 전에 자신이 거기서 어떤 대접을 받을 것인지 알아보는 편이 좋겠다고 생각했다. 예전에 함께 일하던 SD 사람들에게 연락했다가는 의도가 무엇이건 간에 문제 될 것이 틀림없었다. 그가 헤이그에 처음 연락해 상담한 사람은 헤스라는 이름의 유대인 변호사였다. 헤스는 폰 슈만 중장의 이야기 및 바인레프가 전쟁 기간에 벌였던 다른 일들에 대한 이야기를 공감하며 들어주었다. 이상한 일이지만 바인레프는 폰 슈만 중장이 가상의 인물이라는 사실을 헤스에게 말하지 않았다. 바인레프가 진짜로 알고 싶었던 점은 자신의 이름이 수배 명단 같은 데 올라 있을까 하는 것이었다. 헤스는 그에 대해 확답을 주지는 못했다.

스위스에서 세상을 뜨기 직전이던 1988년에 쓴 짧은 책에서 바인레프는 나치 부역자로서 체포되었던 일에 대해 이야기하고 있다. 20년 전에 쓰인 회고록처럼 이 책에도 바인레프 자신의 잇속을 위한 수많은 허구와 과장이 섞여 있다. 하지만 그가 묘사하고 있는 새로이 해방된 조국의 풍경은 완전히 틀린 것이 아니었다. 할 일 없던 젊은이들이 갑자기 저항군 영웅이 되고 복수에 대한 원초적인 갈망이 대상을 정확히 가리지 않던 시절의 풍경이다. 바인레프는 여기서도 다시 한번 네덜란드인들의 아픈 곳을 찌르고 있다.[2]

그의 기억 속 헤이그는 '서부의 무법지'였다. 나치에 부역했다고 의심받는 사람들이 길에서 총을 맞고 쓰러졌다. 가학적인 네덜란드 폭력배들이 나치가 그랬던 것처럼 사람들을 괴롭히고 모욕했다. 캐나다군 본부로 어떻게 가냐고 바인레프가 처음 길을 물었던 네덜란드 경찰관은 과격한 반유대주의자였다. 그는 바인레프에게 폴란드로 돌아가라고 했다. 왜 다른 무리와 함께 가스실로 가지 않았냐며.

바인레프가 정말로 그런 경찰관을 만났을 가능성이 없지는 않다. 하지만 이 일화는 네덜란드가 겁쟁이와 반유대주의자로 가득한 나라라는 그의 풍자적 묘사에 지나치게 잘 들어맞는다. 돌아온 유대인 생존자들이 늘 따뜻한 환영을 받았던 것이 아님은 사실이다. 특히 이들이 빼앗긴 재산을 되찾으려 했을 때는 더 그랬다. 전후의 관료주의는 극도로 냉담했다. 추방되었다가 아우슈비츠나 베르겐 벨젠 강제수용소의 공포에서 간신히 살아남은 이들에게 밀린 세금을 내라거나 이제는 존재하지도 않는 건물의 월세를 내라는 일도 종종 있었다. 암스테르담에서 한때 유대인들이 살던 집은 1945년의 혹한 동안 약탈당하고 파괴되어 땔감으로 사용되었다. 비른바움이나 뒤를라허르 가족과 같이 1930년대에 독일이나 오스트리아를 떠나 도망쳤다가 네덜란드 여권을 얻지 못한 사람들은 적군 외국인 취급을 받았다. 나치 강점이 남긴 가장 유독한 영향 중 하나는 반유대주의 사상이 마치 더러운 때처럼 사람들에게 들러붙어버렸다는 사실이다. 여기에는 어쩌면 타인의 불행을 외면했거나 혹은 더 심한 일을 저질렀다는 불편한 죄책감이 작용하고 있을 수도 있다. 하지만 선전 선동이 한번 피운 고약한 연기는 사라지지 않고 오래 머문다는 설명이 좀더 그럴듯하다.

1945년 여름의 헤이그는 아직 서부의 무법지가 아니었다. 나치에 강점당했던 유럽 다른 지역의 온건한 버전 정도였다. 독일 군인과 잠자리를 했던 여성들이 머리카락이 잘린 채 길거리로 질질 끌려나오면 조롱하는 군중이 침을 뱉었다. 부역 행위를 의심받은 자들은 SS가 막 비우고 떠난 감옥과 수용소 안에 감금되었다. 거기서 가혹한 취급을 받기도 했다. 하지만 독일어를 하는 인구가 많았던 네덜란드에서의 보복 열기는 폴란드나 체코슬로바키아는 물론이고, 프랑스나 벨기에와 비교해도 빠르게 통제되었다. 수천 명의 남녀가 살해되었던 1944년 말 프랑스의 '대숙청'과 같은 일은 벌어지지 않았다. 프랑스에서는 공산당원들이 해방의 혼란을 틈타 이를 정적을 제거하는 기회로 활용하기도 했다. 네덜란드의 반유대주의는 혐오스러운 것이기는 해도 결코 폭력으로 이어지지는 않았다. 그렇다고 그게 대단하다는 뜻은 아니지만 말이다. 전쟁의 여파로 생겨났던 문제 중 하나는 유대인을 특별히 고려의 대상으로 여길 필요가 없다는 네덜란드 정부의 결정이었다. 유대인 또한 네덜란드 시민으로서 다른 모든 이와 똑같은 대우를 받아야 했다. 나치 강점 이전에는 그렇게 하는 것만이 올바른 태도였다. 하지만 지난 5년간의 일을 겪고 난 뒤에 그렇게 한다는 것은 적어도 무신경한 일이었다.

바인레프는 먼저 캐나다군 지도부를 찾아갔다. 하지만 이들은 명단과 독일 장군에 대한 그의 이야기에 별다른 흥미를 보이지 않았다. 바인레프가 다음으로 찾아간 곳은 BS가 예전에 본부로 사용하던 어느 여학교 건물이었다. 내무군Internal Armed Forces이라고도 불리던 BS는 프랑스의 저항군이었던 자유 프랑스군에 해당되는 네덜란드 저항군의 이름이다.

거기서 무슨 일이 있었는지에 대한 바인레프의 설명은 여느 사람들의 설명과 사뭇 다르다. 그의 버전이 훨씬 더 극적이다. 뿔테 안경을 쓰고 뭔가 감추는 듯한 눈빛을 한 BS의 사령관 판마스베이크는 바인레프에게 1943년 말 브뤼셀의 게슈타포 사무실에서 무엇을 하고 있었느냐고 물었다. 자신이 브뤼셀을 방문했던 일을 이 남자가 어떻게 알고 있을까 의아해하던 바인레프는 순간 브뤼셀의 게슈타포 사무실에서 그를 봤던 일을 기억해냈다. 틀림없이 좋지 않은 의도로 거기에 있었을 것이다.

판마스베이크는 캐나다군 지도부에게 브뤼셀의 일에 대해 언급했느냐고 바인레프에게 물었다. 바인레프가 아니라고 대답하고 자리를 뜨려 하자, 그가 악을 쓰기 시작했다. "이 남자는 자기 가족을 아우슈비츠에서 죽게 만든 사람이야! 사람들의 돈을 강탈하기도 했어! 다들 빨리 이리 와. 이놈은 당장 처벌해야 돼. 재판 같은 거할 여유가 없어. 역사상 최악의 악당이라고!" 서부의 무법지가 눈앞에서 펼쳐지고 있었다. 바인레프는 생각했다. "이건 나치의 방식이다. 사악함은 전염성이 있어." 이 사람들은 마치 "(나치를) 늘 부러워했고, 이제 그들과 똑같이 되려는" 것처럼 느껴졌다. 사람들은 바인레프를 벽 쪽으로 돌려세우고 등에다 총을 겨누었다. 그는 자기 가족은 죽지 않고 잘 지내고 있다고 항변했다. "거짓말쟁이!" 사령관이 소리쳤다. "여기는 이제 우리가 책임지고 있어. 진실이 뭔지 결정할 권한은 우리에게 있어."3

이 마지막 문장은 특히 섬뜩하다. 사령관이 진짜 그렇게 말했는지 아니면 바인레프가 꾸며낸 말인지는 어떤 의미에서 크게 중요하지 않다. 바인레프는 권위주의의 속성을 잘 이해하고 있었다. 전쟁 중에 충분히 실재했고 전후에는 사람들의 상상 속에 존재하던 압제에 바인레프가 저항하는 방식은 그 자신이 진실에 대해 스스로 이 문장과 같은 식의 태도를 취하는 것이었다.

바인레프를 어떻게 할 것인가에 대한 토론이 이어졌다. 그 자리에서 즉결 처분할 것인가? 바인레프가 보기에 판마스베이크는 자기가 나치와 수상한 거래를 하던 광경을 목격했던 바인레프를 제거하고 싶어하는 눈치인 게 분명했다. 총으로 쏴 죽여도 아무도 뭐라고 하지 않을 것이다. '단순하고 고분고분한 시민들'은 예전에 유대인들이 자기 집에서 끌려나갔을 때 그랬듯이 외면하고 말 것이다. 그때와 달라진 것은 하나도 없다. 어둠이 지났다고 태양이 바로 뜨지는 않는다. 바인레프는 신들의 황혼Gotterdämmerung이라는 독일 이야기를 떠올렸다. 황혼에는 누군가가 희생되어야 한다. 그리고 자신이 코르반korban, 즉 제물로 바쳐지는 양이라고 생각했다. 코르반은 히브리어이지만 그 개념은 어쩌면 유대교보다 기독교에 더 가깝다. 유대교의 시조인 이삭보다 기독교의 예수 그리스도에 더 가깝다.

국립 전시 문서 연구소에서 작성한 바인레프에 대한 보고서는 이와 매우 다른 이야기를 들려준다. 바인레프가 헤이그의 여학교에 있던 BS 본부에서 체포되었던 것은 사실이다. 그를 체포한 사령관의 이름은 판마스베이크가 아니라 J. C. 판회켈롬이었다. 판회켈롬은 변호사였고 브뤼셀에 있는 게슈타포 사무실에는 가본 적도 없었다. 바인레프는 즉흥적으로 체포된 것이 아니라 여러 사람이 그에 대해 불만을 제기했기 때문에 체포된 것이었다. 전쟁 전 바인레프가 운영하던 경제 자문 사업의 직원이었던 H. L. 스바르트는 그가 "대규모 반역 행위"를 저질렀다며 비난했다. 바인레프는 자신의 명단에 등록된 유대인들이 낸 돈이 스바르트에게로 갔다고 게슈타포에게 말했으나 이는 사실이 아니었다. 바인레프의 배신으로 인해 스바르트는 최악의 수용소 중 하나에서 1년을 보냈다. 바인레프를 비난했던 또 한 명의 인물은 D. 켈더라는 이름의 옛 저항군 멤버였다. 제빵사였던 그가 만든 헤이즐넛 타르트는 내 어린 시절에도 헤이그에서 유명했다. 켈더는 '오렌지호텔'에서 바인레프와 감방을 함께 쓰면서 그를 신뢰해 유대인 은신처 몇 군데를 얘기해주었다. SD가 곧바로 들이닥쳤고 그곳에 숨어 있던 사람들은 아무도 살아남지 못했다.

1945년 여름 바인레프는 예전 오렌지호텔에 있을 때와 비슷한 처지에 놓였다. 차이점이라면 이번에는 이른바 특별 법정에 피고인으로 섰다는 것이다. 특별 법정은 전쟁 뒤에 배신과 부역 행위를 전문적으로 다룰 목적으로 설립되었다. 피고 측 변호인단은 주로 신참 변호사들이었다. 숙련된 변호사들은 이런 안건들을 맡고 싶어하지 않았다. 그러기에는 자존심이 허락지 않았다. 로스쿨을 갓 졸업했던 내 아버지는 피고 측 변호인단의 일원으로 특별 법원에서 처음으로 전문 변호사 일을 시작했다. 아버지는 당시의 경험으로 인해 성급한 도덕적 판단에 대해 평생 불신을 갖게 되었다. 너무나 많은 모호함을 목격한 나머지 빛과 어둠, 선과 악이 언제든 손쉽게 결정될 수 있다고 믿게 되었다. 예를 들면 독일인 어머니와 네덜란드인 아버지 사이에서 태어나 독일군에 징집된 네덜란드 젊은이(그가 변호했던 사람 중 한 명이다)에 대해서는 어떻게 판단해야 하나? 그는 정말 반역 행위자일까? 공장주로부터 도시계획 담당자와 교통경찰에 이르기까지, 대부분의 사람은 독일의 강점에 어떤 식으로든 협력했다. 형사 책임을 묻기가 늘 간단한 것은 아니었다. 검찰 또한 복수가 주는 희열로부터 완전히 자유롭지 않았다. 1945년의 한때는 약 15만 명이 부역 혐의로 수감되어 있었다. 네덜란드처럼 작은 나라로서는 꽤 많은 숫자였다^{당시 네덜란드 인구는 926만 명}.

바인레프가 유대인이었다는 사실은 일을 더 복잡하게 만들었다. 반사적인 반유대주의가 공공 영역에서 없었던 것은 아니지만,

나치 강점의 굴욕을 소수의 유대인 생존자에게 분풀이하려는 공동의 열망이라고 할 정도는 아니었다. 자기 목숨을 간신히 부지한 유대인을 재판한다는 것은 더 복잡한 문제였다. 이런 상황에서 죄책감이란 매우 위태로운 개념이었다. 또 하나의 악명 높은 유대인 부역자 판례의 주인공은 암스테르담에서 부인 모자상을 하던 레즈비언 안스 판데이크였다. 판데이크는 특별 법정에서 재판받은 유일한 여성이다. 그녀는 전쟁의 처음 몇 년 동안 노란 별을 달길 거부하고 사람들을 도와 은신처를 찾아주는 일을 했다. 1943년 SD에 체포된 뒤 그녀에게는 선택권이 주어졌다. 독일 경찰을 위해 일하거나 '동쪽'으로 이송되거나. 판데이크는 독일 경찰을 돕기로 했다. 예전처럼 유대인에게 은신처를 찾아주는 척하면서 145명을 SD에게 넘겼다. 그 불행한 사람들 중에는 자기 남동생도 있었다. 판데이크는 특별 법정에서 자신의 범죄를 자백했다. 마지막 순간에 가톨릭으로 개종하고 나서 그녀는 1948년 1월 14일 총살 분대에 의해 처형되었다. 이런 극형에 처해진 유일한 여성이 왜 하필 유대인 레즈비언이었는지에 대해서는 의문을 갖지 않을 수 없다. 대량학살에 대한 책임이 있는 나치 지도부의 일부가 살아남던 와중에도, 소수의 부역자만이 사형을 당했다.

바인레프를 기소했던 첫 번째 검사 F. 홀란더 본인도 유대인이었다. 그는 가벼운 부역 행위에 대해서는 관대한 편이었던 진보적인 사람으로 알려져 있기도 했다. 복수는 그의 방식이 아니었다. 그가 맡았던 사건 중에는 꽤 이름이 알려진 화가에 대한 것도 있었다.

나치스의 일원이었고 나치 문화위원회에 가입했던 사람이었으나 손에 피를 묻히지는 않았다. 이 화가는 무죄 판결을 받고 풀려났다. 홀란더는 나치와 사업 관계를 맺어 재산을 불린 권력층의 사람들을 기소하는 데 더 관심이 있었다. 그럼에도 불구하고 바인레프의 경우에는 바인레프가 홀란더를 아주 격렬하게 반대한 나머지 다른 검사가 배당되었다. 홀란더는 바인레프와 아는 사이였고 유대인으로서 전쟁 기간에 그와 불쾌한 일이 있었다고 말한 바 있다.

애초 바인레프의 특별 법정 재판은 대중의 별다른 관심을 끌지 못했다. 재판이 느리게 진행되기도 했다. 검사를 교체하는 일이 전체 진행을 더디게 만들었던 것이다. 새로 배정된 검사가 소송을 준비하기까지 오랜 시간이 걸렸고, 바인레프의 변호사 C. 스밋은 1946년이 되어서야 사건 파일을 읽었다. 스밋은 바인레프에게 본인의 이야기를 종이에 써달라고 했다. 사실은 두 번이나 써달라고 했다. 바인레프는 기꺼이 그렇게 했다. 나중에 쓴 회고록에서도 그랬지만 그는 자기를 비난하는 사람들이 반유대주의 편견에 사로잡혀 있다는 자신의 믿음을 대단히 강조했다. 나는 독일에 부역한 네덜란드 기득권의 피해자라는 식이었다. 바인레프는 심지어 특별 법정을 악랄한 반유대주의 나치 신문 『돌격대$^{Der Stürmer}$』에 견주기도 했다.

바인레프는 자신의 변호를 위해 다른 방식으로 도덕적 압력을 가하기도 했다. 독일을 위해 비밀리에 일했던 유명 네덜란드 인사들의 이름을 폭로하겠다고 협박한 것이다. 이른바 이 '마우레타니아^{Mauretania} 파일'(왜 마우레타니아라고 불렸는지는 확실치 않다. 아마도 기원전 25년 로마의 속국이 되었던 마우레타니아의 베르베르 왕들을 가리켰던 것으로 보인다)은 바인레프가 게슈타포 기록물을 연구했을 때의 결과물이었던 것 같다. 파일은 공개되지 않았고, 존재하지도 않았을 가능성이 크다.

바인레프의 말이 워낙 설득력 있었기 때문에 스밋은 변호 내용 전체를 그의 격렬하고도 유창한 설명에 근거해 마련했다. 스밋은 바인레프의 이야기를 믿었다. 그가 유대인 수천 명의 생명을 구한 구원자였고, 자기를 돌보지 않고 어마어마한 위험을 감수했으며, 그가 받은 돈은 모두 은신 중인 유대인 난민을 돕는 데 쓰였다고 믿었다. 바인레프가 '신체검사'에서 성폭력을 저질렀다는 혐의는 다루지 않았다. 헤이그의 좁은 아파트에 숨어 있던 24명의 유대인을 밀고했다는 혐의도 마찬가지였다. 감옥에서 같이 지내던 죄수들을 SD 대신 감시했다는 점은 언급됐지만, 스밋은 이를 복수에 사로잡힌 사람들의 망상이라며 재빨리 치부했다. 담당 검사였던 P. S. 드 그루이터로서는 쉽지 않은 사건이었다.

바인레프가 SD에 부역했다는 가장 치명적인 증언은 다름 아닌 예전 SD 요원들로부터 나왔다. 하지만 검사에게는 불행하게도 그중 한 명인 볼란트가 정신이상 판정을 받고 정신병동에 들어갔다. 헤이그 SD의 독일 직원이던 독일인 프리츠 코흐는 자신이 하던 일의 대부분을 네덜란드 직원들에게 맡겼다고 애매하게 진술했다. 그렇다면 남는 것은 바인레프의 벨기에 출장에 동행했던 위협적인 인물 크롬뿐이었다. 하지만 크롬은 바인레프가 그를 위해 긍정적인 진술을 해주는 것에 대한 대가로 1946년에 자신의 비판적 증언을 철회했다.[4]

따라서 1심에서 검사 측은 거짓 약속으로 동료 유대인들의 돈을 사취한 바인레프의 행위에 집중했다. 이것은 궁여지책이었다. 하지만 몇몇 유대인 증인이 바인레프의 사취가 단순 치부의 목적보다 훨씬 더 심각한 것이라고 드 그루이터 검사를 설득했다. 사람들이 바인레프를 신뢰했기 때문에 탈출할 다른 방법을 찾지 못하게 되었으므로 이 경우의 사취는 인명을 해하였다는 것이 검사의 견해였다. 여기에 바인레프의 감시활동 및 밀고를 더해 드 그루이터 검사는 10년 형을 선고할 것을 주문했다.

판사들의 의견은 검사만큼 명쾌하지 않았다. 1947년에 내려진 판결은 피고를 봐주고 있다고 여겨질 만큼 신중했다. 바인레프는 의심의 여지가 전혀 없이 증명된 범죄에 대해서만 형을 부여받았다. 즉, 동료 죄수에 대한 감시죄 2건, 밀고 1건, SD의 강압하에 저지른 정보 누설 4건, 그리고 자신의 이익을 위해 유대인들을 속여 돈을 취한 죄가 다였다. 판사들은 피고가 피해자들에게 실질적으로 추방을 연기시킬 수도 있는 방법을 제시하고 있다고 믿었을 가능성을 고려하고자 했다. 이들은 또한 어떤 사람들은 추방이 연기되었기 때문에 살아남을 다른 방법을 찾았을 수도 있다고 가정했다. 바인레프는 3년 6개월의 징역형과 평생의 투표권 박탈을 선고받았다.

이것만 놓고 보면 서부의 무법지라고까지는 할 수 없다. 하지

만 검사가 법원의 관대함에 실망해 상급 법원에 항소한 다음, 바인
레프와 그의 충성스러운 옹호자들이 이 재판을 어떻게 끌고 가기
로 선택했는지를 보면 시사하는 바가 있다. 바인레프를 가장 열렬
하게 변호한 사람들은 그와 함께 숨어 지냈던 예티 뒤를라허르와
화가 우리엘 비른바움이었다. 바인레프 본인과 마찬가지로 비른
바움도 그가 음모론의 피해자라고 확신했다. 이들은 전쟁 기간에 네
덜란드 관리들이 보여주었던 무력함과 비굴한 부역으로부터 대중
의 관심을 돌리기 위해 유대인 영웅이 반역자로 중상모략을 당하
고 있는 것이라고 믿었다. 뒤를라허르는 친구의 변호를 위한 여론
을 형성하고 모금을 하기 위해 바인레프 위원회를 결성했다. 주요
유대인 신문에 바인레프를 어쩌면 "'차분한 네덜란드 기준으로 보
기에는 약간 충동적인 사람일 수 있지만', 절대로 사기꾼은 아니다"
라고 소개하는 편지를 실었다.[5]

　우리엘 비른바움은 이보다 한발 더 나갔다. 그는 이 지역 재판
을 국제적인 논란거리로, 더 정확히는 세계적인 유대인 이슈로 만
들기 위해 최선을 다했다. 1946년에 비른바움은 독일어로 「바인레
프 사례: 네덜란드의 드레퓌스 재판」이라는 제목의 열정적인 청원
서를 썼다. 그는 바인레프가 반유대주의자들의 희생자인 것이 분명
하다고 썼다. 바인레프를 반역자라고 부르는 것은 유대인이 배신자
라고 하는 나치의 선동을 계속하는 것이나 다름없다. "바인레프를
기소하는 것은 전 세계의 모든 유대인을 반역자이자 범죄자이며 열
등한 족속이라고 낙인찍는 것이다." 비른바움은 바인레프가 결백

하다고 확신했다. "그는 결백하므로 세상이 그를 판결해줄 것이다. 왜냐하면 그가 실제로 했던 일은 그를 유대인의 영웅으로 만들어줄 것이기 때문이다. 그것이 바로 그에게 유대인 반역자이자 대량 살인범이라고 더더욱 덮어씌우려는 이유다."[6]

비른바움은 뉴욕의 친구들을 동원해서 세계유대인회의World Jewish Congress에 편지를 보냈고, 세계유대인회의는 워싱턴의 네덜란드 대사관에 연락해서 사태에 개입하도록 했다. 뉴욕에 본부를 두고 있는 '인권을 위한 국제연맹The International League for Human Rights'은 사람을 파견해 재판을 지켜보도록 하겠다고 약속했다. 뉴욕의 진보 성향 일간지 『피엠PM』은 '네덜란드 드레퓌스' 사건에 대해 보도했다.

바인레프는 재판을 준비하면서 W. H. M. 판덴하우트라는 이름의 저널리스트와 한동안 감방을 함께 썼다. 판덴하우트는 나중에 어린이들을 위한 모험 이야기책을 쓰는 유명 작가가 되었다. 전쟁 전에 그는 할리우드에 대한 풍자 글을 썼고, 전쟁 기간에는 나치 언론을 위해 일하던 선전 요원이었다. 판덴하우트 또한 바인레프의 이야기를 확실히 믿게 되었고 경험 많은 언론계의 홍보 전문가로서 도움을 주겠다고 했다. 그는 다음과 같은 제목으로 미국의 독자들을 염두에 두고 기사를 썼다. "수백 명의 유대인을 강제이주에서 구해낸 게슈타포의 유명한 적수가 네덜란드의 나치 부역자들에 의해 아직 감옥에 갇혀 있다-네덜란드의 비밀스러운 반유대주의."[7]

비른바움과 변호사 스밋의 노력에도 불구하고 이 기사는 매체에 실리지 못했다. 하지만 네덜란드의 드레퓌스 이야기는 쉽게 사그라들지 않았다. 바인레프가 말년에 쓴 모든 글은 이 관점에서 읽어야 한다. 네덜란드의 드레퓌스 이야기가 바인레프에게 처벌을 면하도록 해주지는 않았지만, 훗날 그에게 드라마틱한 제2의 삶을 살게는 해준다.

검사가 첫 번째 판결에 항소한 뒤 바인레프 사건은 특별 항소 법원에서 다시 한번 재판을 치르게 되었다. 바인레프의 변호인 팀은 바인레프와 그의 지지자들이 부채질한 정서를 그대로 반복했다. 스밋 변호사는 바인레프가 "SD가 전쟁 내내 거의 개선하지 못한 방식으로" 네덜란드 당국에 의해 사냥당하고 있다고 선언했다. 판사는 스밋에게 자제할 것을 요청했다. 전혀 맞지 않는 비유였다. 스밋은 이렇게 답했다. "잘 맞는 비유입니다. 이제 이 재판을 끝내야 할 때입니다. 미국에서 취해진 조치들을 생각하면, 이것은 이제 국격의 문제입니다."

그는 물론 네덜란드의 국격을 말한 것이다. 관이 주도한 반유대주의에 대한 비난이 나라에 타격을 입히고 있었다. 스밋은 재판부에게 "네덜란드의 거의 모든 유대인이-그리고 네덜란드의 바깥에서도-격분하고 있습니다. 정통파 유대교도뿐만 아니라 리버럴한 유대인들도 마찬가지입니다. 모두 같은 심정이에요. 투아 레스 아기투르TUA RES AGITUR(이것은 바로 당신에 관한 일입니다)."[8]

모든 유대인을 포함시키도록 사안을 넓혀서 바인레프를 희생양으로 만드는 데는 위험이 따랐다. 새로 배정된 검사 W. P. 바크호벤은 이 법정 안팎에서 반유대주의를 성토하는 이들은 사실 바인레프의 잘못에 대해 증언하는 사람의 대부분 또한 유대인이라는 사실을 잊고 있다고 말했다. 바인레프는 독일인을 속였거나 망상가라서가 아니라, 죽음의 위협에 처한 다른 유대인들을 속였기 때문에 재판을 받고 있는 것이었다. 법학 교수이자 대법원 판사인 H. 드리온은 나중에 바인레프를 반유대주의의 피해자로 규정하는 것에 반대하는 훨씬 더 날카로운 주장을 펼쳤다. 그는 여기에 집단적인 죄책감이 작동하고 있었던 것은 아닌가 의심했다. 만약 모든 유대인이 바인레프 사건을 정통파 유대교도와 리버럴을 가리지 않는 전체 유대인에 대한 공격으로 간주해버린다면, 이는 바인레프를 유죄라고 생각하는 모든 비유대인은 반유대주의자가 될 수밖에 없다는 뜻이다. 드리온은 이런 식의 집단적 사고는 역풍을 맞을 수 있고 사실상 반유대주의를 더욱 부채질하는 원인이 될 수 있음을 우려했다. "집단적 죄책감과 집단적 죄책감이 서로 맞서는 상황에서는 결국 소수 세력이 희생될 수밖에 없다. 그 소수 세력이 비록 전후 네덜란드의 소수 유대인 세력만큼 비극적으로 작다고 하더라도 그 위험은 상상하기 어렵지 않다."[9]

2심은 1심이 내린 판결만을 다루었지만, 검찰 측에서는 바인레프에게 불리한 새로운 증인들과 정보를 제시했다. 검찰은 이런 면에서 지나치게 열성적이라는 비판을 받았다. 하지만 바인레프의 행위 또한 눈에 띄게 이상했다. 그는 자신에게 유리한 증언을 확보하기 위해 자기가 진술서를 쓰고 사람들에게 거기에 서명해달라고 부탁했다. 서명해준 사람도 있고 서명하지 않은 사람도 있었다.

라인켄슈트라트의 아파트에 숨어 있던 24명의 유대인을 급습한 사건에 대한 언급은 기소 내용에 포함되어 있지 않았지만 바인레프에게 아주 나쁜 영향을 줄 수 있었다. 바인레프의 부인과 바인레프의 친구 한 명이 아파트에 유대인을 숨겨주었던 장본인인 사라 발빔을 찾아왔다. 이들은 여섯 시간이 넘도록 발빔에게 진술서에 서명하라고 압력을 가했다. 그녀의 아파트에 숨어 있던 사람들 중 누구도 바인레프나 그의 명단과 어떤 관계도 없다는 내용의 진술서였다. 협박하고 빌고 울었으나 발빔은 서명을 거부했다.

국제적인 캠페인도 증인에 대한 압력도 결국 바인레프에게 큰 도움은 되지 못했다. 판결은 1심 때보다 더 무거워졌다. 판사들은 바인레프가 "자신의 지능에 대한 고압적인 믿음"과 "위대한 계획"을 추진해야 한다는 주제넘은 생각에 눈이 멀었다고 주장했다. 그리고 이로 인해 "바인레프는 자신과 자기 가족을 구하기 위해 다른 개인들을 희생시켰고, 또한 자신에게 운명을 맡긴 많은 사람을 그에 따르는 막대한 위험에도 불구하고 계속해서 자기가 책임질 수 있다고 생각함으로써 결과적으로 더 많은 이를 희생시키고 말았다"고 했다.[10]

바인레프에게 적용했던 구체적인 혐의의 본질이 무엇이었든 간에, 우리가 바인레프에 대해 알고 있는 모든 것에 비춰보면 바크호벤 검사는 바인레프라는 인간을 대체로 제대로 꿰뚫어봤던 듯하다. 그는 바인레프에 대해 이렇게 말했다.

그는 수완가이며 동시에 모든 일의 중심에 있고자 하는 사람을 뜻
하는 독일어 호흐슈타플러Hochstapler가 합쳐진 존재로 보인다. 거의 병적
이라고 할 상상력을 활용해 SD를 상대로 자신이 만든 게임을 벌였으며,
자신이 뒤를 봐주던 '보호 대상자'들의 흠모에서 쾌락을 느꼈듯 그 게임
이 주는 스릴과 위험에서도 쾌락을 느꼈다. 보호 대상자들 일부는 그를
메시아로 숭배하기까지 했다. 확실히 유대인을 나치에게 밀고하는 것을
목표로 삼지는 않았다. 많은 유대인이 은신처를 찾도록 돕기도 했다. 하지
만 그는 자신이 게임에서 이길 카드가 없다는 것을 처음부터 알고 있었
음에도 유대인들을 게임의 말처럼 사용했다. (…) 그가 SD와 벌였던 게임
은 구체적인 근거가 전혀 없었고 끔찍한 종말을 맞을 수밖에 없는 운명
이었다.[11]

어떤 이들은 이보다 더 심한 결론을 내렸을 수도 있다. 법정은
바인레프에게 6년 형을 내렸다. 하지만 여기서 그에게 행운이 다시
한번 찾아온다. 빌헬미나 여왕이 재위 50년을 축하하기 위해 일정
수의 특별사면을 내린 것이다. 바인레프의 변호인들은 여왕의 관
용을 요청했고, 사면이 주어졌다. 바인레프는 자유의 몸이 되었다.
또 다른 유대인 반역자 안스 판데이크의 처형을 면하게 해달라고
했던 그녀 변호인의 요청은 기각되었다.

그렇게 해서 바인레프는 모두 합쳐 감옥에서 3년 정도를 보냈
다. 베스터보르크 수용소장인 알베르트 콘라트 게메커는 10만 명
에 달하는 유대인을 죽음의 수용소로 보냈음에도 바인레프보다 겨

우 4년 많은 10년 형을 선고받았다. '나의 유대인들'을 베스터보르크에서 열차에 태우는 임무를 다하고 나면 이들에게 무슨 일이 생기는지는 전혀 몰랐다고 주장했기 때문에 가벼운 형을 받은 것이다. 법정은 그가 알고 있었다는 합리적 의심을 했으나 증명할 방법이 없었다. 어떤 이들은 아직도 바인레프의 형량이 지나치게 무거웠다고 생각한다. 훨씬 더 많은 이는 게메커에 대한 판결이 터무니없이 가벼웠다고 생각한다.

2: 베이징

중국 국민당 정부에서 보낸 경찰관이 가와시마 요시코를 체포하러 왔던 오후 3시, 그녀는 평소 습관처럼 아직 침대에서 꾸벅꾸벅 졸고 있었다. 일본 천황이 대부분의 일본인이 알아들을 수 없는 딱딱한 궁중의 언어로 자국의 항복을 선언한 지 두 달이 지난 1945년 10월 11일의 일이다. 경찰은 진비후이(그녀의 중국 이름)에게 일어나라고 명령했다. 맨발에 여전히 푸른 잠옷 차림이었던 그녀에게 수갑과 눈가리개를 채우고, 대기하고 있던 차에 밀어넣었다. 한때 요시코 어머니의 소유였던 보석들을 포함해서 모든 소유물은 압수되었다. 그중에는 다이아몬드 시계와 옥으로 된 목걸이, 금으로 된 머리핀, 그리고 백금 스탠드 위에 올려진 귀중한 골동품도 있었다.

요시코는 이런 대접을 받은 것에 대한 분노를 일기에 쏟아내고 있다. 그녀의 글은 때로 이해하기 쉽지 않지만, 귀족으로서 간수들에 대해 느꼈던 경멸만큼은 분명히 드러나 있다. 요시코는 예전 일본의 초등학교 선생들에게 취했던 오만한 태도로 이들에게 말을 했다. 경찰관은 "육체노동자처럼 보였다"라고 쓰고 있다. 경찰서에서는 담배를 요구해서 간수에게 불을 붙이라고 명령했다. 좀더 심각한 심문을 위해 마련되어 있던 고문 도구들을 쳐다보고는 "어휴 중국"이라고 한숨을 쉬면서 너무 구식이라고 개탄했다.[12]

요시코가 체포에 대한 경고를 받지 않았던 것은 아니다. 전쟁이 거의 끝나갈 무렵 친한 일본인 점쟁이가 그녀에게 몽골로 도망가라고 권유했다. 하지만 요시코는 고집을 부렸다. 나는 중일 양쪽 모두에 관계된 갈 데 없는 여자이지만 마음만은 중국인들과 함께다, 라고 했다. 그렇게 요시코는 세 마리의 아끼는 원숭이와 베이징의 집에 남아, 시각장애인 악사가 현악기로 연주하는 감상적인 일본 노래를 들으며 대부분의 시간을 보냈다.

요시코가 체포되기 전, 만주국 황제 푸이가 이미 일본으로 탈출하려다 소련 병사들에게 붙잡혔다. 정복과 점령의 굴욕을 겪고 난 뒤의 복수는 어디를 가도 가혹하고 때로 자의적이었다. 하지만 어떤 곳에서는 특히 더했다. 이제는 다시 중국의 동북지역이 된 과거 만주국의 복수는 특히나 잔혹했다. 관동군의 상급 장교들이 해안으로 가는 마지막 열차에 약탈품을 챙겨 편안하게 올라탄 뒤 현지에 남겨진 수십만의 일본 민간인은 '오족협화'의 헛된 희망을 약속받았던 사람들의 걷잡을 수 없는 분노를 고스란히 견뎌야 했다. 수년에 걸친 일본 제국 정부의 선동에 회유되어 만주국에 정착했다가 하룻밤 사이에 곤경에 처한 것이다. 수많은 일본인이 성난 중국인들에 의해 약탈당하거나 살해되었다. 하지만 예전 독일과 동유럽에서 저질렀던 행위를 만주에 쳐들어와 반복한 소련의 붉은 군대 병사들에 비하면 중국인들은 비교적 절제된 편이었다. 약탈은 아무것도 아니었다. 손목시계 하나를 빼앗기 위해 사람을 난자해 죽이기도 했다. 역시 유럽에서와 마찬가지로 위험에 가장 노출되어 있었던 이들은 여성이었다. 수많은 여성이 횡행하는 병사 무리에 의해 강간당했다. 다급한 일본 부모들이 자기 자식만큼은 학살로부터 지키려고 아기와 어린아이들을 중국 농민들의 처분에 맡기고 떠났다. 이들이 돌봐주기라도 하면 다행이었다. 8만 명에 달하는 일본인이 끝까지 본국으로 돌아가지 못했다.

오카무라 야스지岡村寧次는 일본의 전범 중에서도 최악에 속하는 인물이다. 그는 1942년 중국 북부 지역에서 공산당 게릴라를 소탕하기 위한 야만적인 작전을 총지휘했다. 삼광작전三光作戰이라 불리던 그의 전략은 모두 죽이고殺光, 모두 불태우고燒光, 모두 빼앗으라搶光는 뜻으로, 상하이 시절 요시코의 연인이었던 다나카 류키치 소장이 고안한 것이다. '적군으로 의심되는' 모든 남자를 죽여서 게릴라를 궤멸시킨다는 포괄적인 목적이었다. 농민들은 강제로 줄줄이 쇠사슬에 묶여 끌려나왔고 마을은 잿더미가 되었다. 곡식과 그 외 필수 식료품은 모두 압수당하고 가축은 전부 도살해버려서 결국 게릴라가 먹을 식량은 아무것도 남지 않았다. 일부 역사가는 삼광작

전이 약 270만 중국 민간인의 목숨을 앗아갔다고 주장한다.[13]

요시코가 반역자이자 스파이 혐의로 체포되는 와중에도 오카무라 야스지는 황급히 치러진 전범 재판에서 무죄 판결을 받고 장제스의 군사고문으로 위촉되었다. 이는 제멋대로 내려진 결정이 아니었고, 장제스 본인과 그의 장성 일부가 일본 사관학교에서 공부했던 시절 오카무라와 개인적으로 아는 사이였다는 감정적인 이유에서 결정된 것도 아니었다. 일본이 패전하자마자, 반일 동맹이라는 가면 아래서 들끓고 있던 장제스의 국민당과 마오쩌둥의 공산당 사이의 갈등이 격렬한 내전으로 터져나왔다. 장제스는 일본을 자기편에 두고 싶어했기 때문에, 싱가포르나 네덜란드령 동인도와 같은 다른 아시아 지역과 비교하면 중국에서는 전범으로 재판된 일본인이 많지 않았다. 중국의 적은 꼭대기에 있는 한 줌의 군국주의자들이지, 일본 국민이나 일본 병사들이 아니라는 것이 국민당의 공식적인 입장이었다.

그러나 중국은 아시아의 그 어느 나라보다 더 큰 고초를 겪었다. 일본의 침략으로 인해 2000만 명에 가까운 중국인이 목숨을 잃었다. 따라서 비록 군사 전범들은 가볍게 풀려날지라도 대중 사이에서는 원한을 풀 수 있는 무언가가 있어야 했다. 독일 제국이 붕괴하고 나서 유럽에서는 여성이 국가적 치욕의 주요한 상징으로 소모되었기 때문에, 독일 점령군과 잠자리를 한 여성들은 프랑스 및 여러 나라에서 가혹한 처분을 받았다. 이와 비슷한 일이 중국에서도 벌어졌다. 일본에 부역한 특히 괘씸한 세 명의 반역자에 대한 대자보가 전국 방방곡곡에 붙었다. 리샹란, '도쿄 로즈', 그리고 가와시마 요시코였다. 리샹란, 리코란, 혹은 야마구치 요시코는 스파이이자 부역자로 고발되었다. 가와시마 요시코는 스파이 행위뿐만 아니라 중국의 일본 침략을 도운 죄, 나라를 팔아넘긴 죄, 일본의 대표적인 전범들과 수없이 잠자리를 함께한 죄였다. 가와시마 요시코는 일본인 비서에게 보낸 편지에 "가난한 사람들에게 한 줌의 위안을 주기 위해" 중국 신문들이 자신을 "대중의 구경거리로 만들었다"고 쓰고 있다.[14]

불행히도 요시코가 취한 모든 행동이 사태를 더 악화시켰다. 경찰의 심문 과정에서 그녀는 자신을 일본에서 전설로 만들어준 놀라운 업적들을 자랑하며 오만하게 굴거나 허세를 부리는 태도로 일관했다. 그 업적의 대부분은 사실도 아니었다. 반일 군벌을 항복시키기 위해 치치하얼에 낙하산으로 침투한 옛날얘기도 다시 나왔으나, 요시코는 자신이 쓴 책에서 그런 일이 없었다고 인정한 바 있다. 전시 일본 잡지들에 실렸던 황당한 이야기들이 반복되었다. 엉뚱한 패션쇼에 불과했던 그녀의 군사적 업적 또한 부풀려졌다. 요시코가 얼마 뒤 주장했듯이 이 모든 것은 협박에 못 이겨 자백한 내용일 수도 있다. 그녀는 정말로 감옥에서 괴롭힘과 모욕을 당했을지도 모른다. 동료 수감자들 사이에서 요시코의 별명은 '미친 누이'이거나 '정신 나간 형제'였다. 하지만 그녀는 무엇보다 자기가 스스로 만든 신화의 피해자였다.

그러는 동안 일본의 전쟁 신화를 선동하던 또 다른 한 사람인

리코란은 상하이에서 당시 연인이던 일본인 영화 프로듀서와 함께 가택 연금되어 있었다. 어느 날, 한 중국 장군이 그녀의 집에 찾아와서 연합군 장교들을 위한 파티에서 노래해달라고 부탁했다. 미국인들이 '중국 최고의 가수'가 중국 노래를 부르는 것을 꼭 듣고 싶어했다는 것이다.[15] 그녀는 자신이 더 이상 중국인 영화 스타가 아니라 평범한 일본 시민 야마구치 요시코라며 항변했다.

1945년, 두 명의 요시코에게는 자신이 중국인이 아님을 증명하는 것이 죽고 사는 문제가 되었다. 일본인이라면 어쨌든 중국을 배신한 죄로 비난할 수는 없는 일이니까. 이들은 국적을 증명할 서류가 필요했다. 모든 일본 국민은 호적에 이름을 등록하게 되어 있다. 야마구치 요시코는 운이 좋았다. 러시아 친구가 베이징에 살고 있는 그녀의 부모로부터 호적등본의 복사본을 구해주었던 것이다.

가와시마 요시코에게는 그런 운이 따르지 않았다. 그녀는 감옥에서 중국어를 알아듣지 못하는 척하면서 일본인 통역사를 불러달라고 요청했다. 양아버지 가와시마 나니와는 과거 그녀를 가와시마 집안 호적에 등록할 생각을 하지 못했다. 공식적으로 그녀는 줄곧 중국 국민이었던 것이다. 감옥에서 아무리 많은 편지를 가와시마 나니와에게 보내도, 위조를 해서라도 자신의 일본 국적을 증명할 서류를 보내달라고 아무리 빌어도, 그녀의 운명은 이미 결정되었다. 중국인 반역자 진비후이로서 대중에 최대한 노출된 채로 재판을 받게 된 것이다.

'여자 스파이'에 대한 재판은 대체로 흥미 위주였던 언론의 높

은 관심 속에서 1947년에 시작되
었다. 가와시마 요시코는 '군국주
의 정권에서 젊은 여성들의 숭배
를 받는 남장 미인'이었고, '위험한
전쟁의 파도 위에서 독을 품고 춤
추는 엉겅퀴꽃'이었다. 일본의 『아
사히 신문』은 그녀가 재판을 받는
작은 법정에 '동방의 마타하리'를
잠깐이라도 보려고 너무나 많은
사람이 몰려든 나머지 창문과 가
구들이 부서질 뻔했다고 보도했다.

마침내 10월 15일, 요시코는
5000명의 사람이 그녀를 보려고
목을 빼고 구경하는 가운데 법정에서 판사들을 마주하고 섰다. 범
죄 혐의의 목록은 길었다. 만주의 중국 영토를 정복하기 위해 사적
으로 군대를 조직한 죄, 푸이를 괴뢰국 황제 자리에 앉히도록 도운
죄, 중국 침략을 모의한 죄, 상하이사변을 일으키도록 도운 죄, 중
국의 군사기밀을 빼돌린 죄, 일본의 선전 선동 내용을 퍼뜨린 죄,
청나라를 수복하려고 한 죄, 중국인 부역자들을 지원함으로써 조
국을 배신한 죄, 일본 군국주의자들과의 친밀한 관계를 통해 '사무
라이 정신'에 오염되어 남자 군사 영웅처럼 행동한 죄. 요시코는
차분한 미소를 띠고 가만히 앉아서 듣고만 있었다.

이러한 혐의 자체는 놀랍지 않았다. 놀라운 것은 혐의를 뒷받침하는 증거였다. 검찰 측은 무라마쓰 쇼후가 상하이에서 요시코의 모험을 소재로 쓴 소설『남장의 여인』에 그녀의 모든 범죄가 생생하게 묘사되어 있다고 주장했다. 반역행위에 대한 증거는 이 책의 내용에 기반했다고 추정되는「만몽건국의 여명滿蒙建國の黎明」이라는 제목의 선전 영화에서도 발견되었다. 유명한 감독 미조구치 겐지溝口健二가 만든 영화로 주연은 리코란이라고 했다. 이런 영화가 실제로 있기는 했지만 리코란 주연도 아니었고 '남장 여인'의 내용에 기반하지도 않았으며 가와시마 요시코의 삶과는 정말이지 아무런 관계도 없었다. 만주국의 건국을 축하하기 위해 급조된 어용 영화일 뿐이었다. 이런 오류들은 눈감아준다고 하더라도, 허구의 창작물을 증거로 허용한다는 사실 자체가 매우 변칙적인 일이었다. 요시코가 스스로의 신화에 매몰되었던 것이 이제 그녀의 발목을 잡고 있었다.

그녀가 명백히 퍼뜨리고 다녔던 한 가지 신화는 만주국에 낙원을 건설한다는 목표였다. 일본이 그렇게도 소중히 여기며 벌였던 사업의 몰락은 아마카스 마사히코의 최후로 상징된다. 관동군 선전 선동의 담당자, 무뚝뚝한 얼굴의 살인자, 리코란을 만주국 영화 스튜디오의 스타로 만들었던 바로 그 남자다. 1945년 8월에 일본이 항복하고 나서 이틀 뒤, 아마카스는 신쿄의 영화 스튜디오 너머로 해가 지는 것을 보고 있었다. 그는 직원 한 명에게 "이 위대한 땅의 평화로운 사람들의 얼굴에 웃음을 심어주려고 했던" 자신의 노력에 대해 이야기했다. 그는 이렇게 말했다. "우리 일본인이 건설한 만주는 이제 없어지지만 그 사람들의 웃음은 절대 사라지지 않을 것입니다."[16] 이튿날, 아마카스는 인종화합회의 제복 차림으로 사무실로 들어가 청산가리 알약을 삼켰다.

요시코의 최후는 이보다 더 비참했다. 그녀는 홀로 작은 감방에 갇혀 운명의 날을 기다렸다. 벽에는 리코란의 사진이 핀으로 꽂혀 있었다. 연합통신사 기자 스펜서 무사가 마지막 취재를 허락받았다. 그는 기사에 이렇게 썼다. "가와시마 요시코는 더 이상 자신의 매력을 이용해 일본의 전쟁을 돕던 동방의 요부처럼 보이지 않았다. 서른세 살의 그녀는 윗니가 하나도 없었고, 머리는 남자처럼 짧게 잘려 있었다. 누빈 회색 재킷과 헐렁한 바지 때문에 그녀의 작은 체구는 실제보다 커 보였다." 나는 남자를 좋아하지 않아요, 라고 무사에게 말하기도 했다. "남자는 여자에게 말썽만 일으키죠."[17] 그녀의 말은 진심이었을 것이다. 하지만 요시코는 생의 마지막 순간에 이르러서도 멋대로 몇 가지 허구를 더 꾸며내지 않고는 견딜 수 없었다. 자기는 부모가 망명 중이던 도쿄에서 태어났다고 했다. 몽골인 남편 이야기는 쏙 빼놓은 채 자신은 한 번도 결혼한 적이 없다고 무사에게 말하기도 했다. 바인레프와 마찬가지로 요시코 또한 자신이 꾸며낸 현실을 끝까지 포기하지 않았던 것이다.

요시코는 자신을 군중의 눈에 띄지 않는 곳에서 하얀 일본 기모노 차림으로 처형해달라고 요청했다. 첫 번째 요청은 받아들여졌으나 두 번째는 아니었다. 1948년 3월 25일 『요미우리 신문』의 보도에 따르면 요시코는 무릎 꿇린 채 이름이 진비후이가 맞는지 대답하라는 명령을 받았다고 한다. 그러고는 뒤통수에 총알이 하나 날아와 박혔다. "중국인 경비병에 의하면 그녀는 몸도 움찔하지 않고 진정한 여장부처럼 죽음을 맞았다."[18]

3: 스톡홀름

미국과 영국과 소련의 지도자들이 1945년 2월 얄타에 모여 곧 있을 독일의 패전 이후 세계를 어떻게 할 것인지 의논하고 있을 때, SS의 수장이자 내무부 장관이며 예비군 사령관이자 상류 라인$^{Up-per-Rhine}$ 최고 사령부 총사령관 하인리히 힘러는 절박한 나머지 자신의 마사지사와 점성술사에게 히틀러를 상대로 쿠데타를 일으켜야 하는지 묻고 있었다. 프랑스와 벨기에 전역, 그리고 네덜란드 일부는 이미 해방되었다. 소련군은 베를린에서 40마일도 떨어지지 않은 곳에서 '스탈린의 파이프 오르간'로켓을 발사할 때 나는 특이한 고음 때문에 독일군이 이렇게 불렀다으로 로켓포를 쏘아대고 있었다. 케르스텐이 시민권을 갖고 있던 핀란드를 포함해 한때 우군이었던 나라들은 독일 제국에 등을 돌렸다. 독일 주요 도시의 대부분은 밤에는 영국군, 낮에는 미군에게 폭격을 당해 폐허가 되어 있었다. 힘러의 점성술사인 빌헬름 불프는 그에게 퓌러를 제거하라고 강하게 권했다. 불프에 따르면 "수백만의 사람이 두려워하는 남자" 힘러는 지친 나머지 더 이상 어찌 해야 좋을지 모르는 상태에서 "조심스럽게 거의 하소연하듯 이렇게 말했다. '여러분에게 고백을 하나 해야겠네-나는 도저히 그렇게는 할 수 없어.'"[19]

힘러가 이런 말을 하지 않았을 수도 있다. 이 괴상한 대화 자체가 아예 없었을 수도 있다. 케르스텐만큼이나 이야기를 꾸며내고 과장하는 경향이 있던 불프는 믿을 만한 증인이 아니었다. 그러나 이런 대화를 했을 수도 있다. 힘러가 정말 그렇게 말했을 수도 있다. 우리는 1944년 가을부터 힘러가 히틀러의 천재성 또는 가공할 '비밀 병기' 덕에 독일이 기적적으로 승리할 것이라는 허황된 자신감과 완전한 절망 사이를 급격히 왔다갔다했다는 사실을 잘 알고 있다. 우리는 또한 힘러가 대리인들을 통해 서양 연합국들과 화평의 가능성을 가늠해보며 자기 살길을 찾으려 했다는 것도 알고 있다. 힘러와 함께 러시아에 대항해 싸우는 것이 옳다는 사실을 연합국들이 언젠가는 반드시 깨달으리라 믿으면서 말이다. 힘러는 헨리파울러의 적통을 이어받은 게르만의 지도자로서 살아남기 위해 유대인 일부의 목숨 정도는 교환할 준비가 되어 있었다. 테레지엔슈타트 수용소에는 바로 그런 목적을 위해 사회적으로 알려진 유대인들이 수용되어 있었다. 마찬가지로 베르겐 벨젠 수용소도 베스터보르크를 비롯한 여러 다른 수용소에서 보내온 '교환용 유대인들'을 모아둔 곳이었다. 하지만 SS의 수장인 힘러조차 매우 조심스럽게 움직이지 않을 수 없었다. 히틀러가 그런 이기적인 책략을 결코 지지하지 않으리라는 사실을 잘 알고 있었기 때문이다. 퓌러는 유대인과의 투쟁에 진심이었다.

스웨덴 정부 입장에서는 힘러와의 협상을 통해 일부 생명이라도 구하는 것이 승전국 편에 서서 역사의 옳은 편에 남을 수 있는 그나마 가장 좋은 기회였다. 케르스텐도 마찬가지였다. 1945년의 겨울과 이른 봄에 좋은 기회가 찾아왔다. 케르스텐이 힘러의 채찍 아래 수용소에서 간신히 살아남은 수천 명을(다수가 유대인이었던 스칸디나비아, 네덜란드, 프랑스, 폴란드 사람들) 구해내는 과정에서 비록 자신의 역할을 부풀리기는 했어도, 그는 스스로 일정 위험을 감수해가며 대부분의 사람보다 많은 일을 했다. 울프는 케르스텐이 오직 돈을 위해 그랬다고 이야기한다. 그는 케르스텐이 "스웨덴에서의 사업을 위한 그의 이기적인 계획"을 홍보하기 위해 힘러와 자신을 이용했다고 주장했다.[20] 그랬을 수도 있다. 하지만 그보다는 힘러의 개인 마사지사라는 자기 직업이 새 삶을 시작하기에 썩 좋은 경력으로 받아들여지지 않을 새로운 세상에 대비하고 있었다고 보는 편이 옳다. 케르스텐은 언제나 자신이 중요한 인물이 되는 상황을 즐겼다. 그리고 인생을 즐기기만 하던 그가 일말의 인간적 품위에 의해 움직였을 가능성도 무시해서는 안 된다.

케르스텐이 힘러의 유대인 비밀 거래에 관여하기 시작한 것은 1944년 8월이다. 예전의 환자 한 명이 스위스 적십자사의 지원을 받아 2만 명의 유대인을 안전하게 구출하는 계획을 도와달라고 부탁해왔다. 힘러가 협조할 수 있을지 한마디 물어봐줄 수 있겠냐고. 회고록에서 케르스텐은 이 계획의 자세한 내용에 대해서는 약간 모호하게 설명하고 있다. 하지만 그는 곧 힘러가, 아니 좀더 정확하게는 힘러의 정보참모장 발터 셸렌베르크가 이미 비슷한 계획을 놓고 스위스의 인물들과 협상 중이라는 사실을 알게 되었다. 이들이 누구였는지는 잘 알려져 있다. 정통파 유대교도인 레샤 슈테른부흐와 이츠하크 슈테른부흐라는 부부다. 레샤는 1930년대부터 유대인을 살리기 위해 가능한 모든 일을 다 했던 용기 있는 여성이다. 그녀 또한 바인레프처럼 초정통파 종교운동 아구다트 이스라엘의 회원이었지만 둘의 공통점은 딱 거기까지다. 그녀는 유대교 신자든 아니든 핍박받는 모든 유대인을 돕기 위해 자신의 종교적 인맥을 활용했다. 심지어는 임신부의 몸으로 스위스 국경지대의 숲에 숨어 있다가 오스트리아와 독일로부터 탈출하는 사람들을 돕기도 했다. 레샤와 남편 이츠하크는 밀입국해오거나 돈을 주고 빼내온 난민들을 위해 생갈렌의 호텔 하나를 전용 숙소로 꾸렸다. 생갈렌의 주민들은 정통파 유대교인들의 종교적 관습을 매우 신기하게 여겨서, 기도용 숄과 검은 모자를 쓴 이 이국적인 무리를 구경하러 오기도 했다.

　1944년 여름 슈테른부흐 부부는 스위스 연방 대통령 장 마리 뮈시에게 그가 약간 알고 지내던 사이인 힘러를 찾아가 만나봐달라고 부탁했다. 힘러와 셸렌베르크는 뮈시가 서양 연합국들과의 비밀 회담 통로를 열어주기를 바라고 있었다. 뮈시와 그의 아들 브누아는 독일로 가 힘러의 전용 열차에서 몇 시간을 보내고 거래를 맺었다. 힘러는 돈을 받고 테레지안슈타트의 유대인 재소자들을 풀어주기로 했다. 매월 1200명의 사람을 보낼 때마다 스위스의 은행 계좌에 500만 스위스 프랑을 입금하는 조건이었다. 이 돈은 독일 육군을 위해 트랙터와 트럭을 사는 데 사용될 예정이었다.

이렇게 유대인과 트럭을 맞바꾸는 거래는 예전에도 있었다. 1944년 5월 힘러의 유대인 말살 작업을 총괄했던 아돌프 아이히만이 헝가리의 유대인 대표단에게 비슷한 거래를 제안한 적이 있었다. 트럭, 코코아, 커피, 차, 비누와 100만 유대인의 생명을 맞바꾸는 거래였다. 아이히만은 이 거래를 '물자 값으로 피^{Blut gegen Waren}'라고 불렀다.

케르스텐은 자기가 이 더러운 금전 거래에 대해 힘러의 면전에 대고 비난했다고 회고록에서 주장한다. 어떻게 사람 목숨을 돈과 바꿀 수 있는가? 각하의 이름은 "더럽혀진 채로 역사책에 영원히 남을 것"이라고 말했다고 한다.[21] 케르스텐에 의하면 당시 동부 전선에 SS 무장친위대를 조직하고 슬로바키아의 항거를 무자비하게 진압하느라 바빴던 고틀로프 베르거가 그의 편을 굳게 들어주었다. 그랬다고 한다면 그것은 인도주의나 사람의 목숨으로 거래하는 것에 대한 결벽주의 때문이었을 리는 없다. 유대인 강제추방에 대한 슬로바키아의 저항이 분쇄되자마자 아우슈비츠로 유대인을 태우고 가는 열차의 운행이 재개되었기 때문이다. 하지만 케르스텐의 이야기에서는 그와 베르거가 이겼고 힘러가 한발 물러섰다.

힘러는 실제로는 물러서지 않았다. 돈도 실제로 입금되었다. 1210명의 유대인(케르스텐의 책에는 2700명이라고 잘못 적혀 있다)이 체코와 바바리안의 시골지역을 통해 스위스로 넘어왔다. 그러나 유대인과 독일의 군수물자를 맞바꾼다는 보도가 미국의 유대인들에게 경종을 울리고 히틀러를 격노케 하면서 거래는 중단되었다. 히틀러는 거래를 중단시켰을 뿐만 아니라 독일에 남아 있는 모든 유대인과 이들의 탈출을 돕는 독일인도 다 죽여버리겠다고 위협했다. 아이히만의 헝가리 거래도 비슷하게 끝났다. 영국이 이를 나치가 서방 연합국과 비밀 거래를 추진하면서 연합국과 소련 사이를 틀어지게 하려는 계략이라고 본 것이다.

한편 영국은 힘러와의 비밀 거래로부터 한발 물러나 모든 작업을 스웨덴과 유대인 대리인들에게 맡겨두었다. 영국은 또한 케르스텐에 대해 커다란 의구심을 품고 있었다. 스웨덴의 영국 대사인 빅터 맬릿 경은 케르스텐을 "나치이자 철저하게 나쁜 인간"으로 본다고 영국 외교부에 보고했다.[22]

하지만 인신 거래는 그것으로 끝이 아니었다. 케르스텐은 "그때부터 나는 유대인들에게 정말로 도움을 줄 수 있는 수단과 연락처를 얻었다"라고 쓰고 있다.[23] 이 말은 사실이다. 1945년 2월 케르스텐은 그의 직업세계 및 사교생활에 자주 등장하게 되는 또 한 명의 수상한 수완가를 만났다. 스톡홀름의 드레스덴 은행 총재인 오토카어 폰 크니에림이었다. 케르스텐의 환자였던 그는 독일군과 부유한 스웨덴 기업인들을 위해 온갖 지저분한 거래를 했던 나치주의자로 전후에 의심을 받았다. 폰 크니에림은 서부 전선과 동부 전선 양쪽 모두에서 연합국과 유리한 협정을 맺고자 하는 독일의 시도에 관여하고 있던 터라, 그가 세계유대인회의의 스톡홀름 대표이던 힐렐 스토르크를 케르스텐에게 소개한 것은 놀라운 일이 아니다.

스토르크는 1940년에 스웨덴으로 도망간 리투아니아 유대인이다. 그는 세계유대인회의 대표를 맡고 있던 것 외에 시오니즘 조직이던 유대 기구Jewish Agency를 위해서도 일하고 있었다. 그는 폴란드와 노르웨이의 유대인들을 구출해 스웨덴으로 피란시키려고 애썼다. 이런 노력이 스웨덴에서 모두에게 환영받지는 않았다. 혹여라도 스웨덴에서 반유대주의를 자극할까봐 일부 저명한 스웨덴 유대인들이 우려했던 것이다. 하지만 스웨덴 정부는 더 많은 노력을 기울이고자 했다.

스웨덴의 이런 막판 구출 작전을 지휘하던 중심인물은 폴셰 베르나도테 백작이었다. 그는 제복을 좋아하고 젊은이들을 훈련시켜 움직이게 만드는 것을 좋아하는 귀족 보이스카우트 같은 사람이었다. 실제로 그는 스웨덴 보이스카우트의 회장이었고 스웨덴 적십자회의 부회장이기도 했다. 힘러가 히틀러 몰래 평화 협정을 맺을 수 있을지 알아보려고 윈스턴 처칠과 접촉하려 했을 때 그 중간책이 베르나도테였다. 비록 접촉에 성공하지는 못했지만. 어쨌든 베르나도테는 힘러가 1944년 테레지엔슈타트에서 유대인을 석방시켰다는 사실을 스토르크에게 알려주었고, 어쩌면 더 많은 양보를 할 의향도 있을 것이라고 이야기했다. 하지만 스웨덴에 있는 노르웨이와 덴마크 대표들의 압력을 받고 있던 베르나도테는 스칸디나비아인들을 석방시키는 것을 첫 번째 임무로 삼았다.

힘러와의 협상에서 베르나도테와 케르스텐이 맡았던 각각의 역할은 잘 알려지지 않았고, 둘 사이의 경쟁관계가 극적인 결과를 초래할 수도 있었기 때문에, 스웨덴의 귀족 베르나도테가 1945년 2월 힘러를 처음 만났다는 사실을 밝혀두는 것이 중요하다. 힘러는 이미 수천 명의 스칸디나비아인 수감자를 적십자 감독하의 수용소에 두는 데 동의했던 상태였다. 베르나도테는 힘러가 상대하기 유쾌한 사람이라는 사실에 놀랐다. 실제로 그는 "기꺼이 응하는 것처럼 보였고 (…) 분위기를 밝게 하기 위해 농담하기를 즐겼다".[24]

힘러가 기꺼운 태도로 분위기를 밝게 하려고 애쓰던 모습이었다는 베르나도테의 관찰은 아마 정확했을 것이다. 특히나 유대인 문제에 있어서는 타협하느니 차라리 불에 타 죽는 것을 택할 다혈질의 퓌러와는 달리, 힘러는 자신에게 도움이 된다면 협조할 준비가 되어 있었다. 케르스텐의 1945년 3월 21일 자 일기에는, 나치가 이미 명분을 잃었다는 것을 알고 있던 힘러가 더 이상 "유대인을 말살시키는 끔찍한 작업을 수행해야 할 의무감을 느끼지 못하고 이제는 유대인 문제를 좀더 부드러운 방법으로 해결한다는 자신의 원래 생각으로 돌아갈 수 있다"고 느꼈던 것 같다고 적혀 있다.[25] 그러나 이것은 매우 믿기 어려운 얘기다. 이것은 브란트나 셸렌베르크가 "옳은 명분에 대한 헌신"[26] 때문에 자신의 구출 노력을 도왔다고 하는 케르스텐의 생각과도 마찬가지 맥락이다. 이들이 지난 10년간 복무해왔던 명분을 생각하면 말도 안 되는 얘기다.

힐렐 스토르크는 케르스텐이 힘러와 독대하는 사이라는 것을 알고 있었으므로 그를 몹시 만나고 싶어했다. 연합군이 가까이 오면 수용소를 폭파시키고 수감자를 모두 죽이라고 히틀러가 이미 명령을 내려놓은 터였다. 그리고 그 소름끼치는 명령을 수행하는 것이 바로 힘러의 일이었기 때문에 어떻게든 그가 그렇게 하지 않도록 설득하는 작업이 꼭 필요했다. 케르스텐은 최선을 다해보겠다고 약속하고 스톡홀름을 떠나 독일에 있는 자신의 저택으로 날아갔다.

3월에 힘러와 케르스텐 사이에 모종의 협상이 이루어졌을 개연성은 있다. 정확히 무슨 얘기가 오갔고 무엇을 약속했는지는 명확하지 않다. 케르스텐의 일기는 전쟁이 끝나고 완전히 재구성되었다. 프랑스인 전기 작가 조제프 케셀은 여기서도 가장 드라마틱한 묘사를 하며 힘러가 다시 한번 고통에 시달렸을 때 설득 작업을 해낸 케르스텐의 마법의 손을 크게 강조하고 있다. 그의 묘사에서 힘러는 "얼굴이 벌겋고 뺨은 수척하며 온통 땀으로 뒤범벅된 채 철제 침대에 고꾸라져 있었다".[27] 케르스텐은 힘러의 극심한 고통을 조금 덜어준 뒤, 연합군이 근처에 오면 수용소를 전부 폭파시킨다는 것이 사실이냐고 물었다. 힘러는 사실이라고 인정했다. 독일이 무너지면 독일의 적들도 함께 무너지는 것이라고 신념에 차서 말했다.

케르스텐은 여기서 평소의 방식대로 번지르르한 아부를 했다. 역사 속의 위대한 게르만 지도자라면 분명히 그런 끔찍한 일을 할리가 없다. 각하는 히틀러보다 더 막강한 힘을 가진 이 시대의 가장 위대한 게르만 지도자다. 약간의 연민을 보여주기만 한다면 각하는 80만 명의 사람을 구해낸 영광의 구세주로 영원히 기억될 것이다.

힘러가 자신은 히틀러의 무시무시한 의지 앞에서 무기력할 수밖에 없다고 주장하며 머뭇거리고 우왕좌왕하는 사이 며칠이 지났다. 그러다가 마침내 브란트가 있는 자리에서 힘러는 문서를 작성했다. 수용소를 폭파한다거나, 끔찍한 인명 피해를 감수하면서 수감자들을 탈출시키는 대신 질서 있는 절차에 맞춰 이들을 연합군에 인계한다는 약속과 유대인 살상을 중지하고 식량의 반입을 허가한다는 약속에 관한 문서였다. 케르스텐은 스스로가 마치 "지구상에 있는 모든 권력 위에 존재하는 보이지 않는 권력을 대변하는" 느낌이었다고 쓰고 있다. 케르스텐은 "인류의 이름으로" 문서에 서명했다. 브란트는 마치 "벼락을 맞은 것 같았다".[28]

케르스텐은 거기서 멈추지 않았다. 프랑스는 어차피 해방되었으므로 라벤스브뤼크 수용소의 프랑스 수감자들도 석방하라고 힘러를 설득했다. 베르겐 벨젠 수용소의 유대인 수감자들도 스웨덴으로 보내서 나중에 모든 유대인을 적십자 감독하의 단일 수용소에 모을 수 있도록 하라고도 했다. 스웨덴 정부가 스웨덴이나 스위스로 보낼 유대인들을 그룹별로 정리한 명단을 힘러에게 건네주기도 했다. 케르스텐은 심지어 힘러를 설득해서, 배은망덕한 네덜란드인들에게 복수하기 위해 헤이그를 폭파시켜버리려던 계획을 중단시키기도 했다. 힘러는 처음에 그것이 히틀러가 명령한 계획이라고 말했다. 하지만 인류의 이름으로 그 명령을 거역하실 수는 없습니까? 그 위대한 게르만 도시를 파괴하는 죄를 정말로 저지르고 싶습니까? 힘러는 좋아 그렇다면 알겠네, 라고 말하고는 네덜란드인들은 그런 대접을 받을 자격이 없지만 게르만 도시 헤이그를 폭격하지 않겠다고 했다. 케르스텐은 힘러에게 "수많은 생명을 구할 이 자비로운 행위에 대해 역사의 이름으로" 감사했다.[29]

이런 폭파 계획이 진짜 존재했다고 치더라도, 그 기록은 어디에도 남아 있지 않다. 헤이그는 런던에 최대 타격을 입힐 목적으로 독일이 V-2 로켓 발사대를 설치해두었던 도시였으므로, 이를 폭파할 계획이 있었는지는 의심스럽다.

그래도 힘러를 설득해 유대인과 다른 수감자들을 석방시키려던 시도는 진짜였고 위험이 따르는 일이었다. 케르스텐은 어려운 가운데서도 침착하게 자신의 역할을 해냈다. 하지만 그의 이야기가 혼란스럽게 느껴지는 지점은, 베르나도테 백작 또한 회고록에서 자신이 케르스텐과 대략 비슷한 시기에 힘러와 비슷한 합의에 이르렀다고 주장한다는 사실이다.[30] 적어도 베르나도테가 힘러에게 다수의 수용소에 있는 스칸디나비아 수감자들을 적십자의 보호 조치 아래 석방시키는 데 동의하게 만든 것은 사실이다. 그리고 나서 힘러는 나중에 유대인을 포함한 라벤스브뤼크의 재소자들을 석방하기로 약속했다.

구출 작업은 3월에 시작되었다. 베르나도테가 하얀 적십자 깃발과 스웨덴 깃발이 그려진 버스들을 이끌고 다하우, 마우트하우젠, 라벤스브뤼크 등 몇 군데 수용소로 향했다. 버스에 표식을 했음에도 이를 독일 수송편으로 오인한 연합군 전투기들로부터 가끔 공습을 당하곤 했다. 베르나도테 자신도 몇 차례 참호로 뛰어들어야 했다. 일부 버스는 캐나다 포로들이 운전했는데, 독일 측은 자신들이 수용소에서 저지른 일을 외국인이 보지 못하도록 버스의 출입을 금지했다. 몇 주 뒤에는 2만 명이 넘는 사람이 수용소를 벗어날 수 있었다. 이 중 다수가 너무 쇠약해져서 제대로 걸을 수도 없는 상태였다. 몇 마일이나 되는 길을 버스를 향해 다리를 질질 끌고 강제로 이동해야만 하는 경우도 많았다. 하지만 많은 사람이 결국에는 덴마크와 스웨덴까지 갈 수 있었다. 풀려난 이들 중 8000명 정도는 노르웨이와 덴마크 사람들이었다. 나머지는 다양한 국가 출신이었고, 이 중에는 수천 명의 유대인도 포함되어 있었다. 모든 일은 비밀리에 진행되었다. 이 작업이 조금이라도 바깥세상에 알려지면 히틀러를 격노케 해서 작전을 위험에 빠뜨릴 수 있었다.

이 작전의 어디까지가 케르스텐이 협상해낸 결과이고, 어디까지가 베르나도테의 공인지는 알기 어렵다. 빌헬름 불프의 글에는 케르스텐이 베르나도테를 힘러에게 소개했다는 이야기를 셸렌베르크로부터 들었다고 나와 있다. 그리고 애초에 베르나도테는 스칸디나비아인들의 석방에만 집중했던 것 같다. 그의 회고록에 유대인에 대한 언급은 거의 없다. 생각해보면 그는 스웨덴 적십자사를 대표해서 협상에 임했던 사람이기는 하다. 힘러와 이야기해보라고 케르스텐에게 부탁했던 것은 세계유대인회의였고.

힘러가 3월 21일 케르스텐에게 쓴 편지를 보면 거기 드러난 위선이 극심한 나머지 섬뜩한 조롱이라는 생각이 들 정도다. 조롱이 아닐 수도 있다. 힘러가 갖고 있던 망상은 놀라울 만큼 진지했다. 그는 케르스텐에게 2700명의 유대인 남녀노소를 석방하게 되었다는 소식을 알리며 기쁘다고 말했다. 이것이 그가 늘 의도해왔으나 그동안 "전쟁과, 전쟁으로 인한 비이성" 때문에 행동으로 옮길 수 없었던 일이라고도 덧붙였다. "선동과 허울"이 일단 걷히면 "양쪽의 피투성이 상처에도 불구하고 지혜와 이성이 다시 승리할 것이며, 인간적 감정과 돕고자 하는 의지 또한 그러할 것"임을 확신한다고 했다.[31]

스톡홀름으로 돌아가기 전에 케르스텐은 힘러로부터 한 가지 양보를 더 받아냈다. 그는 힘러에게 세계유대인회의의 대표를 직접 만나보면 어떻겠느냐고 제안했다. 힘러는 처음에 말도 안 된다고 생각했다. 퓌러가 그걸 알게 되면 뭐라고 하겠는가? 케르스텐은 힘러와 셸렌베르크와 브란트를 빼고는 이 사실을 아무도 알 필요가 없다고 답했다. 처칠이나 아이젠하워와 여전히 협상을 성사시키고 싶어하던 힘러는 그렇게 해서 케르스텐의 시골 저택에서 힐렐 스토르크와 만나는 데 동의했다.

스웨덴에 돌아온 케르스텐은 본인의 말에 따르면 요란한 찬사를 누렸다. 스웨덴의 외교부 장관 크리스티안 귄터는 케르스텐의 노력을 "전 지구적 중요성을 띤 정치적 사건"이라고 했고, 스토르크는 케르스텐에게 "전 세계의 유대인들이 그에게 영원히 감사할 것이다"라고 말했다.[32] 조제프 케셀은 이를 한층 더 부풀린다. 그의

책에서 귄터는 힘러가 유대인 단체의 대표와 만나기로 동의했다는
사실을 듣고는 이렇게 외친다. "이럴 수가! 정말 대단해요. 말도 안
되는 일입니다! 당신이 기적의 의사라는 것은 알았지만, 이번 일은
아무리 당신이라고 해도 불가능하게 들리는 것이었어요."[33]

　　유대인을 말살시키려던 사람과 유대인 대표 사이에 이루어진
이 막판 협상에는 정말이지 비현실적인 면이 있다. 힘러는 결코 신
뢰할 수 없는 인물이었으므로 이는 또한 위험한 일이기도 했다. 힘
러가 케르스텐과 함께 서명했다는 문서, 유대인 학살을 중지하고
수용소들을 연합군에게 질서 있게 넘겨주겠다고 약속한 그 문서가
실제로 존재했는지에 대해서는 의혹이 있다. 남아 있는 것은 두 사
람의 서명이 없는 복사본 한 장뿐이다. 힘러가 구두로건 서류로건
그런 약속을 했다 하더라도, 그는 그 약속을 지키지 않았다. 베르겐
벨젠 수용소는 실제로 4월 15일에 영국으로 넘겨졌으나 그렇게 한
것은 장티푸스 대유행으로 인해 수감자들을 이동시키기가 너무 위
험했기 때문이다. 그보다 몇 주 앞서 힘러는 부헨발트와 도라 미텔
바우 수용소에 있던 수만 명의 사람에게 넝마 차림에 물과 음식도
주지 않은 채 수용소를 떠나 강제 행군하라는 명령을 내렸다. 너무
지쳐서 행군에 뒤처지는 사람들은 총으로 쏴 죽였다. 힘러는 또한
다하우와 플로센부르크의 수용소장들에게 수감자 중 한 명이라도
적군의 손에 넘어가지 않도록 하라고 지시했다.[34] 미군이 부헨발트
에 도착했을 때 검게 그을린 채 쌓여 있던 시체들 얘기를 베르나도
테가 꺼내자, 힘러는 미군 탱크가 수용소에 화재를 일으켰기 때문

이라고 답했다.

자신을 보호해줄 스웨덴 여권이 없었던 무국적자 스토르크는 힘러의 SS와 직접 만나면 신변이 위험해질 수도 있다는 상당히 현명한 판단을 내렸다. 대신 세계유대인회의의 또 다른 대표인 노르베르트 마주어가 하르츠발데 저택의 미팅에 케르스텐과 동행하게 되었다. 마주어는 전쟁 전에 스웨덴으로 이주해온 독일계 유대인이었다. 그는 4월 19일 베를린으로 가는 비행기에 올랐을 때의 느낌을 이렇게 회상했다. "수백만 명의 생명을 파괴한 주요 책임자와 몇 시간 뒤 얼굴을 맞대고 만난다는 생각에 유대인인 나로서는 만감이 교차하지 않을 수 없었다."[35]

케르스텐은 비행기에서 잠을 푹 잤다. 마주어는 그러지 못했던 것 같다. 힘러를 만나러 갔던 여행에 대한 그의 묘사는 제2차 세계대전에 관한 가장 놀라운 기록물 중 하나다. 베를린 한가운데에 있는 현대적 공항 템펠호프에서 "하일 히틀러!"를 외치는 경찰관들이 두 사람을 맞아주었다. 마주어는 예의 바르게 모자를 살짝 올려 저녁 인사를 했다.

베를린은 버려진 도시 같았다. 정확히는 도시의 흔적이 거의 남아 있지 않았다. 이들을 태운 SS 차량은 어둠 속에서 침침한 헤드라이트를 켠 채 수 마일에 걸친 폐허를 달렸다. 곳곳의 검문소와 전차 장애물로 인해 여정은 더욱 힘들었다. 베를린 교외를 지나 나치 독일 최초의 수용소 중 하나인 작센하우젠을 지났다. 마주어는 그 이름에 가슴이 철렁했다. 그의 친척 중 거기 갇혀 끔찍한 경험을 한 사람들이 있었던 것이다. 도시의 경계를 일단 벗어나자 일행은 차를 멈추고 탐조등 불빛이 적군 폭격기를 찾아 하늘을 더듬어대는 광경을 두려움에 차 바라보았다. 베를린 공습은 "그 무시무시한 공포에도 불구하고 굉장한 광경이었다. 비행기들이 사방에서 윙윙대며 날아오는 소리가 들렸다. 운전기사는 그것이 소련 비행기들이라고 했다. 화려한 색의 섬광탄이 하늘에서 천천히 내려와 도시를 양탄자처럼 덮었다. 탐조등에 전투기가 잡히는 광경도 보였지만, 대공포 소리는 들리지 않았다. 대공포대는 이미 모두 동부 전선으로 보내졌다고 운전기사가 설명했다".

이들은 자정 직전에 하르츠발데 저택에 도착했다. 두 시간 뒤에는 셸렌베르크가 도착했다. 그의 '어딘지 모르게 여성적인 외모'는 마주어가 상상했던 '거친 나치 스타일'과 사뭇 다르게 보였다. 셸렌베르크는 독일의 미래에 대해 우울해하고 있었고, 유대인들을 좀 더 인도적으로 대우하는 것에 대해 히틀러가 여전히 크게 반대하고 있다고 마주어에게 말해주었다. 마주어는 또다시 잠을 설쳤다. 머리 위를 나는 폭격기의 끊임없는 소음 때문이 아니라, 곧 있을 대량학살자와의 만남에 대한 불안 때문이었다.

이튿날인 4월 20일은 히틀러의 생일이었다. 힘러는 그날 베를린에서 생일 축하 만찬에 참석해야 했다. 그는 퓌러의 벙커에서 곧장 하르츠발데로 오겠다고 약속했다. 마주어는 줄곧 불안한 상태였다. 힘러가 갑자기 마음을 바꾸면 어떻게 하지? 스웨덴으로 다시 안전하게 돌아갈 방법이 없으면 어떻게 하지? 그는 아침 식사를 마치고 경내를 걸어다녔다. 케르스텐의 저택에서 일하던 여호와의 증인 신도들이 잔혹한 이야기를 들려주었다. 거기에는 소련군의 손에 넘어간 프로이센 및 그 외 지역에서 도망쳐온 독일인 난민도 일부 있었다.

마침내 힘러가 새벽 이른 시각에 도착했다. 마주어는 SS 제복을 단정하게 입은 그의 정중하고도 여유 있는 모습에 놀랐다. 힘러가 다음의 유명한 말을 남긴 것은 아마 그때였을 것이다. "나는 우리와 유대인 사이의 묵은 감정을 털어버리고 싶소. 만약 내가 내 방식으로 할 수 있었다면 많은 일이 지금과는 달랐을 것이오." 케르스텐이 새로 고쳐 쓴 일기에는 힘러가 이 말을 마주어가 아닌 케르스텐에게 했다고 나와 있다.[36] 가능한 얘기다. 그리고 이런 말을 힘러가 세계 유대인 대표에게 직접 했다는 것보다는 그편이 조금 덜 기괴하기도 하다.

힘러, 셸렌베르크, 브란트, 케르스텐, 마주어는 커피와 케이크를 함께하기 위해 둘러앉았다. 힘러는 평소 습관처럼 독일이 유대인 문제를 최종적으로 해결해야 한다는 역사적 필요성에 대해 주장하기 시작했다. 그는 집단으로 위험한 질병에 감염되었던 동유럽 유대인들로 인해 독일이 겪었던 문제를 언급했다. 끓어오르는 분노를 누르고 냉정을 유지하려던 마주어에게 힘러는 이렇게 설명했다. 그래서 수용소 안에 화장터가 있었던 것이오. 장티푸스 고열에 목숨을 잃은 유대인들의 사체를 태워야 했으니까. 이 대목에서 힘러는 동요했다. 그런 일을 저지른 독일인들을 목매달아야 해요!라고 외쳤다. 모든 것이 너무나 불공평한 일이었다고도 했다. 그건 그렇고 수용소는 사실 강제수용소가 아니라 훈련소라고 불러야 맞소. 나치는 재교육을 통해서 범죄율을 낮추는 데 매우 성공적이었죠. 아, 그리고 유대인들이 유대인 거주지역에서 독일 병사들을 총으로 쏘는 바람에 모든 사태를 더 악화시킨 것이오. 이렇게 말하면서도 힘러는 자신의 관대함을 유대인 교섭 상대에게 각인시키고 싶어했다. 내가 부다페스트에 "45만 명의 유대인을 살려두고 왔소". 하지만 그는 그보다 앞선 1944년 여름 (아우슈비츠로) 이미 사라져버린 43만 명의 헝가리 유대인에게 무슨 일이 일어났는지에 대해서는 교묘하게도 얘기하지 않았다.

마주어는 계속되는 힘러의 독백을 가까스로 끊었다. 지나간 일에 집착하는 것은 큰 의미가 없습니다. "우리는 이제 독일과 독일에 점령당한 나라들에 있는 모든 유대인을 확실히 살리도록 해야 합니다." 대화는 여기서 끝날 수도 있었다. 힘러는 퓌러가 유대인을 한 명이라도 더 해방시키는 것은 절대로 허락지 않을 것이라고 얘기했다. 여기서 케르스텐이 스웨덴 정부가 작성한 수감자 명단을 일단 살펴보라고 힘러에게 제안했다. 힘러는 동의했으나 마주어가 보는 앞에서 그럴 수는 없으니 방에서 잠시 나가달라고 부탁했다. 마주어가 다시 방으로 돌아와 대화를 시작하자, 힘러는 스웨덴 정부 명단에 있는 스칸디나비아인과 네덜란드인, 프랑스인, 그리고 라벤스브뤼크에 있는 1000명의 유대인 여성을 석방시켜주겠노라고 말했다. 힘러는 이 정도면 마주어가 틀림없이 기뻐할 것이라고 생각했다. 하지만 여기에는 반드시 지켜야 할 조건이 하나 있었다. 이들을 유대인이 아닌 폴란드인으로 분류해야 한다는 것이었다.

힘러가 새벽 다섯 시에 떠나기까지 대화는 두 시간 반 동안 계속되었다. 힘러는 차에 오르며 케르스텐에게 이렇게 말했다. "가장 뛰어난 독일 사람들은 이제 우리를 끝으로 소멸되는 거야. 나머지는 어떻게 되든 상관없어." 그는 또한 눈물을 흘리며 케르스텐에게 감사했다. "무슨 일이 있더라도 나를 나쁘게 생각하지는 말게. 할 수 있다면 내 불쌍한 가족을 도와주게나."[37]

일행은 베를린으로 돌아가는 길에 베르나도테 백작을 찾고자 했으나 발견하지 못했다. 그리고 그 길에서 마주어는 결코 잊지 못할 광경을 보았다. 길에서 이동 중인 게르만 지배 민족^{Herrenvolk 나치가 독일 민족을 스스로 부르는 말}의 모습이었다. 그는 "성급히 챙긴 가재도구로 가득한 달구지의 끝없는 행렬에 인간의 온갖 비참함이 무더기로 쌓여 있는" 광경에 충격을 받았다. "행렬은 비와 바람을 맞으며 앞에서부터 계속 움직였다. 어느 한 곳에도 오래 머무르지 못하고 이 마을에서 저 마을로 옮겨다녔다. (…) 그것은 우리가 사진이나 상상 속에서 봤던 절망의 이미지였다. 독일 병사들을 피해 도망다니던 프랑스인, 폴란드인, 러시아인, 유대인들의 이미지, 독일 국민이 보고 환호하던 바로 그 이미지였다. 자신들이 타인에게 겪게 했던 고통을 이제 마침내 독일인 자신들이 겪고 있다."

케르스텐 또한 독일과의 작별, 그리고 아끼던 하르츠발데와의 작별에 만감이 교차해 과거를 돌아보게 되었다. 핀란드의 야전

380

병원에서 자신의 손이 가진 치유의 힘을 처음 발견했던 때를 떠올렸다. 그는 속으로 생각했다. '그때부터 이것이 나의 운명이 되었다. 어디가 되었든 폭력의 시스템에 위협받고 있는 사람들을 치료하고 도우라는 운명이었다. 이 운명을 완수할 수 있도록 허락해주신 영원의 신에게 감사한다.'[38] 그는 그 폭력의 범죄를 저지른 자신의 환자들에 대해서 어떻게 생각하는지는 얘기하지 않았다.

제10장:
여파

고대 궤변론자와 현대 궤변론자의 가장 두드러진 차이는 고대인들이
진실을 희생해서라도 논쟁에 잠깐 승리하는 데 만족했던 반면, 현대인들은
현실을 희생해서라도 더 오래 지속되는 승리를 원한다는 점이다.

-한나 아렌트

1 : 마쓰모토

역사를 새로 쓰는 것은 끊임없는 과정이다. 대부분의 사람이
과거에 대해 알고 있는 내용은 소설이나 영화나 뮤지컬 또는 만화
와 같은 허구의 창작물로부터 온다. 신화는 예를 들면 아무것도 끝
나지 않았다거나, 영웅이 결코 죽지 않았다고 주장함으로써 때로
역사를 완전히 우회한다. 이렇게 말하면 예수 그리스도의 부활 이
야기도 떠오르지만 예수의 죽음은 결코 부인된 적이 없다. 예수는
봄날의 나무가 메마른 겨울 뒤에 새싹을 틔우듯 되살아났다. 예수
의 이야기는 신화라기보다는 삶과 죽음의 순환에 대한 비유다.
 내가 말하는 종류의 신화는 전 세계 모든 곳의 문화에 존재한
다. 예를 들면 엘비스 프레슬리가 죽지 않았고 캘러머주, 미시간,
칼즈배드, 캘리포니아 같은 곳에서 마치 UFO처럼 '목격되었다'는
믿음이 그런 것이다. 일본에서 이러한 종류의 판타지는 경쟁 가문
과의 서사시적 전쟁에서 승리하는 데 큰 공을 세운 12세기의 뛰어
난 사무라이 미나모토 요시쓰네源義經의 이야기에 가장 잘 나타나

384

있다. 이 전설적인 무사는 결국 야심가인 이복형 미나모토 요리토모源賴朝에게 패하여 사무라이의 방식대로 할복해서 죽는다. 그의 잘린 머리는 알코올에 담겨 형에게 바쳐졌다. 하지만 요시쓰네는 엘비스처럼 그를 믿는 사람들의 마음속에 살아남았다. 이들은 요시쓰네가 배를 타고 만주로 탈출해 나중에 칭기즈칸이 되어 돌아왔다고 믿었다.

칭기즈칸이 되었다는 이야기는 요시쓰네가 죽고 수 세기가 지나서야 쓰인 것이다. 가와시마 요시코가 놀랍게도 살아 있다는 이야기들은 그녀가 베이징에서 반역자로 처형당하고 나서 곧바로 나왔다. 그중 하나는 리우라는 성을 가진 중국인 가족이 딸들 중 한 명을 요시코 대신 처형되도록 했다는 이야기였다. 딸과 요시코는 외모가 똑같았던 듯하다. 이들 가족은 딸을 희생하는 대신 금괴 열 덩어리를 요구했다고 한다. 금괴를 네 덩어리밖에 받지 못하자 오빠가 고소장을 제출했다. 그러나 오빠가 주소를 남기지 않았기 때문에 더 이상의 조사는 진행되지 않았다. 그때쯤 요시코는 이미 만주에 도착해 있었다. 어느 중국 공산당 장군이 뒤를 봐주었다고 하고, 그 후로 그녀의 소식은 알려진 바가 없다.

요시코의 일본 전기 작가인 가미사카 후유코는 요시코의 오빠인 셴리가 남겼다는 또 다른 이야기를 인용하고 있다. 이 버전에서는 만주족 귀족과 결혼한 중국 공산당의 지역 사령관이 요시코의 목숨을 구해주겠다고 제안했다. 요시코를 다른 사람과 바꿔치기하는 대가는 금괴 백 덩어리였다. 소련 정부가 요시코를 정보원으

로 이용하고 싶어했기 때문에(아마도 일본과 관련된 사안들에 대해),
두 대의 러시아 비행기가 그녀를 러시아-몽골 국경으로 데려가려
고 대기하고 있었다. 이 이야기에서는 누가 그 많은 금괴를 마련하
는지에 대한 설명은 빠져 있다. 러시아가? 아니면 중국 공산당 장
군이? 그리고 중국 장군과 소련의 관계는 대체 무엇이었는지도.

— 어쨌든 중국과 일본의 매체들은 요시코의 사형이 집행되고 나
서 곧 '동방의 마타하리'가 여전히 건재해 있다는 이야기를 실어
댔다. 이제 귀가 완전히 멀어버린 요시코의 양부 가와시마 나니와
도 양녀의 죽음에 뭔가 수상쩍은 점이 있다고 생각했다. 그는 친구
에게 보낸 편지에서, 요시코가 늘 짧은 머리를 하고 다녔는데도 중
국 신문들에 실린 요시코의 시신 사진은 긴 머리를 한 여성의 모습
이라는 점을 지적했다. 그는 또한 요시코가 친척이 없었던 관계로
시신을 대신 수습했던 일본 승려로부터 들은 이야기도 덧붙였다.
승려는 요시코가 저지른 범죄 때문에 자신이 더럽혀지는 것을 염
려하기도 했다. 그는 뒤통수로부터 관통한 총탄으로 인해 시신의
얼굴이 너무 훼손된 나머지 누구인지 거의 알아볼 수 없었다고 말
했다.

그럼에도 불구하고 승려는 자신이 일본으로 옮겨간 시신이 요
시코일 수밖에 없다고 믿었다. 왜냐하면 시신의 주머니에서 자필로
쓴 시가 적혀 있는 편지가 발견되었기 때문이다. 편지의 원본은 미
국의 국립 문서기록관리청에 보관되어 있다. 일본의 미 점령군 소
속 누군가가 조금 서툰 영어로 그 시를 다음과 같이 번역해놓았다.

집이 있으나 돌아갈 수 없고 I have a home; but where I cannot return,

슬픔이 있으나 드러낼 수 없고 I have sorrow; which I cannot disclose,

법이 있으나 나를 보호해줄 수 없고 I have a law; which cannot protect me,

결백하지만 호소할 데가 없네 I am innocent; but I have no one to appeal to.

정말로 요시코가 썼을 법한 내용의 시라고 하지 않을 수 없다.

2003년에 한 중국 여성이 일본 텔레비전에 출연해 자신이 요시코의 딸이라고 주장했다. 자신의 어머니가 일본 남성과 결혼했다고 했다. 2008년에는 또 다른 중국 여성이 등장했다. 그녀는 요시코가 지금은 창춘으로 이름이 바뀐 신쿄의 일본 경찰학교 건물에 숨어 있었다고 했다. 그리고 나서는 리코란이 부른 히트곡인「소주야곡蘇州夜曲」을 듣고 또 들으며 작은 마을에서 조용한 삶을 살았다고 말했다.

요시코가 1948년에 정말 죽었다고 하더라도 그녀의 전설은 죽지 않았다. 여전히 대중문화 속에 살아 있다. 일본 위키피디아만 잠깐 검색해봐도 요시코를 다룬 열세 권의 논픽션 서적과 네 권의 소설, 열한 편의 연극, 여덟 편의 영화, 다섯 편의 텔레비전 드라마, 네 권의 망가, 한 편의 뮤지컬, 그리고 한 편의 비디오 게임이 있다는 내용이 나온다. 가장 최근에는 2009년에「남장 여인: 가와시마 요시코는 살아 있다!男裝の麗人:川島芳子は生きていた!」라는 텔레비전 드라마에서 요시코를 바꿔치기했던 이야기를 극화해서 보여주었다. 요시코를 다룬 전후의 첫 영화인「불타는 상하이燃える上海」는 1954년에

만들어졌다. 이 영화는 무라마쓰 쇼후가 한 해 전 같은 제목으로 출간한 책을 바탕으로 했다. 1933년에도 요시코의 모험을 소설로 썼던 무라마쓰는 자신의 이야기로부터 더 많은 걸 우려낼 수 있다고 믿었던 것이 분명하다.

　이 영화는 픽션을 바탕으로 한 픽션이다. 누아르물의 우수가 가득 넘쳐나는 것은 일본이 일으켰던 전쟁을 영웅적 시선으로 바라보기 힘들었던 1950년대에는 아마 어쩔 수 없는 일이었을 것이다. 상하이를 배경으로 하는 이 영화에서는 청나라 왕조를 수복하고자 하는 아시아의 마타하리가 목적을 달성하기 위해 일본의 장교들과 애정 행각을 벌인다. 이어지는 수많은 모험에서는 반일 저항 조직의 중국인 연인도 등장하고 한국인 테러리스트도 등장한다. 주인공은 결국 자신이 일본 군대에 줄곧 이용당했을 뿐임을 깨닫고 절망에 빠져 몽골로 돌아간다. 윤리적 혼탁함 속에서 망가지지 않는 등장인물은 아무도 없다.

　3년 뒤 나온 두 번째 영화의 제목은 「전운: 아시아의 여왕戰雲:ア ジアの女王」이다. 「전운」은 「아라비아의 로렌스」의 키치적 전신과도 같은 서사시적 모험 영화에 가깝다. 방탕한 상하이를 배경으로 한 어두운 판타지와는 달리, 이 영화는 요시코의 전시 신화를 더욱 비현실적으로 그린 영웅주의와 허세와 관한 이야기다. 일본군 장교와 사랑에 빠져 있는데도 불구하고 요시코는 몽골의 왕자와 결혼한다(물론 실제로도 몽골 왕자와 결혼했다). 결혼식은 마적 떼의 습격으로 중단된다(이런 일은 일어나지 않았던 것이 확실하다). 왕자는 살해

당하고, 요시코는 머리를 짧게 자른 뒤 몽골의 여왕이 되어 장군 제복에 말탄 멋진 모습으로 군대를 지휘한다.

영화에서 그리고 있는 정치적 상황은 터무니없다. 플롯은 여기 저기 구멍투성이고, 줄거리는 대부분 사실에 기반하고 있지 않다. 하지만 이 영화에 정말로 없는 것은 첫 번째 영화에 모호하게나마 존재하던 반전 메시지다. 요시코는 더 이상 역사의 슬픈 희생자가 아니라, 전시 일본의 선전 선동에 등장하던 그대로의 영웅적 위인 이다. 이러한 분위기의 변화는 가까운 과거를 바라보는 시각을 비 롯해 당시 일본 사회에 일어나고 있던 점진적인 변화를 반영한 것 인지도 모른다. 1950년대 초반만 해도 진지하고 종종 좌편향이었 던 국가적 자기 성찰의 시대였다. 그러나 대중문화에서 이런 경향 은 오래가지 못했다.

요시코를 개인적으로 알던 사람들은 이 영화들이 그녀를 완전 히 잘못 묘사하고 있다며 불만을 드러냈다. 예전에 요시코 양부의 비서였던 쇼지 히사코는 요시코가 자신의 목적을 위해 사람들을 이 용하는 계략가가 결코 아니었다고 말한다. 사실은 정반대였다. 일 본 군대와 정부의 권력자들이 그녀를 이용했던 것이다. 쇼지가 보 기에 영화가 담지 못한 것은 요시코의 깊디깊은 외로움이었다. 쇼 지는 다롄에 있던 요시코의 집에서 그녀가 방에서 매일 밤 혼자 울 던 것을 알고 있었다.

요시코가 피해자였고, 사악한 군국주의자들에게 배신당하고 마는 평화를 사랑하는 이상주의자였다는 서사는 큰 공감을 얻었다. 전후의 일본에서는 영웅주의보다 이런 것이 더 보편적인 이야기가 되었다. 평화를 사랑하는 천황을 지고의 상징으로 갖고 있던, 선의로 가득한 일본인들이 전쟁광들에 의해 잘못된 길을 걷게 되었다는 서사였다. 가와시마 요시코가 멋진 군복을 입고 등장해 내레이션을 하는 「뮤지컬 리코란」의 제작이 이런 그림에 딱 들어맞는다.

「뮤지컬 리코란」은 일본의 가장 저명한 현대극 프로듀서 중 한 명인 아사리 게이타淺利慶太(1933~2018)가 이끄는 극단 사계에 의해 1991년 도쿄에서 초연되었다. 사계는 당시에 이미 「캣츠」「웨스트 사이드 스토리」「지저스 크라이스트 슈퍼스타」와 같은 브로드웨이 히트 뮤지컬의 호화로운 프로덕션으로 유명한 극단이었다. 아사리 게이타는 일본의 전쟁 기록을 미화하거나 눈가림하려는 우익 국수주의자가 아니었다. 하지만 그는 흥행 사업을 하는 사람이었고, 당시 아직 꽤 활동적이던 리코란/야마구치 요시코를 포함해서 누구의 심기도 거스르고 싶어하지 않았다. 야마구치 요시코는 스타 영화배우에서 텔레비전 쇼호스트가 되었다가 보수 자민당의 정치인으로 오랜 커리어를 쌓는 길에 들어섰다. 나는 1990년대에 야마구치 요시코와 약간 알고 지냈다. 그녀가 중국어와 일본어를 뒤섞어가며 신화적 버전의 자기 삶을 이야기하던 시절이었다. 칠십대 나이의 야마구치 요시코는 작고 우아한 여인이었다. 칠흑 같은 머리에 세심하게 관리한 얼굴에는 주름 하나 없었다.

뮤지컬은 전쟁이 막 끝난 상하이를 무대로 한 댄스곡으로 드라마틱하게 시작된다. 중국인 군중이 매국노들의 피를 요구하며 소리친다. 코러스가 이렇게 노래한다. "죽여라! 죽여라! 우리의 조국을 가증스러운 일본인에게 팔아넘긴 부역자들을 죽여라. 죽여라! 죽여라! 죽여라!"그때 화려한 흰 제복을 입은 가와시마 요시코가 무대 위에 등장해 리코란의 이야기를 들려준다. 리코란이 어떻게 역사의 수레바퀴에 끌려들어갔고, 나아가 가와시마 요시코 자신도 동일한 비극적인 사건들에 어떻게 휘말리게 되었는지를.

리코란이 중국 군사 법정에서 재판받는 장면이 등장한다. 그녀는 조용히 노래한다. "나는 중국을 사랑했고, 일본을 사랑했어요. 단지 두 나라가 평화와 화합을 이루는 데 도움이 되고 싶었을 뿐입니다."그러고 나면 재판관이 증오를 증오로 갚으면 안 되고 이제 화해의 시간이 다가왔다고 선언한다.

뮤지컬은 전쟁의 무시무시함도 잊지 않는다. 가와시마 요시코 뒤로 위협적으로 보이는 관동군 병사들이 춤을 추며 총을 쏜다. 무고한 중국인들을 죽이면서 온 무대를 굴러다닌다. 푸이 황제가 거짓 황좌에서 굴러떨어지는 장면도 있다. 아들들이 희망 없는 전쟁에 끌려가 죽는 등 보통의 일본 사람들이 군국주의 정책에 시달리는 내용도 나온다. 하지만 푸이가 중국 옷을 입은 사람들에게 둘러싸여 있는 인상적인 장면도 있다. 사람들의 손은 하늘로 뻗어 있고, 눈에는 황홀감이 가득하다. 영광스러운 화합을 이루며 사는 다섯 민족의 색깔을 흔들며「만주의 꿈」이라는 곡을 목청껏 노래한다.

이 뮤지컬의 목적은 만주국의 선전 선동을 부활시키려던 것

이 아니다. 사실 우익 국수주의자들은 전시 일본을 부정적으로 그
리는 것에 대해 불쾌해했다. 하지만 전시 일본의 이야기에는 한때
아름다웠으나 흉하게 변해버리고 만 꿈이라는 틀림없는 비극적
정서가 존재했다. 일본의 그 누구도, 심지어 극우주의자라 할지라
도, 중국을 침략한 사실을 더 이상 이상화하려고 하지 않았다. 그래
도 어떤 이들은 여전히 동남아에서의 전쟁이 유럽 제국주의 압제
자들과의 유혈 투쟁이었다고 주장한다. 거기에는 일말의 논리가 담
겨 있지만 일본이 아시아인을 해방시키기 위해서 전쟁을 치렀다
는 주장에는 그만한 논리조차 없다. 또 어떤 이들은 미국을 비롯한
제국주의 열강들이 일본을 전쟁으로 내몰았다고 끊임없이 주장한
다. 하지만 그렇다고 하더라도 이런 전쟁에 낭만주의적 서사가 끼
어들 여지는 없다. 난징 대학살은 고사하고 상하이사변만 하더라도
일본인들이 춤추고 노래하는 무대를 꾸밀 만한 일이 아니다. 진주
만 공습도 마찬가지다. 하지만 만주국에는 여전히 낭만적 매력이
남아 있다.

'아시아의 평화를 열망했던' 가와시마 요시코의 신화, 그리고
'중국을 사랑하고 일본을 사랑했던' 리코란의 신화는 여전히 많은
일본인의 상상력을 자극한다. 이는 군국주의와 무관하고 다롄의 아
카시아나무를 그리워하는 식민 시대의 향수와도 관련 없다. 그보다
더 깊숙한 무엇의 작용이다. 한 명은 중국에서 자란 일본인이고 또
한 명은 일본에서 자란 만주족이었던 두 명의 요시코가 겪은 정체
성의 혼란과 관련 있다. 둘 다 잔혹한 제국주의 사업의 나팔수 역할

을 연기했고, 둘 다 일본과 중국 대륙 사이에 끼어 어쩌지 못하는 처지가 되었다. 두 사람이 겪은 정체성의 혼란은 국가로서 일본이 겪는 정체성 혼란을 각기 다른 방식으로 반영하고 있는 것이다.

일본은 역사의 대부분 기간 동안 중국을 문명의 중심으로 여기던 주변 국가였다. 19세기 중반 영국과의 굴욕적인 아편전쟁을 통해 중국의 허약함이 만천하에 드러나자 일본은 아시아 대부분에 닥쳤던 식민지로서의 굴욕적인 운명을 피하기 위해 서양을 문명의 중심으로 여기게 되었다. 동세기 말의 유명한 자유주의 사상가 후쿠자와 유키치福澤諭吉는 '아시아를 벗어난다'는 뜻의 탈아脫亞라는 구호를 만들어냈다. 후쿠자와는 유럽의 계몽주의를 동경하던 사람이었다. 일본이 최대한 빨리 최대한 철저하게 서구화하여 강력하고 근대적인 계몽 국가가 되어야 한다고 주장했다. 서구의 옷, 서구의 문화, 서구의 건축, 서구의 군사 조직, 그리고 거기에는 물론 서구식 식민 제국도 있었다. 조선과 타이완과 남태평양의 식민지들이 그렇게 생겨났다.

그러나 일본은 결코 진정으로 서구 국가가 되지는 못했다. 탈아가 곧 입구入歐를 의미하는 것은 아니었다. 국제연맹League of Nations의 자랑스러운 회원국이었던 일본이 1919년 인종평등 조항을 요구하자(모두를 위한 평등은 아니고 회원국 사이의 평등) 호주와 미국이 이를 거부했다. 이 모욕적인 거부 이후 서양에 대한 일본의 태도는 서서히 바뀌기 시작한다. 국수주의자들은 할리우드 영화나 재즈 음악, 정치적 자유주의와 같은 서구화의 상징물을 거부했다. 권위주의적이고 군국주의적인 어조를 짙게 띤 채 부활한 일본다움이 장려되었다. 다시 한번 아시아에 뿌리를 내리는 일본다움이었다. 그러나 이번에 일본은 더 이상 중국에 존경을 표하는 주변국이 아니라, 고약한 서구 제국주의 세력을 중국 대륙에서 몰아낸 뒤 스스로 새로운 아시아의 맹주가 되려고 했다.

하지만 이러한 호전적 민족주의의 저변에는 서로 모순관계에 있는 긴장이 깊게 깔려 있었다. 일본이 아시아를 아시아인에게 돌려주겠다고는 했지만, 일본의 정치가와 외교관들은 여전히 자신들의 근대적 역량으로 서구 열강의 인정을 받아 그들과 동등한 대접을 받기를 원했다. 만주국은 인종적 평등과 최신 기술로 아시아의 근대성을 보여주는 시범 무대였다. 반식민주의로 포장한 이러한 식민주의적 실험이 일본 열도를 섬나라의 한계에서 벗어나게 해줄 터였다. 강하고 문화적으로 앞서 있고 날카로운 국제적 감각을 갖춘 일본은, 일본의 지도력에 감사해야 마땅한 동료 아시아인들뿐만 아니라 서구 열강들로부터도 존경받는 대상이 되어야 했다.

하지만 미국인과 호주인들이 일본인을 동등한 인종으로 여기지 않았던 것만큼이나 아시아인 대부분도 일본이 원하는 방식으로 일본을 받아들일 준비가 되어 있지 않았다. 아시아 일부 국가의 지도자들은 식민 압제에서 벗어나기 위해 일본에 기꺼이 협조했으나, 일본을 새로운 식민 지배자로 맞이하고 싶지는 않았다.

그렇게 해서 1945년 이후에도 일본이라는 국가의 정체성은 그 전만큼이나 여전히 혼란스러웠다. 서구 국가들에게 패배당하고, 아시아 국가들에게 거부당하고, 특히 중국에게 증오의 대상이 된 일본은 제대로 된 자기 자리를 찾지 못했다. 이러한 상황에서 일부 일본인은 새로운 방식의 '탈아'를 나라의 미래를 위한 최선의 방법으로 여겼다. 그 방법이란 바로 미 점령군 당국의 지도하에 일본이 정치와 교육과 문화와 사회적 관습에서 미국의 방식을 따라하는 것이었다. 주권국가로서 일본은 아시아 대륙의 끝에서 미국에 가장 근접한 형태의 나라가 된다. 이 방법에 동의하지 않는 이들은 좌파뿐 아니라 우파에서도 때로 미국에 대한 적대심과 미국 문화에 대한 경멸을 발작적으로 토해내며 아시아 국가들과 가까운 관계를 재건하려고 했다.

정치인으로서 리코란, 혹은 야마구치 요시코의 역할이 바로 그것이었다. 아시아와의 관계를 회복하는 것. 그녀는 중국과 북한과 기타 비서구 국가들로 날아가 과거 자신이 그 선전에 일조했던 역사적 과오에 대해 회개하는 태도를 보이고 관계 회복에 힘썼다. 야마구치 요시코는 일본의 잘못된 과거의 상징으로서뿐만 아니라, 평화와 화합과 자유를 전파하는 범아시아적 정체성을 새로 얻고자 하는 일본의 새로운 노력에 공헌하는 사람으로서도 자신의 자리를 찾았다.

또 다른 요시코인 가와시마 요시코에게는 서로 다른 문화 사이의 가교로서도, 회개의 상징으로서도 자신을 소명할 기회가 주어지지 않았다. 중국에 대한 사랑을 이야기하면서도 기모노를 입고 일본에 묻히길 원했던 그녀는 평생 그랬던 것처럼 마지막 죽음의 순간에도 내적 갈등에 시달렸다. 일본인의 마음속에 그녀는 리코란과 마찬가지로 잃어버린 만주국의 꿈과 언제나 연관되어 있다. 화려한 영웅이자 비극적인 희생자로 기억되던 가와시마 요시코는 아시아의 낙원을 추구하던 일본 편에 선 대륙의 이국적인 공주로 영원히 남을 것이다.

60세 이하의 일본인 대부분에게 만주국은 이제 역사책에 등장하는 이름 정도에 불과하다. 일본과 아시아의 관계는 아직도 회복되지 않았고 만주국의 꿈은 사라졌다. 만주라는 곳도 더 이상 없고 이제는 중화인민공화국의 동북지역을 차지하고 있는 몇 개의 성일 뿐이다. 만주족의 부흥이라든가 새로운 청나라라는 개념은 이제 일본이나 중국 그 어디에도 상상 속에서조차 존재하지 않는다.

그러나 요시코의 전설은 예상치 않은 방식으로 살아남았다. 대중문화에서 그녀가 가장 최근에 등장한 것은 2020년 어느 망가에서다. 십대를 대상으로 한 만화의 표지에 장식되어 있다. 젊은 여성이 몸을 반쯤 드러낸 일본 군복을 입고 맨다리와 하얀 속옷을 거침없이 드러낸 채 총을 겨누고 있는 모습이다. 다나카 호사나田中はさな라는 여성 만화가의 작품이다. 만화의 제목은『가와시마 요시코 남자가 되고 싶다川島芳子男になりたい』. 표지 문구는 이렇게 쓰여 있다. "젊은 여자가 꿈을 품고 상하이로 간다. 그녀의 이름은 가와시마 요시코. 열일곱 살. 무한한 가능성의 도시에서 그녀가 꿈꾸는 것은 오직 하나-남자가 되는 것! (…) 상하이에서 우리의 여주인공은 남주인공이 된다. 조국을 위해 싸우는 그녀의 장대한 모험 그 첫 번째 판."

열일곱 살의 가와시마 요시코는 물론 상하이에 있지 않았다. 하지만 이 망가는 젊은이들 중에서도 특히 양성적 영웅에 대한 취향이 있는 독자를 대상으로 한 것이다. 일본 망가에서 이는 오랫동안 특화되어온 장르다. 이 장르의 팬층은 「바람과 함께 사라지다」를 비롯한 다른 대작 뮤지컬들로 알려져 있고 여성 배우들로만 이루어진 것으로 유명한 극단 다카라즈카寶塚의 팬층과 같다. 남자 역할을 맡는 여자 배우들은 특히나 선망의 대상이다. 가와시마 요시코는 사실 남자가 되고 싶다고 직접 말한 적은 없다. 여자에게 남자는 끊임없는 골칫거리라고 얘기하기는 했다. "남자아이들이 하는 일"을 하고 싶다고 말하기는 했다. 자신이 "의사들이 말하는 제3의 성에 대한 경향성을 갖고 태어났다"고 말한 적도 있다. 망가에 등장하는 가와시마 요시코가 아직 완전히 '성전환된' 캐릭터는 아니라고 해도, 그녀는 '유동적인 성 정체성을 받아들이는gender fluid' 세대에게 있어 여전히 완벽한 주인공이다.

마쓰모토에서 가와시마 요시코가 한때 말을 타고 등교하던 곳 부근 작은 절에 있는 그녀의 비석에는 요시코라는 일본 이름과 함께 양부 나니와의 이름이 새겨져 있다. 나니와의 이름 옆에는 단순히 '애국자'라고만 새겨져 있다. 요시코도 늘 자신이 애국자라고 주장했다. 망가에서 이야기하는 것처럼 그녀는 조국을 위해 싸우지 않았던가. 여기서 여전히 남아 있는 질문은 그녀가 과연 어느 조국을 위해 싸웠는가이다.

2: 스톡홀름

히틀러의 제국이 붕괴되자 펠릭스 케르스텐은 스웨덴의 거주 허가가 절실히 필요했다. 스웨덴 시민권을 받을 수 있다면 더 좋았다. 그는 공식적으로는 여전히 핀란드 시민이었으나, 나치 최고위층을 위해 복무했던 확고한 반공주의자가 소련과의 접경지역에 산다는 것은 불안이 따르는 일이었다. 독일의 시골 저택 하르츠발데가 있던 지역은 이제 완전히 소련의 통제하에 놓여 그리로 돌아갈 수도 없었다. 스웨덴의 외교부 장관이었던 크리스티안 귄터가 케르스텐 편이었고 시민권 신청도 도와주었으나 소용없었다. 귄터는 1945년 말에 장관직을 잃고 말았다. 그리고 새로 정권을 잡은 사민당은 케르스텐을 미심쩍게 여겼다.

케르스텐은 지금까지 이토록 불안한 상황에 처한 적이 없었다. 있더라도 오래전 얘기였다. 돈이 부족했고 자신을 보호해줄 권력자는 아무도 없었다. 힘러는 베르겐 벨젠 수용소에서 얼마 떨어지지 않은 곳에서 부사관 복장으로 영국군에게 체포된 뒤 청산가리를 삼켰다. 고틀로프 베르거는 잘츠부르크 부근에서 101 공수사단에 항복했다. 힘러의 비서였던 루돌프 브란트는 자기 상사가 자살했던 수용소에 전쟁포로로 잡혀 있었다. 케르스텐이 치료해주었던 리벤트로프나 헤스와 같은 나치 지도자들은 전범 재판을 앞두고 있었다. 지역 지도자이자 노동 전선 책임자였던 로베르트 라이도 같은 운명이었으나 감방에서 휴지로 만든 로프에 목을 매 죽었다.

케르스텐의 스웨덴 시민권 신청이 거부된 것은 그가 그동안 스웨덴에서 체류했던 시간이 길지 않았기 때문일 수도 있다. 하지만 좀더 가능성이 큰 이유는 그에게 잠재적인 적들이 있기 때문이었다. 그중 가장 눈에 띄는 사람은 폴셰 베르나도테 백작이었다.

케르스텐은 전범이 아니었지만 전후 유럽의 열띤 분위기에 동참하기 위해서는 나치에 부역했다는 그 어떤 오명도 있어서는 안 되었다. 스웨덴 사람들도 그러기는 마찬가지였다. 베르나도테의 흰 버스가 나치의 지옥과도 같은 최악의 수용소에서 사람들을 구해낸 영웅적 이야기는 스웨덴의 명성을 빛내기에 안성맞춤이었다. 스웨덴 당국은 이런 전설적인 위업에 힘러의 핀란드인 마사지사가 개입되어 있다는 복잡한 이야기가 끼어들어 빛이 바래는 상황을 별로 원치 않았다.

전쟁이 끝나고 몇 개월 만에 베르나도테의 이름으로 『종말^{Slutet}』이라는 책이 출간되었다(미국에서는 『막이 내리다$^{Curtain Falls}$』라는 제목으로 출간되었다). 이 얇은 책에는 베르나도테가 힘러를 만났던 일이 상기된 어조로 기록되어 있다. 그가 어떻게 힘러를 위협해 수감자들을 풀어주게끔 했으며, 흰 버스를 타고 다녔던 모험을 비롯해 여러 이야기가 담겨 있다. 글은 숨 가쁘도록 상투적인 표현으로 가득하다. "장갑이 벗겨지고 싸움은 시작되었다"와 같은 식이다.[1] 베르나도테의 펜은 또한 나치의 주요 지도자들에 대해 거침없이 묘사하고 있다. 그에 따르면 리벤트로프는 '속이 매우 좁았고 어딘지 우스꽝스러웠으며', 칼텐브루너는 '사악한 영혼'이었다. 이야기의 주인공은 물론 베르나도테 자신이다. 하지만 그의 가장 유능한 조력자는 이른바 '좋은 나치'였던 발터 셸렌베르크다. 베르나도테는 "게슈타포의 금수와도 같은 잔학성과 싸우려고 한" 셸렌베르크에게 늘 "확신을 갖고 있었다". 셸렌베르크의 "소중한 도움"에 대해 "언제나 감사한" 마음이었다.[2] 칭송 일색인 베르나도테의 이 자서전은 심지어 셸렌베르크 본인이 스웨덴의 용감한 구조 작전에 대해 회고하는 것으로 끝을 맺는다.

이 모두가 그다지 놀랄 만한 일이 아닌 것은, 책을 실제로 쓴 사람이 셸렌베르크였기 때문이다. 셸렌베르크도 전쟁이 끝나고 스웨덴의 보호를 필요로 했다. 그는 스톡홀름에서 베르나도테 백작의 집에 머무르며 백작과 자신의 전설을 알리는 작업을 했다. 작업은 어느 정도까지는 효과가 있었다. 셸렌베르크는 얼마 지나지 않아 영국에 의해 체포되었지만 뉘른베르크 전범 재판에서 SS에 반하는 증언을 함으로써 중형을 면할 수 있었다. 그는 감옥에서 겨우 2년형을 살고는 『미로The Labyrinth』라는 제목의 회고록을 썼다. 이 회고록에 관한 CIA 보고서는 저자 셸렌베르크를 다음과 같이 솜씨 좋게 묘사했다. "『미로』는 셸렌베르크의 성격 중 한 가지 두드러진 측면을 부각시켜 보여준다. 그것은 바로 나치 지도부의 권력 파벌 그 어디와도 너무 가깝게 엮이지 않으면서 그들을 조종하는 그의 탁월한 재주다."[3]

셸렌베르크는 종전 직후 베르나도테에게 기꺼이 이용당하고 또한 그를 기꺼이 이용했다. 『막이 내리다』에서 가장 이상한 점 가운데 하나는 펠릭스 케르스텐의 이름이 전혀 등장하지 않는다는 사실이다. 마치 그런 사람이 존재하지 않았던 것만 같다. 케르스텐은 1945년의 일에서 자신이 수행했던 역할이 이런 식으로 지워져버린 데 대해 당연히 불쾌해했다. 하지만 베르나도테는 케르스텐이 이를 문제 삼지 못하도록 못 박으려 했다. 그는 케르스텐이 "감히 (책)에 대해서 비판하거나 토를 단다면, 그와 그의 가족은 핀란드로 되돌려보내질 것이다"라고 말했다고 한다.[4] 이게 케르스텐이 스웨덴 시민권을 거부당한 이유는 아니었겠지만, 분명 도움이 되지는 않았다. 베르나도테에게 동조하는 사람들이 케르스텐은 나치라고 계속 주장했던 것도 도움이 안 되기는 마찬가지였다. 이들은 세계유대인회의가 케르스텐에 대한 감사의 증언까지 했음에도 불구하고 그렇게 주장했다.

대중에게 자신을 영웅으로 포장하기 전, 케르스텐은 우선 네덜란드의 지인들에게 연락해서 활로를 찾아보기로 마음먹었다. 외교가에서 주로 그를 후원해주던 이는 1943년부터 알고 지내던 J. E. H. 판나헬 남작이다. 그는 전쟁 중 네덜란드 대사관이 케르스텐과 만나기를 거부하던 상황에서도 케르스텐과 기꺼이 만났던 사람이다. 남작은 네덜란드 상류층 사이에서 케르스텐의 평판을 개선하기 위해 할 수 있는 모든 일을 다 했다. 상류층 일부 인사에게는 케르스텐이 유대인 석방에 개입한 데 대해 감사해야 할 개인적 이유가 있었다. 이런 인사들 중 한 명이 해운업과 은행업의 큰손이던 마리우스 드 보포르다. 그의 딸은 1945년 라벤스브뤼크 수용소에서 풀려난 이들 중 하나다. 드 보포르는 네덜란드 외교부 장관인 판부첼라르 판오스테르하우트 남작에게 이야기했고, 남작은 빌헬미나 여왕에게 케르스텐을 네덜란드 시민으로 만들어주자고 제안했다. 여왕은 작고한 남편 헨드릭 공을 케르스텐이 전쟁 전에 성심성의껏 치료해주었던 일을 기억하고 있었을 것이다. 여왕의 사위인 버나드 공은 열렬한 나치주의자였던 자신의 어머니와 형이 괴벨스로부터 숙청당할 뻔한 것을 케르스텐이 구해주었다고 믿고 있었다. 앞서 말했던 것처럼, 케르스텐은 네덜란드 황실이 1940년 런던으로 도망간 뒤 괴벨스가 버나드 공의 독일 친척들을 처벌하고 싶어했으며, 자신이 힘러를 설득해 그들을 보호했다고 늘 주장해왔다.

어떤 이들은 케르스텐이 전시에 세웠다는 공적이 전적으로 판나헬 남작의 것이라고 믿었다. 이게 사실이든 아니든 남작이 네덜란드 상류사회의 인맥을 능숙하게 장악하고 있었던 것은 분명하다. 하지만 그의 동료들 중에는 케르스텐과 남작 두 사람 모두에 대해 의혹을 가진 사람들이 있었다. 남작은 자신의 과거를 정당화할 필요가 있는 케르스텐의 주변 여러 보수파 인물 중 한 명이었다. 그는 반나치 명분에 충실하지 못하다는 의심을 받고 1941년 주 스웨덴 대사직에서 해임되었다. 그가 독일을 "우리의 위대한 이웃"이라고 말했던 1940년의 연설도 논란거리였다. 판나헬 남작의 명성 또한 약간의 윤색이 필요했던 것이다.

네덜란드의 정보 담당 외교관은 스톡홀름의 네덜란드 대사관

으로 보내는 편지에서 케르스텐에게 네덜란드 시민권을 주지 말
라는 의견을 냈다. 그가 보기에 케르스텐은 신뢰할 수 없는 사람이
었다. 판나헬 남작이 최선을 다했음에도 케르스텐은 전쟁이 끝나
고 3년이 지나도록 여전히 그 어떤 안전 국가의 시민권도 없었다.
케르스텐은 본인이 가난하다고 주장하기도 했다. 그리고 그 해결
책으로 직접 책을 쓰기로 했다.『점원과 도살꾼Klerk en beul』의 첫 번째
네덜란드어판은 네덜란드 독자들에게 자신의 주장을 알리는 것을
명확한 목적으로 삼았다. 책은 네덜란드 국민과 그들이 겪었던 특
별한 고난 및 대담한 저항에 대한 아첨으로 가득하다. 케르스텐이
1941년에 힘러를 설득해 네덜란드 전 국민을 폴란드로 강제이주
될 운명으로부터 구한 일에 대해서도 예상할 수 있듯이 크게 다루
고 있다. 힘러가 헤이그를 폭파하겠다고 위협했을 때나, 혹은 독일
인들이 네덜란드 예술품의 강탈 계획을 세웠을 때 케르스텐이 전
격 개입했다는 일에 대해서도 자세한 얘기가 나온다.

제2차 세계대전 기간의 네덜란드를 연구하는 대표적인 역사
학자 루 더용은 1972년에 폴란드 강제이주설이 사실이 아니라는
의견을 설득력 있게 제시했다. 그는『케르스텐 회고록The Kersten Mem-
oirs』이라는 제목을 달고 영어로 출판된 케르스텐의 일기를 비롯해
기타 문서들이 대부분 전쟁이 끝나고 나서 만들어진 것이라고 믿
었다. 소련의 붉은 군대가 하르츠발데로 접근하자 충직한 엘리자
베트 뤼벤이 케르스텐의 서류 대부분을 파기했다는 사실은-특히
판나헬 남작의 말을 통해-이미 알려져 있다. 케르스텐의 책을 사

기꾼의 작품이라고 하면 좀 가혹하겠지만, 저자인 케르스텐은 사람들이 듣고 싶어하는 말을 할 줄 아는 성공적인 사기꾼의 재능을 갖고 있었다. 더용은 케르스텐이 일부 훌륭한 인도주의적인 행동을 하기는 했어도, 역사적 관점에서 볼 때 그는 "전혀 신뢰할 수 없는 증인"이라고 결론지었다.[5]

이러한 견해는 핀란드인들이 케르스텐을 불신했다는 헬싱키의 네덜란드 대사 A. J. Th. 판데플뤼흐트의 편지에도 반영되어 있다. 그는 이렇게 썼다. "안마사로서의 특별한 재능을 빼면 케르스텐은 이곳에서 몽상가이자 돈에 환장한 사람으로 여겨지고 있다. 사람들은 케르스텐의 책을 거창한 자기선전이자 그의 중요한 수입원 정도로 생각한다."[6] 책을 영화화하기 위해 케르스텐이 로비를 했다는 소문은 이러한 견해에 신빙성을 더해준다. 하지만 당시의 케르스텐은 손쉽게 빨리 돈을 버는 것보다는 아마도 자신의 평판에 더 신경 쓰고 있었을 것이다.

그럼에도 케르스텐의 주장은 버나드 공이 그의 옷깃에 직접 네덜란드 적십자 훈장을 달아주었던 네덜란드에서 1948년 가장 먼저 널리 받아들여졌다. 케르스텐을 노벨상 후보로 추천한다는 이야기까지 있었다. 하지만 그 전에 모든 일이 사실인지 확인해보려던 시도가 최소한 한 번 있었다. 네덜란드 국민이 강제이주당하고, 국토가 파괴되고, 국보를 약탈당할 뻔한 사태를 자신이 막았다는 케르스텐의 요란한 주장의 진위를 파악하기 위해 1949년 위원회가 설립되었던 것이다. 이 위원회를 이끌던 사람은 N. W. 포스트

휘뮈스라는 경제사학자였다. 또
다른 위원회 멤버로는 외교관 두
명과 사학자 한 명이 있었다. 이들
이 주로 정보를 얻었던 정보원은
판나헬 남작이었던 것으로 보인
다. 포스트휘뮈스는 케르스텐의
주장이 기본적으로 사실임을 확신
하게 되었다. 힘러가 네덜란드 국
민을 폴란드로 강제이주시키지
않은 것이 전적으로 케르스텐의
덕은 아닐 수 있지만, 그의 영향력
이 적어도 주요 요인 중 하나라고
생각했다. 케르스텐의 문서 자료

가 워낙 상세했기 때문에 위원회 사람들은 "이 문서가 지어낸 것이
라고는 믿을 수 없다. 케르스텐을 탁월한 몽상가라고 여긴다면 그
럴 수도 있겠지만 본 위원회는 그렇게 생각하지 않는다"는 결론을
내릴 수밖에 없었다.[7]

　　포스트휘뮈스는 케르스텐과 개인적으로 가까운 사이였으므로
조사 과정이 공정하지 않았다는 의견이 제기됐다. 케르스텐으로부
터 기분 좋은 마사지를 받았을 수도 있고 심지어 케르스텐으로부
터 돈을 빌렸을 수도 있었다. 그러나 네덜란드 정부는 위원회의 결
론을 받아들였고 버나드 공은 다시 한번 기쁜 마음으로 "네덜란드

국민을 위해 당신이 해준 모든 것에 대해 어떤 말로 감사해야 할지 모르겠다"며 케르스텐에게 네덜란드의 가장 영예로운 훈장을 수여했다. 그리고 얼마 지나지 않아 케르스텐은 스헤베닝언에 집을 샀다. 전쟁이 일어나기 전 그가 행복하게 살던 장소에서 멀지 않은 곳이었다. 유대인들이 고문당했고 바인레프가 SD를 속이려고 했던 빌라 빈데킨트까지 금방 걸어갈 수 있는 곳이기도 했다. 케르스텐의 부인은 여전히 스톡홀름에 있었고, 어쩐지 괴상한 일이지만 그의 아들들은 독일의 기숙학교로 보냈다. 패전으로 폐허가 된 와중에도 케르스텐은 독일의 견고한 교육 시스템을 신뢰했다.

케르스텐에게 찾아온 또 하나의 의도치 않은 행운은 숙적이었던 베르나도테 백작이 1948년에 사망한 일이다. 베르나도테는 그해 5월 새로 건국된 이스라엘에서 유대인과 팔레스타인인 사이의 평화를 중재하는 일을 맡았다. 그가 제시한 평화안을 달갑지 않게 여겼던 이스라엘 사람들 중 일부가 그를 아랍의 꼭두각시로 여겼다. 9월 17일 베르나도테의 자동차 행렬이 예루살렘 시내 한복판을 지나던 중에 이스라엘 무장군 레히Lehi Group의 일원이 그를 저격했다. 훗날 이스라엘의 총리가 될 이츠하크 샤미르가 이끌던 레히는 스턴 갱Stern gang이라는 이름으로 더 잘 알려져 있다.

과거 일에 대해 누구의 서사가 옳았느냐를 놓고 경쟁하던 상황에서 베르나도테의 죽음은 케르스텐을 유리한 지점에 올려놓았다. 네덜란드와 세계유대인회의가 이미 케르스텐 편이었다. 하지만 스웨덴은 여전히 그에게 시민권을 주기를 거부했고, 특히 좌파 성향의 스웨덴인들은 그가 나치에 동조했다는 의심을 거두지 않았다. 케르스텐은 자신의 불쾌감을 아주 독특한 친구에게 털어놓았다. 네덜란드의 신앙 치유사이자 '손을 얹는 사람'인 그레이트 호프만스는 높은 곳으로부터 들리는 여러 목소리 중에서도 특히 예수가 자신을 통해 이야기한다고 확신하는 여인이었다.

호프만스와 케르스텐에게는 몇 가지 공통점이 있었다. 우선 둘 다 돈 많고 영향력 있는 사람들을 고객으로 삼았다. 둘 다 이런 고객들은 막중한 책임이 주는 스트레스로 인해 육체와 심리에 특별한 문제가 있으며, 자신들이 가진 물리치료와 신앙 치유의 희귀한 능력으로 이들을 도울 수 있다고 주장했다. 19세기 신지학의 창시자인 마담 블라바츠키와 마찬가지로 호프만스도 죽은 이의 영혼과 교류할 수 있었다. 1948년에 네덜란드의 공주 중 한 명이 심각한 눈 문제로 시달렸을 때 네덜란드 궁전에 불려가기도 했다. 빌헬미나 여왕이 퇴위하면서 왕위를 계승한 줄리아나 여왕은 영적인 장광설을 잘 믿는 편이었다. 이번에는 그게 좀 지나쳤다. 호프만스가 여왕을 완벽하게 현혹했던 바람에 남편 버나드 공과의 혼인관계는 물론이고 어쩌면 군주제 자체가 붕괴될 뻔했다. 호프만스는 케르스텐에게 깊은 동정심을 갖고 있었다. 그녀가 그에게 해준 조언이 조금이라도 도움이 되었는지는 의심스럽다. 케르스텐에게 보낸 편지에서 호프만스는 얼마 지나지 않은 과거의 "야만성"을 절대로 잊지 못할 사람들이 있을 것이라고 썼다. 그런 사람들은 당연히 케르스텐의 "복권"을 방해하고 나설 것이다. 하지만 그런 것에 신경 써

서는 안 되고 "인류의 구원자인 예수 그리스도를 굳게 바라보아야
한다"고 했다.[8]

케르스텐은 1953년에 또 한 번의 행운을 맞았다. 1945년 3월
10일 베르나도테 백작이 힘러에게 보낸 것으로 여겨지는 충격적
인 내용의 편지가 갑자기 나타난 것이다. 백작의 평판에는 치명적
이고 케르스텐에게는 매우 유리한 내용이었다. 베르나도테는 수감
자의 석방에 대해 얘기하며 "유대인들은 독일에서만큼이나 스웨덴
에서도 환영받지 못한다"라고 썼다.[9] 힘러가 5000명의 유대인을
스웨덴으로 보내기로 동의했다는 말을 케르스텐으로부터 들었다
며, 자신은 "유대인을 스웨덴으로 이송시킬 생각이 전혀 없기 때문
에" 이는 대단히 불행한 일이라고도 했다. 베르나도테는 또 이것이
"유대인의 석방을 협상할 아무런 권한도 없는 케르스텐이 자의적
으로 벌인 일"이라고 했다. 더욱이 가장 치명적인 내용은 독일의 로
켓들이 영국의 올바른 목표물을 맞히지 못하고 있다고 이야기한
구절이다. 자신이 "영국의 군사 목표물을 알려주는 스케치를 제공
하겠다"고도 했다.

이 편지의 내용은 너무 좋아서 (혹은 나빠서) 믿을 수 없을 정도
였다. 스웨덴은 이제 케르스텐에게 모든 공을 돌려야 했다. 하지만
스웨덴 외교부는 이 편지가 위조된 것이라며 인정하지 않았다. 베
르나도테 백작은 신사였다. 조악한 문장으로 쓰인 이 편지가 그의
것일 리가 없다. 게다가 우리는 베르나도테가 힘러에게 유대인들
을 3월에 적십자에 인도하라고 요청했다는 사실을 알고 있다. 이

편지가 진짜임을 입증하는 핵심 증인은 고틀로프 베르거다. 베르거는 자신이 그토록 구하려고 애쓰던 유대인들을 베르나도테가 증오했다고 주장하던 사람이다. 뿐만 아니라 이 구조 작전에서 베르거를 도운 유일한 사람이 케르스텐이다. 베르거는 유대인 학살의 적극적인 행위자였고 그로 인해 전범으로 판결받은 사람이므로 그의 말은 신뢰할 수 없다. 그리고 케르스텐이 베르거의 전범 재판에서 그가 훌륭한 인품의 소유자라고 증언해 도움을 주었으므로, 베르거는 케르스텐에게 신세를 지고 있기도 했다.

　포스트휘뮈스는 베르나도테의 편지를 저명한 영국의 사학자 휴 트레버로퍼에게 보내기로 했다. 트레버로퍼는 나중에 글랜턴의 데이커 남작이 된다. 전쟁 때 정보장교로 활동했던 그는 1947년에 출간한 책『히틀러의 마지막 나날들The Last Days of Hitler』로 큰 성공을 거두었다. 그는 또한 위조범과 몽상가와 허언증 환자에 대해 평생 연구한 사람이었다. 에드먼드 백하우스 경의 놀라운 삶에 대해『베이징의 현인Hermit of Peking』이라는 제목으로 훌륭한 책을 쓰기도 했다. 트레버로퍼는 중국 고전 문헌 위조의 대가였던 백하우스를 "대적할 사람이 없는 자신감의 소유자"라고 묘사하고 있다. 그는 또한 자신의 아버지가 의사였기 때문인지 의료계 사람들이 정계에 미치는 영향에 대해서도 지대한 관심을 갖고 있었다. 케르스텐 사건의 진상을 파헤쳐보기에 더할 나위 없이 완벽한 학자가 아닐 수 없었다.

　트레버로퍼에게는 베르나도테가 힘러에게 보냈다는 편지가

진짜라고 입증할 충분한 증거가 없었다. 스웨덴이 줄곧 옳았다는 얘기가 될 수 있었으므로 그 또한 좋은 일이었다. 편지의 내용은 케르스텐의 입장에서 정말이지 사실이라고 하기에는 지나치게 좋았다. 편지의 진위에 대한 의혹은 사라지지 않았다. 1970년대에 나치 독일을 연구하는 영국 사학자 제럴드 플레밍이 런던 경찰본부 법의학 전문가들의 도움을 받아 편지의 진위를 더 철저히 조사했다. 이들은 편지의 문체가 케르스텐 본인의 문체와 비슷할 뿐만 아니라 글씨체 또한 케르스텐의 타자기에서 온 것 같다고 결론 내렸다.[10]

그러나 트레버로퍼는 네덜란드 위원회의 조사 결과를 충분히 납득했고, 베르나도테가 케르스텐을 역사에서 지워버리려 했던 노력을 괘씸하게 여긴 나머지 이 사건에 개입했다. 그는 1953년 1월 스웨덴 매체와 『월간 애틀랜틱』에 기고문을 실어 베르나도테가 자신의 업적을 과시하려던 행위를 비난하고 케르스텐을 "인류의 가장 위대한 은인 중 한 명"이라고 칭송했다. 이는 스웨덴에서 커다란 파문을 일으켰다. 케르스텐을 비난하는 사람과 지지하는 사람들이 스웨덴 의회에서 이 사건을 놓고 토론을 벌였다. 그 결과 트레버로퍼가 케르스텐 회고록의 미국판 서문에 썼듯이 "스웨덴에서 결국 진실이 중상모략을 이겼다". 케르스텐은 1953년에 마침내 스웨덴 시민권을 얻었다.

트레버로퍼가 서문에 쓴 글은 이 책이 다루는 세 사람의 인생 이야기와 특히나 관련 있으므로 여기에 인용할 가치가 있다. 그는 이렇게 말했다. "인간의 기억과 인간의 판단은 언제나 오류를 저지를 수 있다." 반박할 수 없는 말이다. 그리고 그는 이렇게 이어간다. "목적의 정직함과 문서의 진위에 관해서만큼은, 내가 펠릭스 케르스텐의 회고 내용에 대한 정확성을 파악했으므로 자신 있게 뒷받침할 수 있는 점을 기쁘게 생각한다."[11]

지금은 이미 알려져 있듯이 트레버로퍼의 이러한 판단은 조금 성급했다. 사실 그는 케르스텐에 대해 자신이 내렸던 초기의 결론으로부터 나중에 스스로 거리를 두려고 했다. 이 위대한 사기꾼 감식가는 1983년에 비슷한 실수를 훨씬 더 공개적으로 저지르게 된다. 히틀러가 남긴 일기가 진짜임을 보증했으나 독일의 하찮은 사기꾼에 의해 위조된 것으로 나중에 판명되었던 것이다.

위대한 사학자가 어떻게 이렇게 속아넘어갈 수 있었는지는 추측해볼 수밖에 없다. 전문가의 허영, 좋은 스토리를 찾고자 하는 지나친 열정, 케르스텐의 부인할 수 없는 매력,『히틀러의 마지막 나날들』에 비판적이었던 베르나도테에 대한 증오—이 모든 것이 조금씩 관계가 있었을 것이다. 하지만 1953년 10월 헤이그를 방문한 뒤 트레버로퍼가 케르스텐에게 보낸 편지는 또 다른 사실을 드러낸다. 편지는 이렇게 시작된다. "친애하는 케르스텐 박사님, 네덜란드에서 박사님을 다시 만날 수 있어 매우 기뻤습니다. 레이 나리님과 레이 마님 두 분 모두 박사님의 친절한 대접에 저와 마찬가지로 즐거워하셨습니다. 영국으로 돌아오기 전 헤이그에서 포스트휘뮈스 교수님과도 다 같이 식사를 함께했고, 즐거운 마음으로 교수님을 만나뵙고 더 많은 안부를 전해 들었습니다."[12]

레이 나리님과 레이 마님과의 저녁 식사라. 트레버로퍼를 매우 존경하는 사람이라도 그가 여기서 속물스러운 면을 보이고 있음을 인정하지 않을 수 없다. 마사지사로서의 타고난 재능 외에도 케르스텐은 자신보다 사회적 지위가 높은 사람들을 기분 좋게 하는 데 늘 뛰어난 재능이 있었다. 어쨌든 그의 직업은 권력자와 부자들에게 서비스를 제공하는 것이지 않았던가. 트레버로퍼는 히틀러 주변 인물들의 야만성을 꿰뚫어보는 훌륭한 판단력을 갖고 있었으나, 많은 이가 그렇듯 사교적 우아함과 지적 세련미를 가진 좀 더 도시적인 인물들에 대해서는 지나치게 관대했다. 히틀러가 가장 좋아하던 건축가이자 군수장관을 지냈던 알베르트 슈페어는 셀 수 없이 많은 노예 노동자를 죽음으로 몰아넣은 잔인한 인간이었다. 나중에 본인이 부인하기는 했지만, 슈페어는 1943년 포젠에서 힘러가 유대인 말살을 "우리 민족에 대한 사랑을 위해" 수행했던 "어려운 작업"이라고 묘사한 악명 높은 연설을 했던 자리에 참석했었다.[13] 하지만 한눈에 보기에도 범죄자임이 뻔했던 사람들과는 달리 슈페어는 본인이 저지른 범죄로 인해 교수형에 처해지지 않았다. 뉘른베르크 전범 재판에서 보여준 그의 세련된 태도는 잔뜩 부은 표정의 악당들 사이에서 눈에 확 띄었다. 일부 판사들에게 그는 거의 신사처럼 보였다.

트레버로퍼의 묘사에 따르면 힘러는 "비인간적인 냉혈 괴물"이었지만, 슈페어의 견해는 진지하게 받아들일 가치가 있었다.[14] "슈페어가 내리는 결론들은 절대 순진하지도 않고, 편협하지도 않다. 늘 정직하게 들린다. 때로 심오하기까지 하다. 자신이 모셨던 폭군의 마성에 때로 너무 깊게 빠졌던 것 같기는 하지만, 적어도 그는 무시무시한 주인 앞에서도 판단력이 오염되지 않은 유일한 신하였다……."[15]

케르스텐은 사람들을 노예처럼 부리며 끔찍한 조건에서 죽어가도록 놔두는 부류의 인간은 아니었다. 하지만 그런 계층의 인간들을 섬기는 신하였다. 그 계층이 전부 나치주의자는 아니었을지라도 히틀러의 제국에 적응했던 사람들이고, 대체로 아주 잘 적응했다. 기업인과 사업가들, 교수와 의사들, 외교관과 관료들. SS를 위해 자랑스럽게 일했지만 사적인 자리에서는 SS의 잔인한 방식에 충격을 금치 못했을 '품위 있는' 사람들이었다. 그런 계층을 충직하게 섬기던 품위도 있고 영웅적이기까지 한 인물이 환영받았던 것은 당연하다. 독일이든 어디든 위축되었던 엘리트 계층이 전후 민주주의에 적응해 자기 자리를 찾아야 했던 시절에는 특히 더 그랬다. 이들은 나치 제국에 복무했던 것과 마찬가지로 전후 민주주의에도 효율적으로 복무하곤 했다.

케르스텐은 네덜란드와 스웨덴과 독일과 그 밖의 다른 지역에서 상류층의 마사지사로 계속해서 성공을 거두던 와중에도 히틀러 시절 과거 동료들과의 인연을 결코 끊지 않았다. 이는 부분적으로 자신의 이익을 위한 것이었다. 예전 케르스텐의 환자이자 나치 제국의 주요 기업인 중 한 명이었던 프리드리히 플리크는 노예 노동력을 사용한 죄로 뉘른베르크에서 유죄 판결을 받았다. 그럼에도 케르스텐은 플리크에게 자신의 회고록을 출판할 자금을 마련해달라고 부탁했다. 플리크는 짧은 형기를 마치고 나와서 서독에서 가장 부유한 사업가 중 한 명이 되었다. 케르스텐은 또한 고틀로프 베르거뿐만 아니라 루돌프 브란트에게도 애써 재판에 도움이 되는 증언을 해주었다. 그에 대한 보답으로 두 사람 다 케르스텐의 가장 미심쩍은 주장들을 지지해주었다.

그러나 이처럼 쉽게 설명해버릴 수 없는 전후의 충격적인 관계들도 있었다. 네덜란드의 한 아마추어 역사학자가 케르스텐이 숨겨두었던 1951년에서 1954년까지의 서신을 경매를 통해 우연히 손에 넣었다.[16] 대부분은 과거 나치나 부역자들이 도움을 요청하거나 케르스텐이 이들을 위해 할 수 있는 일을 해보겠다고 약속하는 내용의 편지였다. 그는 강점기 네덜란드의 전 독일 육군 사령관이었던 프리드리히 크리스티안센을 돕기 위해 최선을 다했다. 크리스티안센은 민간인에 대한 야만적인 보복을 저지른 것으로 악명 높은 사람이다. 헤이그에서 유대인 박해에 주도적으로 참여했던 전 경찰 간부를 돕겠다고 하기도 했다. 강제수용소에서 근무한 의사에게 관용을 베풀어달라고 전범 재판 법정에 요청한 일도 있었다.

무장친위대를 복권할 필요가 있다는 발언 하나를 빼면, 이 편지들에는 일부가 주장했듯 케르스텐이 사실은 비밀 나치였다는 증거는 없다. 하지만 그와 편지를 주고받은 사람들 중 일부가 쓴 말을 보면 케르스텐이 적어도 나치 사상에 동조한다고 그들이 믿고 있었음이 드러난다. 그중 한 명이 1932년 나치스에 가입해 힘러가

SS 고위직에 임명한 저널리스트이자 출판업자 레오 하우스라이터다. 하우스라이터는 1945년 영국에 의해 체포되었으나 3년 형만 살고 나왔다. 그가 케르스텐에게 보낸 친근한 편지에는 힘러에 대한 다음과 같은 다소 놀라운 발언이 담겨 있다. "사람들이 자네의 예전 환자 힘러 각하에 대해 뭐라고 말해도 상관없네. 하지만 각하가 유대인들의 가장 나쁜 특징에 대해 묘사해놓은 것을 보면 그는 시대를 앞선 사람이었어."[17] 하우스라이터는 케르스텐의 회고록 내용에 대해서도 이야기하며 힘러의 의견을 마음 놓고 출판할 수 없게 된 것에 대한 실망을 드러내고 있다. 이러한 발언은 하우스라이터가 케르스텐이 책을 쓰는 데 도움을 주었다고 믿는 이들에게 어느 정도 신빙성을 더해준다. 그에 대한 증거는 전혀 없을지라도, 케르스텐이 하우스라이터와 이전 나치 동료들에게 보여준 호의에는 의심의 여지가 없어 보인다.

하지만 호의를 보였다고 해서 케르스텐 본인이 나치주의자였다는 뜻은 아니다. 그는 반공주의를 제외하고는 한 번도 강한 정치적 견해를 가진 적이 없었다고 보는 편이 맞을 것이다. 그는 줄곧 상류층과 권력층을 위해 일하는 신하이자 하인이며 해결사였다. 폭력배나 집사와 마찬가지로 신하들도 거의 늘 보수적인 사람들이다. 케르스텐이 그러했듯 상류층과 권력층은 험난한 세월을 겪으며 기껏해야 크게 위축되었을 뿐이다. 케르스텐의 행동을 최대한 긍정적으로 봐주자면, 그는 나쁜 친구들을 저버리지 않은 충성스러운 신하였다. 특히 그 친구들이 자기에게 아직 쓸모가 있다면 더

415

그랬지만, 그것만이 이유는 아니었을 것이다. 케르스텐은 자신이 신분의 높고 낮음을 차별하지 않고 모든 종류의 환자를 다 받는다고 말하기를 좋아했다. 그것은 전혀 사실이 아니었다. 케르스텐은 신분이 높은 사람들을 훨씬 더 선호했다. 하지만 높은 신분이라는 그의 범주는 많은 사람을 수용할 수 있을 만큼 넓었다.

파리에 살고 있던 케르스텐의 어느 환자에 대한 이야기가 있다. 그의 삶의 많은 이야기가 그렇듯 이 또한 사실인지 아닌지 불분명하지만, 그렇다고 흥미가 덜하지는 않다. 그 환자는 파리 제16구에 살던 어느 부유한 유대인 은행가의 딸이었다. 케르스텐의 도움을 구하던 많은 사람처럼 그녀도 참을 수 없는 복통에 시달리고 있었다. 몇 가지 가벼운 시험 끝에 케르스텐은 통증의 원인을 찾아냈고 치유의 손으로 마법을 보였다. 그녀는 몇 년 만에 처음으로 편안함을 느낄 수 있었다. 이 젊은 여인은 깊은 감사의 표시로 자신의 가족이 살고 있던 아파트에 케르스텐의 '기적의 손'을 금으로 주조해놓은 사당을 세웠다.

이 젊은 환자의 가족이 당시 프랑스 대통령이던 샤를 드골 장군에게 요청해, 프랑스 수감자들을 힘러의 수용소에서 구출하는 데 기여한 것에 대한 감사 표시로 케르스텐에게 레지옹 도뇌르 훈장을 수여하도록 했던 사람들 중 한 명이었던 듯하다. 1960년 4월 케르스텐은 차를 몰고 독일의 시골을 지나 루르 지역을 향해 가고 있었다. 어떤 이들은 그가 훈장을 받으러 파리에 가는 길이었다고 말한다. 또 어떤 이들은 그가 그저 독일을 방문하고 있었을 뿐이라

여파

고도 했다. 케르스텐과 아내가 차를 세우고 잠시 휴식을 취하려던 중 그가 갑자기 심장마비로 쓰러졌다. 네덜란드의 사망증명서에는 그가 뒤셀도르프에서 죽었다고 되어 있다. 어떤 웹사이트에서는 이 일이 벌어진 곳이 독일이 아니고 스톡홀름이었다고 말한다. 하지만 케르스텐에 대해 아무도 이견이 없는 오직 하나의 사실은, 그가 4월 16일에 61세의 나이로 세상을 떴다는 것뿐이다.

3: 암스테르담

1948년 감옥에서 석방된 뒤로부터 프리드리히 바인레프의 일생이 '파란만장했다'고 말한다면 그것은 완곡한 표현이다. 그는 몇 년간 경제 컨설턴트로 일했으나 곧 다시 문제를 일으켰다. 비용을 부풀리고 유대인 변호사를 속여 이익을 취했다는 혐의가 있었다. 그러나 증거불충분으로 유죄 판결을 받지는 않았다. 바인레프와 그의 충성스러운 지지자들은 그가 잠시 네덜란드를 떠나 있는 편이 나으리라고 생각했다(바인레프는 사후 독일에서 출간된 회고록에서 자신이 "어리석은 네덜란드인에 의한" 반유대주의의 희생자였다고 설명했다).[18] 1952년에서 1955년 사이 바인레프는 인도네시아의 한 대학에서 경제학 교수로 일했다. 그는 이제 자신이 혐오해 마지않게 된 나라 네덜란드로부터 이주한 것을 파라오의 땅에서 유대인이 탈출했던 출애굽에 비유했다.

417

바인레프는 자카르타의 학생들과 아주 잘 지냈던 것으로 보이며, 나중에 인도네시아인들에게 영적인 가르침을 주기도 했다고 주장했다. 1953년 6월 6일의 일기 내용이다. "이 사람들은 믿음이 너무 강해서 방에만 들어가도 내 치유의 힘이 느껴졌다."[19] 이는 바인레프가 네덜란드에서 이미 벌인 적 있는 프리랜서 활동의 연장선상이었다. 사회적 인맥이 좋은 사람들, 그중에서도 주로 부유한 부인들에게 일종의 영적 지도자 역할을 하는 활동이었다. 이들은 유대 성경의 내용에 정통한 바인레프에게 종교적 지도를 받길 원했다. 바인레프는 유대교 신비주의 사상 카발라와 관련 있는 비밀 숫자 암호를 통해 성스러운 말들의 진정한 의미를 깨닫는 열쇠를 찾은 사람이었다.

바인레프는 또한 인도네시아인들이 자신을 네덜란드의 오만함과 어리석음에 피해 입은 동료로서 대해준다고 느끼기도 했다. 그는 이렇게 주장한다. "가장 급진적인 민족주의자들이 마치 내가 그들의 아버지인 것처럼 나에게 말을 건넸다. 당시 나는 겨우 사십 대 초반에 지나지 않았다."[20]

그의 자카르타 경력이 왜 불과 3년 만에 끝나고 말았는지는 1990년대에 바인레프의 전기 작가 레히나 흐뤼터르가 네덜란드 외교부의 파일을 읽어보기 전까지는 베일에 싸여 있었다. 바인레프는 자카르타에서 또 다른 허황된 계획에 착수했고, 그걸 일종의 협박의 형태로 바꾸어버렸다. 그가 전쟁 기간에 벌였던 일들과 마찬가지로 이번 일도 충분히 그럴듯한 현실적 근거를 갖고 있었다. 인도네시아가 네덜란드의 식민지 상태에서 독립한 것은 불과 1949년의 일이었고, 과거 식민 지배자들과의 관계는 여전히 불편한 채로 남아 있었다. 피비린내 나는 긴 독립 투쟁 뒤에 감정은 날이 서 있었다. 자카르타에서 네덜란드 사업체를 운영하는 데는 많은 요령이 필요했다. 바인레프는 자신이 인도네시아 정부로부터 네덜란드 회사들을 비난하라는 압력을 받았다는 이야기를 지어내 그 상황을 악용했다. 인도네시아 정부가 그 대가로 자신에게 시민권을 주기로 했다고 말했다. 압력이 너무 거셌기 때문에 얼마나 더 버틸 수 있을지 모르겠다고도 주장했다. 네덜란드 외교부는 갈등을 피하고 네덜란드 사업체들을 보호하기 위해, 바인레프를 인도네시아로부터 귀국시켜 후한 재정 지원과 함께 정착하도록 하는 데 합의했다. 네덜란드 정부에 커다란 비용 부담을 안겼던 이 합의는 1958년 바인레프가 다시 터키의 교수 자리를 위해 떠날 때까지 지속되었다.

하지만 앙카라에서의 삶도 불과 몇 년 만에 불명예스럽게 끝났다. 한 분노한 터키인 아버지가 바인레프가 자신의 딸을 성추행했다며 비난하고 나선 것이다. 바인레프는 터키 학생들을 네덜란드로 여행 보내기 전에 젊은 여학생 일부가 정밀한 신체검사를 받아야 한다고 했다. 그리고 검사는 바인레프가 직접 담당할 예정이었다. 여학생들은 옷을 벗고 허벅지에 고통스러운 주사를 맞아야 했다. 더 큰 추문을 막기 위해 바인레프는 터키를 황급히 떠나야 했고, 네덜란드 외교부는 마침내 그와의 모든 관계를 단절했다.

전시 네덜란드의 과거에 대한 재평가가 폭발적으로 시작되지 않았더라면 바인레프의 괴이한 삶에 대한 이야기는 그쯤에서 사람들의 관심으로부터 사라지고 말았을 것이다. 바인레프는 논란의 중심에 서게 되었다. 논란이 더 좋은 결말을 맞았더라면 그는 그 상황을 즐겼을 수도 있다. 결말이 좋지 않게 된 데에는 부분적으로 본인의 탓도 있다. 주로 부와 명성을 가진 비유대인 남녀들을 대상으로 계속 영적인 조언자 역할을 활발히 하던 바인레프는 1963년에 그의 가장 잘 알려진 책을 출간했다. 『성경의 뿌리^{De bijbel als schep-}ping』라는 제목의 이 책은 성서의 비밀 암호에 대한 바인레프의 이론을 설파하고 있다. 나는 1970년대 초반에 그의 이론과 잠깐 조우한 적이 있다. 당시 학생이었던 나와 숙소를 함께 쓰던 친한 친구가 매주 일요일 할머니와 함께 바인레프의 지혜를 습득하며 보냈다. 명문가 출신인 친구의 할머니는 바인레프의 제자 중 한 명이었다. 나는 태고의 의미에 대한 친구의 이야기를 진지하게 받아들인 나머지 내가 공부하던 중국 고전문학 수업에 가서 그 이야기를 꺼냈다. 중국 고전의 텍스트도 숨겨진 암호를 연구하면 좋지 않겠냐는 나의 제안에 교수들은 어안이 벙벙해할 따름이었다. 나와 친구는 교수들이 형편없이 얄팍한 탓이라 여겼다.

　게르숌 숄렘과 같은 저명한 유대인 학자들은 바인레프를 사기꾼으로 여기며 『성경의 뿌리』의 내용을 일축했다.[21] 하지만 학문적으로 덜 엄격했던 영성 연구가들은 이를 매우 진지하게 받아들였다. 그중에는 줄리아나 여왕의 신앙 치유사이자 1940년 말 케르스텐이 위로를 구했던 그레이트 호프만스도 있었다. 바인레프 사후에 출간된 회고록에는 호프만스가 그의 책에 얼마나 충격을 받았는지가 나와 있다. 호프만스는 바인레프의 글을 불타는 떨기나무를 통해 신이 하신 말씀에 견주었다.「출애굽기」에서 신이 불타는 떨기나무를 통해 모세에게 이야기한다. 더 놀라운 것은 바인레프 자신의 회고록에 나오는 내용이기는 해도 예수 그리스도가 바인레프를 통해 이야기한다는 호프만스의 믿음이었다. 그녀는 크리스천들이 유대인을 어떻게 대했는지를 생각하면 바인레프가 이를 불쾌하게 생각할 수도 있을 것이라고 했다. 하지만 그것은 예수 그리스도의 잘못이 아니었다. "결국은 예수 또한 당신과 똑같은 유대인이었으니까."[22]

　호프만스가 정말로 이렇게 말했는지 여부를 떠나서 그녀는 케르스텐의 경우에도 그랬듯 바인레프의 문제에 대해 깊은 동정심을 갖고 있었다. 셋 다 부자와 권력자들의 영적인 필요를 직업적으로 충족시키던 사람들이었다. 하지만 이 세 명은 서로 경쟁하는 대신에 일종의 동지의식을 느꼈던 것 같다. 1968년 초 호프만스는 적대적인 세력이 바인레프를 노리고 있으니 짐을 싸서 네덜란드를 떠나야 한다는 목소리를 들었다. 어쩌면 예수가 다시 한번 그를 통해 이야기하고 있는 것인지도 몰랐다. 바인레프는 자신을 '박해'하는 자들에 대해 이렇게 말했다. "오 가엾은 영혼들. 저들은 자기들이 무슨 일을 하는지 알지 못합니다."예수가 십자가에 달려서 했던 말

바인레프를 동정하던 사람들은 그의 도주를 전쟁 때의 표현을 빌려 '잠수^{Onderduiken}'라고 했다. 바인레프는 실제로 곤란한 지경에 처했는데, 신학적인 이유에서만은 아니었고 전쟁과도 아무 상관이 없었다. 그의 은밀한 건강검진에 대한 새로운 비난이 드러났던 것이다. 당시 바인레프는 여성 신도들 사이에서 '환자'를 선발하고 있었고, 그중 한 명이 1966년 불만을 제기했다. 그는 이미 10년 전

에도 비슷한 일로 벌금형을 받은 일이 있었다. 복통이나 불임 문제에 시달리던 여성들이 그의 고통스러운 검사를 빈번하게 겪곤 했다. 1968년 4월 바인레프에게 징역형이 내려졌으나 그는 이미 스위스로 도망친 뒤였다. 바인레프는 스위스에서 여생을 보내게 된다.

바인레프가 네덜란드에서 도주하기 3년 전, 전국적인 센세이션을 일으킨 책 한 권이 나오면서 그가 논란의 중심에 서게 된다. 마르크스주의 역사학자 자크 프레서르

가 쓴 그 책의 제목은 『멸종: 네덜란드 유대인의 파괴, 1940~1945 Ondergang: vervolging en verdelging van het Nederlandse Jodendom, 1940~1945』였다. 본 인도 유대인 혈통이었던 프레서르는 책에서 나치 독일이 시행한 정책의 끔찍한 전개 과정을 모두 나열했다. 반유대인법에서 시작 해 유대인위원회, 강제이주, 베스터보르크 수용소, 그리고 죽음의 수용소까지. 조직적인 박해와 대량학살에 대한 두 권짜리 자세한 연대기인 이 책은 뒤늦은 의로운 분노를 감정적으로 보여주고 있 다. 본인의 말에 따르면 프레서르는 "영원히 침묵하게 된 목소리들 을 위해" 이야기하는 것을 목표로 책을 썼다.[23] 프레서르의 열정적 인 화법은 대부분 전쟁 기간에 그가 겪은 개인적인 경험에 기인하 고 있다. 자신은 은신에 들어가 살아남을 수 있었지만 아내인 데보 라 아펠은 폴란드의 강제수용소에서 가스실에 끌려가 죽었다. 그 에 따르면 살아남은 자의 죄책감과 거대한 재앙 앞에서 느꼈던 자 신의 무기력함이 분노에 불을 붙였다. 네덜란드 정부의 소극적인 태도, 유대인위원회의 굴욕적인 순종, 저항하지 못했던 자기 자신 의 무능함, 그리고 질서정연하고 고분고분하며 무관심해 보이는 대중이 지켜보는 가운데 여러 해에 걸쳐 저질러진 끔찍한 범죄에 대한 상대적인 집단적 침묵을 향한 분노였다.

　　모두가 프레서르의 열정적인 방식에 공감하지는 않았다. 당 대의 가장 위대한 네덜란드 소설가 W. F. 헤르만스는 대체로 맞지 만 에둘러 말하지 않는 가차 없는 에세이로 존경과 두려움의 대상 이었던 인물이다. 그는 『멸종』을 "이런 끔찍한 주제에 적용시킨 가장 뻔뻔스러운 화법 때문에 도저히 읽을 수가 없었다"고 선언했다.[24] 하지만 이런 식의 노골적인 비판은 드물었다. 헤르만스와 의견을 같이했을 사람들은 조용히 입을 다무는 쪽을 택했다.

프레서르의 책은 단숨에 베스트셀러가 되었다. 평단의 반응이 너무 야단스러웠던 나머지 책 자체보다 책이 대변하고 있는 도덕적 고발에 대해 찬사를 보내고 있는 것이 아닌가 싶을 정도였다. 사람들은 당시의 역사를 처음으로 알게 되기라도 한 양 충격을 받았다. 책에서 다룬 범죄의 규모와 소름 끼치는 디테일들은 처음일 수도 있었다. 하지만 사람들은 모두 대체로 쉬쉬하는 무언가에 대해 꺼림칙함을 느낄 만큼은 알고 있었다. 그리고 프레서르가 그 침묵을 깼다. 나치 점령하에서 보여준 집단적 용기라는 신화, 하나로 뭉쳐 사악한 독일에 대응한 용맹한 사람들이라는 신화, 절대적인 영웅들 대 악당들이라는 편리한 신화가 수정될 차례였다.

독일에서뿐만 아니라 다른 나라에서도 베트남전, '미 제국주의', 보수적인 교수들, 그리고 정치 지도자들에 대한 학생들의 저항이 일어나, 가까운 과거에 대한 새롭고 훨씬 더 비판적인 평가와 궤를 같이했다. 마르셀 오퓔스의 눈부신 다큐멘터리 영화 「슬픔과 동정The Sorrow and the Pity」이 1968년 5월 파리의 68운동드골 정부의 실정을 계기로 기존 가치와 질서에 프랑스 학생들이 대규모로 저항한 사건으로부터 1년 뒤에 나왔다. 1960년대의 네덜란드 또한 식민 역사의 가장 어두운 면을 자세히 들여다보기 시작했다. 파리와 베를린과 암스테르담과 도쿄에서 청년들을 저항하게 만든 강력한 동기는 바로 이전 세대들보다 나아지고 싶다는 소망이었다. 이전 세대가 고분고분하며 순종했던 죄를 바로잡고, '저항하고' 싶다는 소망이었다.

프레서르의 책이 네덜란드 유대인의 70퍼센트가 강제수용소에서 돌아오지 못했다는 끔찍한 진실을 마주하도록 강요하던 와중에도, 암스테르담의 젊은이들은 도발 행위를 통해 '기득권'에 저항하고 있었다(젊은이들은 스스로를 '도발자Provos'라고 불렀다). 이들은 놀려대는 듯한 체제 전복적 '해프닝'들을 통해 경찰이 어쩔 수 없이 과격하게 반응하도록 만들었다.[25] 교통을 막고, 경찰에게 연막탄을 던지고, 상수도에 LSD를 섞겠다고 위협하는 등의 행동을 통해 국가의 '억압적 관용'을 드러내고자 하는 의도였다. "시민 불복종"이 당시의 시대정신이었다. 그리고 프레서르가 책에서 유대인 영웅으로 묘사한 바인레프는 그 시대에 꼭 들어맞았다.

프레서르는 연구 조사에 대개 철저했으나 바인레프 본인의 진술에 지나치게 많이 의존했다. 『멸종』에서 가장 많이 인용된 챕터 중 하나는 전후 네덜란드 법정에서 바인레프가 받은 대접을 다루고 있다. 프레서르는 바인레프가 그 누구도 밀고한 적이 없다고 주장한다. 오히려 많은 사람이 살아남도록 적극적으로 도왔다. 물론 그도 완벽하지는 않았고 자기도취가 조금 지나쳤을 수 있지만, 훈장을 수여하거나 심지어 동상을 만들어줘도 될 만한 사람이다. 하지만 그는 처벌을 받았다. 왜? 프레서르의 말이다. "유대인 바인레프는 희생양이 되었다. 그가 수많은 비유대인의 흠결에 대한 대가를 치러야 했다. 그들이 실패했기 때문에 바인레프 또한 실패해야만

했다. 그들이 자신의 의무에 태만했기 때문에 바인레프 또한 그래 야 했다. 유대인 배신자가 없으면 가짜로라도 만들어내야 했다."[26]

여기서 바인레프는 다시 한번 현대판 드레퓌스의 역할을 맡게 된다. 유행을 선도하는 좌파 언론의 저널리스트들이 그의 사건을 다루었다. 이들은 도발자, 그리고 부르주아들을 충격에 빠트리고 정치 지도자들을 뒤흔들던 청년 저항의 정서에 동조하고 있었다. 때로 '네덜란드의 수전 손택'이라 불리는 유명 칼럼니스트 레나테 루빈스타인이 (진짜 수전 손택에게는 큰 민폐였지만) 바인레프에게 매료되어 1969년 그의 회고록 편집을 맡기로 결심했다. 동시에 그의 평판을 복권하기 위해 새로운 '바인레프 위원회'도 발족했다. 자서 전의 제목『부역과 저항 1940~1945: 탈신화를 위한 시도Collaboratie en verzet 1940~1945: Een poging tot ontmythologisering』마저 시의적절한 제스처 였다. 역사적 신화를 해체하는 것이 시대의 공기였다.

하지만 프레서르와 마찬가지로 루빈스타인과 '바인레프 위원 회' 사람들도 열정이 지나쳤던 나머지 바인레프 본인이 만든 신화 를 있는 그대로 받아들이는 실수를 범했다. 그의 어떤 이야기들은 너무 개연성이 떨어져 알 만한 사람들이 어떻게 거기에 속았는지 의아할 따름이다. 이는 우리가 위조된 것들에서 우리 시대의 흔적 을 쉽게 알아보지 못하기 때문일 수 있다. 저명한 제2차 세계대전 사학자 이보 쇠퍼르는 이를 '판메이헤런 효과'라고 불렀다. 한 판메 이헤런은 페르메이르의 그림들을 위조해서 1930년대에 내로라하 는 전문가들을 속였던 사람이다. 이들은 1930년대에 일반적이던 특유의 붓 터치 스타일을 알아채지 못했다. 지금 우리 눈에야 뻔하게 보이지만 말이다. 바인레프의 회고록도 마찬가지다. 시민 불복종에 관한 유행어로 가득한 그의 회고록은 상상력을 통해 기득권을 속이고L'imagination au pouvoir, 부르주아의 준법 습관에서 벗어나고, 권력 기관의 방식대로 따르는 척하면서 그들을 전복하라고 말한다. 이런 말들은 1940년대보다는 1960년대 훨씬 더 어울렸다. 나치 점령하에서 장난스러운 해프닝을 벌이는 것은 선택 가능한 일이 아니었다.

사람들에게 무엇보다 깊은 인상을 남겼고 또 불편하게 만들었던 것은, 소름 끼치는 범죄가 버젓이 벌어지는 와중에도 상대적으로 아무 일 없다는 듯 삶이 계속되었던 시대상에 대한 바인레프의 묘사였다. 20년 뒤 젊은이들을 거리로 내몰았던 것은 다름 아닌 이런 무관심, 무분별한 순종, 게으른 태평함이었다.

바인레프는 신문 인터뷰를 통해 도발자로서의 자신의 위상을 더 키웠다. 그는 이렇게 말했다. "나는 차라리 긴 머리에 이상한 옷을 입은 사람들을 좋아합니다. 그들은 위선자가 되기를 거부하기 때문이지요. 새로운 사회를 건설하기 위해서는 먼저 관료주의 사회를 타파해야 해요. (…) 방해 행위와 수동적 저항을 통해 우선 현재 사회를 살 수 없는 곳으로 만들어야 합니다."[27]

이것이 도발자에 대한 훌륭한 책을 썼던 유명한 소설가 하리 뮐리스가 바인레프를 '관료사회의 체 게바라'라고 불렀던 이유다.[28] 바인레프도 케르스텐이나 가와시마 요시코나 자기 신화화에 성공한 다른 모든 이처럼 사람들이 무엇을 듣고 싶어하는지 알고 있었고, 그것을 사람들의 희망과 편견을 만족시키는 언어로 풀어낼 줄 알았다. 전쟁 중 벌였던 자신의 계획을 비눗방울을 불어 꿈을 파는 것이라고 했던 이가 바인레프 자신 아니었던가? 회고록에서 그는 단지 그 꿈의 일부 내용을 새로 업데이트했을 뿐이다.

물론 바인레프를 의심하는 사람도 있었다. 하지만 루빈스타인을 비롯 (바인레프 본인을 포함한) 다른 이들은 그 사람들이야말로 전쟁 기간에 유대인을 실망시키고 본인들이 저지른 배신행위의 흔적을 덮기 위해 바인레프를 희생양으로 만든 바로 그 기득권의 대리인이라고 일축해버렸다. 하지만 사실 의심하는 사람들 중에는 유대인이 많았다. 과거에 바인레프를 알았고 그가 저지른 행위가 낳은 결과의 일부를 목격했던 사람들이었다. 그중 한 명이 네덜란드에 있는 주요 유대인 신문에 편지를 보냈던 라코버르다. 라코버르는 전쟁 기간에 바인레프와 만난 적이 있고 "바인레프가 결백하다는 프레서르의 주장에 동의할 수 없다"고 말했다. 나아가 그는, "스헤베닝언과 헤이그에 있던 다른 동유럽 유대인들도 바인레프에 대해 나와 견해를 같이한다"고 했다.[29] 바인레프의 진술에 드러난 사실관계의 오류를 지적하는 편지를 신문과 잡지 편집자들에게 끊임없이 보냈던 헨리에터 보아스라는 이름의 라틴어와 그리스어 교사도 있었다. 바인레프를 옹호하는 사람들은 그녀를 '여선생'이라며 조롱했다.

대량학살의 여파로 '이른바 유대인 문제'가 유대인과 비유대인의 관계에 영향을 미치던 일종의 노이로제가 되어버린 유럽 국가는 네덜란드만이 아니었다. 비유대인들이 '유대인'이라는 말이 입에서 나올 때마다 목소리를 낮추던 것을 나는 여전히 기억한다. 하지만 침묵과 부정이 전쟁 직후 10~20년간의 특징이었다면, 1960년대부터 터져나오기 시작한 이야기들은 홀로코스트를 곧장 전쟁 기억의 한가운데에 가져다놓았다. 전쟁 기간에 대다수 비유대인의 일상적인 경험에서 홀로코스트는 한 번도 그런 중심적인 위치를 차지한 적이 없었다. 헤르만스의 날카롭고 가차 없는 펜은 바인레프의 가장 열렬한 옹호자들의 심리에 존재하는 특정한 상처의 딱지를 건드렸다. 그것은 다름 아닌 때로 양면적인 성격을 띠는 그들 자신의 유대인 정체성 문제였다.

하리 뮐리스의 어머니는 유대인이었지만 아버지는 오스트리아의 나치였다. 레나테 루빈스타인의 어머니는 유대인이 아니었지만, 유대인인 아버지가 아우슈비츠에서 살해당했다. 이와 비슷한 가정 환경을 가진 사람이 많았다. 헤르만스는 가장 열렬한 '바인레프주의자'들 중 일부가 잘못된 죄책감에 고통받고 있다는 생각을 내놓았다. 부모가 둘 다 유대인인 사람들보다 덜 끔찍한 대우를 받은 혼혈 유대인의 죄책감이다. 유대교의 법칙에 따르면 아버지만 유대인인 사람은 유대인으로 인정받지도 못한다. 히브리어 경전에 대한 통찰을 지녔던 정통 유대인 바인레프는 이들에게 아버지와 같은 존재가 되었다. 추종자들의 상처받은 정체성을 치유할 수 있는 마법의 랍비가 된 것이다. 심리적 추측을 내세워 자신과 의견이 다른 사람들의 동기를 의심하는 것은 물론 공정하지 못하다. 하지만 이는 루빈스타인과 같은 사람들이 자신의 영웅을 변호하고, 의심하는 이들을 공격했던 열의를 이해하는 하나의 그럴듯한 방법이기는 하다.

바인레프를 비판했던 이들 중 한 명은 심지어 그를 의심하던 사람도 아니었다. 중상모략을 당했다고 확신하던 사람이었다. 1970년에 열린 바인레프 사건에 관한 패널 토론에서 루빈스타인은 바인레프가 SD에 의해 처음 체포되었던 사건을 거론했다. 당시 바인레프는 자신이 체포된 것을 베프 투르크스마라는 젊은 유대인 여인의 탓으로 돌렸다. 고문을 견디지 못해 자신을 밀고했을 것이라는 얘기였다. 루빈스타인은 자기가 SD 요원들과 투르크스마 본인이 증언했던 기록을 봤다며 그 일이 사실이라고 주장했다. 루빈스타인에게는 안된 일이지만 그날 투르크스마 본인이 청중으로 참석해 있었다. 그녀는 자기가 체포되었던 것은 맞지만, 바인레프의 이름은 전쟁이 끝나기 전까지는 들어본 적도 없었기 때문에 그의 이름을 SD에게 언급하지도 않았다고 말해 모두를 놀라게 했다. 루빈스타인은 허세를 고집하며 투르크스마의 말을 믿기를 거부했다. 역시 그날 패널로 참석했던 헤르만스는 이에 너무나 분노한 나머지 투르크스마 사건, 특히 바인레프의 좌익 옹호자들이 투르크스마를 폄하하는 방식에 천착하게 되었다. 1958년 걸작 소설 『다모클레스의 암실De donkere kamer van Damokles』을 써서 이름을 날린 헤르만스는 바인레프 사건의 진실을 열정적으로 파헤치는 사람이 된다.

『다모클레스의 암실』은 저항과 부역을 둘러싼 모든 것에 대담한 의문을 던지는 책이었다. 헤르만스는 거듭되는 기사와 인터뷰를 통해 루빈스타인을 비롯한 사람들을 '좌익 앵무새 우리'에 갇힌 거짓말쟁이라며 맹비난했다. 바인레프와 투르크스마와 제2차 세계대전에 대한 자신들의 이념적 망상에 감히 의문을 제기하는 사람은 누구든 파멸시키고자 한다는 것이었다.

격렬한 논쟁과 인신공격이 10년도 넘게 계속되었다. 겉으로는 바인레프가 저항했느냐 부역했느냐, 혹은 둘 다였느냐에 관한 진실을 따지는 것 같았지만, 논쟁은 사실 바인레프에 대한 것이 아니었고 유대인의 운명에 관한 것도 아니었다. 그것은 유럽의 다른 지역에서 벌어졌던 유사한 논쟁과 마찬가지로 최근의 과거에 비춰봤을 때 당대의 정치를 어떻게 할 것인가에 관한 논쟁이었다. 전후 민주주의는 파시즘과 식민주의와 강제 점령과 군사 정복이라는 가혹한 역사를 어떻게 받아들여야 할 것인가? 무엇이 잘못되었던 것인가? 과거에 대해 어떻게 속죄할 것인가? 누구를 혹은 무엇을 비난해야 하는가? 미래에 비슷한 재앙이 닥치는 것을 막기 위해 우리는 어떤 사회를 건설해야 하는가?

뮐리스와 도발자들과 좌익에 있던 이들은 급진적인 이상을 생각했다. 이들은 카스트로나 체 게바라 같은 제3세계 인물, 그람시와 마르쿠제와 같은 사상가들로부터 영감을 얻었다. 반면 보수적인 비관주의자였던 헤르만스는 자신이 철없는 안락의자 혁명가우리말로 하면 강남 좌파로 여겼던 사람들의 위선적인 말을 혐오했다. 극

보수 정통 유대교인인 바인레프는 청년 급진주의자들이 롤 모델로 삼기에는 확실히 이상한 사람이었다. 하지만 바인레프는 촉매제일 뿐이었다. 수많은 인터뷰와 대단히 미심쩍은 회고록을 통해 불필요한 관심을 끌어모으면서 바인레프는 몰락을 자초했다.

바인레프 논쟁이 절정에 달했던 1970년, 정부는 이 사건에 대한 공식 보고서를 의뢰하기로 결정했다. 좌파 정치인들은 바인레프를 일단 믿어주고 싶어했고 보수파 정치인들은 좀더 회의적이었다. 이번 조사는 20년 전 펠릭스 케르스텐에 대한 조사보다 훨씬 더 철저하게 진행되었다. 과거 저항군 소속이었던 판데르 레이우와 저명한 변호사 힐타이 벳이 6년간의 조사를 통해 가능한 모든 증거를 샅샅이 살펴보고 600명이 넘는 증인을 인터뷰했다. 바인레프의 성추행 건은 이들에게 주어진 업무 범위를 벗어나기 때문에 조사 대상에서 제외되었다. 조사의 결과물은 80챕터로 나뉜 1683페이지에 달하는 보고서였다.

바인레프 보고서의 곳곳을 보면 마치 기소장처럼 읽힌다. 하지만 조사관들은 검사가 아니었다. 바인레프가 재판을 받고 있던 것도 아니었다. 이것은 역사 연구 조사의 결과물이었다. 예를 들어 감옥에서의 밀고 건에 대한 충분한 증거를 찾을 수 없으면, 조사관들은 그렇게 밝히고 더 이상 무리한 주장을 펴지 않았다. 보고서에 들어간 디테일의 양이 어마어마해서 읽기에 지루할 정도다. 모든 주장을 고려했고 모든 증언을 검증했다. 이들이 내린 결론은 바인레프에게 매우 치명적이다. 바인레프는 사람들을 밀고했고, SD에 협력했다. 바인레프의 명단은 정확한 피해의 정도를 측정할 순 없지만 심각한 해를 끼쳤다. 전쟁이 더 일찍 끝났더라면 명단에 오른 더 많은 사람이 살아남았을지도 모른다. 보고서는 바인레프가 타인의 운명을 갖고 함부로 장난치는 죄를 저질렀다는 전후 특별법원의 판결에 동의한다. 하지만 보고서는 법원의 의견과는 달리 바인레프의 첫 번째 명단이 선의에서 나온 것이 아니라 권력과 돈과 성적 만족에 대한 그의 욕망에서 나온 것이라고 결론 내렸다. 실제로 조사관들은 법원이 바인레프의 모든 행위에 대해 완전히 알고 있었더라면 훨씬 더 무거운 처벌을 내렸을 것이라고 믿었다.

1973년 이 결론 중 일부가 어느 신문에 유출되자 바인레프는 조사 프로젝트를 '조직적 학살'[30]이라 부르고, 보고서를 러시아의 악명 높은 반유대 위조문서인 「시온 장로 의정서Protocols of the Elders of Zion」에 견주었다. 지지자 중 일부는 보고서가 편견에 사로잡혀 있고 증거를 제시하지 못하고 있다며 비난했다. 이전 SD 요원들의 증언에 너무 많이 의존했다는 좀더 진지한 비판도 있었다. SD 요원들이 믿을 만한 존재가 아니었던 것은 사실이다. 그러나 그들이 바인레프를 중상모략해야 할 이유는 없었다. 오히려 적어도 네덜란드 요원 크롬의 경우에는, 케르스텐이 나치 동료들 중 일부와 그렇게 했던 것처럼 바인레프와 상호 이익을 위해 서로의 이야기를 뒷받침해주기로 약속했었다. 어찌 되었든 SD 요원들만이 보고서의 유일한 정보원은 아니었다.

바인레프를 가장 열심히 옹호하던 사람의 대부분은 보고서에 대해 불편한 침묵으로 응수했다. 레나테 루빈스타인은 보고서를 제대로 이해하기 위해 시간이 더 필요하다고 했다. 몇 년 뒤 루빈스타인의 전남편이 쓴 비판적 시각의 책이 나왔지만, 이제는 그조차 바인레프의 회고록을 '자전적 소설'이라 불렀다.[31] 또한 그는 바인레프 사건이 영원히 '풀리지 않는 의문'의 베일 속에 가려져 있을 것이라고도 했다. 바인레프의 결백을 믿고 싶어했던 한 좌파 정치인은 보고서의 결론을 차마 받아들일 수 없었던 나머지 의회에서 이 구절을 인용했다. "풀리지 않는 의문은 우리와 영원히 함께할 것입니다." 헤르만스는 루빈스타인을 비롯한 사람들이 부끄러운 줄도 모르고 거짓 메시아를 찬양한 행위에 대해 사죄해야 한다는 내용의 분노로 가득한 글을 몇 편 더 썼다. 헤르만스조차 글을 이렇게 끝맺었다. "바인레프의 이름을 말하는 순간 모두 조용히 잠에 빠져든다. 나도 이제 이 일에 대해 더 이상 할 말이 없어서 다행이다."[32]

바인레프는 1988년 스위스에서 죽었다. 그의 지혜에 삶의 신비를 푸는 열쇠가 있다고 믿었던 충성스러운 제자들이 여전히 그를 존경했다. 이들은 바인레프로부터 영적인 위안을 구했다. 바인레프는 때로 자신의 의료 기술을 사용해 이들의 육체적 문제를 해결해주기도 했다.

에필로그

이 책을 쓴 이유는 가와시마 요시코와 펠릭스 케르스텐과 프리드리히 바인레프를 악인으로 비난하기 위해서가 아니다. 그렇게 하기에는 너무 늦기도 했고, 나는 어쨌든 완전히 선하거나 완전히 악한 사람은 거의 없다고 생각한다. 혹여 그런 사람이 있다고 해도 내 관심의 대상은 아니다. 이 책의 세 인물은 모두 선한 면과 악한 면을 다 갖고 있었다. 행위가 선한지 악한지는 많은 경우 환경에 의해 좌우된다.

내가 이들에게 매료된 이유는 인물보다 이들이 처한 환경 때문이었다. 당시의 환경은 오늘날에도 여전히 매우 비슷한 울림을 준다. 세 부역자의 이야기는 놀라울 정도로 동시대적이다. 셋 다 복잡한 성장 배경이 있고, 민족과 성^性과 문화에 있어 다양한 정체성을 가졌다. 사람들에게 정체성을 강요하던 정치 세력에게 때로 저항하고 때로 순응했으며, 의도적으로 진실과 허구의 경계를 지우려고 노력했다. 이들은 진실을 말하면 위험해질 수 있었던 선전 선동의 시대에 살았다.

우리가 살고 있는 요즘 세상의 많은 곳에서도 다시 한번 도그마가 지배하고 있고 진실을 말하기는 어렵다. 민주적인 정부조차 자신만의 허구를 만들어낸다. 허풍쟁이들과 '호흐슈타플러'가 횡행하는 시대다. 그중 어떤 이들은 한 나라의 최고 지도자에 선출되기까지 한다.

이렇게까지 된 데에는 수많은 이유가 있고, 그게 전적으로 특정 개인들의 탓은 아니다. 학계의 이론들은 꽤 오랫동안 진실이라는 말의 개념이 과연 무엇인지를 질문해왔다. 흔히 사람이 무언가를 표현할 때 그것은 그저 자신의 권력과 성별과 민족성을 드러내는 것일 뿐이라고 여겨져왔다. 그렇게 보면 진실이란 매우 상대적인 개념이 된다. 누가 무엇을 누구에게 말하고 있는가에 따라 모든 것이 달라진다. 모든 것이 일종의 위조나 창작이고, 허구와 사실을 구별하려는 모든 의도는 기껏해야 순진함에 지나지 않는다는 생각에 금세 이르게 된다.

이런 생각은 예술에 반영되어 있어서, 어떤 작가와 영화감독들은 의도적으로 사실과 허구가 만나는 애매한 지점에서 창작활동을 함으로써 명성을 얻었다. 그리고 이는 전혀 새로운 일이 아니다. 사람들은 예로부터 언제나 기억을 신화로 탈바꿈시켜왔고, 그렇게 함으로써 곧잘 종교적 믿음을 강화하거나 새로 권력을 잡은 왕조를 정당화했다. 역사의 기록은 반드시 '실제로 일어났던 일^{wie es eigentlich gewesen ist}'을 말해야 한다는 독일의 위대한 역사가 레오폴트 폰 랑케의 금언은 이제 19세기식 옛날이야기로 들린다. 19세기의 사람들은 요즘 사람들보다 훨씬 더 과학을 신뢰했다.

물론 역사는 정밀과학이 아니다. 우리는 무엇이 실제로 발생했던 일인지 정도는 파악할 수 있지만 그걸 제외한 나머지는 전부 해석의 영역이다. 사람의 마음이 컴퓨터인 것도 아니다. 기억은 변하고, 쉽게 조작되고, 언제든 틀릴 수 있다. 지난 우리 삶의 이야기의 많은 부분이 시간이 지나면서 꾸며진다. 지난 일들에 대한 생각이 바뀌어간다. 진실을 아주 잠깐이라도 들여다보는 유일한 방법은 우리의 기본적인 생각부터 의심해보는 것이다.

오직 하나의 진실만이 있을 뿐이라고 독단적으로 주장하는 태도는 억압적일 뿐 아니라 아예 틀렸다. 우리가 믿는 그 어떤 이데올로기라도, 의심을 허용하지 않는다면 우리는 거짓 속에 사는 것이다. 체코의 극작가이자 반체제 인사이며 정치가인 바츨라프 하벨(1936~2011)의 말이다. 다른 수많은 사람과 마찬가지로, 이 책의 부역자 셋은 자신의 삶을 진실 속에서 살지 않았다. 자신만의 허구를 만들었다. 그렇게 했던 이유에는 어려운 시절에 살아남기 위한 두려움도 일부 있을 것이고, 자신의 부를 키우기 위한 오만함도 일부 있을 것이고, 아니면 정말 별 이유 없이 그냥 그랬을 수도 있다.

하벨은 자유롭기 위해서는 진실 속에서 사는 법을 배워야 한다고도 했다. 하벨은 또한 독재란, 거짓임을 뻔히 알면서도 억압자의 공식적인 거짓말을 그대로 따라해야 하는 것이라고 정의했다. 국가가 (또는 모든 형태의 강압적 권력이) 무언가를 하얀색이라고 했다면, 눈 달린 모든 이가 그게 검다는 것을 알 수 있더라도, 당신은 그것이 하얀색이라고 말해야 한다. 진실 속에 살고 자유로워지는 첫걸음은 바로 이 게임에 참여하지 않는 것이다.

프리드리히 바인레프와 가와시마 요시코는 삶에 주어진 거짓을 자기만의 방식으로 꿰뚫어보았고, 진실을 말하는 용기를 보이기도 했다. 펠릭스 케르스텐 또한 삶을 되돌아보며 자신도 그러했다고 주장했다. 하지만 그는 앞의 둘과 비교하면 체제에 좀더 순응하는 쪽이었다. 힘든 시절 그가 스스로를 보호했던 방법은 눈앞에 뻔히 놓인 현실을 못 본 척하는 것이었다. 앞의 둘은 이와 달리 자신만의 진실을 꾸며내는 방법을 택했고, 그것은 진실 속에서 사는 것과는 엄연히 다르다.

반체제 인사로서 하벨이 주장했던 진실 속의 삶이란 하나의 절대적인 진실을 뜻하는 것이 아니다. 그렇게 하면 독단이 된다. 그렇다고 해서 수많은 진실이 존재한다는 뜻도 아니다. 기분이나 분위기나 피부색, 혹은 사회적 권력이나 정치 권력에 따라 모든 진실이 상대적으로 되지는 않는다. 어떤 일들은 진실이거나 거짓이거나 둘 중 하나다. 그 경계가 항상 명확하지는 않고 때론 꿰뚫어보기 어렵기도 하다. 진실에 접근하는 방법에는 여러 가지가 있다. 과학적으로나 예술적으로나 철학적으로, 심지어 본능적으로도 접근할 수 있다. 과학이 인간사의 모든 것에 대한 해답을 갖고 있지는 않다. 신화 또한 진실을 보여줄 수 있다. 꾸며낸 이야기가 모두 거짓인 것은 아니다. 허구는 많은 것에 대한 진실을 말해준다.

책 속 부역자들의 문제는 이들의 기만이, 때로 아마도 거짓 체제에서 살아남기 위해 필요했던 기만이, 결국 자기기만이 되어버렸다는 점이다. 거짓 속에서 살다보면 흔히 그런 결과를 맞는다. 나는 책 앞부분에서 독재와 강점 세력에 저항했던 사람들 또한 이름이나 문서나 정체성을 꾸며냈다고 한 바 있다. 그러나 대부분의 경우 이들은 스스로를 기만하지는 않았다. 그늘 속에서 비밀스럽게 살았을지언정 진실 속에서 살았다. 반면 두려움이나 기회주의에 사로잡혀 거짓 속에 사는 사람들은 결국 거짓에 사로잡혀버린다.

가와시마 요시코와 프리드리히 바인레프와 펠릭스 케르스텐은 성장 배경이 복잡하고 다문화의 정체성을 가졌기 때문에 단테의 여덟 번째 지옥에 간 것이 아니다 단테의 신곡에 나오는 아홉 개의 지옥 중 여덟 번째 지옥은 사기죄를 저지른 사람들이 간다. 타인을 속였기 때문에 다른 사기꾼들과 함께 여덟 번째 지옥에 간 것도 아니다. 이들이 지옥에서 고통받아야 하는 이유는 바로 스스로를 속였기 때문이다. 스스로의 인생을 허구로 만들어버리면 아무런 정체성도 남아 있지 않게 된다. 독재 체제에 살고 있든 그렇지 않든, 우리 중 많은 수가 여전히 그런 우울한 상태에 빠질 위험에 처해 있다.

감사의 말

이 책의 인물들을 개인적으로 알고 지냈을 이들은 이미 거의 다 세상을 떠나고 없지만, 나는 여전히 여러 사람과 함께 이 인물들의 이야기에 대해 의논하는 행운을 누렸습니다. 그분들의 조언과 전문성은 헤아릴 수 없는 가치를 지녔습니다. 몇몇 분은 친절하게도 책이 완성되기 전에 책의 전체나 일부 내용을 미리 읽어주기도 했습니다. 특정한 순서 없이 그분들의 이름을 남깁니다. 아브람 더 스반, 다비트 바르나우, 레네 즈바프, 필리스 번바움, 바스 블로커, 앤드루 호르버트, 요스 베를란, 요흘리 메이하위전, 야나기사와 가즈히코, 아르논 흐룬베르흐, 하르코 케이제르, 필 블럼버그, 데이비드 리프, 주디스 서먼, 이저벨 부루마, 오렌 오버먼, 바스 헤이너, 그리고 벤 테일러.

스콧 모이어스, 미아 카운실, 헬렌 루너와 일하며 출판업계에서 가장 뛰어나고 철저한 편집자들이라고 느꼈습니다. 이들의 재능과 헌신은 실로 대단했습니다.

와일리 에이전시의 진 어와 앤드루 와일리의 조언과 지도가 없었더라면 나는 종종 바다에서 길을 잃고 헤맸을 것입니다.

에리 호타의 애정 어린 뒷받침이 없었다면 나는 더더욱 길을 잃고 헤맸을 것입니다.

주

제1장 실낙원

1 Felix Kersten, *Klerk en beul: Himmler van nabij* (Amsterdam: Meulenhoff, 1948), 25.

2 Freek van Rijsinge, *Het Kerstenspiel: Het omstreden netwerk van de masseur van Himmler* (Amsterdam: Boom, 2006).

3 Achim Besgen, *Der stille Befehl: Mezinalrat Kersten, Himmler und das Dritte Reich* (Munich: Nymphenburger Verlagshandlung, 1960).

4 Friedrich Weinreb, *Ontmoetingen (1)* (Groningen: Holmsterland, 1982), 29.

5 Kawashima Yoshiko, *Doran no kage ni* (repr., Tokyo: Nihon Toshokan Center, 2012), 24.

6 그녀를 존중하지 않는다거나 일부러 친숙한 척하려는 것은 아니고 양부의 이름과의 혼동을 피하기 위해 다른 전기 작가들의 사례를 좇아 이제부터 그녀를 요시코라고 부르기로 한다.

제2장 타국

1 Joseph Roth, "Juden auf Wanderschaft," *in Ich Zeichne das Gesicht der Zeit* (Zürich: Diogenes, 2010), 145.

2 Friedrich Weinreb, *Ontmoetingen (1)* (Groningen: Holsterland, 1982), 71.

3 Roth, "Juden auf Wanderschaft," 141.

4 Weinreb, *Ontmoetingen (1)*, 47.

5 Weinreb, *Ontmoetingen (1)*, 46.

6 Kamisaka Fuyuko, *Danso no reijin: Kawashima Yoshikoden* (Tokyo: Bungei Shunju, 1984), 47.

7 Kawashima Yoshiko, *Doran no kage ni* (repr., Tokyo: Nihon Toshokan Center, 2012), 24.

8 Kamisaka, *Danso no reijin*, 65.

9 Bruce Coggeshall, "The Mata Hari of the Far East: Uncovering the Incredible Story of Yoshiko Kawashima," in *Open Source Intelligence Reports*, July 16, 2019.

10 Phyllis Birnbaum, *Manchu Princess, Japanese Spy: The Story of Kawashima Yoshiko, the Cross-Dressing Spy Who Commanded Her Own Army* (New York:

Columbia University Press, 2015).

제3장 기적

1 Wilhelm Wulff, *Zodiac and Swastika: How Astrology Guided Hitler's Germany* (New York: Coward, McCann, Geoghegan, 1973), 29.

2 Kamisaka Fuyuko, *Danso no reijin: Kawashima Yoshikoden* (Tokyo: Bungei Shunju, 1984), 70.

3 Kamisaka, *Danso no reijin*, 60.

4 Kamisaka, *Danso no reijin*, 79.

5 Kawashima Yoshiko, *Doran no kage ni* (repr., Tokyo: Nihon Toshokan Center, 2012), 42.

6 Muramatsu Shofu, *Danso no reijin* (Tokyo: Chuo Koronsha, 1933).

7 Phyllis Birnbaum, *Manchu Princess, Japanese Spy: The Story of Kawashima Yoshiko, the Cross-Dressing Spy Who Commanded Her Own Army* (New York: Columbia University Press, 2015), 70.

8 Birnbaum, Manchu Princess, Japanese Spy, 72.

9 그러나 요시코를 요즘처럼 '그들they'이라는 대명사로 부르기에는 시대에 맞지 않는다. 이 책에서는 그녀의 다른 전기 작가들이 그랬듯이 계속 여성 대명사를 사용하겠다.

10 Birnbaum, *Manchu Princess, Japanese Spy*, 72.

11 Kawashima, *Doran no kage ni*, 70.

12 Birnbaum, *Manchu Princess, Japanese Spy*, 51.

13 Friedrich Weinreb, *Ontmoetingen (1)* (Groningen: Holsterland, 1982), 110.

제4장 값싸고 거짓된 세월

1 Felix Kersten, *Die manuelle Therapie* (Rudolstadt: Hofbuchdruckerei, 1929).

2 Felix Kersten, *Klerk en beul: Himmler van nabij* (Amsterdam: Meulenhoff, 1948), 30.

3 Joseph Kessel, *Les mains du miracle* (Paris: Gallimard, 1960), 46.

4 Kessel, *Les mains du miracle*, 53.

5 Kersten, *Klerk en beul*, 32.

6 Friedrich Weinreb, *Ontmoetingen (2)* (Groningen: Holmsterland, 1982), 53.

7 Weinreb, *Ontmoetingen (2)*, 13.

8 Kawashima Yoshiko, *Doran no kage ni* (repr., Tokyo: Nihon Toshokan Center, 2012),

42, 82.

9 Quoted in Kamisaka Fuyuko, *Danso no reijin: Kawashima Yoshikoden* (Tokyo: Bungei Shunju, 1984), 124.

제5장 선을 넘다

1 Bianca Stigter, *Atlas van een bezette stad: Amsterdam 1940 – 1945* (Amsterdam: AtlastContact, 2019), 29.

2 이러한 견해를 지지하는 이들 중 한나 아렌트가 가장 유명하다. 아렌트는 유대인의 공모가 없었더라면 나치의 대량학살 규모가 훨씬 줄어들었을 것이라고 믿었다. 아렌트의 『예루살렘의 아이히만Eichmann in Jerusalem』(New York: Viking, 1963) 참조.

3 Friedrich Weinreb, *Collaboratie en verzet* (Amsterdam: Meulenhof, 1971), 70.

4 Weinreb, *Collaboratie en verzet*, 20.

5 Weinreb, *Collaboratie en verzet*, 17.

6 D. Giltay Veth and A. J. van der Leeuw, *Weinreb-rapport* (Amsterdam: RIOD, 1976).

7 Regina Grüter, *Een fantast schrijft geschiedenis: De affaires rond Friedrich Weinreb* (Amsterdam: Balans, 1997).

8 Weinreb, *Collaboratie en verzet*, 31.

9 Grüter, *Een fantast schrijft geschiedenis*, 43.

10 Weinreb, *Collaboratie en verzet*, 43.

11 Weinreb, *Collaboratie en verzet*, 22 – 23.

12 Weinreb, *Collaboratie en verzet*, 46.

13 이 빌라는 네덜란드의 유명한 건축가 렘 콜하스의 할아버지인 디르크 로센뷔르흐가 설계했다. 원소유주인 전 경찰서장 프랑수아 판산트는 이 집을 빌헬미나 여왕의 남편이자 펠릭스 케르스텐의 황실 고객이었던 헨드릭 공에게 매춘부를 제공하기 위해 사용했던 퇴폐적인 인물이었다.

14 Felix Kersten, *Klerk en beul: Himmler van nabij* (Amsterdam: Meulenhof, 1948), 36.

15 Curzio Malaparte, *Kaputt* (London: Picador Classics, 1982), 322.

16 Felix Kersten, *The Kersten Memoirs* (New York: Macmillan, 1956), 57.

17 Kersten, *Memoirs*, 59.

18 Kersten, *Memoirs*, 27.

19 Kersten, *Memoirs*, 36.

20 Kersten, *Klerk en beul*, 32.

21 Li Zhisui, *The Private Life of Chairman Mao: The Memoirs of Mao's Personal Physician, Li Zhisui* (New York: Random House, 1994), 109.

22 Kersten, *Klerk en beul*, 46.

23 Kersten, *Klerk en beul*, 128.

24 Martha Gellhorn, *The Face of War: Writings from the Frontline, 1937 – 1985* (London: Granta, 1993), 168.

25 Kersten, *Klerk en beul*, 34.

26 이러한 편의가 항상 값싸게 제공되었던 것은 아니다. 케르스텐은 어느 나이 많은 유대인 여성을 강제추방에서 구해주는 대가로 그 가족에게 5만 마르크를 청구했다고 한다.

27 Kersten, *Memoirs*, 174.

제6장 아름다운 이야기

1 Willa Lou Woods, *Princess Jin, the Joan of Arc of the Orient* (Cleveland: World, 1937).

2 D. M. B. Collier and L. E. Malone, *Manchoukuo, Jewel of Asia* (London: George Allen & Unwin, 1936), 232.

3 Collier and Malone, *Manchoukuo, Jewel of Asia*, 240.

4 Kawashima Yoshiko, *Doran no kage ni* (repr., Tokyo: Nihon Toshokan Center, 2012), 212.

5 Phyllis Birnbaum, *Manchu Princess, Japanese Spy: The Story of Kawashima Yoshiko, the Cross-Dressing Spy Who Commanded Her Own Army* (New York: Columbia University Press, 2015), 143.

6 Kawashima, *Doran no kage ni*, 224.

7 Kamisaka Fuyuko, *Danso no reijin: Kawashima Yoshikoden* (Tokyo: Bungei Shunju, 1984), 132.

8 A. C. F. Koch et al., eds., *Nederlandse Historische Bronnen* (The Hague: Martinus Nijhoff, 1979).

9 Friedrich Weinreb, *Collaboratie en verzet* (Amsterdam: Meulenhof, 1971), 165.

10 Weinreb, *Collaboratie en verzet*, 215.

11 Weinreb, *Collaboratie en verzet*, 236.

12 Regina Grüter, *Een fantast schrijft geschiedenis: De affaire rond Friedrich Wein-

reb (Amsterdam: Balans, 1997), 172.

13 Weinreb, *Collaboratie en verzet*, 299.

14 Weinreb, *Collaboratie en verzet*, 305.

15 Weinreb, *Collaboratie en verzet*, 309.

16 Weinreb, *Collaboratie en verzet*, 316.

17 Weinreb, *Collaboratie en verzet*, 340.

제7장 사냥 파티

1 Felix Kersten, *The Kersten Memoirs* (New York: Macmillan, 1956), 113.

2 Peter Longerich, *Heinrich Himmler: A Life* (New York: Oxford University Press, 2012), 555.

3 Joseph Kessel, *Les mains du miracle* (Paris: Gallimard, 1960), 197.

4 Kersten, *Klerk en beul: Himmler van nabij* (Amsterdam: Meulenhoff, 1948), 133.

5 Christopher Browning, *Ordinary Men* (New York: HarperCollins, 1992).

6 Richard Breitman, "Himmler and the 'Terrible Secret' among the Executioners," *Journal of Contemporary History 26*, no. 3/4 (1991): 440.

7 Longerich, *Heinrich Himmler*, 533.

8 Longerich, *Heinrich Himmler*, 539.

9 Robert Scott Kellner, ed., *My Opposition: The Diary of Friedrich Kellner—A German Against the Third Reich* (Cambridge: Cambridge University Press, 2018), xiv.

10 Wilhelm Wulff, *Zodiac and Swastika: How Astrology Guided Hitler's Germany* (New York: Coward, McCann, Geoghegan, 1973), 80.

11 Kersten, *Klerk en beul*, 82.

12 Kessel, *Les mains du miracle*, 204.

13 Parlementaire Enquetecommissie, September 15, 1948.

14 Kersten, *Klerk en beul*, 83.

15 Kessel, *Les mains du miracle*, 210.

16 Letter dated October 10, 1948, NIOD Archives, Amsterdam.

17 Felix Kersten to Heinrich Himmler, March 21, 1943, NIOD Archives, Amsterdam.

18 Kessel, *Les mains du miracle*, 232.

19 Kessel, *Les mains du miracle*, 235.

20 Kersten, *Klerk en beul*, 116.

21 Kawashima Yoshiko, *Doran no kage ni* (repr., Tokyo: Nihon Toshokan Center, 2012),

228.

22 Rana Mitter, *Forgotten Ally: China's World War II, 1937 – 1945* (Boston: Houghton Mifflin Harcourt, 2013), 102.

23 Kamisaka Fuyuko, *Danso no reijin: Kawashima Yoshikoden* (Tokyo: Bungei Shunju, 1984), 156.

24 Kamisaka, *Danso no reijin*, 153.

25 Kamisaka, *Danso no reijin*, 145.

26 Kawashima, *Doran no kage ni*, 228.

27 Yamaguchi Yoshiko, *Ri Koran: Watashi no Hansei* (Tokyo: Shinchosha, 1987), 89.

28 Yamaguchi, *Ri Koran*, 91.

29 Yamaguchi, *Ri Koran*, 227.

제8장 엔드게임

1 Friedrich Weinreb, *Collaboratie en verzet* (Amsterdam: Meulenhof, 1971), 680.

2 Fritz Koch, statement to the Dutch Political Investigation Department (PRA), March 18, 1946.

3 Weinreb, *Collaboratie en verzet*, 350.

4 Weinreb, *Collaboratie en verzet*, 353.

5 Krijna Peeren, statement to the 1980 parliamentary committee investigating the Weinreb case.

6 1976년의 네덜란드 국립 전시 문서 연구소RIOD와 1980년의 국회 조사가 내놓은 공식 보고서는 바인레프가 실제로 유죄 판결을 받았었다고 결론짓고 있다. RIOD의 보고서는 바인레프 리포트라는 이름으로 발표되었다. D. Giltay Veth and A. J. van der Leeuw. Weinreb-rapport (Amsterdam: RIOD, 1976).

7 Weinreb, *Collaboratie en verzet*, 364.

8 Etty Hillesum, *An Interrupted Life: Letters from Westerbork* (New York: Henry Holt, 1996).

9 Regina Grüter, *Een fantast schrijft geschiedenis: De affaire rond Friedrich Weinreb* (Amsterdam: Balans, 1997), 183.

10 Weinreb, *Collaboratie en verzet*, 467.

11 Weinreb, *Collaboratie en verzet*, 484.

12 Grüter, *Een fantast schrijft geschiedenis*, 53.

13 Weinreb, *Collaboratie en verzet*, 489.

14 Weinreb, *Collaboratie en verzet*, 495.

15 Weinreb, *Collaboratie en verzet*, 512.

16 바인레프 리포트라는 이름의 이 보고서는 네덜란드 정부의 의뢰로 두 저명한 학자인 힐타이 벳과 판데르 레이우가 작성했다.

17 Giltay Veth and Van der Leeuw, *Weinreb-rapport*, 487.

18 Weinreb, *Collaboratie en verzet*, 640.

19 Weinreb, *Collaboratie en verzet*, 621.

20 Weinreb, *Collaboratie en verzet*, 658.

21 Weinreb, *Collaboratie en verzet*, 619.

22 Anon., *Polens Martyrium* (Stockholm: Trotsallt!, 1942).

23 Freek van Rijsinge, *Het Kersten Spiel* (Amsterdam: Boom, 2006), 36.

24 야코브 발렌베리의 조카 라울 발렌베리는 수천 명의 헝가리 유대인을 강제이송으로 부터 영웅적으로 구해낸 유명한 스웨덴 외교관이다. 전쟁이 끝나고는 소련에 체포되었고 끝내 풀려나지 못했다.

25 Felix Kersten, *The Kersten Memoirs* (New York: Macmillan, 1956), 187.

26 Peter Longerich, *Heinrich Himmler: A Life* (New York: Oxford University Press, 2012), 695.

27 This episode is described in detail by Richard Breitman, "A Deal with the Nazi Dictatorship: Himmler's Alleged Peace Emissaries in Autumn 1943," *Journal of Contemporary History*, *30* (July 1995), 410–430.

28 Kersten, *The Kersten Memoirs*, 192.

29 John H. Waller, *The Devil's Doctor: Felix Kersten and the Secret Plot to Turn Himmler Against Hitler* (New York: John Wiley, 2002), 151.

30 Waller, *The Devil's Doctor*, 152.

31 Wilhelm Wulff, *Zodiac and Swastika: How Astrology Guided Hitler's Germany* (New York: Coward, McCann, Geoghegan, 1973), 92.

32 Kamisaka Fuyuko, *Danso no reijin: Kawashima Yoshikoden* (Tokyo: Bungei Shunju, 1984), 160.

33 Yamaguchi Yoshiko, *Ri Koran: Watashi no Hansei* (Tokyo: Shinchosha, 1987), 217.

34 *Time*, August 26, 1974.

35 Yamaoka Sohachi, *Hatenko: Ningen Sasakawa Ryoichi* (Tokyo: Yuhosha, 1978).

36 Phyllis Birnbaum, *Manchu Princess, Japanese Spy: The Story of Kawashima Yoshiko, the Cross-Dressing Spy Who Commanded Her Own Army* (New York:

Columbia University Press, 2015), 186.

37 Birnbaum, *Manchu Princess, Japanese Spy*, 188.

38 Kamisaka, *Danso no reijin*, 167.

39 Kamisaka, *Danso no reijin*, 168.

40 Birnbaum, *Manchu Princess, Japanese Spy*, 189.

제9장 최후

1 Friedrich Weinreb, *Collaboratie en verzet* (Amsterdam: Meulenhof, 1971), 729.

2 Friedrich Weinreb, *De gevangenis: Herinneringen 1945 - 1948* (Amsterdam: Meulenhof, 1989).

3 Weinreb, *De gevangenis*, 35.

4 This is described in Regina Grüter, *Een fantast schrijft geschiedenis: De affaire rond Friedrich Weinreb* (Amsterdam: Balans, 1997) and, in even more detail, in D. Giltay Veth and A. J. van der Leeuw, *Weinreb - rapport* (Amsterdam: RIOD, 1976), 1434 - 1472.

5 Grüter, *Een fantast schrijft geschiedenis*, 65.

6 Grüter, *Een fantast schrijft geschiedenis*, 206.

7 Grüter, *Een fantast schrijft geschiedenis*, 210.

8 Records of the Special Court of Cassation, September 27, 1948.

9 H. Drion, "Presser over de zaak Weinreb." *Hollands Maandblad*, January 1966, 224 - 225.

10 Grüter, *Een fantast schrijft geschiedenis*, 71.

11 Giltay Veth and van der Leeuw, *Weinreb - rapport*, 1516 - 1517.

12 Yamaguchi Yoshiko, *Ri Koran o ikkite* (Tokyo: Nihon Keizai Shimbunsha, 2004), 189.

13 특히 일본 사학자 히메타 미쓰요시의 글을 참고: *Mo Hitotsu no Sanko Sakusen* (Tokyo: Aoki Shoten, 1989).

14 Yamaguchi, *Ri Koran o ikkite*, 179.

15 Yamaguchi Yoshiko, *Ri Koran: Watashi no Hansei* (Tokyo: Shinchosha, 1987), 315.

16 Ohta Naoki, *Manchu Urashi: Amakasu Masahiko to Kishi Nobusuke ga Seotta Mono* (Tokyo: Kodansha, 2005), 461.

17 Phyllis Birnbaum, *Manchu Princess, Japanese Spy: The Story of Kawashima Yoshiko, the Cross - Dressing Spy Who Commanded Her Own Army* (New York:

Columbia University Press, 2015), 224.

18 Kamisaka Fuyuko, *Danso no reijin: Kawashima Yoshikoden* (Tokyo: Bungei Shunju, 1984), 222.

19 Wilhelm Wulff, *Zodiac and Swastika: How Astrology Guided Hitler's Germany* (New York: Coward, McCann, Geoghegan, 1973), 257.

20 Wulff, *Zodiac and Swastika*, 139.

21 Felix Kersten, *Klerk en beul: Himmler van nabij* (Amsterdam: Meulenhoff, 1948), 162.

22 Victor Mallet to Foreign Office, FO 370, 48026, February 25, 1945, quoted by Steven Koblik in "No Truck with Himmler: The Politics of Rescue and the Swedish Red Cross Mission, March-May 1945," Scandia 51, no. 1 (June 2008): 175.

23 Kersten, *Klerk en beul*, 162.

24 Peter Longerich, *Heinrich Himmler: A Life* (New York: Oxford University Press, 2012), 724.

25 Felix Kersten, *The Kersten Memoirs* (New York: Macmillan, 1956), 283.

26 Kersten, *Klerk en beul*, 187.

27 Joseph Kessel, *Les mains du miracle* (Paris: Gallimard, 1960), 356.

28 Kersten, *Memoirs*, 277.

29 Kersten, *Klerk en beul*, 172.

30 Folke Bernadotte, *The Curtain Falls: The Last Days of the Third Reich* (New York: Knopf, 1945).

31 Himmler's letter of March 25, 1945, to Kersten is in the NIOD archives in Amsterdam.

32 Kersten, *Memoirs*, 283 – 284.

33 Kessel, *Les mains du miracle*, 368.

34 Longerich, *Heinrich Himmler*, 731.

35 마주어는 이 놀라운 만남의 내용을 즉시 '세계유대인회의로의 보고서'에 기술했다. "Report to the World Jewish Congress," April 20, 1945.

36 Kersten, *Memoirs*, 286.

37 Kersten, *Klerk en beul*, 188.

38 Kersten, *Klerk en beul*, 189.

제10장 여파

1 Folke Bernadotte, *The Curtain Falls: The Last Days of the Third Reich* (New York: Knopf, 1945), 67.

2 Bernadotte, *The Curtain Falls*, 29.

3 Clinton Gallagher, "Critiques on Some Recent Books on Intelligence", *Studies in Intelligence*, Fall 1957, 119.

4 Raymond Palmer, "Felix Kersten and Count Bernadotte: A Question of Rescue," *Journal of Contemporary History 29* (January 1994): 39 – 51.

5 L. de Jong, *Tussentijds: Historische Studies* (Amsterdam: Querido, 1977), 212.

6 A. J. Th. van der Vlugt to Dutch Foreign Ministry October 18, 1948, in NIOD Archives, Amsterdam.

7 De Jong, *Tussentijds: Historische Studies*, 133.

8 Freek van Rijsinge, *Het Kersten Spiel* (Amsterdam: Boom, 2006), 59.

9 Van Rijsinge, *Het Kersten Spiel*, 66.

10 Gerald Fleming, "Die Herkunft des Bernadotte-Briefs an Himmler," *Viertelshefte für Zeitgeschichte 26*, 1978, 582 – 554.

11 Hugh Trevor-Roper, introduction to *The Kersten Memoirs*, by Felix Kersten (New York: Macmillan, 1956), 21.

12 Van Rijsinge, *Het Kersten Spiel*, 70.

13 힘러의 이 연설은 1943년 10월 4일에 있었다.

14 Hugh Trevor-Roper, *The Last Days of Hitler* (London: Macmillan, 1947), 120.

15 Trevor-Roper, *The Last Days of Hitler*, 120.

16 The historian was Freek van Rijsinge, author of *Het Kersten Spiel*.

17 Van Rijsinge, *Het Kersten Spiel*, 87.

18 Meine Revolution (Weiler im Allgäu: Thauros, 1990), 48.

19 W. F. Hermans, *Het sadistisch universum* (Amsterdam: De Bezige Bij, 1966), 389.

20 Meine Revolution (Weiler im Allgäu: Thauros, 1990), 69.

21 Regina Grüter, *Een fantast schrijft geschiedenis: De affaires rond Friedrich Weinreb* (Amsterdam: Balans, 1997), 98.

22 "Meine Revolution," 269.

23 Jacques Presser, *Ondergang: Vervolging en verdelging van het Nederlandse Jodendom, 1940 – 1945* (The Hague: Nijhoff, 1965), 1: vii.

24 Hermans, *Het sadistisch universum*, 372.

25 '억압적 관용'이라는 표현은 마르크스주의 철학자이자 청년 저항운동의 영웅 중 한 명인 헤르베르트 마르쿠제가 만들어냈다.

26 Presser, De ondergang, 110.

27 Grüter, *Een fantast schrijft geschiedenis*, 277.

28 뮐리스는 소설 *The Assault*(New York: Pantheon, 1986)로 잘 알려져 있다.

29 J. R. Rakower, letter to *Nieuw Israelitisch Weekblad*, July 16, 1965.

30 Interview with Friedrich Weinreb, *De Nieuwe Linie*, June 6, 1973.

31 Aad Nius, *Het monster in de huiskamer: Een analyse van het Weinreb rapport*(Amsterdam: Meulenhoff, 1980), 87.

32 Hermans, *Het sadistisch universum*, 428.

찾아보기

455

부역자: 전쟁, 기만, 생존

초판인쇄 2023년 6월 23일
초판발행 2023년 7월 3일

지은이 이안 부루마
옮긴이 박경환 윤영수
펴낸이 강성민
편집장 이은혜
마케팅 정민호 박치우 한민아 이민경 박진희 정경주 정유선 김수인
브랜딩 함유지 함근아 박민재 김희숙 고보미 정승민
제작   강신은 김동욱 이순호

펴낸곳 (주)글항아리   출판등록 2009년 1월 19일 제406-2009-000002호

주소 10881 경기도 파주시 심학산로 10 3층
전자우편 bookpot@hanmail.net
전화번호 031-955-8869(마케팅) 031-941-5161(편집부)
팩스 031-941-5163

ISBN 979-11-6909-116-9 03900

www.geulhangari.com